Willard Gaylin
Die Helden sind müde

Willard Gaylin

Die Helden sind müde

Das männliche Ich

Aus dem Amerikanischen von Margot Spitaler
und Till R. Lohmeyer

ECON Verlag
Düsseldorf · Wien · New York · Moskau

Für David Heyward und Charlie Smith,
die das Mannsein erfahren werden,
und für Emily Heyward, Laura Smith und Sarah
Heyward, die damit leben müssen.

Mein Dank als Mann, der ein Buch über Männer
geschrieben hat, gilt den Frauen, die mich
dabei mit ihrer Klugheit und konstruktiven Kritik
unterstützt haben.
Im Hastings Center:
Marna Howarth, Janet Bower und Julie Rothstein
Meinen Lektorinnen und meiner Agentin:
Kathryn Court, Beena Kamlani und Pam Bernstein
Meinen Lektorinnen (und Töchtern) zu Hause:
Jody Heyward und Ellen Smith
Und wie immer meiner lebenslangen Mitarbeiterin,
meiner Frau Betty.

Buffalo Bill
ist tot
    dabei ritt er immer
    einen wassersanft-silbernen hengst
  und zersplitterte einszweidreivierfünf tontaubenwienichts
                                          Jesus
er war ein schöner mann
          und was ich wissen will
wie gefällt dir dein blauäugiger Junge
Herr Tod

                       e. e. cummings

Inhalt

Einleitung:
Mißverständnisse und Methoden

Seit über zweihunderttausend Jahren hat der *Homo sapiens* unermüdlich das Ziel verfolgt, sich die Erde untertan zu machen. Ausgestattet mit einer Physiologie, die ihn vor Gefahren warnte, und mit einer Intelligenz, die stärkere und größere Feinde überlistete, errichtete er Schritt für Schritt seine Herrschaft »über die Fische des Meeres, über die Vögel des Himmels und über alle Tiere, die sich auf dem Lande regen«. Von der Natur mit den Händen eines Baumeisters und der Vorstellungskraft eines Wissenschaftlers begabt, formte er diesen Planeten nach seinem eigenen Bild und für seine eigenen Zwecke. Doch dann geschah etwas Eigenartiges und Unerwartetes auf diesem triumphalen Eroberungszug: Nach zweihundert Jahren moderner Zivilisation sind wir dabei, unsere eigene Evolution zunichte zu machen.

Dank unserer Fähigkeit, die Welt zu verändern, ist es uns gelungen, eine Umwelt zu schaffen, die mit unserer Physiologie nicht mehr im Einklang steht. Unser Körper reagiert auf eine Weise, die unseren Bedürfnissen nicht mehr angepaßt ist. Wir haben eine künstliche Welt geschaffen, in der »wir« nicht mehr funktionieren.

Zum größten Teil waren es Männer, die — im Besitz der Macht — unsere Kultur gestaltet haben. Es ist eine tragische Ironie, daß dieser Titan, das männliche Tier, nun — entgegen allen anderslautenden Behauptungen — im Begriffe steht, bedeutungslos zu werden. Man kann sich nicht mehr auf ihn verlassen.

Männer und Frauen *sind* verschieden. Und die Unterschiede

zwischen ihnen sind keineswegs nur kulturellen Ursprungs. Die Kultur kann nur auf eine vorgegebene genetische Grundausstattung einwirken, welche bei Männern und Frauen zu verschiedenen Reaktionen auf denselben Reiz führt. Die intuitiven physiologischen Reaktionen des Mannes sind den Bedingungen der Kultur, die er geschaffen hat, nicht mehr angemessen: Sie veranlassen ihn zu einem ineffektiven Problemlösungsverhalten und mobilisieren ihn für Konfliktstrategien, die heute überholt sind. Ebenso wie die Wiedergutmachung vergangenen Unrechts das Verstehen der weiblichen Sensibilität erfordert, ist für unser zukünftiges Überleben die Kenntnis des männlichen Egos Voraussetzung.

Nur mit einem gewissen Zögern betrete ich erneut die Arena der Auseinandersetzungen um die Geschlechterrollen. Mein erster Forschungsschwerpunkt und meine ersten Veröffentlichungen bearbeiteten das spezielle Feld männlicher Identifikation: was es bedeutet, ein »Mann« zu sein, und wie wir männliches »Versagen« erfahren. Und obwohl ich in meinen jüngeren Forschungen und Veröffentlichungen weit abgeschweift bin, ist das Thema der Identifikation − sowohl der männlichen wie der weiblichen − ein zentraler Punkt in meiner täglichen Praxis als Psychiater und Psychoanalytiker geblieben. Warum dann das Zögern?

Das neuerwachte Interesse an den Unterschieden zwischen den Geschlechtern − die Frage danach, was Frausein im Unterschied zu Mannsein bedeutet − entsprang mit Macht, Verve und Intelligenz der politischen und intellektuellen Welt des Feminismus. Die meisten Bücher über die Geschlechterrollen, die in den letzten zwanzig bis dreißig Jahren veröffentlicht worden sind, wurden von Frauen über Frauen geschrieben. Die Autorinnen und ihre Leser/ -innen teilten ein tiefes − aus einer Fülle historischer Beispiele begründetes − Mißtrauen gegenüber den Motiven und Hintergründen männlicher Äußerungen über die Welt der Frau, über die weibliche Wirklichkeitswahrnehmung sowie die Stellung der Frau in der Gesellschaft. Beiträge von Männern waren verdächtig und unerwünscht.

Da alle Aussagen über ein Geschlecht automatisch eine Aussage über das andere implizieren, wagten sich nur wenige Männer auf dieses Gebiet. Diejenigen, die es taten, erwiesen sich oft als entweder feindlich-aggressiv oder gönnerhaft-belehrend, oder es handelte sich um süßholzraspelnde Groupies, deren Beiträge durch das Bemühen entwertet wurden, sich bei den neu etablierten weiblichen Autoritäten beliebt zu machen. Die meisten männlichen Wissenschaftler gaben sich damit zufrieden, die politische Brisanz und Sensibilität des neuen Forschungszweigs zu erkennen, und hielten sich heraus.

Ich erinnere mich an eine Begebenheit aus der Zeit, als ich als junger Autor von zwei außergewöhnlichen Querdenkerinnen – meiner literarischen Agentin Marie Rodell und meiner Verlegerin Beatrice Rosenfeld – beschworen wurde, ein Buch über die Mutter-Tochter-Beziehung zu schreiben. Dabei denke ich besonders an eine Diskussion, in der Marie mich beschwor, doch unbedingt ja zu dem Projekt zu sagen. Ich äußerte bescheiden den Verdacht, daß entweder sie oder ich nicht ganz richtig im Kopf sein müßte. Wie konnte sie ein so tückisches, sinnloses und von vornherein zum Scheitern verurteiltes Unternehmen überhaupt in Erwägung ziehen? Kein Mann wäre imstande, ein solches Buch zu schreiben, und keine Frau würde ein solches Buch akzeptieren. Es konnte ihr doch wohl kaum entgangen sein, daß ich zusätzlich zu der Tatsache, daß ich ein Mann war, auch noch einem verdächtigen Berufsstand angehörte? In jenen frühen Tagen des Feminismus wurden nicht nur die Motive der Männer mit größtem Mißtrauen hinterfragt, nein, man sah in der gesamten Theorie und Praxis der Psychoanalyse eine sexistische Verschwörung.

Ich mußte zugeben, daß bis dahin kein vernünftiges Buch existierte, das der Komplexität und Vielschichtigkeit dieser nach meiner damaligen wie heutigen Überzeugung intensivsten zwischenmenschlichen Beziehung gerecht wurde. Ich schlug Marie daher vor, eine ihrer hervorragenden Autor*innen* zu überreden. Kein Mann, und ganz sicher nicht ich als schüchterner Novize, könne es wagen, sich zu diesem Thema zu äußern, ohne seinen Ruf zu riskieren. Marie widersprach mir. Im Gegenteil, meinte sie, die Mutter-Tochter-Beziehung sei so tief greifend und alles verschlingend, daß keine Tochter sich je ausreichend von ihrer individuellen Erfahrung distanzieren könne, um das allgemeine Problem adäquat zu bearbeiten; nur ein Mann könne diese engste aller Beziehungen sicher und objektiv untersuchen. Als Autorität zitierte Marie die hochangesehene Vorläuferin des Feminismus, Virginia Woolf: »Denn da gibt es einen Fleck am eigenen Hinterkopf, so groß wie ein Markstück, den man nie selbst sehen kann. Es ist einer der guten Dienste, die ein Geschlecht dem anderen leisten kann, diesen markstückgroßen Fleck am Hinterkopf zu beschreiben.«[1]

Ich stimmte der Argumentation sowohl von Marie Rodell als auch von Virginia Woolf voll und ganz zu. Nichtsdestoweniger lehnte ich ab. Die Entscheidung war vielleicht keine außergewöhnlich mutige, aber, wie ich glaube, eine weise. Die Tatsache, daß sich eine Autorin mit der Voreingenommenheit der weiblichen Wahrnehmung des Themas annehmen würde, schien mir nicht von Bedeutung. Schließlich war das gleiche Argument für die Selbsterfahrung der Schwarzen ohne große Debatte akzeptiert worden. Aber ist es wahr, daß nur eine Frau ihre Geschlechtsgenossinnen verstehen kann? Wie steht es dann mit dem Deutschen Werner Jaeger und seiner *Paideia*, der vielleicht gelungensten Darstellung der griechischen Zivilisation? Wie verhält es sich mit den Kommentaren des Franzosen de Tocqueville zum amerikanischen Lebensstil? Sind Emma Bovary, Anna Karenina oder Cousine Bette weniger authentisch, weil sie wie Minerva in voller Lebensgröße dem Haupt ihrer männlichen Schöpfer entstiegen sind? Noch authentischere Charaktere gibt es nicht − außer vielleicht George Eliots Casaubon oder Jane Austens Darcy.

Inzwischen sind mehr als dreißig Jahre verstrichen, und die feministischen Autorinnen haben die Dilemmas der Frauen mit großer Brillanz beleuchtet (obwohl das Buch über die Mutter-

Tochter-Beziehung nach wie vor geschrieben werden muß). Die Unterschiede zwischen den Geschlechtern sind in ihrer Bedeutung erkannt und hoffähig geworden. Eine Folge davon ist, daß es sich nun anbietet, mit der gleichen Sorgfalt und Aufmerksamkeit die männliche Selbsterfahrung zu erforschen. So wende ich mich, großenteils dank der feministischen Autorinnen, einmal mehr der Problematik der Geschlechterrollen zu. Der Ansatz, von dem ich heute ausgehe, ist von meiner beruflichen Laufbahn und meinem Alter geprägt und daher weniger theoretisch als meine früheren Bemühungen. Ich habe inzwischen dreißig Jahre Erfahrung in der Behandlung von Patienten mit Identitäts- und Geschlechterrollen-problemen und selbst die meisten, wenn nicht alle Übergangsriten des modernen Mannes in einer westlichen Gesellschaft durchlaufen.

Das Terrain ist jedoch immer noch nicht frei von Tretminen, und einige davon sollten endlich entschärft werden. In der akademischen Welt wird der Verkünder von unzeitgemäßen, den Status quo gefährdenden Ideen wirkungsvoll unschädlich gemacht, indem man seine lästigen Argumente ignoriert und dafür seine Methoden angreift. Dies ist besonders in den Sozialwissenschaften der Fall, wo die Daten »weich«, die Beobachtungsmethoden ungenau, die Quantifizierung problematisch und die Subjektivität in gewissem Maß unvermeidlich sind. (Meine guten Freunde in den »harten« Naturwissenschaften behaupten, daß dort dasselbe gelte – aber das steht auf einem anderen Blatt.)

Die Sozialwissenschaftler haben die Hauptprobleme unserer Zeit sträflich vernachlässigt: Sexismus, Rassismus, Vorurteil und Voreingenommenheit, Gewalttätigkeit, Drogenabhängigkeit, Zerfall der Familie, Krieg. Als ich kürzlich die Literatur zum Thema Voreingenommenheit und Vorurteil durchforstete, fand ich einige interessante Artikel über Antisemitismus und rassische Vorurteile, aber nichts über die Natur des Vorurteils *an sich* – das Problem der Sündenbocksuche im allgemeinen. Der jüngste aussagekräftige Artikel war eine vierzig Jahre alte Abhandlung von Gordon Allport.

15

Eine solche Vernachlässigung seitens der intellektuellen Welt ist nicht unbedingt verwunderlich. Ein Problem liegt darin, daß es sich um eine äußerst undankbare Aufgabe handelt. Als Kardiner und Ovesey ihre grundlegenden, bahnbrechenden Untersuchungen über den Rassismus durchführten,[2] wurden sie als Faschisten attackiert. Zu einer Zeit, als es noch nicht modern war, erklärten sie, daß Schwarze in der Tat anders seien als Weiße, daß sie »das Mal der Unterdrückung« (»the mark of oppression«) trügen und daß das der Preis sei, den sie für die sogenannte »separate but equal«-Doktrin (etwa: »anders, aber gleichberechtigt«; Anm. d. Ü.) zahlten. Als Glazer und Moynihan warnend auf den Zerfall der schwarzen Familien hinwiesen, wurden auch sie verleumdet.[3] Die intellektuelle Welt kam ihnen nicht zu Hilfe. Unabhängig davon, ob ihre Aussagen zutrafen oder nicht, liberal denkende Intellektuelle hätten derartige Forschungen an sich unterstützen müssen. Statt dessen wurden die Motive der Autoren hinterfragt und ihre Integrität in Zweifel gezogen.

Es sind fünf Aspekte vorhersehbar, unter denen man die These, die ich in diesem Buch aufstelle, angreifen wird, um einer direkten Auseinandersetzung mit meinen dem Zeitgeist nicht gemäßen Schlußfolgerungen aus dem Weg zu gehen: a) die Voreingenommenheit, die meinem Bezugsrahmen zugrunde liegt; b) die Grenzen der psychoanalytischen Beobachtung; c) die Tyrannei des genetischen Determinismus; d) die Effekte der Polarisierung; e) die Gefahren der Verallgemeinerung.

a) Die Voreingenommenheit, die meinem Bezugsrahmen zugrunde liegt

Die Natur des Menschen, seine Wahrnehmung und sein Verhalten betrachte ich immer vom Standpunkt jener Fachrichtungen, in denen ich ausgebildet worden bin, nämlich der Medizin, der Psychiatrie und der Psychoanalyse. Wenn ich auch versuche, die zugehörige Fachsprache zu vermeiden, bewege ich mich doch innerhalb des Bezugsrahmens dieser Wissenschaften und damit unvermeidlich auch ihrer Werte oder – wenn Sie so wollen – ihrer Vorurteile.

Für die Kommunikation unter Fachleuten ist die Fachsprache wesentlich, ja unabdingbar. Es erscheint einem Psychoanalytiker so natürlich, von einer »Objektbesetzung« oder der »Regression auf einen Fixationspunkt« zu sprechen, wie einem Philosophen von »Deontologie« oder »Utilitarismus«. In den Sozialwissenschaften kann Fachsprache jedoch auch dazu dienen, mangelnde Aussagekraft zu verschleiern oder Triviales bedeutend erscheinen zu lassen. Ich habe einmal eine Klasse von Studenten der Psychoanalyse Artikel aus einer damals obligatorischen psychoanalytischen Zeitschrift in die Alltagssprache übersetzen lassen. Nachdem das ganze sprachliche Brimborium entfernt worden war, las sich ein großer Prozentsatz der Artikel plötzlich so: »Da ist Dick. Dick ist ein Junge. Schau Dick an. Dick hat Angst. Schau, wie Dick rennt.«

Nun kann ich zwar auf die Fachsprache verzichten, nicht jedoch auf die Grundannahmen meines Fachs (z. B.: Alles Verhalten ist dynamisch und steht in engem Bezug zur Vergangenheit). Ebenso unverzichtbar ist die Forschungsmethodik – im Fall der Psychoanalyse eine in die Tiefe gehende, intensive Beobachtung relativ kleiner Bevölkerungsgruppen. Alle wissenschaftlichen Untersuchungen der menschlichen Natur und des menschlichen Verhaltens beruhen auf einer Kombination von Beobachtungen und Erkenntnissen, doch sind die Schlüsse, die daraus abgeleitet werden, in entscheidendem Maße vom jeweiligen Bezugsrahmen abhängig. Dem aufgeklärten Beobachter ist dabei bewußt, daß verschiedene Folgerungen sich weder gegenseitig ausschließen müssen noch notwendigerweise auf einem Richtig-Falsch-Spektrum einzuordnen sind. Ein Zellbiologe wird über die Natur einer Pflanze ganz andere Aussagen machen als ein Ökologe oder etwa ein Gärtner. Jeder von ihnen hebt einen anderen Aspekt hervor.

Was man über eine Rose unter dem Mikroskop erfährt, ist nicht »wahrer« als das, was man lernt, wenn man an ihr riecht. Eine Computertomographie liefert kein wissenschaftlich genaueres Bild von Opa als das Gemälde, das über dem Kamin hängt. Allerdings sollte man den Blickwinkel und den Bezugsrahmen des jeweiligen Theoretikers kennen.

Was sind dann die Grundannahmen der Psychoanalyse? Nun, nichts so Raffiniertes oder Ausgefallenes wie »Penisneid«, »Kastrationsangst« oder »Ödipuskomplex«. Das sind eher Nebensächlichkeiten. Der eigentliche Freud ist tiefgreifender und revolutionärer.

1. Verhalten ist nach Freud immer motiviertes Verhalten. Das heißt, es verläuft immer zweckgerichtet auf ein Ziel hin. Es ist nie einfach zufällig. Es gibt für jede Handlung eine Erklärung im Sinne irgendeiner Antizipation, Emotion oder Sehnsucht – irgendein Ziel, das dem sich entsprechend verhaltenden Individuum selbst klar sein kann, aber nicht sein muß.

2. Verhalten muß außerdem als dynamisch aufgefaßt werden. Eine einzelne Handlung ist nie das Ergebnis einer einzigen Ursache. Stellen Sie sich einen riesigen Medizinball vor, den Hunderte von Studenten nach ebenso vielen verschiedenen Richtungen drücken, der sich aber nicht bewegt. Das bedeutet nicht, daß keine Kräfte am Werk wären, sondern nur, daß sie genau ausbalanciert sind. Wenn sich der Ball leicht nach Nordost bewegt, heißt das nicht, daß der Student im Südwesten ihn dorthin gedrückt hat; das Verhältnis der Kräfte – von Hunderten von Kräften – hat zu diesem Ergebnis geführt.

3. Verhalten muß in einem Entwicklungszusammenhang begriffen werden. Nichts von dem, was heute geschieht, darf isoliert gesehen werden; alles ist als Vorgang in einem langen Kontinuum oder einer Folge von Ereignissen zu begreifen, der von der Vergan-

genheit zu einem bestimmten Ziel in der Zukunft führt. Wer die Tagesereignisse ohne Kenntnis der Vorkommnisse liest, die zu ihnen geführt haben, täuscht sich im Wesen der Dinge und übersieht, was wirklich passiert. Die Gegenwart ist eine Gefangene der Vergangenheit.

4. Weiterhin stellte Freud die Behauptung auf, daß wir uns der Determinanten unseres Verhaltens größtenteils nicht bewußt sind. Unser Verhalten wird weitgehend nicht auf einer bewußten Ebene, sondern im »Unbewußten« gesteuert. Unser Fühlen und Handeln kann durchaus auf jene Motive zurückzuführen sein, mit denen wir es begründen. Ebensogut kann es aber aus unbewußten Motiven entspringen, und unsere Erklärungen sind oft nichts weiter als der Versuch einer nachträglichen Rationalisierung.

5. Die Psychoanalyse hat ihre Wurzeln in der Philosophie des deutschen Idealismus. Freud ging zwar von der Existenz einer »wirklichen« Welt aus, sah in ihr aber keine relevante Erklärung für das alltägliche Verhalten des Menschen. Nur was wir für wirklich *halten,* verursacht uns Freud oder Leid. Unser Selbstbild, ein entscheidendes Element bei der Gestaltung unserer Wahrnehmung und unseres Verhaltens, hängt stets mehr von dem ab, was wir zu sein meinen, was wir einmal waren, oder auch davon, wofür wir einmal gehalten wurden, als davon, was wir vielleicht wirklich sind.

b) Die Grenzen der psychoanalytischen Beobachtung

Zu den unbestreitbaren, entscheidenden Stärken psychoanalytischer Beobachtung zählt zunächst einmal, daß sich der Psychoanalytiker mit einem einzelnen Patienten zwei bis fünf Stunden in der Woche über einen Zeitraum von drei, fünf oder sieben Jahren hinweg beschäftigt, manchmal sogar noch länger. Während dieser Zeit lernt er seinen Patienten so gut kennen wie kaum ein anderer Forscher sein Forschungsobjekt.

Unter dem Leidensdruck von Schmerzen und psychischer Krankheit offenbart der Patient sich dem Analytiker in einem Maße und in einer Tiefe, die weit über das hinausgehen, was er ursprünglich irgendeinem anderen Menschen, einschließlich sich selbst, zugestehen wollte. Man darf daher annehmen, daß ein Psychoanalytiker wohl den tiefsten Einblick in die Persönlichkeit eines Menschen gewinnt, der denkbar ist.

Andererseits ist der Psychoanalytiker gerade aufgrund der Intensität der Methode Beschränkungen bezüglich der *Anzahl* seiner Patienten unterworfen. Es ist zwar richtig, daß Harvey das Prinzip des Blutkreislaufs entdeckt hat, indem er einen Daumen (seinen eigenen) auf einen Puls (ebenfalls seinen eigenen) gelegt hat; man kann durchaus grundlegende Verallgemeinerungen über den Menschen durch Extrapolation der Ergebnisse einer sorgfältigen Untersuchung treffen.

Nichtsdestoweniger führen generalisierende Aussagen über besondere Verhaltensweisen oder Krankheiten, die nicht allgemein verbreitet sind, zu gravierenden Fehlern, wenn sie auf einer Datenbasis von zu geringem Umfang beruhen. Wenn man z. B. eine Untersuchung über Spielsucht oder über Reisephobie durchführen will, wird man kaum einen Analytiker finden, der in seinem Leben mehr als zwanzig bis fünfzig Patienten mit einem entsprechenden Problem behandelt hat. Man muß folglich Verallgemeinerungen über große Teile der Bevölkerung aufgrund einer kleinen Bezugsgruppe treffen und geht dabei das Risiko ein, das solchen generellen Aussagen grundsätzlich innewohnt.

Alle Methoden haben ihre Grenzen. Datenerhebungen mit Hilfe von Fragebögen bieten die Möglichkeit, sehr viele Personen zu befragen. Sie sind aber notorisch anfällig, da ein Mensch bei der Beantwortung eines Fragebogens mit der gleichen Wahrscheinlichkeit lügt, mit der er die Wahrheit sagt. Welchen Grund sollte er haben, sich einem völlig Fremden zu offenbaren? Wenn man jemandem eine Frage über seine Gefühle stellt, antwortet er vermutlich das, was der Interviewer seiner Meinung nach gerne hören würde. Oder er sagt, was seiner Ansicht nach intelligente Leute fühlen, was er fühlen sollte, ja vielleicht sogar, was er selbst glaubt, daß er es fühlt. Nichts von alldem muß notwendigerweise etwas über seine wirklichen Gefühle aussagen.

Der Kulturanthropologe beschäftigt sich mit einem Gemeinwesen in seiner Gesamtheit, indem er sich auf einige wenige Individuen konzentriert. Aber auch er ist nicht objektiv. Er ist ein Fremder an fremdem Ort. Allein durch seine Anwesenheit führt er ein unzugehöriges, künstliches Element in die Gruppe ein und ruft somit ein speziell für Fremde gedachtes Verhalten hervor, wie Sich-in-Positur-Stellen oder Heimlichtuerei. Auch Sprachschwierigkeiten können in geradezu lächerlichem Maße zur Verwirrung und im Ergebnis zu Vorwürfen führen wie denen, die z. B. in jüngster Zeit im Zusammenhang mit den bahnbrechenden Arbeiten von Margaret Mead aufgetaucht sind. Es wurde bekanntlich die Frage aufgeworfen, ob sie die von ihr untersuchten Eingeborenenstämme richtig interpretiert hat oder ob diese die Forscherin »hereingelegt« haben, indem sie ihr die Märchen erzählten, von denen sie glaubten, daß sie sie hören wollte. Einem Psychoanalytiker enthüllen sogar die Lügen etwas über den Patienten, der sie ihm erzählt.

Der Anthropologe ist genauso wenig wie der Analytiker jemals ganz frei von persönlichen Werturteilen. Ich denke da an ein trauriges Beispiel aus einem ansonsten bewundernswerten Buch, das sich mit der Rolle des Mannes in Kulturen der ganzen Welt befaßt. Das Buch ist in seinem Versuch zu »Objektivität« von fast zwingender Überzeugungskraft. Und doch bezieht sich der Autor ganz nebenbei in einer Bemerkung auf die »weltliche, assimilierte jüdisch-amerikanische Kultur (die er nicht untersucht hat) als eine der seltenen Kulturen, »in denen die Frauen die Männer eigentlich dominieren«[4]. Diese eigenartige, grobe Verallgemeinerung

– unnötig, unbelegt und unbegründet – steht in seltsamem Widerspruch zu dem sonst so präzisen Gesamttenor des Buches. Man kann nicht umhin, zu vermuten, daß da irgendeine schmerzliche persönliche Erfahrung des Autors zugrunde liegt – dies ist zumindest die unbelegte Annahme des Psychoanalytikers.

Das traditionelle Forschungsinstrument der Psychoanalytiker ist die Fallstudie. Lassen Sie mich ein paar Worte zum Gebrauch von Fallgeschichten in der Psychoanalyse sagen, und zwar besonders im Hinblick darauf, warum ich in meinen Schriften auf sie verzichte. Eine detaillierte Fallstudie ist eines der aussagekräftigsten Hilfsmittel, die dem Psychoanalytiker zur Verfügung stehen. In ihren vielen Einzelaspekten gleicht sie das bereits erwähnte Fehlen einer breiteren Datenbasis aus. Die gesamte Theorie von Freud ist im wesentlichen auf der Grundlage von fünf Fallgeschichten entwickelt worden. Freud litt in seiner kreativsten Zeit unter einem eklatanten Patientenmangel und verwendete daher seine Selbstanalyse und diese begrenzte Anzahl von Fällen zur Ausarbeitung aller seiner wesentlichen Theorien, die der gegenwärtigen Freudschen Psychologie zugrunde liegen.

Dieser Tradition folgend, verwenden die meisten modernen psychoanalytischen Autoren immer noch detaillierte Fallstudien. Es stellen sich dabei jedoch gewisse Probleme. Um ihre volle Aussagekraft zu wahren, sollte eine Fallgeschichte nicht zu sehr abgeändert werden. Jedes Detail, das zum Zweck der Anonymität geändert wird, verringert einerseits die Authentizität der Geschichte und bietet andererseits Raum für Ausschmückungen, die den Vorurteilen des Autors Vorschub leisten können. Selbst wenn eine Fallbeschreibung so verändert wird, daß die Leserschaft den Patienten nicht mehr identifizieren kann – er ist Rechtsanwalt statt Arzt, stammt aus Chicago statt aus Cleveland, ist eher klein als groß –, so wird sich doch der Patient selbst wahrscheinlich erkennen können. Ich habe mich nie berechtigt gefühlt, eine Fallstudie in meinen Veröffentlichungen heranzuziehen.

Was ich durchaus verwende, sind einzelne Begebenheiten und

Beispiele aus meiner Praxis. So beschreibe ich Träume oder berichte über Ereignisse während therapeutischer Sitzungen, um verallgemeinernde Theorien mit Einzelbeispielen zu verdeutlichen. Hierin liegt nach meiner Überzeugung ein entscheidender Unterschied zur Lebensgeschichte eines Individuums. Bei letzterer fühle ich mich einfach nicht wohl. Ihre Veröffentlichung grenzt an einen Vertrauensbruch und opfert die Interessen des Patienten der »Wahrheit« oder — schlimmer — dem Eigeninteresse des Therapeuten. Anstelle der längeren Geschichte, die andere Möglichkeiten der Verifizierung bietet als eine kurze Begebenheit, habe ich es vorgezogen, Beispiele aus der Literatur zu wählen. Man mag dagegen einwenden, daß Literatur nicht »wahr« sei, aber ich habe im allgemeinen mehr Wahrheit in der großen Literatur gefunden als in der historischen Wirklichkeit. Im vorliegenden Buch verwende ich *Die rote Tapferkeitsmedaille* von Stephen Crane sowie drei Bücher über Wildnis und Jagd: *Der Bär* von William Faulkner, *Flußfahrt* von James Dickey und Norman Mailers ... *am Beispiel einer Bärenjagd*. Mit Auszügen aus diesen vier Büchern versuche ich, die Schlußfolgerungen zu untermauern, die ich aus meiner Praxis und Forschung gezogen habe. Sie sind meine »Fallgeschichten«.

Es gibt einen Forschungsbereich, in dem der Psychoanalytiker ideale Bedingungen vorfindet, da er dort die Tiefendimension seiner Tätigkeit mit einer großen Untersuchungspopulation verbinden kann: das Feld der Geschlechterrollenproblematik. Hier treffen sich die Vorteile beider Seiten: Zum einen gehören jeweils etwa fünfzig Prozent der zu untersuchenden Gruppe einem der beiden Geschlechter an, und zum anderen verbringen wir außergewöhnlich viel Zeit mit beiden von ihnen.

Verallgemeinerungen über die Geschlechterrollen stehen daher auf einer besonders breiten Basis und dürften alle anderen Beobachtungen eines Psychoanalytikers an Verläßlichkeit übertreffen.

c) Die Tyrannei des genetischen Determinismus beim Menschen

Wer hätte die ständige Debatte über die Rolle von genetischen Anlagen gegenüber Einflüssen während der Entwicklung, über angeboren versus anerzogen, über Natur versus Kultur, nicht allmählich satt? Das Thema war, egal unter welcher Überschrift, immer langweilig und lästig. Das müßte nicht so sein. Jedenfalls nicht, wenn man sich mit dem Menschen unter den besonderen Vorbedingungen der menschlichen Natur befaßt. In jüngster Zeit haben wir den Beitrag genetischer Voraussetzungen zum menschlichen Verhalten auf bedauerliche Weise vernachlässigt, aus Angst, in die neodarwinistische Falle zu geraten, deren Inbegriff die Anmaßung rassischer Überlegenheit im Nationalsozialismus darstellt. Wer auch nur über einen Funken Verstand, einen bescheidenen Einblick in Naturwissenschaft und Genetik verfügt, weiß, daß wir genetische Gesichtspunkte im menschlichen Verhalten berücksichtigen müssen. Und das Bewußtsein dessen, wie leicht modifizierbar die genetischen Grundlagen im Bereich von Persönlichkeit und Verhalten sind, bewahrt uns vor dem Fehler des Neodarwinismus.

Wie alle Lebewesen besitzen auch wir Menschen genetische Determinanten, die unser Verhalten und unsere Entwicklung gleichermaßen beeinflussen können. Doch im Gegensatz zu den Tieren ist beim *Homo sapiens* fast alles in bezug auf Verhalten, – im Unterschied zu physischen Eigenschaften wie Augenfarbe, Krankheiten, Körpertyp usw. – *nicht* fest verdrahtet. Bei den Tieren gibt es nichts, was dem freien Willen des Menschen entspricht. Kein Tier, nicht einmal das uns am nächsten stehende, der Schimpanse, kann sich von der Tyrannei und dem einmal festgelegten Schicksal des Instinkts befreien. »Der Instinkt«, hat Kant gesagt, »ist die Stimme Gottes, der alle Tiere gehorchen.«[5]

Wir Menschen dagegen haben die Freiheit, fast allem den Gehorsam zu verweigern. Wie Rousseau sagt: »Bei den Verrichtungen der Tiere muß die Natur alles wirken, während der Mensch als ein frei handelndes Wesen zu seinen Verrichtungen vieles beiträgt. Jene wählen und verwerfen aus einem bloßen Instinkt, dieser aus Freiheit. Daher kann das Tier von der Regel, die ihm vorgeschrieben worden ist, und sollte es ihm auch nützlich sein, niemals abweichen; der Mensch hingegen weicht oft zu seinem Nachteil davon ab.«[6]

Wir erziehen und konditionieren unsere Kinder und uns selbst zum Guten und zum Schlechten, oft in eine Richtung, die uns erstaunt, erfreut oder auch entsetzt. Die Veränderbarkeit des Menschen ist die Eigenschaft, die ihn am meisten von allen anderen Kreaturen unterscheidet; durch sie sind wir so verschieden von einem Schimpansen wie dieser von einem Wurm. Wir müssen uns vor den genetischen Anlagen nicht fürchten. Sie flüstern uns nur zu; sie machen uns nur Vorschläge. Wir haben die Freiheit − wir haben sie immer gehabt und werden sie immer haben −, die meisten ihrer Anweisungen zu ignorieren.

Wenn wir uns für die männliche Rolle ein Modell wünschen, das Sanftheit und Zurückhaltung betont und unaggressiv ist, macht es nichts aus, wenn Androgene zur Aggression treiben. Die Prägung durch Kultur, Erziehung und Rollenmodelle kann sich über solche genetischen Vorgaben durchaus hinwegsetzen − unter Umständen allerdings um einem gewissen Preis. Wir können aggressivere Frauen und weniger aggressive Männer schaffen; wir können die Rolle des Erstversorgers ändern und den männlichen Elternteil zur »Mama« machen. Wir haben die Freiheit, das Bild, nach dem uns der Schöpfer schafft, mitzugestalten.

Wir dürfen vor der Genetik keine Angst haben. Sie sagt uns, welche Möglichkeiten in uns liegen und welche Grundausrichtungen gegeben sind. Diese müssen wir kennen, wenn wir imstande sein wollen, sie nach unserer Wahl zu verändern. Solche Veränderungen sind gar nicht unbedingt schwierig. Der Preis dafür ist allerdings schwer vorhersagbar und birgt die Möglichkeit sowohl verblüffender Erfolge wie verheerender Katastrophen. Die genetischen Wurzeln gewisser Unterschiede im männlichen und weiblichen Verhalten zu leugnen ist unnötige Albernheit. Wir können das menschliche Verhalten unabhängig von den genetischen Richtlinien zu großen Teilen modifizieren. Wo nicht, ist die Verschiedenheit vielleicht um so erfreulicher. Wir haben die Freiheit, ebenso »Weg mit den Unterschieden!« wie »Vive la différence!« zu rufen. Wir haben die Freiheit der Wahl.

d) Die Effekte der Polarisierung

Noch ein warnendes Wort: Vermeiden Sie, in Gegensätzen und Polaritäten zu denken. Wenn ich behaupte, daß Männer x sind, behaupte ich damit nicht automatisch, daß Frauen nicht-x sind. Was will ich damit sagen? Liebe zum Beispiel ist nicht das Gegenteil von Haß. Sie hat mit Haß mehr gemeinsam als mit vielen anderen Gefühlen. In ähnlicher Weise ist männlich nicht das Gegenteil von weiblich und Mann nicht das Gegenteil von Frau.

Wenn ich das Bild der Männlichkeit, der männlichen Identität, des männlichen Egos zeichne, werden viele Züge darin auftauchen, die man leicht als Attribute der Weiblichkeit, der weiblichen Rolle und des weiblichen Egos erkennen kann. Die verschiedenen Geschlechterrollen werden gerade durch die spezifische Mischung der Charakterzüge definiert, durch die Reihenfolge und Priorität der Werte und Eigenschaften, die man ihnen jeweils zuschreibt, und durch die Wertvorstellungen, die wir uns als Richtschnur gewählt haben.

Wenn ich die Polarität leugne, bedeutet das nicht, daß ich von einem ganzen »Spektrum« zwischen Männlichkeit und Weiblichkeit ausgehe, obwohl der Gedanke nicht uninteressant ist. Ich will damit etwas anderes sagen: Aus Eiern, Mehl und Wasser zu unterschiedlichen Anteilen kann man so grundverschiedene Dinge herstellen wie Crêpes oder Soufflé. Noch dazu orientiert sich das Maß für das Gelingen dieser beiden Gerichte an völlig gegensätzlichen Begriffen — die Dünne der Crêpes gegenüber der Höhe des Soufflés. Leichtigkeit andererseits ist eine Tugend, die beiden gemeinsam ist. Der Kohlenstoff in der Kohle ist identisch mit dem Kohlenstoff im Diamanten. Ein Stück Kohle ist ganz bestimmt kein Edelstein, und doch würde die Beschreibung dessen, was Kohle wesentlich ausmacht, Eigenschaften enthalten, die auch der Diamant besitzt. Nur weil unsere Kultur traditionell dazu neigt, Männlichkeit im Gegensatz zu Weiblichkeit zu definieren, müssen wir als intelligente Beobachter dieses Denkschema nicht übernehmen. Was Mann und Frau gemeinsam ist, ist das ganze tiefgreifend idiosynkratische Verhalten, das die Menschheit als eine glorreiche Ausnahmeerscheinung im Tierreich definiert, ein Wesen auf halbem Wege zwischen den Tieren und Gott, »wenig niedriger als Gott«, wie der Psalmist es ausgedrückt hat.[7]

e) Die Gefahren der Verallgemeinerung

Noch ein Wort zur Verallgemeinerung und dem ihr innewohnenden Risiko, besonders im Hinblick auf menschliche Charakterzüge und menschliches Verhalten. Hier möchte ich, statt mich selbst zu verteidigen, lieber Primo Levi, diesen bewundernswerten und einfühlsamen Beobachter der menschlichen Natur, zu Wort kommen lassen:

»Ich stimme Ihnen zu: Es ist gefährlich und unzulässig, von ›den Deutschen‹ oder von jedem anderen Volk zu sprechen, als wären sie ein einheitliches, nicht differenziertes Gebilde, und jeden einzelnen in ein allgemeines Urteil einzubeziehen. Und doch möchte ich nicht leugnen, daß jedes Volk seine eigene Mentalität besitzt (sonst wäre es kein Volk): Es gibt ein Deutschtum, eine Italianità, eine Hispanidad; es handelt sich dabei um die Summe aus Tradition, Gebräuchen, Geschichte,

Sprache, Kultur. Wer diese Mentalität, die im besten Sinn des Wortes ›national‹ ist, nicht in sich spürt, gehört nicht nur nicht ganz zu seinem Volk, sondern ist auch nicht in die menschliche Kultur eingegliedert. Während ich also einerseits den Syllogismus ›alle Italiener sind leidenschaftlich; du bist Italiener, also bist du leidenschaftlich‹ für unsinnig halte, halte ich es für zulässig, wenn man sich innerhalb eines bestimmten Rahmens von den Italienern in ihrer Gesamtheit oder von den Deutschen und so weiter ein bestimmtes kollektives Verhalten eher als ein anderes erwartet. Sicher wird es hierbei auch einzelne Ausnahmen geben, aber eine vorsichtige, probabilistische Voraussage ist meines Erachtens möglich.«[8]

Alle meine Verallgemeinerungen über die Männer lassen Platz für Männer, die ihnen nicht entsprechen; es gibt eben Italiener und Schweden, die ihren kulturellen Stereotypen trotzen. Dennoch ist die Generalisierung unerläßlich und konstruktiv, da sie den großen Abschnitt der glockenförmigen Gaußschen Kurve beschreibt, von dem wir alle unsere allgemeinen Annahmen ableiten. Die Ausnahmen werden als solche anerkannt und berücksichtigt.

Zudem errichte ich mit der Beschreibung der prinzipiellen Elemente der Männlichkeit die Säulen, auf denen ein grundlegendes Konzept von Männlichkeit ruht. An diesen Säulen lassen sich Kapitelle und Verzierungen finden, die für Variabilität sorgen, und zwar nicht nur von Individuen, sondern auch von definierten Untergruppen. Die charakteristische Eigenart schwarzer Männer, homosexueller Männer, behinderter Männer, sehr reicher und extrem armer Männer soll einem anderen Autor oder anderer Gelegenheit überlassen bleiben.

Teil I
Der Stoff, aus dem die Männer sind

Kapitel 1

Neue Männer braucht das Land

Wir Menschen haben in den letzten zehntausend Jahren einen langen Weg zurückgelegt: heraus aus den Höhlen ins volle Licht der Sonne; heraus aus den ursprünglichen Lebensräumen des Dschungels in die künstlichen Städte unserer eigenen Schöpfung. Im Zuge dieser Entwicklung haben wir unsere Umgebung — und uns selbst — verändert. Kein anderes Lebewesen wäre zu dieser Odyssee in der Lage gewesen. Alle anderen, von der Amöbe bis zum Schimpansen, kommen im wesentlichen mit einem fertigen Bauplan auf die Welt; sie werden, was sie werden müssen. Jedes Tier ist von der Natur genau auf seine Rolle zugeschnitten und wiederholt deshalb die Geschichte der vorhergehenden Generation mit gleichförmiger, unabänderlicher Vorhersagbarkeit. Größere Mutationen kann es höchsten alle paar hunderttausend Jahre einmal erwarten. Diese führen dann nicht zur individuellen Veränderung, sondern möglicherweise zum Entstehen einer völlig neuen Art. Nur menschliche Wesen befehlen der Natur. Nur wir schaffen unser Leben neu nach eigenen Vorstellungen. Wir nützen diese Chance — und zwar zum Guten *wie* zum Schlechten.

Unsere biologische Natur hat uns weit gebracht. Aber ein Teil ebendieser Kultur befindet sich nun nicht mehr im Einklang mit der Kultur, die wir geschaffen haben. Es sind die Gefühle, die als feine Steuerinstrumente die Entscheidungsprozesse in jenem Tier regeln, das mit dem Segen und dem Fluch der Intelligenz begabt ist sowie mit der Freiheit, die mit ihr einhergeht.

31

Gefühle sind Signale, die unser Verhalten in Richtung Sicherheit, Lust und Gruppenerhalt lenken.

Wie jede andere Facette unseres menschlichen Daseins können auch die Gefühle ihrem ursprünglichen Zweck entfremdet werden. So wie der Hunger dem primitiven Menschen den Weg zur Nahrung wies, die er zum Überleben brauchte, so kann unkontrolliertes Essen beim modernen Menschen zu einem Übergewicht führen, das seine Gesundheit zerstört. Für die Gefühle gilt dasselbe. Eifersüchtige Konkurrenz, die dem Kampf ums Überleben dient, kann zu Neid verkommen, der selbst einen Sieg zur Niederlage werden läßt. Übertriebene Schuldgefühle, Angst, Scham und dergleichen können uns völlig überwältigen.

Ein hervorragendes Beispiel für eine überholte Emotion – eine irregeleitete Biologie – ist die männliche Wut. Unser Wutmechanismus diente ursprünglich dazu, uns vor menschlichen und tierischen Räubern zu schützen, die in den vorzeitlichen Dschungeln, aus denen wir stammen, unsere Existenz bedrohten. Die männliche Biologie ist darauf eingerichtet, uns gegen physische Angriffe zu schützen, die es nicht mehr gibt. Sie rüstet uns gegen eine Welt, in der wir schon lange nicht mehr leben. Auf diese Weise schickt uns unsere Biologie falsche Botschaften, die unsere Energie verschwenden und unsere Konzentration von den wirklichen Bedrohungen der modernen Existenz ablenken.

Zweihunderttausend Jahre oder länger haben unsere Vorfahren die Angriffe der Räuber, die ihnen auflauerten und sie bedrohten, überlebt. Es gelang ihnen dank ihrer Stärke und ihres Verstandes. Das männliche Tier trug die Verantwortung hauptsächlich für die Gruppe, das weibliche für den Schutz des Individuums. In Situationen der Angst und der Bedrohung half den Menschen ihre Intelligenz, im Unterschied zu den Tieren, neue Fluchtmethoden zu entwickeln und andere Formen der Deckung zu suchen. Ihre Intelligenz ersann Instrumente der Zerstörung, mit denen sie Tiere töten konnten, denen sie körperlich nicht gewachsen waren. Doch auch in einer noch früheren Phase, bevor uns unsere schöpferische Natur die Entdeckung von Angriffs- und Verteidigungswaffen bescherte, waren wir nicht hilflos. Unsere Physiologie war für das Überleben geschaffen. Angst und Wut mobilisierten unseren Körper für Kampf oder Flucht. Der Wutmechanismus sorgte dafür, daß wir im Falle eines Angriffs alle Reserven zum Einsatz bringen konnten. Die richtigen Stellen wurden durchblutet, die entsprechenden Muskeln angespannt, die endokrine Ausschüttung und die Schließmuskelfunktion angepaßt, um so die maximale Leistung sicherzustellen. Doch bei welcher Gelegenheit ist heute noch eine Höchstleistung von Sehnen und Muskeln erforderlich? Welche Bedrohungen lassen sich durch einen direkten, rein physischen Angriff abwenden? Der Mann als Krieger empfängt an der Schwelle zum einundzwanzigsten Jahrhundert von seiner Physiologie Signale, deren Befolgung ihn wahrscheinlich eher zugrunde richtet als rettet. Lassen Sie Ihren Macho-Stolz, Ihr instinktives Bedürfnis, männliche Präsenz vorzuführen, die Oberhand gewinnen über Ihre Vorsicht, und die Wahrscheinlichkeit ist groß, daß Sie der Strolch ersticht, der eigentlich nur auf Ihre Armbanduhr und Ihre Brieftasche aus war. Markieren Sie Ihrem Chef gegenüber den Krieger, so werden Sie gefeuert. Kehren Sie Ihre männliche Dominanz gegenüber jenen hervor, die für Sie arbeiten und von Ihnen abhängen, so werden sie Sie allmählich durch den fast unmerklichen, permanenten Widerstand passiver Aggression zerstören.

Die männliche Aggressivität spielte in der Frühzeit eine wichtige Rolle für unsere Evolution. Einige Autoren bestehen darauf, daß sie es immer noch tut. Der Sozialtheoretiker Ernest Becker behauptet:

»Diese Aggressionen stehen immer noch im Dienst des Organismus, da sie eine Reaktion auf das Gefühl darstellen, betrogen, hereingelegt, bloßgestellt, unterminiert worden zu sein. Eine Person . . . reagiert, um sich zur Geltung zu bringen, um zu zeigen und selbst zu fühlen, daß sie jemand ist, mit dem man rechnen muß. Wut hat ganz allgemein diese Funktion für die Person; sie stellt einen Weg dar, die Dinge wieder ins Lot zu bringen.«[1]

Ich für meinen Teil vermag nicht zu erkennen, wie Aggression weiterhin im Dienst des Überlebens stehen soll, wenn sie doch so oft zu negativen Resultaten führt. Ein Mann mag einen Moment lang das Hochgefühl des Siegers empfinden, weil er in einer bestimmten Situation nicht nachgegeben hat, doch kann man wohl kaum behaupten, es sei im Sinne des *Überlebens*, wenn man gekündigt oder ermordet wird, nur weil man seinem Ego oder seiner Eitelkeit gehuldigt hat. Der Psychiater David Hamburg vertritt in seiner Antwort auf Becker meine Position:

»Jeder Mechanismus (einst der Anpassung dienlich) . . . kann weitgehend kontraproduktiv werden, wenn in den Umweltbedingungen drastische Veränderungen eintreten . . . Einige der Mechanismen, die sich in den Jahrmillionen der erstaunlichen Evolution von Primaten und Menschen entwickelt haben, sind nicht mehr so nützlich, wie sie einst waren.«[2]

Wut entsteht heutzutage meist aus der Erregung über Ereignisse, die, obzwar symbolisch weitreichend, im wesentlichen trivial sind. Es handelt sich folglich um eine ständige Überreaktion. Unser Körper bereitet uns für Kämpfe auf Leben oder Tod vor, die nur noch in unserem Unbewußten oder in unserer Physiologie existieren.

Der Mann als Krieger ist passé, abgesehen von einigen wenigen Berufen und jenen seltenen historischen Zeiten, in denen Kriege notwendig sind, um unser Überleben zu sichern. Doch selbst ein Krieg und seine Begründung werfen Fragen auf: War die Bedrohung real oder eingebildet? Wenn eine Bevölkerung voller Ohnmachtsgefühle und Selbstwertzweifel von einem Führer mobilisiert wird, der von denselben Gefühlen der Unzulänglichkeit erfüllt, aber in der Lage ist, sie auszuagieren, kann das Ergebnis unser aller Überleben gefährden.

Wir haben eine erschreckende Epoche hinter uns, in der sich eine unverhältnismäßig große Zahl der politischen Führer dieser Welt als Männer erwiesen hat, die in ihren eigenen Machtkämpfen befangen waren. Natürlich sind Leute wie Hitler, Stalin oder Mussolini, die in ihren Uniformen paranoide Phantasien ausleben, furchtbar. Die Gefahr geht aber über diese besonders bezeichnenden Beispiele hinaus. Die politischen Memoiren und Biographien hochangesehener Spitzenpolitiker, die das weltpolitische Machtgefüge in jüngster Zeit entscheidend mitgeprägt haben, zeigen auf beunruhigende Weise, wieviel Pathologisches sich hinter der öffentlichen Selbstdarstellung verbarg. Die Handlungen von Lyndon B. Johnson oder Richard M. Nixon, um nur zwei von ihnen zu nennen, werfen die Frage auf, ob oder bis zu welchem Grade ein Mann in einer Führungsposition persönliche Gefühle wie Stolz, Angst, Furcht, Wut und Demütigung von der nationalen Sache trennen kann.

Soviel zum Mann als Krieger. Wie steht es mit dem Mann als Versorger? Auch er muß sich an neue Bedingungen anpassen. Die Arbeitswelt ist nicht mehr nur den Männern vorbehalten, und die meiste Arbeit macht keine Freude mehr. Arbeit ist zu einer notwendigen Last verkommen, die den männlichen Stolz nur noch selten befriedigen kann.

Ähnliches gilt auch auf sexuellem Gebiet. Der Mann als Erzeuger kann nicht länger Befriedigung daraus ziehen, seine Rolle durch die Produktion zahlreicher Nachkommen erfüllt zu haben. Zahlreiche Nachkommen sind heutzutage nicht mehr erwünscht. Auf einem überbevölkerten Globus wird Zurückhaltung zu einer Tugend. Darüber hinaus bringt uns die biologische Revolution an einen Punkt, an dem ein Mann, d. h. ein bestimmter Mann, für die Fortpflanzung durch Zeugung nicht mehr gebraucht wird. Eine Samenbank reicht dafür völlig aus.

Durch alle Jahrhunderte und quer durch die Kulturen war der Inbegriff des Mannseins durch die Erfüllung dieser drei biologisch gesteuerten Rollen definiert: Beschützer (Krieger), Versorger (Jäger) und Erzeuger (Stammvater). Das waren die Rollenmodelle, nach denen wir beurteilt wurden, die Maßstäbe für unseren Stolz. Die Stützen des männlichen Egos stehen nun im Begriff, gefährlich untergraben zu werden.

Wir können nun konstatieren, daß wir Gefangene eines rudimentären und schlecht angepaßten emotionalen Systems sind, das sich überlebt hat. Aber was können wir *tun?* Ich kann Ihnen ein paar Dinge sagen, die uns nicht weiterhelfen. Es wird uns nichts helfen, wenn wir uns für ein Wochenende der »wilden Männer« freinehmen, um gemeinsam durch die Wälder zu streifen, uns den nackten Oberkörper mit mystischen Zeichen zu bemalen, die Trommel zu schlagen und den Mond anzubrüllen. Es wird nichts helfen, wenn wir schmuselig und gefühlsduselig werden und einem zweiten schweißigen Mann in den Bart heulen, weil unser Daddy uns nie liebgehabt hat. Wir müssen nicht den wilden Mann in uns ausfindig machen; er offenbart sich in unserem Verhalten nur zu deutlich. Wir müssen unsere Höhlenmenschenpsyche *und* unsere Höhlenmenschenphysis loswerden oder mäßigen.

Eine verlockende Option in diesem goldenen Zeitalter wissenschaftlichen Fortschritts könnte die direkte physiologische Intervention sein. Wir besitzen die Fähigkeiten, entweder durch pharmakologische oder genetische Methoden, die noch entwickelt werden müssen, unserer Physis dabei zu helfen, mit der psychosozialen Realität gleichzuziehen. In begrenzten Bereichen haben wir das bereits getan. Die Einführung von Beta-Blockern bei der Behandlung von Bluthochdruck und Herzkranzgefäßkrankheiten läßt einen Menschen Wut und Frustration erleben, während die physiologischen Reaktionen blockiert werden, die diese Gefühle in chemische Substanzen zur Erhöhung des Blutdrucks und der Herzschlagfrequenz und für andere aufregungsbedingte Vorgänge übertragen.

Der am häufigsten vorgebrachte Einwand gegen einen pharma-kologischen und physiologischen Ansatz ist die naive und mysti-sche Warnung davor, Mutter Natur ins Handwerk zu pfuschen. Viele intelligente Menschen wehren sich hartnäckig und oft ohne logische Begründung gegen den Gedanken, unsere Natur zu ver-ändern. Es erscheint ihnen respektlos gegenüber den Kräften, die uns geschaffen haben, und erfüllt sie daher mit Schrecken. Es raubt uns etwas von unserer speziellen Eigenart. Die Vorstellung, uns bewußt zu verändern oder anzupassen, scheint die Natur unseres Wesens zu trivialisieren.

In Wirklichkeit sind wir ständig dabei, die Natur unseren Zwecken gefügig zu machen. Wir verändern das Verhalten der Pflanzen; wir manipulieren die tierischen Gene; wir setzen *Dinge* unseren Bedürfnissen entsprechend ein: Das jüngste Beispiel bie-tet das Auswechseln abgenützter Körperteile durch lebende, tote oder künstliche »Ersatzteile«. Unabhängig von solcher Hochtech-nologie verändern wir unsere Natur ganz entscheidend, indem wir unsere Kultur verändern. Wir leben in für unsere Gattung »unge-eigneten« Klimazonen. Wir bebauen Land, das nicht für den Anbau gedacht war. Wir ändern unsere Ernährungsweise, impfen uns gegen Krankheiten, heilen uns mit Medikamenten und brin-gen uns mit Drogen um. Seit langer Zeit gestalten wir an unserem Bilde zum Guten wie zum Schlechten mit, und oft ohne Vorüber-legung oder Plan.

Ich sehe dennoch schwerwiegende Probleme in einem pharma-kologischen und physiologischen Ansatz, selbst wenn wir unsere Vorurteile über eine Veränderung an sich überwinden. Da ergibt sich die Frage nach der Richtung der Veränderung mit allen Implikationen. Wessen Werte werden sich durchsetzen? Auf Grundlage welcher Daten sollen wir sie beurteilen? Wie wollen wir die Vorzüge konkurrierender Werte gewichten? Zudem liegt in der Vielfalt ein Vorteil, in einem einheitlichen, universellen Plan hingegen durchaus eine Gefahr.

Bei den Überlegungen zum Wie bekomme ich es mit der

Angst zu tun: Wie führen wir Verbesserungen durch? Wie sehen die Entscheidungsträger aus? Wie schätzen wir die Folgen unseres Tuns ab? Lektionen aus der Vergangenheit haben deutlich gemacht, daß »Verbesserungen« oft tödlich sein können. Aber wir nähern uns einem Wendepunkt. In meinen Augen gehen Freude und Befriedigung in dem Leben, das wir uns ohne bewußte Absicht geschaffen haben, allmählich verloren. Bei dem Problem einer Neudefinition der Männerrolle sollten wir unser logisches Denken und unseren Verstand genauso einsetzen wie bei anderen Problemen, doch sollten wir vorsichtig und bescheiden an die Sache herangehen.

Die Frauen versuchen nun schon seit geraumer Zeit, ihre Rolle neu zu definieren. Es wäre erfreulich, wenn wir von ihren anfänglichen Fehlern lernen würden, anstatt sie zu wiederholen. Wir werden die Probleme der männlichen Identität nicht lösen, indem wir eine »feminine« Identität annehmen, ebensowenig hilft es den Frauen weiter, die unangenehmen, wenn auch ganz anders gearteten Pflichten zu übernehmen, die dem männlichen Geschlecht aufgetragen sind. Und doch scheint genau das der verrückte Pfad zu sein, den wir gegenwärtig beschreiten. Hollywood – noch immer der beste verfügbare Index für Absurdität – schwelgte im Sommer 1991 geradezu in einer Orgie von Geschlechtsverdrehungen. Man stellte uns einen freundlicheren, sanfteren männlichen Helden vor. Zugegeben, William Hurt mußte erst die Kehle aufgerissen werden, um den Übergang vom männlichen Chauvinistenschwein zum Kuschelbärchen zu schaffen. Harrison Ford, ein härterer Fall, brauchte da schon eine Kugel durch den Kopf, um »feminisiert« zu werden.

Die Wesensverwandlung schlechthin vollzog sich in *Terminator II*, jener rührenden Geschichte über elterliche Liebe. Dort lernt ein vierzehnjähriger Junge Zärtlichkeit, Zuwendung und Zuneigung von Arnold Schwarzenegger, einem Roboter, der als Killer entwickelt wurde. Er klammert sich an den stahlverstärkten Busen der Maschine, da seine wirkliche Mutter die »neue Frau« ist

– nur Muskeln und Häßlichkeit. Sie ist Sylvester Stallone in Frauenkleidern, mit der Ausdrucksweise eines Zuhälters. Sie ist hart, gemein, hinterhältig und viel zu sehr damit beschäftigt, ihre Hundertpfund-Kanone mit sich herumzuschleppen, als daß sie noch Zärtlichkeiten an ihren Sohn verschwenden könnte. Zärtlichkeit, so lautet die Botschaft, ist das, was Jungen brauchen und von ihren Daddies nicht kriegen. Ist es das, was wir wirklich wollen: Papi als June Cleaver und Mami als Rambo?

Eine echte Lösung liegt nicht in einer Umkehrung der Rollen, sondern in der allmählichen Milderung der scharfen Grenzziehungen zwischen den beiden Geschlechtern. Einige Unterscheidungen zwischen den Geschlechterrollen werden unweigerlich erhalten bleiben, es sei denn, wir wären bereit, unsere herkömmliche Vorstellung von der Familie in ihrer traditionellen Struktur aufzugeben. Wir sind frei, auch das zu tun; tatsächlich lassen wir es schon passieren. Die unbekannten Risiken, die ein so radikaler Eingriff in die Art und Weise, wie wir unsere Kinder großziehen, mit sich brächte, dürfen allerdings nicht unterschätzt werden.

Ein etwas bescheideneres Vorgehen scheint mir angeraten. Wir sollten die Attribute untersuchen, die den traditionellen Rollen des Beschützers, Versorgers und Erzeugers zugrunde liegen, und Wege finden, sie anderen, entwicklungsfähigeren Gebieten zuzuordnen. Verhalten wird selten durch einfache genetische oder chemische Vorgaben gesteuert, und zur Veränderung komplexer Verhaltensmuster eignen sich am besten psychologische und soziologische Methoden von Überredung und Überzeugung, Auswahl, Erziehung oder in der Tat auch Zwang. Die Tatsache, daß man kein Jäger mehr sein muß, um Versorger zu werden, bedeutet nicht, daß das Bedürfnis, anderen zu geben, und der Stolz, sie zu versorgen, beim Mann nicht in anderer Form gefördert werden kann. Wir müssen neue Wege zur Männlichkeit finden und sie mit derselben Achtung und Anerkennung unterstützen, die bisher den traditionellen männlichen Charakterzügen zuteil geworden sind. Auf diese Weise setzen wir einen Prozeß in Gang, der allein die Inhalte männlichen Strebens zu verändern imstande ist. Rollenidentität baut sich auf Leitbildern und Identifikationen auf, die ihrerseits das Wesen des sich entwickelnden Selbst entscheidend beeinflussen können. Um das Kind zu ändern, muß man die Eltern ändern. Wir beeinflussen unsere Kinder auf vielfältige und oft sehr subtile Weise. Zwei Grundarten der Lenkung lassen sich feststellen: Die erste kann man als kognitiv oder, genauer, als verhaltensorientiert bezeichnen. Wir *sagen* dem männlichen Kind, was es tun soll. Das ist aber nicht alles. Eltern animieren ihre kleinen Söhne zu bestimmten Verhaltensweisen, indem sie nicht nur in Worten, sondern auch in Mimik und Körpersprache Anerkennung oder Ablehnung ausdrücken. Da das Kind davon ausgeht, daß sein Überleben von dieser Anerkennung abhängt, übt der Entzug von Liebe und Zuneigung oder das Entstehen von Ärger, Scham oder Enttäuschung bei den Eltern einen Zwang auf das Kind aus, der nicht weniger direkt wirkt als die Pistole des Straßenräubers auf sein Opfer. Diesen Vorgang nennen wir »Erziehung«. Die Grenzen zwischen Erziehung und Zwang sind immer fließend. Es ist völlig legitim, die Autonomie des Kindes im Sinne der Charakterbildung und des Guten zu umgehen, ja, es ist nicht nur legitim, sondern die bei weitem effektivste Methode, ein Kind zu »erziehen«.[3]

Das Kind lernt Verhalten in großen Blöcken, indem es im Lauf seines Lebens verschiedene Identitäten übernimmt. Die Identifikation mit dem Elternteil ist als Vorgang so klar und offenkundig, daß wir sie als selbstverständlich hinnehmen. Die Verschmelzung ist so automatisch, daß wir sie so wenig wahrnehmen wie die Luft um uns herum. Ein kleiner Junge »benimmt« sich, wie sein Vater möchte, daß er sich benimmt − aus Furcht vor ihm, aus Liebe zu ihm oder aus dem Bedürfnis, sich den Vater gewogen zu machen und von ihm anerkannt zu werden. Der gleiche kleine Junge benimmt sich aber auch deshalb wie sein Vater − und dies selbst dann, wenn das dem Vater gar nicht recht ist −, weil er einem starken und fast unausweichlichen Antrieb zur Mimikri unter-liegt. Über diesen Nachahmungstrieb hinaus existiert ein weiterer, noch mächtigerer Mechanismus: die Identifikation. Die Identifikation schließt mit ein, was wir in der Psychoanalyse mit unserer Vorliebe für häßliche Begriffe »Introjektion« nennen. Das bedeu-tet, daß ein Junge seinen Vater, so wie er ihn sieht, sich »einver-leibt«, in sich als Ideal etabliert und als Teil seiner eigenen Identität integriert. Es ist die Übernahme des elterlichen Benehmens und Verhaltens und der elterlichen Werte im großen.

Ein Sohn ähnelt seinem Vater wegen seiner Gene, wegen der Konditionierung, die ich gerade beschrieben habe, und auch, weil er zum Teil sein Vater *ist*. Das internalisierte Bild seines Vaters wird einer der Grundsteine, auf denen sich seine Identität aufbaut. Er wird auch das Bild seiner Mutter, älterer Geschwister und vieler »signifikanter anderer« verinnerlichen, bis sich sein endgültiges Selbst bildet. Aber wenn wir uns mit der Frage der Männlichkeit, des Mannes als Mann, beschäftigen, ist die Einverleibung des Vaters oder einer gleichwertigen männlichen Person von zentraler Bedeutung. Wir sind uns wahrscheinlich nicht darüber im klaren, in welchem Ausmaß wir diesen Mann – geliebt oder gehaßt – in uns tragen. Es ist schlimm genug, wenn man plötzlich, im fortge-schrittenen Alter das Gesicht des Vaters im Spiegel wiedererkennt. Doch wenn man sich dabei ertappt, wie man gegenüber den eigenen Kindern die gleichen irrationalen Reaktionen an den Tag legt, die man schon bei seinem Vater so gehaßt hat, ist das, milde gesagt, beunruhigend.

Geschlechtsidentität baut auf Konditionierung, Modellbildung und Identifikation auf. Um den Jungen zu ändern, muß man die Männer um ihn herum ändern – und es müssen Männer um ihn herum sein. Das ist heutzutage keine leichte Aufgabe.

Wenn es uns gelingt, uns durch Bewußtseinsbildung und Methoden der Selbsterziehung zu ändern, dann können wir auch die Rolle ändern, die wir im Leben unserer Kinder spielen, und letztlich die Kinder selbst. Solche Bemühungen haben vielleicht nicht den »Zauber« eines Männerbundes an einem Wochenend in den Wäldern, aber eine Reihe von Wochenenden in den Wäldern mit unseren Söhnen könnte ein Schritt sein, die männliche Rolle wieder mit Stolz zu erfüllen. Die »Wälder« brauchen dabei nicht unbedingt Wälder zu sein — Museen tun es genausogut.

Wir müssen Wege finden, den männlichen Stolz zu befreien. Die Tugenden, die die traditionelle Definition der Männlichkeit beinhaltet, kann man kaum als überlebt bezeichnen. Mut, Beständigkeit, Verantwortung, Pflichtbewußtsein, Tapferkeit, Großzügigkeit und Wohltätigkeit sind Charakterzüge, die heute bedauerlich selten anzutreffen sind. Wir müssen die Aktivitäten und Bereiche, in denen diese Tugenden gelernt und gebraucht werden, neu besetzen. Die Bildung von Geschlechterstereotypen in der Vergangenheit hatte ihren Preis: Das traditionelle Begriffspaar der klassischen Psychoanalyse — *Liebe und Arbeit* — ist getrennt und zur einen Hälfte den Männern, zur anderen den Frauen zugeordnet worden. Als Folge davon haben wir alle gelitten. Es geht hier nicht um einen Kampf der Geschlechter. Es wäre der Gipfel der Dummheit, nun statt dessen die Arbeit den Frauen und die Liebe den Männern zuzuschreiben. Der rasche Griff zu »Instant«-Lösungen ist in sich ein Ausdruck gefährlichen männlichen Hochmuts — nur eine weitere Manifestation des überholten Machismo, den wir sinnvoll ersetzen müssen. Dieser gordische Knoten wird sich nicht mit dem raschen Schlag einer Klinge zerschneiden lassen; vergessen Sie das phallische Bild des Alexanderschwerts. Was wir brauchen, ist ein Prozeß, in dem die Geschlechterrollen allmählich ihre starren Konturen verlieren und aus dem schließlich Mann und Frau nach wie vor verschieden, aber gleich geachtet hervorgehen.

Es hilft uns nicht weiter, den archaischen Mann in uns »wiederzuentdecken«. Dieser archaische Mann ist nur allzuleicht zugänglich. Er ist ein gefährlicher Anachronismus. Wir müssen ganz im Gegenteil unser Männerbild neu definieren und neue Quellen für den männlichen Stolz finden. Das ist keine leichte, aber für eine

Spezies, die zum Mond geflogen ist und zu den Sternen strebt, auch keine unlösbare Aufgabe. Wir müssen damit beginnen, das männliche Ego zu verstehen. Was ist es? Wovon lebt es? Und was bedroht es?

Kapitel 2

Das Ego — Was verstehen
wir darunter?

Das männliche Ego, dieses zerbrechliche, verletzliche, aber einflußreiche Produkt unserer männlich dominierten Gesellschaft, ist ein völlig unzureichend begriffenes Phänomen. Über Frauen wissen wir mehr. In dem Bewußtsein, daß das Wesen des weiblichen Egos lange verzerrt dargestellt oder ganz ignoriert worden war, haben feministische Autorinnen in den letzten dreißig Jahren die weibliche Empfindsamkeit mit größter Sorgfalt untersucht und gewertet. Sie gingen dabei von der Annahme aus, daß wir uns mit den Problemen der Männlichkeit intensiver auseinandergesetzt hätten. Das war jedoch nicht der Fall. Beide Geschlechter hatten einfach die ihnen zugewiesene Rolle übernommen, ohne sie zu definieren oder genauer zu hinterfragen: Weder wurde gefragt, ob die Rollenfixierung unvermeidlich ist — was sie nicht ist —, noch ob sie optimal ist — was sie ganz bestimmt nicht ist.

Die Feministinnen haben sich auf die Ungleichheit der Rollenverteilung konzentriert. Sie wissen, daß Frauen durch willkürliche Definitionen der »richtigen Rolle« für die Frau in ihren Möglichkeiten beschränkt wurden. Daraus wurde von manchen die irrige Annahme abgeleitet, die Privilegien der Männer bildeten das Gegenstück zu den Einschränkungen der Frauen. In Wahrheit belasten und beschränken Rollendefinitionen *beide* Geschlechter, wenn auch auf verschiedene Weise. Die männliche Selbsterfahrung muß mit der gleichen Einfühlsamkeit erforscht werden, mit der man auf die weibliche Selbsterfahrung eingegangen ist.

Wer die Mühen und Plagen der Männer in unserer Gesellschaft

begreifen will, muß das männliche Ego, welches diese Erfahrungen filtert und bewertet, unter die Lupe nehmen. »Ego« als Begriff ist nicht leicht zu definieren. Im allgemeinen Sprachgebrauch gibt es mindestens zwei verschiedene, wenn auch verwandte Anwendungsbereiche. Im weitesten Sinne ist das Ego das Selbst bzw. das Selbstgefühl. Im normalen Sprachgebrauch kommt es jedoch am häufigsten in bezug auf jene spezifischen Aspekte des Selbst vor, die mit Eitelkeit oder, seltener, mit Stolz zu tun haben. Wenn wir sagen, daß Ted »egoistisch« ist, meinen wir damit »selbstsüchtig«; wenn Brian ein »aufgeblasenes Ego« hat, heißt das, er ist eingebildet oder selbstgefällig. Der Ausdruck »Tom ist auf einem Ego-Trip« stellt eine nicht sonderlich elegante Erweiterung der Umgangssprache dar, beschreibt aber anschaulich eine Haltung, die im wesentlichen dazu dient, sich der eigenen Wichtigkeit oder Bedeutung zu vergewissern. Der Ego-Trip ist ein gelegentlich notwendiger Ausflug in einer Kultur wie unserer, die tendenziell die meisten Egos, männlich oder weiblich, beschneidet und herabsetzt.

Andererseits enthält der Satz »Dies oder das ist gut für sein Ego« keine Kritik. Gemeint ist einfach, daß »dies oder das« dazu beiträgt, sich gut und seinen Aufgaben gewachsen zu fühlen. Eine Haartransplantation läßt sich auf zweierlei Art beschreiben: einmal abwertend, als Ego-Trip, zum anderen positiv, als gut für Jims Ego. Das sind zwei verschiedene Urteile, die zu zwei unterschiedlichen Meinungen darüber führen, ob die Prozedur empfehlenswert ist.

Dieser scheinbare Widerspruch in der Beurteilung von Handlungen, die den Bedürfnissen des Egos dienen, erklärt sich aus den verschiedenen Definitionen des Begriffs »Stolz«. Stolz führt die Liste der sieben Todsünden an, da ihn die christliche Religion, die die Demut belohnt, als Hochmut versteht. Die Neuzeit-Religion der Psychoanalyse hingegen hält Stolz für eine Tugend. Der Stolz auf sich selbst wird als Hauptziel der Behandlung betrachtet, Hand in Hand mit Selbstwertgefühl, Selbstachtung und Selbstvertrauen, die alle Bestandteile des Stolzes sind. Stolz unterstreicht unsere Würde, das Gefühl für unseren besonderen Eigenwert.

Wenn unser Ego einen Schlag versetzt bekommen hat, haben wir das Gefühl, in unseren eigenen Augen herabgesetzt worden zu sein und an Wichtigkeit und Vertrauenswürdigkeit verloren zu haben. Was aber noch entscheidender ist: Wir empfinden, daß unser gesamtes Selbstgefühl erschüttert ist. Das führt uns nun zurück zu der ersten und tiefer gehenden Bedeutung des Wortes »Ego«, um die es mir in erster Linie geht: das Selbstgefühl.

Von Psychoanalytikern wird der Begriff Ego oder Ich auf vielfältigste Weise verwendet. Freud hatte Schwierigkeiten, das Ich zu definieren. Es bildet den bewußten Teil des menschlichen Wesens, der offenbar das Verhalten kontrolliert und sich direkt auf die reale Welt oder die äußere Umgebung bezieht. In der klassischen Freudschen Theorie war das Ich eine der drei Instanzen der Psyche. Es wurde unterschieden vom »Es«, das für den unbewußten, ursprünglichen und grundlegenden Triebmechanismus im Individuum stand, und vom »Über-Ich«, das man, grob gesagt, mit dem Gewissen des einzelnen gleichsetzen könnte.

Später findet sich der Begriff in unterschiedlichen Verwendungen, etwa als Identität des Individuums, als Handlungs- oder Funktionsfähigkeit des Individuums, als wahrnehmende oder empfindende Person und schließlich, im neueren Sprachgebrauch, als das Selbst, was wahrscheinlich alles Vorangegangene mit einschließt.

Die Psychoanalytiker haben sich inzwischen darauf geeinigt, unter Ego das Selbst zu verstehen, oder, wie es das Lexikon definiert: »das gesamte, grundlegende oder spezielle Wesen einer Person; das Individuum«. Der Begriff Ego umfaßt all jene Eigenschaften, die einen Menschen vom anderen unterscheiden, seine Persönlichkeit, seinen Charakter, seine Individualität, seine Identifizierungen. Paradoxerweise definiert er auch, was eine Person an eine andere in gemeinsamer Identität bindet.

Wer sind Sie? Die Antwort könnte lauten: Ich bin ein Mensch, ein Mann, Arzt, Gatte, Vater, Sohn, Bruder, ein Amerikaner, ein Anglikaner, ein Bostoner, ein Schwarzer mit karibischer Abstammung, ein liberaler Demokrat, ein Querschnittsgelähmter, ein sechsundvierzigjähriger Amateurmusiker und ein Briefmarkensammler. Alles das und noch viel mehr. Und trotz alledem wüßte ich immer noch nicht, wer Sie »sind«. Könnte ich Sie achten? Würde ich Sie mögen? Sollte ich Ihnen vertrauen?

Sie wissen vielleicht auch nicht, wer Sie sind. Die Menschen, die mit Ihnen zusammenleben, kennen Sie womöglich besser als Sie sich selbst, denn sie erleben Sie in Aktion. Ihre Handlungen und Ihr allgemeines Verhalten sind ausschlaggebend für die Identität, die Ihnen die anderen zuschreiben, und das zu Recht. Sie sind zum großen Teil das, was Sie tun, nicht das, was Sie tun möchten, gerne täten oder zu tun glauben. Hitler war Hitler, unabhängig von irgendeinem Zartgefühl, das sich in ihm verborgen haben mag, und ungeachtet jedweden Ziels, das er sich zum Wohle der Menschheit gesetzt und mit dem er selbst sein Verhalten begründet haben mag. Sie glauben vielleicht, daß die meisten Leute wissen, was sie tun, was sie erreichen wollen und wie sie auf die anderen wirken. Wetten Sie nicht Ihren Kopf darauf! Während sich einerseits die Fähigkeit zur Selbsterkenntnis von Individuum zu Individuum durchaus unvorhersehbar unterscheidet, hat sich andererseits noch keiner köpfen lassen müssen, weil er irgendeines Menschen Fähigkeit zur Selbsttäuschung zu hoch eingeschätzt hätte. In jedem Fall ist die eigene Wirklichkeitswahrnehmung, auch wenn sie noch so in die Irre geht, ebenfalls eine Komponente des Egos.

Auch wenn es sehr kompliziert und facettenreich sein mag, gibt es irgendwo das wirkliche Selbst. Dieses Selbst ist das ausführende Organ, das unser Verhalten und unsere Handlungen lenkt, indem es alle unsere Wahrnehmungen durchdringt. Diese Wahrnehmungen wiederum bestimmen unsere Handlungen und unser Verhalten. Es ist gut möglich, daß wir dieses Selbst nicht verstehen oder kennen, es bestimmt jedoch seinerseits, inwieweit wir alles andere verstehen und begreifen. Es ist das Wahrnehmungsraster unserer Hoffnungen, Leiden, Freuden, Ängste, Eifersüchte, unserer Verzweiflung oder Begeisterung, das alle Erfahrungen des Lebens filtert und ihnen ihre Bedeutung verleiht. Dieses Selbstgefühl beeinflußt jede Tätigkeit und jede Beziehung, an der wir teilhaben. Machen Sie sich keine Sorgen, wenn Sie es nicht definieren können; alle wirklich wichtigen Dinge im Leben entziehen sich gewöhnlich der genauen Definition.

Die »Entdeckung« des eigenen Selbst im Sinne einer Offenbarung kommt in der Regel in Romanen oder Theaterstücken häufiger vor als im wirklichen Leben. Die Viktorianer mit ihrer wunderbaren Fähigkeit, Dinge in Worte zu fassen, prägten die Redensart, daß das Wasser wahrscheinlich das letzte sei, was ein Fisch entdeckt, und uns geht es mit unserem eigenen Selbst nicht anders.

Nichtsdestoweniger bestimmt dieses Selbst unsere gesamte Sicht der Welt und vor allem das Gefühl, ob unsere Stellung in dieser Welt unser Dasein rechtfertigt. Ein gestörtes Selbstgefühl kann den Sternen jeden Glanz rauben und uns das Leben zur Hölle machen.

Letztendlich ist es von lächerlich geringer Bedeutung, was man »wirklich« ist. Selbst was andere von uns denken, ist kaum von Bedeutung, solange wir deren Vorstellungen nicht übernehmen und es nicht zulassen, daß unser eigenes Selbstgefühl davon durchdrungen und bestimmt wird. Ein depressiver Patient wird nur noch depressiver, wenn ihm seine Lieben immer wieder versichern, daß er ein wertvoller und liebenswerter Mensch ist. Das Gefühl, sie »getäuscht« zu haben, wird ihn in seinem Selbsthaß eher noch bestärken und ihn zum Selbstmord treiben.

Studien über die menschliche Entwicklung bestehen zum großen Teil aus Untersuchungen, wie das »Ich« verschieden wird von den »anderen«, die es umgeben. Das sich entwickelnde Selbst, das sich nach genetischen und biologischen Bedingungen und Vorgaben herausbildet, wird von seiner kulturellen Umgebung geprägt und nimmt die typischen Charakteristika der entsprechenden Nationalität an, z. B. eines zeitgenössischen amerikanischen Mannes. Diese Grundzüge werden durch die besonderen Einflüsse der familiären Umgebung modifiziert. Ein weißer Amerikaner aus der Mittelschicht, der in Cleveland, Ohio, aufwächst, wird einerseits typische Züge entwickeln, die er mit allen seinen »Kumpanen« aus Ohio teilt und die sein Verhalten prinzipiell von dem eines typischen Sambia-Kriegers aus dem östlichen Hochland von Papua-Neuguinea unterscheiden — und von dem eines typischen Franzosen aus der Bourgeoisie von Lyon. Andererseits wird er einige persönliche Charakterzüge mit Angehörigen anderer Kulturen teilen — schließlich gehören sie alle zur Gattung Mensch —, und er wird sich von Angehörigen seiner eigenen Kultur unterscheiden, geformt von den ganz speziellen persönlichen Erfahrungen, die er in dieser Kultur gemacht hat.

Bei allen Tieren sind die Verhaltensweisen, die sie zum Überleben brauchen, im Erbgut festgelegt. Um diese Eigenschaften zur Entfaltung zu bringen, sind Erfahrungen mit der Umwelt nötig — das Robbenbaby muß von seiner Mutter umsorgt und genährt werden, um zu überleben. Und so, wie die Mutter von ihren Genen dazu getrieben wird, ihr Junges zu säugen, wird auch das Robbenkind von seinen Genen zum Saugen getrieben. Eine Leopardenmutter muß ihr Junges auf seinen ersten Jagdausflüge begleiten, um es anzuleiten und zu trainieren, aber der Jagdtrieb, die Jagdlust, die Tricks und Kniffe der Jagd sind alle schon angelegt und warten nur darauf, an die Oberfläche zu kommen.

Nur der Mensch muß lernen, wie man erwachsen wird. Daraus erklärt sich die außerordentliche Variabilität des menschlichen Wesens. Pinguine sehen nicht nur alle gleich aus. Pinguine *sind* alle gleich. Sie mögen in Größe, Körperbau oder Aggressivität ein wenig voneinander abweichen, aber selbst das ist schon im Erbgut festgelegt. Nur wir Menschen formen aus kleinen

Jungen Männer und aus Mädchen Frauen, wobei wir uns nach Modellen richten, die sich ebenso oft willkürlich und zerstörerisch wie angemessen und befriedigend auswirken.

Der Mann ist, wie Gummireifen, Baseballschläger aus Hickory-holz oder silberne Sportpokale, zum Großteil ein von Menschen geschaffenes »Produkt«. Er verwendet eine im wesentlichen aus natürlichen Substanzen bestehende Ausstattung, die er nach sei-nen eigenen Vorstellungen und zu seinen eigenen Zwecken formt. Denken Sie nur an das eigenartige Ritual, mit dem der typische Mann in unserer Kultur seinen Tag beginnt. Er nimmt ein feinge-schliffenes Stück rostfreien Stahl — das er selbst extra zu diesem Zweck hergestellt hat — und schabt damit sorgfältig seine ganze Gesichtsfläche ab, um alle Spuren des Barts zu beseitigen, den die Natur dort sprießen lassen will.

In Abwandlung eines Talmudwortes — im Original geht es natürlich um die Beschneidung — könnte man fragen: Wenn Gott gewollt hätte, daß der Mann glattrasiert ist, warum hat er ihn dann nicht gleich so erschaffen? Die Antwort lautet, daß der Mensch als einziges unter den Lebewesen unfertig erschaffen, dafür aber mit der Macht und dem Privileg ausgestattet wurde, gemeinsam mit seinem Schöpfer an seiner endgültigen Gestalt mitzuwirken. Zugegebenermaßen besteht der Mensch im Inner-sten aus viel komplizierterem Material, als es Gummi, Holz oder Silber sind, aber selbst wenn man außerdem zugesteht, daß er vielleicht weniger veränderbar ist, als es unsere weitschweifende Phantasie gern hätte, bleibt doch die Tatsache bestehen, daß wir uns nach unseren eigenen Plänen und zu unseren eigenen Zwek-ken formen.[1]

Wir lernen nicht nur, wie man erwachsen wird, sondern auch, was »erwachsen sein« bedeutet. Was als annehmbares erwachse-nes Verhalten gilt, wird von den verschiedenen Kulturen unglaub-lich unterschiedlich definiert. Die Definitionen unserer eigenen Kultur müssen wir genauso lernen wie unsere Muttersprache.

Damit soll der Einfluß von Instinktkräften, die uns in die eine oder andere Richtung zwingen, nicht geleugnet werden, aber unsere außergewöhnliche Wandelbarkeit stellt selbst auch eine biologische Charakteristik dar, die ausschließlich unserer Gattung eigen ist. Das Ergebnis ist eine Variabilität, die einfach überwältigend ist. Daher ist die Notwendigkeit, zu lernen, wie man sich richtig benimmt — was immer das heißt —, einfach unumgänglich.

Ich erinnere mich lebhaft an eine Begebenheit aus den frühen Tagen meiner psychotherapeutischen Praxis. Eine junge Frau kam ärgerlich, verletzt und verwirrt zu ihrer Sitzung und bestand darauf, daß ich als Schiedsrichter zwischen ihr und ihrem Mann fungieren müsse. Was geschehen war, war so typisch, daß man es als Klischee bezeichnen könnte. Ihr achtjähriger Sohn war mit einer blutigen Nase aus der Schule nach Hause gekommen. Die besorgte Mutter hatte ihn gefragt, was passiert sei, und der Junge hatte ihr unter Tränen erklärt, ein größerer Junge aus seiner Klasse habe ihn angegriffen und geboxt. Auf die Frage der Mutter, was er dann getan habe, antwortete er, er habe geweint und sei weggegangen. Im Bemühen, ihren Sohn zu bestärken, hatte die Mutter erklärt, das sei nur vernünftig, mit einer Schlägerei sei noch nie ein Problem gelöst worden, und es sei ein Zeichen von Stärke, daß er sich nicht auf ein so primitives Niveau hatte herunterziehen lassen.

Der zweite Teil der Geschichte ist leicht vorhersehbar. Der Vater kam heim, hörte dieselbe Geschichte und gab dem Sohn einen völlig anderen Rat. Er sagte: »Lauf ja nie vor einem Kampf davon! Leute, die Schlägereien anfangen, sind typische Raufbolde. Für sie bist du ein Schwächling, wenn du wegläufst, und dann haben sie es erst recht auf dich abgesehen. Ich weiß, Prügel tun weh, und niemand erleidet gern Schmerz, aber das nächste Mal, wenn dich einer schlägt, haust du zurück, so fest du kannst, damit alle wissen, daß man sich vor dir in acht nehmen muß.« Und der Vater fuhr fort: »Ein paar blaue Flecken mußt du in Kauf nehmen, aber dafür ersparst du dir den Schmerz und die Demütigung, als Schwächling und Feigling vor dir dazustehen.«

Es ist ein seltsam ironischer Zug unserer Zeit, daß dem Psychotherapeuten oft die Rolle des Moralisten zugeteilt wird. Die Mutter fragte mich nicht danach, was die »moralisch richtige«, sondern was die »gesunde« Handlungsweise gewesen wäre. Ich erklärte ihr, daß meines Wissens keine der beiden Reaktionen auf einen Nasenstüber gesünder oder schädlicher sei als die andere, daß vielmehr jede für sich genommen zu einem jeweils unterschiedlichen Typ von Erwachsenem führe.

Diese Art früher sozialer Konditionierung erklärt teilweise die »erbliche« Natur der Persönlichkeit. Sie gibt auch Antwort auf die Frage, warum die kleinen Franzosen dazu neigen, sich »typisch französisch« zu verhalten, während schwedische Jungen darauf bestehen, sich wie Schweden zu benehmen. Und, was für unsere Zwecke noch wichtiger ist, sie stellt einen Schlüssel zum Verständnis dazu dar, wie Männer beigebracht bekommen, sich »wie Männer« zu verhalten. Belohnung und Bestrafung. Ermutigung und Entmutigung. Aus tausend verschiedenen Situationen, die für tausend verschiedene Lernerfahrungen stehen, entwickelt sich Schritt für Schritt ein Muster vorhersagbaren und charakteristischen Verhaltens.

Wie bereits im vorangegangenen Kapitel ausgeführt, baut sich das Selbstgefühl des einzelnen auf aus bewußten und unbewußten Teilen konditionierten Verhaltens, aus bewußter und unbewußter Nachahmung und schließlich aus Identifikationen, die gänzlich unbewußt ablaufen. Ein Mann verhält sich unter Umständen wissentlich oder unwissentlich wie sein Vater. Er geht wie er, spricht in seinem Tonfall, beginnt vielleicht, sich anderen gegenüber ebenso zu verhalten wie sein Vater, selbst wenn er die Art und Weise haßt, wie sein Vater sich verhält. Daß wir auch gegen unseren Willen so handeln, stürzt uns oft in Trauer und Verwirrung, aber der Großteil dessen, was unser Verhalten bestimmt und unsere Entscheidungsfreiheit einschränkt, ist schon viel früher durch Mechanismen festgelegt worden, die weniger freiwillig und rational sind als bewußtes Nacheifern und Imitation. Die Orientierung an Modellen bewirkt nichts im Vergleich zur Macht automatischer Identifikation, die unwillkürlich abläuft, sogar dann, wenn das Kind der Meinung ist, daß es die Autorität und das Vorbild der Eltern ablehnt.

Identifikation vollzieht sich auch dann, wenn ein Sohn sich genau gegensätzlich zum Rollenmodell des Vaters verhält. In diesem Fall würden wir den Vater als »negatives Rollenmodell« bezeichnen. Es ist gleich, ob wir etwas tun, weil unser Vater es tat, oder ob wir uns weigern, etwas zu tun, weil er es tat. Bei beiden Verhaltensdeterminanten steht der Vater im Mittelpunkt. Sein Vorbild, seine Ideale bestimmen unser Verhalten, entweder in der Nachfolge oder in der Verweigerung. Trotz ist eine Form der Abhängigkeit. Wirklich unabhängig ist nur, wer tut, was er selbst für richtig hält, egal, ob sein Vater das gleiche getan hat oder nicht.

Wie in einer Art Teufelskreis bestimmt einerseits unser Selbstgefühl stets unser Verhalten und hat andererseits unser Verhalten stets Rückwirkungen auf unser Selbstgefühl. In seinen erschütternden und erschreckend ehrlichen Tagebüchern stellt sich John Cheever dieser Kluft zwischen rationalem Urteil und dem Gefühl im Bauch. Trotz seiner Leidenschaft für Frauen und einem heterosexuellen Lebensstil wird er von homosexuellen Phantasien verfolgt:

»Warum schäme ich mich dafür? Homosexualität scheint heutzutage ganz normal zu sein — nicht schlimmer als Trunkenheit oder Ehebruch —, aber meine Furcht davor ist abgrundtief und scheint mir unheilbar. Von Zeit zu Zeit sehne ich mich schmerzlich nach den Zärtlichkeiten eines Mannes, aber ich kann mich keinem hingeben, ohne meine Selbstachtung zu zerstören. Aber was ist meine Selbstachtung schon? Sie scheint nur aus Unwägbarkeiten zu bestehen, aus lauter Unbeständigkeiten. Sie entspricht in ihrem schlimmsten Aspekt vermutlich

53

dem Wunsch, es Mami und Papi recht zu machen, in ihrem besten aber einem Gefühl von Kraft, das der Ekstase nahekommt – die Empfindung, daß das Leben ein Privileg ist und die Erde ein wunderbarer Ort.«[2]

Auf so komplizierte Weise gestalten wir nicht nur unser eigenes Selbstgefühl, sondern auch die Art, wie uns die anderen wahrnehmen. Die Einschätzung, die wir von uns selbst haben, ist für die Menschen unserer Umgebung erkennbar und wird von vielen als Wahrheit akzeptiert und übernommen. Wir versehen uns mit Etiketten wie »unwiderstehlich«, »uninteressant«, »Versager«, »Kraftpaket« oder »Angsthase«, und überraschenderweise neigen die Leute dazu, diese Etiketten hinzunehmen, ob sie nun »wahr« sind oder nicht. Bald schon behandeln sie uns unseren Erwartungen gemäß.

Auf diese Weise wird eine falsche Selbsteinschätzung allmählich zu unserer Realität. Wir müssen uns als Erfolgsmenschen oder Führernatur betrachten, wenn wir dazu werden wollen. Unser Ego legt die Schranken und Grenzen für das Erreichbare fest.

Ich kannte einen brillanten und begabten Mann, der jüngere von zwei Brüdern, deren Altersunterschied nur fünfzehn Monate betrug. Sie waren beide auf verschiedenen Gebieten äußerst erfolgreich und beide, zumindest in meinen Augen, von Natur aus gute Sportler. Nichtsdestotrotz galt mein Bekannter in seiner Familie als die »Sportskanone«, sein älterer Bruder als der »Denker«. Die Ansprüche waren auf beiden Gebieten gleichermaßen hoch, der kritische Vergleich ihrer Fähigkeiten streng. Mein Bekannter erzählte mir folgende Geschichte, die ich in meiner Praxis in verschiedenen Versionen immer wieder zu hören bekommen habe. Er war in einer kleinen Stadt aufgewachsen und war ein erfolgreicher, überregional anerkannter Wissenschaftler geworden. Als er nach dreißigjähriger Abwesenheit wieder nach Hause kam, traf er zu seiner Freude denselben Besitzer im Drugstore an, den er schon als Junge gekannt hatte. Nachdem er sich ein Eis bestellt hatte, wandte sich der Mann ihm mit leicht spöttischem Lächeln zu und sagte: »Du bist einer von den Jones-Buben, oder?« — »Ja«, antwortete er. »Welcher bist du, der Kluge oder der Sportler?« — »Der Sportler«, antwortete mein Freund ohne das geringste Zögern. So war er als Kind bezeichnet worden.

Wenn man die öffentliche Anerkennung als Maßstab nimmt, hatte er seinen Bruder sogar übertroffen. Aber da er und »alle anderen« wußten, daß sein Bruder »der Kluge« war, konnte sein Erfolg nichts als Täuschung, Schwindel und Betrug sein. Aufgrund dieser in der frühen Kindheit entstandenen Identifikation wurde der brillante Mann von stets wiederkehrenden Träumen verfolgt, in denen man ihn als Betrüger entlarvte, und er war von der Furcht geplagt, daß sein Glück und die gelungene Täuschung eines Tages zusammenbrächen und alles ans Licht käme. Im Lauf der Analyse erkannte er den Ursprung dieser Träume, und wiewohl sie dadurch abgemildert wurden, mußte er in Zeiten erhöhter Anspannung gelegentlich mit solchen Bloßstellungsträumen rechnen.

Ein Teil seines Antriebs zu harter Arbeit rührte aus seinem »Wissen«, daß er nicht sonderlich klug war; das mußte mit Disziplin, Energie und Hartnäckigkeit ausgeglichen werden. Es gibt viele Männer, die als »Faulenzer« gelten, obwohl sie achtzig Stunden in der Woche arbeiten und mit zwei, drei bedeutenden Karrieren gleichzeitig jonglieren. Andere sehen gut aus, betrachten sich aber als unattraktiv, weil die Rolle des Gutaussehenden ihren Vätern oder ihren Brüdern zugeschanzt wurde. Die Unzuverlässigkeit von Beschreibungen und Vergleichen durch Familienangehörige ist so groß, daß ich vor Jahren unter Verletzung aller damals noch recht unflexiblen Regeln der Psychoanalyse meine Patienten aufzufordern begann, Photos von sich mitzubringen, die sie in verschiedenen Altersstufen zusammen mit ihren Geschwistern, Eltern und anderen wichtigen Mitgliedern des Haushalts zeigten. Das Auseinanderklaffen von Photo und Wahrnehmung war erschütternd. Selten war die anerkannte Familienschönheit deutlich schöner als andere Familienmitglieder. Verrückterweise war die Familienschönheit sogar in den seltensten Fällen tatsächlich schön. Ein dünner junger Mann sah sich als einen »Fettkloß« auf Bewährung oder Urlaub von einem Übergewicht, das jederzeit zurückkehren konnte. Es stellte sich heraus, daß er in seiner Kindheit nur für eine kurze Periode von drei Jahren dick gewesen war. Bis zum Alter von acht Jahren war er ein magerer Junge gewesen, dann wurde er pummelig, bis er elf war, und wuchs sich anschließend schlank aus. Aber da hatten diese drei Jahre ihre Spuren schon hinterlassen.

Ich habe außerordentlich mutige Männer behandelt, die sich selbst als Feiglinge sehen und ihren Mut abtun als reine Abwehr gegen die Angst, als Feigling bloßgestellt oder erkannt zu werden – als wäre Mut je etwas anderes als die Fähigkeit, die eigene Furcht zu überwinden. Oder als verlöre eine mutige Tat durch die unbewußte Motivation an Wert. Mut, den man von Natur aus besitzt, darf anscheinend, sozusagen per definitionem, nicht als Mut bezeichnet werden.

Über verschiedene Vorbilder und vielfältige Mechanismen erwerben wir ein Selbstgefühl, das wir in alle unsere Wahrnehmungsprozesse und alle unsere Handlungen mit hineintragen und das darüber hinaus tatsächlich bestimmt, was wir tun und welchen Erfolg wir dabei haben werden. Selbstverständlich beinhaltet die Identität mehr als die Gechlechtsidentität. Aber bei Männern beherrscht die Geschlechtsidentität – der Gedanke, ein Mann zu sein – das Selbstgefühl als Person stärker, als das bei Frauen der Fall ist. Die Strukturen des männlichen Selbstwertgefühls basieren in viel größerem Ausmaß auf einem Klischee von Männlichkeit, als das für den weiblichen Stolz und die Vorstellung von »wahrer Weiblichkeit« gilt.

Es spricht manches dafür, daß diese Unterscheidung zwischen Männlichkeit und Weiblichkeit den Mann in eine viel unsicherere Position bringt als die Frau. Sie kann ihre Identität, ihr Selbstwertgefühl und ihren Lebenssinn auf die verschiedenste Art und Weise gewinnen und stärken – durch ihre Beziehungen, ihre Erfolge bei der Arbeit und auf anderen Gebieten sowie durch die vielfältigen Rollen, die sie ausfüllt. Männer hingegen interpretieren fast alles ausschließlich unter dem Gesichtspunkt ihrer Männlichkeit.

Die Debatten über Identitätsbildung sind so gehässig und zahlreich wie die fortgesetzten Konflikte über angeborenes im Gegensatz zu anerzogenem Verhalten. Trotzdem schält sich allmählich ein gewisser Konsens auf dem Gebiet der Psychologie heraus. Die männliche Identität scheint sich praktisch weltweit nach folgendem Schema herauszubilden:

Das Kind, männlich wie weiblich, entwickelt eine primäre Bindung und Anhänglichkeit an die Mutter, die gleichzeitig seine primäre Identifikationsfigur darstellt. Seine weitere Entwicklung durchläuft dann mehrere Stadien, die ich hier nur andeuten möchte. Das Kleinkind lernt, sich an diesen schützenden und nährenden Elternteil, die Mutter, zu klammern, und lebt in einem symbioseähnlichen Zustand mit ihr – parasitär wäre eigentlich zutreffender. Im Laufe der Zeit, wenn es genug Kraft aus dieser liebenden Person gesogen hat, besitzt es schließlich die innere Stärke, die Loslösung zu ertragen und den Weg zur Entwicklung von Selbstbewußtsein anzutreten, der zu einem unabhängigen Selbst führt.

Aber als die verrückten Geschöpfe, die wir sind, müssen wir in diesem Zwischenstadium eine neue Identifikation schaffen. Wir lernen, »so zu werden« wie der Elternteil unseres eigenen Geschlechts. Das ist der Punkt, an dem die beiden Geschlechter entschieden getrennte Wege gehen.

Ein Mädchen muß seine primäre Bindung und Identifikation als Frau nie aufgeben. Das heißt, es mag zwar sein Selbstgefühl als eigene Person von dem seiner Mutter trennen, es behält aber seine Identifikation als Frau mit dem weiblichen Elternteil bei.

Der arme Junge muß einen viel komplizierteren Pfad beschreiten. Wie das Mädchen muß auch er sich loslösen, um Reife und

Unabhängigkeit zu erlangen. Gleichzeitig muß er jedoch ein anderes Gefühl der Geschlechtsidentität entwickeln. Er muß lernen, ein Mann zu sein, und dabei seine frühere Identität mit der Mutter zurückweisen, die er jetzt als »weiblich« begreift und die ihm, aus noch zu erläuternden Gründen, außerordentlich bedrohlich erscheint.

In Kulturen, die so verschieden voneinander sind, daß man in ihnen absolut keine Gemeinsamkeiten vermutet, stellt sich bei näherer Betrachtung heraus, daß sie nur Variationen ein und desselben Themas sind, sobald es darum geht, wie »ein Mann gemacht wird«. Die Männer des Sambia-Stammes in Papua-Neuguinea werden in Gilbert Herdts Buch *The Guardians of the Flutes* hervorragend beschrieben: »Männer sind männlich und müssen so sein. Der Kampf erfordert es, die Jagd verlangt es, die Frauen erwarten es. Das ist der Blickwinkel der Sambia; es ist der alles verzehrende Antrieb des männlichen Rituals.«[3]

In Neuguinea sind Angriffe aus Nachbardörfern gang und gäbe, Raub und Entführung an der Tagesordnung. Die Männer dort arbeiten und kämpfen mit der Kraft ihrer Muskeln, zu deren Unterstützung sie nur einfachste Werkzeuge einsetzen. Physische Kraft und Präsenz sind noch nicht von moderner Technologie verdrängt. Herdt schreibt dazu:

»In Ermangelung einer entwickelten Technologie, wie Gewehre, stählerne Rüstungen oder elektronische Schranken, können sich die Sambia nicht vor ihren Feinden und sonstigen ständigen Gefahren für ihr Leben verbergen. Der einzig sichere Schutz gegen diese Welt ist für den Mann seine eigene, nie nachlassende Männlichkeit. Männlichkeit wird von den Sambia viel stärker als von uns als persönliche Errungenschaft betrachtet. Dabei bilden natürliche und soziale Anteile gemeinsam die Voraussetzung dafür, daß das Ziel der Männlichkeit im Sinne der Sambia erreicht wird. Die Natur sorgt für Genitalien und Potenz, aber der männliche Körper allein kann den Funken nicht

zünden, der für die Entwicklung von Männlichkeit oder kaltblü-
tigem Mut erforderlich ist.«[4]

Wo kommt nun der soziale Anteil ins Spiel? In den Augen der
Sambia liegt sein Ursprung in der starken und grundlegenden
Verbindung zwischen Mutter und Sohn in der frühen Kindheit.
Diese notwendige Bindung verursacht jedoch auch Verunreini-
gungen. Der Sohn wird mit »Frauen-Essen« gefüttert (darunter
sind wohl Milch und Salate oder ihre sambischen Entsprechungen,
z. B. Süßkartoffeln, zu verstehen). Er wird gestillt, und mit der
Milch gelangt der Geist des Weiblichen in seinen Körper. Später
werden dem Jungen schreckliche Rituale auferlegt, um ihn von
allen Resten der mütterlichen Ernährung zu reinigen.
Wenn ihre Söhne das Alter von vier oder fünf Jahren erreicht
haben, beginnen die Männer der sambischen Gesellschaft, mehr
Zeit mit ihnen zu verbringen, um sambische Krieger aus ihnen
zu machen. Die Absicht ist klar. Um den Jungen zu vermänn-
lichen, muß ein Keil zwischen ihn und seine Mutter getrieben
werden.

»Der Körper eines Jungen wird als offenes Gefäß betrachtet, das
für Umwelteinflüsse äußerst empfänglich ist. Der primäre Einfluß ist die Mutter; der Vater ist nur der schwache sekundäre.
Nichts, was der männlichen Biologie von Natur aus eigen wäre,
scheint sich dem verweiblichenden Einfluß der Frauen entge-
genzustellen oder ihn abzuwehren. Mädchen sind nicht gefährdet; sie ergeben sich einfach der Einwirkung ihrer Mutter und
dem Antrieb ihrer natürlichen Biologie. Sie werden weiblich wie
ihre Mütter. Jungen müssen von den Frauen getrennt werden.
Aber die Trennung allein ist nicht genug, um eine erwachsene
männliche Handlungsfähigkeit zu erlangen. Jungen müssen von
der Befleckung durch das Weibliche reingewaschen werden —
und das auf charakteristisch schmerzhafte Art und Weise.
Schmerz und Trauma werden so ein Zeichen für den harter-

kämpften Pfad zum Mannestum, den der rituelle Kult verlangt . . . Auf dem Weg fortschreitender Initiation müssen die
Schritte vollzogen werden, die die wertvolle Knospe der Männlichkeit im Jungen in ihrem Wachstum fördern, da er (wie die
Männer) auf ewig für weibliche Verunreinigung anfällig bleibt,
was mit der Regression auf einen Zustand vor der Maskulinisie-
rung und dem Tod gleichbedeutend ist. Gegen diese Gefahr ist
eine Abwehr vonnöten; Männlichkeitsrituale und Tabus, die
den Jungen aufgezwungen werden, erfüllen genau diese Funktion.«[5]

Mit anderen Worten: Ein Junge darf in der Sambia-Kultur, genau
wie in der unseren, nicht feminin sein, und um das zu vermeiden,
muß das Band zwischen Mutter und Sohn zerschnitten werden.
Wir haben nicht die gleichen Rituale, aber wir haben die gleichen
Kämpfe. In beiden Kulturen ist es das Hauptziel, das »Muttersöhnchen« auszumerzen, das unausweichlich in jedem Mann vorhanden ist. Man könnte sogar argumentieren, daß der Kampf, weil
die Rituale fehlen, noch härter ist. Der Sambia-Junge wird, nachdem er Hautritzungen, Folter, Aderlaß, erzwungene Fellatio mit
älteren Männern und andere Initiationsriten überlebt hat, öffentlich zum Mann erklärt. Unsere Kultur kennt nur vereinzelt solche
öffentlichen Zeichen der Mannbarkeit, hat aber dasselbe Ziel: den
Jungen von seiner frühen Identifikation zu trennen und ihn auf die
Identifikation als Mann unter Männern vorzubereiten.
Herausragende Feministinnen, allen voran Nancy Chodorov[6],
haben sich inzwischen dem psychoanalytischen Argument ange-
schlossen, daß für das männliche Kind eine Trennung, eine Unter-
brechung, ein Kampf erforderlich sind, die beim Mädchen nicht
nötig sind. Die Selbstdefinition einer Frau ist nach der Pubertät die
gleiche wie vor der Pubertät. Sie ist eine Frau — wie ihre Mutter —, und dieses Bewußtsein wird ihrer Identität ihr Leben lang
zugrunde liegen.
Ein Junge hat ein völlig anderes Problem. Er muß nun seine

Männlichkeit unter Beweis stellen, aber sämtliche früheren Identifikationen mit der Mutter sind allgegenwärtig. Er kann ihnen nie ganz entwachsen. Auf der Suche nach seiner Rolle als Mann wird er alle »femininen« Charakterzüge und Gefühle als weiblich und daher bedrohlich interpretieren. Will er sich als Mann beweisen, muß ein Junge zuallererst beweisen, daß er *keine Frau* ist. Seine Selbstdefinition erfolgt immer aufgrund von Vergleichen und Abgrenzungen. Sie ist immer die Ablehnung von etwas — aber von etwas, das unentrinnbar zu ihm gehört. Tief im Innern wird er sich ewig in seiner Identität bedroht fühlen, und zwar durch alles, was ihn an weibliches Verhalten und seine frühere weibliche Identifikation erinnert, der nie völlig entfliehen kann.

Chodorov sagt: »Um sich angemessen männlich zu fühlen, muß sich ein Knabe auf eine bestimmte Weise von anderen unterscheiden und differenzieren, das Mädchen nicht. Er muß sich als etwas Getrenntes definieren. Er definiert außerdem Männlichkeit negativ, als etwas, das nicht weiblich und/oder an Frauen geknüpft ist, und nicht positiv.«[7]

Der kleine Junge muß irgendwie ein neues männliches Bild in sich verankern, das oft im Widerspruch zur frühesten Identifikation mit der Mutter steht. Er muß sein Selbstgefühl von der internalisierten Mutter trennen, die er genauso umfassend in sich aufgenommen hat wie seine Schwester. Auf dem Weg zu diesem Ziel wird er mit dem Instrumentarium seiner Kultur »bearbeitet«, das speziell als Hilfe zur Erlangung seiner Männlichkeit existiert.

Dieser Begriff von Männlichkeit als Zustand, den man erwerben und verdienen muß, der wertvoll und zerbrechlich ist und verteidigt werden muß, unterscheidet sich deutlich von dem der Weiblichkeit zugrundeliegenden Begriff. Die moderne anthropologische Forschung sieht diese Notwendigkeit, »den Mann zum Mann machen«, als ein nahezu weltweites Phänomen, das sich in jeder neuen und unterschiedlichen Kultur wiederfindet, die bisher erforscht worden ist.

Man trifft einen Mann an seinem empfindlichsten Punkt, wenn

man seine Männlichkeit in Frage stellt. Eine Bedrohung der Männlichkeit ist unter Umständen schwerwiegender als die des Überlebens. Da in der symbolischen Welt, in der er lebt, fast alles als eine Herausforderung an den männlichen Stolz aufgefaßt werden kann, können fürchterliche und erschreckende Reaktionen auf scheinbar lächerliche Angriffe erfolgen. Um die Folgen abzumildern und die Flüchtigkeit zu verringern, die eine unabänderliche Seite des instabilen männlichen Egos ist, müssen wir die Metaphern kennen, die das Dasein eines Mannes beherrschen. Wir müssen verstehen, was es bedeutet, ein »richtiger Mann« zu sein.

Kapitel 3

»Richtige Männer«
und »Muttersöhnchen«

Wenn wir von Joe sagen, daß er ein »richtiger Mann« ist, erfassen wir augenblicklich das gesamte Bedeutungsspektrum, das darin liegt. Sei er nun gut oder schlecht, der Ausdruck führt zum unmittelbaren Verständnis. Seine Bedeutung mag nicht in allen Kulturen gleich sein; die Methoden, ein richtiger Mann zu werden, sind sogar ganz bestimmt verschieden – von uns wird nicht erwartet, daß wir ausziehen, um alleine einen Löwen auf den Straßen New Yorks zu töten, denn dort haben wir schwierigere Initiationsriten –, aber im großen und ganzen ist es erstaunlich, wie gering die kulturelle Variationsbreite bei der Interpretation dieses Begriffs ist. Ein richtiger Mann ist stark, sexy, mutig, stoisch, fürsorgend, großzügig, bescheiden, unabhängig. Er ist nicht weinerlich, schwach, anlehnungsbedürftig, gefühlsbetont, eitel, weibisch – er ist kein »Muttersöhnchen«. Er muß die Bedingungen erfüllen, die Voraussetzung sind für die drei Komponenten der männlichen Rolle: Beschützer, Versorger und Erzeuger. Er muß alle Attribute der längst verlorenen Rollen des Kriegers und Jägers sowie der weiterhin gültigen Rolle des Erzeugers aufweisen.

Im Gegensatz dazu sagen wir von einer Frau selten, sie sei eine »richtige Frau«. Eher sagen wir vielleicht, sie sei eine »richtige Dame«. Aber das ist nicht das gleiche. Der Ausdruck »eine richtige Dame« bezieht sich auf ein kulturelles Klischee, auf einen und nur einen Aspekt von Frausein (der heute nicht einmal als unbedingt erstrebenswert gilt). Es gibt viele Frauen, die niemals als eine

63

»richtige Dame« bezeichnet werden wollten. Das könnte weibchenhaft oder eingebildet oder sexistisch wirken. Dagegen gibt es meines Wissens keinen Mann, der nicht als ein »richtiger Mann« bezeichnet werden wollte.

Nehmen wir zum Beispiel diese »Nachricht« aus der *New York Times*, die unter der Überschrift »Richtiges Essen für einen richtigen Mann« erschien:

> »Diese Armeegeneräle machen wirklich nicht gern unnötige Worte. Major General Paul Funk, Kommandeur der 3rd Armoured Division, hatte einem Agenturreporter zur Beschreibung seiner eigenen Person folgendes zu sagen: ›Ich esse keinen Salat. Ich esse Rindfleisch und trage Wolle.‹«[1]

Was hat eine scheinbar so zusammenhangslose Aussage in einer international angesehenen Tageszeitung zu suchen? Zugegeben, sie erschien zu einer Zeit, als der Golfkrieg auf dem Höhepunkt und herzlich wenig Information darüber zu erhalten war. Auf den ersten Blick wäre die Meldung für jemanden aus einer fremden Kultur, der sie Wort für Wort analysieren wollte, völlig verwirrend. Warum sollte es einem General einfallen, gegenüber Reportern, die am Verlauf des Golfkriegs interessiert sind, sich selbst zu beschreiben, indem er seine Eßgewohnheiten darlegt oder die Faser erwähnt, aus der seine Kleidung hergestellt ist?

Der Durchschnittsleser benötigt keine Erklärung. Er versteht das Zitat voll und ganz, weiß, warum es abgedruckt ist, und reagiert amüsiert. Ein Fremder würde nach irgendeiner codierten Botschaft suchen. Aber wo es um Männlichkeit geht, gibt es keine fremden Kulturen auf der Welt; die unterschiedlichsten Kulturen legen die Bedingungen für Männlichkeit in fast identischem Wortlaut fest. Jeder Leser versteht die codierte Botschaft: »Ich bin ein richtiger Mann.« Und die Wichtigkeit der Aussage wird dann offensichtlich. Es ist von entscheidender Bedeutung, daß ein Mann, der auf dem Schlachtfeld über das Leben anderer Männer und Frauen bestimmt, stark und mächtig ist — eben ein »richtiger Mann«. Eines Tages wird es auch Frauen als Truppenkommandeure im Krieg geben. Ich weiß jedoch nicht, ob eine Frau — sogar eine Truppengeneralin — je eine solche Aussage machen würde.

Sehen wir uns im Gegensatz dazu einen Absatz aus dem jüngsten Bestseller einer Linguistin an. In einer Abhandlung über die wesentlichen Unterschiede in der Kommunikation zwischen Männern und Frauen fügt sie eine nette kleine Anekdote über sich selbst ein:

>»Als Frau, die es weit gebracht hat, muß ich mich tagtäglich mit diesem Widerspruch auseinandersetzen (wie kann jemand, der so klug ist wie ich, so bezaubernd feminin sein). Wenn ich an akademischen Tagungen teilnehme, treffe ich oft Kollegen, die mich nur aufgrund meiner wissenschaftlichen Veröffentlichungen und meines Namens kennen. Nicht selten äußern solche neuen Bekanntschaften, sie seien überrascht, daß ich so nett oder so weiblich sei. ›Sie sind nicht so, wie ich erwartet habe‹, wurde mir wiederholt mitgeteilt. ›Sie sind gar nicht aggressiv.‹ Andere erklärten: ›Ich habe gemeint, Sie wären kalt‹, oder ›hart‹ oder ›konkurrenzsüchtig‹. Wenn ich sie hartnäckig frage, warum sie das von mir erwartet hätten, lautet die Antwort: ›Ich habe mir einfach gedacht, daß eine Frau, die so erfolgreich ist wie Sie, eben so sein muß.‹«[2]

Ich kann mir nicht vorstellen, wie unser Golfkriegsgeneral z. B. berichtet, die Leute seien überrascht, daß ein weltberühmter Kriegsmann »wie ich« so »charmant, so gutaussehend und so sexy« sein könne. Das liegt nicht daran, daß Männer weniger narzißtisch wären als Frauen, es liegt vielmehr daran, daß ein Teil des Macho-Bildes verlangt, daß man einen großen Knüppel zwar hat, aber nicht darüber spricht. Gary Cooper darf sich auf dem Weg zum Showdown um zwölf Uhr mittags nicht bei einem Blick in den Spiegel erwischen lassen. Die Eitelkeiten der beiden Geschlechter legen auch fest, wo Eitelkeit ihren Platz hat und wo sie geleugnet werden muß.

Bei meiner Auseinandersetzung mit dem männlichen Ego werde ich zwangsläufig viele Vorgänge und Wahrnehmungen beschreiben, die meine Leserinnen auch als einen Teil ihrer Lebenserfahrung kennen. Diese Erfahrungen sind jedoch nicht in derselben Weise in das »Selbst« integriert. Die gleichen Erlebnisse und Schicksalsschläge werden von Männern und Frauen verschieden wahrgenommen und führen zu deutlich anderen metaphorischen oder symbolischen Sinngebungen. Männer sind gezwungen, all die bedrohlichen Begleiterscheinungen frauenähnlichen Verhaltens zu vermeiden.

Es ist das wesentliche Ziel auf dem Weg zum richtigen Mann, das eigene Selbst von der früheren, weiblichen Identifizierung mit der Mutter zu befreien. Um ein richtiger Mann zu werden, muß man aufhören, ein »Muttersöhnchen« zu sein, da eine entscheidende Stufe in der männlichen Entwicklung, so wie sie im vorhergehenden Kapitel dargelegt wurde, das Ablegen der primären Identifikation mit der Mutter darstellt.

Von Beginn der Vorpubertät an muß ein Junge unablässig darum bemüht sein, zu beweisen, daß er ein richtiger Mann ist. Ein Sperrfeuer von Ausdrücken und Gesten wird auf ihn losgelassen, eine Herausforderung an seine Männlichkeit, die er entsprechend erwidern muß, will er nicht in Schimpf und Schande enden. Man wird ihn als »Muttersöhnchen«, »Weichling« oder ähnliches verspotten. Der Ausdruck »Muttersöhnchen« ist eher für jüngere Buben reserviert, findet jedoch gelegentlich auch im späteren Leben noch Anwendung. In der Regel aber wird ein solcher Schandfleck auf dem Feld der männlichen Ehre dann eher als »Warmer« oder Entsprechendes der homosexuellen Bilderwelt zugeschlagen. Immerhin verwenden wir umgangssprachliche Äquivalente für das »Muttersöhnchen«, wenn wir Männer durch Sticheleien zum Handeln veranlassen wollen. Wir verspotten sie als Waschlappen, als Lahmarsch, als leere Hose, als zartbesaitet, als Schlaffsack etc.

Wenn wir im Englischen »Mama's boy« sagen und damit all die eben beschriebenen Angriffe auf die männliche Identität meinen, gilt das dann mit umgekehrten Vorzeichen nicht ebenso für Mädchen, die als »her Daddy's girl« bezeichnet werden? Gerade an diesem Beispiel lassen sich die Unterschiede hervorragend deutlich machen, die zwischen den beiden Geschlechtsidentitäten existieren. Beachten Sie, daß es »*her* Daddy's girl« heißt, also »das Mädel *seines* Papas«. (Die allgemeine Formulierung »a Daddy's girl« oder »ein Papamädel« bedeutet gar nichts.) Diese Bezeichnung erweckt keine feststehenden Assoziationen irgendwelcher Art. Sie sagt uns nicht, ob das Mädchen sanft, aggressiv, schön oder sportlich ist, ob es Salat oder Rindfleisch ißt. Sie besagt lediglich, daß dieses Mädchen der Liebling seines Vaters ist und sich die größte Mühe gibt, ihm zu gefallen. Was ihm gefällt, hängt vom jeweiligen Vater und den Erwartungen ab, die er in seine Tochter setzt. Wenn wir von einer Frau hören, sie sei »her Daddy's girl«, wissen wir erst etwas über sie, wenn wir ihren Vater kennen.

Anders ausgedrückt, »Daddy's girl« ist ein spezifischer Ausdruck, der die Beziehung zwischen *einem* Vater und *seiner* Tochter beschreibt und nur verständlich ist, wenn man sowohl den Vater als auch die Tochter kennt. »Mama's boy« dagegen ist ein typisches Klischee, das immer die gleiche verbindliche Bedeutung hat, die wir alle nur zu gut verstehen.

Die Natur hat natürlich ihren Anteil an den Geschlechterunterschieden. Die biologisch festgelegten Grundrichtungen für die beiden Geschlechter weisen weit auseinander. Vor zwanzig Jahren galt es als schick, anzunehmen, alle nachgewiesenen Geschlechterunterschiede seien allein das Ergebnis des spezifischen Drucks, den die jeweiligen Kulturen ausübten. Eine lächerliche Annahme, die aber als politisch unverzichtbares Hilfsmittel bei der Befreiung der Frau von einer männlich beherrschten Gesellschaft betrachtet wurde.

Die Erfahrung von Generationen von Müttern, daß Jungen von Geburt an anders sind als Mädchen, wurde als unerheblich abgetan. Die jahrhundertealte Beobachtung, daß Jungen anders spielen als Mädchen, wurde ebenfalls vom Tisch gewischt, weil dergleichen Tatsachen nicht ins politische Konzept für die angestrebte Revolution paßten. Erst vor kurzem, als ein kleines Häuflein feministischer Forscherinnen auf der Grundlage einer verschwindend geringen Anzahl von Fällen »verkündete«, daß kleine Mädchen tatsächlich anders als kleine Jungen seien, wurde das gesellschaftswissenschaftliche Imprimatur für das erteilt, was weniger Gebildete und Gelehrte seit jeher wußten. Heute dürfen wir endlich auf die Mütter hören und ihre Weisheit annehmen.

Dieses Bedürfnis nach Belegen seitens einer pseudowissenschaftlichen Autorität verdanken wir einer der albernen Traditionen der akademischen Welt. Das Zeitalter der Gleichheit schob die Verantwortung für alles und jedes einfach der Umwelt zu, bestärkt noch von der marxistischen Vorstellung des Zeitgeistes, Kinder würden als eine Art Tabula rasa geboren und unterschieden sich in nichts. Die Behauptung, Kinder kämen identisch auf die Welt, widersprach jeder Erfahrung. Sie wurde durch die Angst gefördert, daß die Anerkennung genetischer Unterschiede zu qualitativen Urteilen führen und den Weg für eine »aristokratische« Betrachtungsweise des Menschen frei machen würde. Wollte man diese Ideologie auf die gesamte Natur anwenden, käme man zu einem katastrophalen Ergebnis.

Die gleichen Ängste durchzogen die Diskussion über die Geschlechterrollen. Es wurde behauptet, kleine Jungen spielten nur deshalb mit Autos, »weil man ihnen Autos schenkt«. Kleine Mädchen hätten Puppen und Puppenspiele angeblich nur deshalb gern, »weil man sie ihnen aufzwingt«. Jede Mutter wußte es anders und besser. Erst als eine Generation überzeugter Feministinnen damit anfing, eigene Kinder großzuziehen – und nun natürlich die Mädchen die Autos und die Jungen die Puppen bekamen –, wurde die Macht der genetischen Festlegung offenbar.

Inzwischen holt die »Wissenschaft« allmählich auf, wenn auch nur mühsam.

Die traditionelle Schulweisheit lautete, daß sich zwar die Geschlechtsidentität (das Wissen, ein Junge und kein Mädchen zu sein) früh herausbilde, Unterschiede in den Geschlechterrollen (männliche und weibliche Verhaltensweisen) aber erst im Alter von etwa fünf Jahren zutage träten! Tatsächlich hat die jüngere Forschung bei Jungen eine sehr frühe, heftige Geschlechtsidentifikation belegt, die bei Mädchen nicht in derselben Weise zu existieren scheint.

Barbara Lloyd und ihre Kolleginnen haben Kinder im Alter von achtzehn Monaten bis zu vier Jahren beobachtet und interviewt. Sie kamen zu dem Schluß, daß »sogar in diesem frühen Alter Mädchen und Jungen Spielzeug anders einsetzen. Jungen meiden weibliches und verwenden männliches Spielzeug, um ihre Zugehörigkeit zu einer Geschlechtskategorie zu unterstreichen, während Mädchen Spielzeug nicht dazu benutzen, ihre Geschlechtsidentität zu verdeutlichen.«[3] Wenn die Erzieherinnen versuchten, das stereotype Verhalten aufzulösen und Gruppen mit gleich vielen Mädchen und Jungen zu bilden, wurden ihre Bemühungen immer wieder durch den Widerstand der Jungen, und zwar nur der Jungen, unterlaufen, die reine Jungengruppen bilden wollten. Lloyd schließt daraus:

»Unsere Diskussion mit den Erzieherinnen zeigte ihren aufrichtigen Wunsch, den Mädchen und Jungen mehr Spielraum für den Zugang zu Erfahrungen zu bieten, die nicht durch die konventionellen Rollenbeschränkungen eingegrenzt sind. Trotzdem läßt die Starrheit, mit der ältere Kinder an Rollenvorschriften festhalten . . ., darauf schließen, daß Mädchen und Jungen in verschiedenen sozialen Welten leben und unterschiedlichen Entwicklungswegen folgen. Nach meiner Überzeugung spiegelt diese scharfe Trennung von Weiblichkeit und Männlichkeit die Tatsache wider, daß Geschlechterunterschiede von Natur aus gegeben sind. Die begriffliche Differenzierung zwischen natürlichem und sozialem Geschlecht läßt sich demnach nicht länger aufrechterhalten.«[4]

Es ist die Natur, die die genetischen Anweisungen bereitstellt, welche schließlich bei der unumgänglich notwendigen Loslösung von der primären mütterlichen Identifikation helfen. Jungen kommen mit anderen Eigenschaften und Neigungen zur Welt als Mädchen. Diese genetischen Unterschiede sind drastisch und schon auf einer Stufe der männlichen Entwicklung sichtbar, auf der die Jungen in erster Linie mit ihrer Mutter verbunden sind. Selbst wenn sie Mamabubis sind, so sind sie doch *Buben*. Sie werden mit der Anlage zur Entwicklung einer größeren Körpermasse geboren. Ihre sprachlichen Fähigkeiten entfalten sich offenbar verzögert, in einer späteren Entwicklungsphase. Sie neigen weniger zur Analyse. Sie kommen schon so auf die Welt — bewegungsfreudig, aggressiv, mit großem, frühzeitig dominierendem motorischem Geschick —, also mit allen Anlagen, die sie zu einem Bild von Mann machen werden. Diese Anlagen sind allerdings nicht fest verdrahtet, sie können abgeschwächt oder sogar umgepolt werden. Dennoch täten wir gut daran, ihre Existenz und Unterschiedlichkeit anzuerkennen.

Wir können genetische Unterschiede nicht nur daran erkennen, was Jungen spielen, sondern auch daran, wie sie spielen. Kleine Mädchen beginnen sehr früh, sich zu verständigen und zu unterhalten. Sie entwickeln Spiele, die sich eng an ihre Lebenserfahrung anlehnen, ob es sich nun um einen Kaffeeklatsch, Puppenspiele oder die Nachahmung ihrer Mütter handelt, die heutzutage Ärztinnen und Rechtsanwältinnen sind. Ihre Aktivitäten drehen sich um Beziehungen und Konversation. Im Unterschied dazu stellen die Jungenspiele, die sich unentwegt und unabänderlich um Autos und Traktoren, Dinosaurier und Raumschiffe sowie Kriegsspiele drehen, den langweiligen Alltag in Hunderttausenden von Haushalten quer durch die Vereinigten Staaten dar.

Natürlich können auch kleine Jungen Spaß am Kochen und Basteln und Werken haben, aber sogar die Art und Weise, wie sie an solche Beschäftigungen herangehen, ist gemeinhin ganz anders. Zunächst einmal sind sie dermaßen regelwütig, daß die Regeln oft wichtiger sind als das Spiel selbst. Kürzlich blieb meinem siebenjährigen Enkel, dem sein passenderer und spannenderer Kamerad (sein zwölfjähriger Cousin) gerade nicht zur Verfügung stand, nichts anderes übrig, als mich zu fragen, ob ich »Battle Beast« mit ihm spielen würde. Er hatte sich schon durch den gesamten Haushalt gefragt, und ich war leider seine letzte Hoffnung. Ich hatte ihn dieses Spiel endlos mit seinem Cousin spielen sehen und hätte mich lieber herausgehalten.

Ich kannte die Regeln nicht, wußte aber immerhin, daß es Regeln gab. Ich sagte: »Fangen wir an.« Er erklärte, wir könnten nicht anfangen, bevor wir »alles aufgestellt« hätten. Mit diesen Worten kippte er einen Eimer mit etwa achtzig kaum zu unterscheidenden Kampffiguren aus, die aus biegsamem Plastik und jeweils mit einer winzigen »Waffe« versehen waren. »Jetzt können wir mit dem Aussuchen anfangen«, sagte er. Ich griff unschuldig nach einem kleinen lila Gegenstand, aber er hielt mich empört auf. Zuerst mußten wir den Figuren alle Waffen aus der Hand nehmen. Danach war unser Haufen doppelt so hoch. Mit Bedacht suchten wir nun abwechselnd eine Kampfbestie aus, bis der Haufen geschrumpft war. Jedesmal, wenn ich eine der Kreaturen nahm, erläuterte er mir, wer das war, wobei er oft »Wow, die ist stark« hinzufügte und mir ihre Eigenschaften beschrieb — warum diese fliegen, jene sich in Feuer verwandeln konnte und so weiter.

Schließlich hatten wir unsere Armeen zusammengestellt, durften aber immer noch nicht mit dem Spiel beginnen. Nun mußten wir die Waffen auswählen, die die Kämpfer in die Hand bekamen. »O Gott«, dachte ich, »das dauert ja noch eine Stunde.« Jede Waffenwahl wurde von ihm sorgfältig überlegt und ausgeführt, und auch mir erlaubte er nicht, einfach die erstbeste Waffe zu ergreifen. In aller Fairneß erklärte er mir, warum sie für die Kreatur, für die ich sie ausgesucht hatte, schlecht war und warum ich dadurch leichter verletzt werden könnte.

Ich kam nie dazu, wirklich zu spielen. Glücklicherweise wurden wir durch den Ruf zum Abendessen unterbrochen. Später erzählten mir die Mütter der beiden Cousins, daß die Aufstellung in der Regel länger dauert als das Spiel selbst.

Im Gegensatz dazu habe ich oft mit Freude die Spiele meiner sieben- und neunjährigen Enkelinnen, ebenfalls Cousinen, belauscht. In den wenigen Minuten, die ich von ihrem Spiel miterlebte, habe ich mehr über sie, ihre Väter und Mütter und ihre Sorgen und Leiden erfahren als je zuvor von ihren Eltern.

Alle diese Aktivitäten sind biologisch gesteuert. Natürlich nicht die einzelnen Elemente des Spiels — die Begeisterung für Autos und Traktoren kann schwerlich genetisch gesteuert sein —, aber die Art, wie sie gespielt werden. Heute sind wir endlich soweit, daß wir unsere Erfahrungen für bare Münze nehmen dürfen und zugeben können, daß sich im frühesten Verhalten kleiner Jungen die Wurzeln der Männlichkeit finden lassen. Wenn wir entscheiden, daß es wichtig ist, in einer weniger aggressiven Gesellschaft zu leben, können wir beginnen, versöhnliches Verhalten bei Jungen zu belohnen und gleichzeitig offene Aggressivität zu bremsen. Wir müssen uns klarmachen, daß Geschlechterunterschiede, auch wenn sie nicht in erster Linie kulturell bedingt sind, doch zu einem gewissen Grad durch die Kultur beeinflußt werden können. Es ist jedoch eindeutig bewiesen, daß Aggression oft von Androgenen (den männlichen Geschlechtshormonen) gesteuert wird: brutale Gewalt ist das Privileg der größeren und stärkeren männlichen Kreatur; das von den Muskeln her schwächere Geschlecht muß sie deshalb durch List und Tücke ersetzen.

Das bietet den Frauen in vieler Hinsicht bessere Voraussetzungen für das moderne Leben als die männliche Biologie. In der Welt, in der wir leben, wird Macht nicht mehr an der Fähigkeit zum Zupacken, nach Körpergröße oder am Bizepsumfang gemessen, sondern an der gesellschaftlichen Stellung, an Erfolgen, intellektuellen Leistungen und ähnlichem abgelesen. Die frühen Lektionen, in denen kleine Jungen anfangen zu lernen, was es bedeutet, ein Mann zu werden, können sich tragischerweise so gegen sie kehren, daß ihr Selbstgefühl im Erwachsenenleben dadurch einmal zerstört wird. Was Hänschen gelernt hat, verlernt Hans nimmermehr — daher werden immer wieder Männer in die Falle gehen und sich ihr Leben lang auf einer überholten Machtbasis zu beweisen suchen, und sei es nur in symbolischer Sprache und metaphorischen Aktionen. Dieses Männlichkeitsgefühl müssen wir entschärfen, nicht nur um der Frauen willen, die bisher seine Opfer waren, sondern um der Männer selbst willen, die ihm zwar in anderer Weise, aber eben auch zum Opfer gefallen sind.

Jungen suchen zunächst genau wie Mädchen die Anerkennung ihrer Mutter; das ändert sich jedoch grundlegend, sobald sie älter werden. Zum Mann wird man durch die Anerkennung anderer Männer, denn Männlichkeit definiert sich in Begriffen wie Konkurrenz, Macht und Leistung. Ironischerweise werden auch die Frauen zum größten Teil Frauen durch die Anerkennung der Männer, wobei ihnen allerdings das Diktat dieses einen, einzig möglichen Weges erspart bleibt.

Es liegt mir fern zu behaupten, daß Erfolg und Karriere für Frauen nicht ebenfalls von Bedeutung sind und ein Versagen auf diesem Gebiet nicht ebenso demütigend und verheerend sein kann. Aber unter den kulturellen Bedingungen, unter denen wir derzeit noch leben, erschüttert sie eine berufliche Niederlage nicht in ihrem Innersten — als Frau. Frauen sind Opfer der Geschlechtertypisierung und zahlen in unserer Kultur einen extrem hohen Preis dafür. Sie passen sich, oft gegen besseres Wissen, dem System unwillkürlich und weitgehend an — niemand ist immun gegen die Vorurteile unserer Kultur. Immerhin stützt sich das Stereotyp für das Rollenbild der Frau auf verschiedene Bereiche. Der Stolz und die Selbstachtung des Mannes dagegen werden brutal und ausschließlich mit seiner Männlichkeit gleichgesetzt.

Alles wird auf diese eine Schiene gepreßt — Macht, Status, soziale Stellung. Alles wird aus dem Blickwinkel der Forderung betrachtet, ein »richtiger Mann« zu sein.

Eine Frau, die sich um ihr Kind kümmert, denkt nicht über die Tatsache nach, daß sie dabei eine »richtige Frau« ist. Sie läßt sich unbewußt von ihrem Selbstgefühl als fürsorgliche Mutter leiten. Ein solches Verhalten ist sich selbst Belohnung, es muß nicht in eine rollenbezogene oder genitale Bedeutung umgemünzt werden. Aber ein Mann beurteilt sich in unserer Kultur gewöhnlich fast ausschließlich in phallischen Begriffen. Da er keine Löwen mehr tötet und sich nicht mehr von der Jagd ernährt, nimmt er den Weg über die symbolische Welt materiellen Besitztums und Ansehens, um augenfällig zu machen, daß »etwas an ihm dran ist« — wobei dieses »etwas«, volksnah ausgedrückt, ein schöner, großer Schwanz ist.

Die Persönlichkeit eines Mannes *ist* seine Männlichkeit. Es ist schwierig, wenn nicht unmöglich, beide voneinander zu trennen. Das Stolzgefühl eines Mannes ist immer an einen großen Umkreis anderer Männer gebunden. Das ist eine konkurrenzorientierte, ständig wachsende Gruppe, in der er, wo immer er sich selbst befindet, stets noch andere Männer vor sich sieht. In einer nach oben offenen, mobilen Gesellschaft wird es immer noch eine Reihe von Stufen geben, die zu erklimmen sind, noch eine Gruppe von Männern, die man überholen muß, weitere Siege, die es zu erringen gilt.

Eine Frau ist zwar gezwungen, ihren Wert nur im Hinblick auf ihre Beziehungen zu anderen zu definieren, aber wenigstens hat sie viele andere: Freundinnen, Liebhaber, Kinder und natürlich Männer. Wenn es für eine Frau einen Prüfstein für ihre Weiblichkeit gibt, dann ist es wahrscheinlich ihr Gefühl, wie liebenswert sie ist und wieviel sie geben kann.

In vielen zwischenmenschlichen Beziehungen entstehen Konflikte aufgrund der logischen Annahme, beiden Geschlechtern schienen ähnliche Dinge bedrohlich, und sie müßten diesen Bedro-

74

hungen gegenüber ähnliche Strategien entwickeln. Eine Frau, die weiß, daß nur Fürsorge, Verständnis, Liebe und Zuwendung ihr Selbstwertgefühl tragen können, wird unweigerlich bestürzt sein — und es gar tragischerweise als persönliches Versagen interpretieren —, wenn sie den Mann, mit dem sie ihr Leben teilt, in Zeiten, da er verzweifelt ist, mit unendlich viel Trost und Fürsorge umgibt, er sich aber trotzdem als Versager fühlt, den nichts trösten und befriedigen kann.

Sie weiß nichts von der symbolischen Natur der Macht in seiner Welt. Sein Status und die Anerkennung von Unmengen anderer Leute (meistens Männer) sind für einen Mann notwendig, damit er das Gefühl hat, erfolgreich und etwas wert zu sein. Gerade die Fürsorge, die sie ihm angedeihen läßt — die sie in ihren eigenen verzweifelten Momenten wieder aufbauen würde —, ruft in ihm wahrscheinlich ein Gefühl der Abhängigkeit hervor, da sie vor allem mit Mütterlichkeit assoziiert ist, was sein Männlichkeitsgefühl noch zusätzlich bedroht. Er weist nicht sie oder ihre Liebe zurück. Es ist auch nicht unbedingt so, daß er sie weniger liebt als seinen Erfolg. Es liegt daran, daß *Liebe* einfach nicht der Maßstab ist, mit dem der Wert eines Mannes gemessen wird.

Die Aufgabe, die sich der Frau hier stellt, ist ziemlich kompliziert. Da sie seinen Stolz wiederherstellen will, muß sie ihm auf die eine oder andere Art die Unterstützung bieten, nach der er sich sehnt, wenn er deprimiert ist, ohne daß er sich dadurch abhängig fühlt. Das bedeutet, ihm das in seiner Kultur so verquere Gefühl von Männlichkeit wiederzugeben. Aber das Paradoxe dabei ist, daß genau ihre Zuwendung und Fürsorge ihn in das gefürchtete Gegenteil eines richtigen Mannes verwandelt, in ein Muttersöhnchen.

Das Ego eines Mannes ist daher stets mehr von einer allgemeinen und prinzipiellen Anerkennung abhängig als von der einer bestimmten Person. Leider ist es fast immer an ein nahezu unerreichbares Männlichkeitsideal gebunden. Um ein Mann zu sein, muß man nicht nur lernen, das Spiel zu spielen; man muß gewinnen. Gewinnen ist alles.

Ein Psychoanalytiker ist in einer selten anzutreffenden Position. Durch den Leidensdruck und Schmerz im psychotherapeutischen Prozeß sind die männlichen Patienten gezwungen, etwas zu tun, was normalerweise tabu ist: Sie sind gezwungen, über sich selbst und ihre Gefühle zu reden. Damit kommen wir zu einem weiteren Rollenunterschied. Männer reden nicht wirklich mit anderen Männern. Sie reden auch selten mit Frauen; und sie reden bestimmt nicht über ihre Empfindungen und Gefühle. Sie sind auf »Sachen« und Handlungen orientiert, nicht auf »Leute« oder Emotionen.

Frauen sprechen im allgemeinen über wichtige Themen. Männer werten Frauengespräche ab, indem sie sie als »Klatsch« verunglimpfen. Damit meinen sie Gespräche über Leute, ihr Privatleben, ihre Erfolgs- und Mißerfolgserlebnisse, ihre Siege und Niederlagen, ihre kleinen Sünden, Enttäuschungen, Schwächen und Träume. Diese »Frauenthemen« handeln von den Wahrheiten und oft philosophischen Fragen, die das analytische Denken über die Jahrhunderte hinweg beschäftigt haben — von der Suche nach dem Sinn des Lebens in Begriffen von Beziehungen, von Absichten und Zielen.

Worüber sprechen dann Männer? Garantiert über Sport und Geschäft. Und was ist mit dem Reden übers Geschäft? Ist denn das nicht wirklich wichtig? In der Regel nicht. Es ist auch nur eine Form von Büroklatsch. Die Tatsache, daß das Büro nicht irgendeines, sondern zufällig die Vorstandsetage einer Finanzverwaltungsfirma ist, macht es nicht »bedeutender«. Männer, egal ob es sich um Ärzte, Rechtsanwälte, Wirtschaftsprüfer oder Ingenieure handelt, lassen sich nur widerwillig in Unterhaltungen über Themen von allgemeinem Interesse verwickeln.

In der analytischen Situation ist der Mann gezwungen, wirklich zu reden, und dabei legt er vor seinem Therapeuten Gefühle bloß, die er sich selbst kaum jemals eingestanden hat. Es gibt ganz eindeutig einen Unterschied bei der Therapie von Männern und Frauen. In meiner lebenslangen Praxis als Therapeut bin ich immer wieder beeindruckt von der Konzentration und Intensität der Themen, die das Leben der Männer beherrschen. Ihr Maßstab für Erfolg ist eine brutale und anspruchsvolle Vorstellung von Männlichkeit. Dreißig Jahre Praxis haben einen gemeinsamen Nenner immer klarer herausgearbeitet: Quer über alle Klassen- und Rassenschranken hinweg kämpfen die Männer immer noch darum, als »richtige Männer« respektiert zu werden.

Die Klientel einer psychiatrischen Praxis in New York ist nicht so einheitlich, wie man meinen könnte. Im Laufe meiner Assistenzzeit, Niederlassung und Praxisausübung habe ich mich eingehend mit Männern von unterschiedlichem ökonomischem Status beschäftigt: mit Schwarzen, Weißen, Lateinamerikanern und Orientalen, Juden, Christen und Moslems; in erster Linie entstammten sie amerikanischen Familien, kamen aber auch aus dem englischen, neuseeländischen, australischen, mexikanischen, israelischen, deutschen und französischen Kulturkreis, um nur die wichtigsten zu nennen. Alle litten unter der Last ihres ständigen Bemühens, ernst genommen zu werden — als »ein Mann«. Es war dennoch beruhigend, festzustellen, daß auch die Anthropologen die Konstanz der männlichen Rollenleitbilder und die Gleichförmigkeit bestätigen, mit der die Definition von Männlichkeit kulturelle Grenzen ignoriert. Bei fast jeder erforschten Kultur, ob in einem kleinen griechischen Dorf oder in einer Stadt im amerikanischen Westen, ob in einer Truk-Lagune oder im australischen Busch, ob bei den Dodoth in Ostafrika oder den Bergvölkern Neuguineas, ist das Ergebnis das gleiche; ob man primitive oder moderne, östliche oder westliche Kulturen untersucht, Kulturen aus Südostasien, den afrikanischen Bergen oder den kleinen Städten in den Pyrenäen, es ergibt sich ein Rollenideal von Männlichkeit, das verblüffend stimmig ist. (Diese Übereinstimmung macht den Forschern, die von Natur aus eher nach kulturellen Verhaltensdeterminanten suchen, oftmals gar keine Freude.)

John Williams und Deborah Best hatten Daten aus vierzehn Ländern zusammengetragen und wollten einen kulturellen Einfluß auf Definitionen von männlich/weiblich nachweisen. Die Ergebnisse ihrer Suche nach Umweltfaktoren, die die Geschlechterrollen prägen, waren allerdings so spärlich, daß sie sich veranlaßt sahen, den Schwerpunkt ihrer Forschung auf die umgekehrte Hypothese zu verlagern. Sie stellten darüber hinaus fest, daß Kulturen, die in anderer Hinsicht extrem unterschiedlich waren, in ihren Definitionen von Männerrolle und Männlichkeit alle übereinzustimmen schienen.[5]

Was aber definiert den »richtigen Mann«? In fast jeder der untersuchten Gesellschaften muß er drei eindeutige Rollen ausfüllen − drei Verpflichtungen des Mannseins. Erstens muß er sexuell ein Mann sein. Die sexuelle Mannbarkeit bildet den eindeutigen Abschluß der Jugendzeit. Die Pubertät bringt nicht nur den Schmuck der sekundären Geschlechtsmerkmale mit sich, wie die tiefere Stimme, Schamhaar, Muskelwachstum und die Wandlung der weichen Kinderzüge zum eckigeren Männergesicht, sondern auch die grundlegende sexuelle Charakteristik, die für den Fortbestand der Rasse unerläßlich ist, die Fähigkeit, Vater zu werden.

Die meisten primitiven Kulturen, gewiß jedenfalls die meisten vorindustriellen Gesellschaften, sehen den wichtigsten Maßstab für einen Mann in seiner Fähigkeit, Nachkommen zu zeugen. Häufig wird besonderer Wert auf männliche Nachkommen gelegt, aber das ist nicht unbedingt überall der Fall. Ein Mann ohne Kinder gilt in den meisten Kulturen als Schande. Er kann seine Frau dafür verantwortlich machen, und es mag auch tatsächlich biologisch an ihr liegen, dennoch wird es als seine Schmach betrachtet. Was ein richtiger Mann ist, der muß viele Kinder produzieren, und dafür mag man ihm ruhig das Recht auf viele Frauen zugestehen. Die Voraussetzung dazu mag je nach seinem Reichtum und seinem Rang innerhalb des sozialen Gefüges schwanken, aber es ist und bleibt der Grundgedanke der Polygamie, den Umfang der Familie zu vergrößern. (Sowohl die Paschas in Arabien als auch die armen Arbeiter unter den Mormonen in Utah betrachteten die Polygamie als Chance, die jeweilige Größe ihres Stammes zu erweitern. Ein einziger Mann könnte, wenn er wollte und wenn er Glück hätte, im Laufe eines Jahres Hunderte von Frauen schwängern und so im Laufe seines Lebens Tausende von Kindern zeugen.)

In unserer Gesellschaft erfreut sich der Zeugungsaspekt der Sexualität keiner so großen Wertschätzung mehr, und das hat katastrophale Folgen. Der moderne Mann braucht einen Ersatz für den Potenzbeweis Kinder. Häufig ist Schürzenjägertum die lächerliche Alternative. Während einerseits Treue so selten ist wie eine schwarze Perle, würde ich andererseits die wenigsten Männer, die gelegentlich eine außereheliche Affäre haben, als Weiberhelden bezeichnen. Die meisten Männer haben weder das Verlangen noch das neurotische Zwangsbedürfnis nach echtem Casanovatum. Sie neigen eher zum sexuellen Opportunismus. Wo man ihnen eine Türe aufmacht, treten sie ein. Galane öffnen die Türen mit Schmeicheleien, Don Juans gehen notfalls durch die Wand. Solche Männer betrachten außerehelichen Sex als Eskapade, als Abenteuer. Ein Seitensprung läßt sie sich potent und attraktiv fühlen. Den alltäglichen Speiseplan um ein paar verbotene Früchte zu erweitern sorgt für das Gefühl von Gefahr und Ungehorsam, das gewisse Männer einfach genießen. Männer, die außereheliche Affären *brauchen*, die zwanghaft danach suchen, sind Männer mit einem inneren Auftrag. Sie leiden unter dem Gefühl schwindender Männlichkeit, die aus vielfältigen Quellen aufgefrischt werden muß. Der besessene Verführer ist ein Mann, der sich der Substanz seiner Sexualität nicht sicher ist. Ein großer Prozentsatz notorischer Aufreißer befindet sich an der Grenze zur Impotenz.

Die zweite wichtige Rolle, die einem Mann neben der des Erzeugers zugeschrieben wird, ist die des Beschützers. Der Mann muß ein Krieger sein. Er muß mächtig sein und seine Macht vorführen, ob er nun in einer Gesellschaft von Jägern oder von Nichtjägern lebt. Fähigkeit und Leistung werden immer auf der physischen Ebene beurteilt. Sogar in nichtjagenden Gesellschaften kann das Stellen oder Töten eines bedrohlichen Tieres Teil der

79

Initiationsrituale für die Männlichkeit sein. Eine wesentliche Seite der Rolle des Beschützers besteht in der Demonstration von Mut, und Mut wird immer auf der primitivsten und körperlichsten Ebene vorgeführt. Um den Mut eines Mannes einschätzen zu können, muß es Mutproben geben. Hat sich eine Gesellschaft einmal so weit entwickelt, daß körperlicher Einsatz zum Überleben nicht mehr erforderlich ist, muß sie sich auf künstliche Mittel zum Beweis physischen Muts einigen. Der Krieger war von seinem Körper, seinem Bizeps, seinen Gliedmaßen, seiner Unerschütterlichkeit und seiner Angstbewältigung abhängig. Wer als Mann ernst genommen werden will, muß seine Fähigkeiten auf diesem ganz fundamentalen Gebiet beweisen.

Wir leben jedoch in einer Gesellschaft, in der körperliche Einsatzbereitschaft in der realen Welt wenig gilt und Macht sich selten im Muskelumfang manifestiert. Ein winziger, dicker, alter, aber reicher Mann kann ohne weiteres ein kraftvolles, junges, sportliches Exemplar der Gattung herumkommandieren, wenn es sich dabei zufällig um seinen Chauffeur oder seinen »Hausboy« handelt. Die äußeren Attribute der Macht haben sich geändert, die innere Wahrnehmung hingegen nicht. Die Überreste der primitiven Gesellschaft und deren Wertschätzung von physischem Mut stellen eine weitere Herausforderung für den modernen Mann dar.

Die dritte Komponente der männlichen Rolle ist die des Versorgers. Die vorindustriellen Gesellschaften waren in der Regel Jäger- und Ackerbaugesellschaften. Der Mann war aufgrund seiner körperlichen Größe, seiner Schnelligkeit und Beweglichkeit der Jäger. Ihm oblag es, seine Familie zu ernähren. War er einer der Stammesführer, so gehörte es zu seinen Aufgaben, dafür zu sorgen, daß für den ganzen Stamm genug Nahrung vorhanden war. Man beachte: Er mußte nicht nur zeigen, daß er sich selbst ernähren konnte — ein richtiger Mann ist nicht nur in der Lage, Nahrung zu beschaffen, er muß andere damit *versorgen*. Er muß freigiebig sein und die Güter, die er aufgrund seiner Stärke beschafft hat, großzügig verteilen. Ein richtiger Mann hortet nicht egoistisch, sondern ist ein Wohltäter und Versorger.

Dieser Charakterzug steht im Widerspruch zu dem derzeit gängigen Vorurteil, das den Frauen eine Fürsorgemoral und den Männern eine Gerechtigkeitsmoral zuschreibt. Die Unterstellung, Männer seien nicht fürsorglich, wird deshalb allgemein akzeptiert, weil sie einen Rollenunterschied im *Stil* der Fürsorglichkeit anspricht. In fast jeder Gesellschaft muß der Mann Sorge für das Wohlergehen anderer tragen. Das ist seine Aufgabe. Das prototypische Beispiel dafür ist die universelle männliche Rolle bei Herdentieren. In der Herde liegt der Ziege, der Büffelkuh, dem Schaf nur der eigene Nachwuchs am Herzen; das Überleben der anderen Jungen kümmert sie wenig. Eine Ziege, die ihr Zicklein nach der Prägungsphase verloren hat, wird jedes andere Junge tottreten, das an ihren Zitzen trinken will. Für sie spielt es keine Rolle, daß ihr Junges tot ist und ihr Euter schmerzt: Ihre Milch ist für dieses eine, und nur für dieses gedacht.

Diese Tendenz, die eigenen Nachkommen so viel stärker zu bewerten, ist als Überlebensmechanismus von enormer Bedeutung. Wenn sich jede Ziege nur um das »allgemeine Wohlergehen« kümmert, ist es unwahrscheinlich, daß sie ihre eigenen Jungen gut genug schützt. Das Ergebnis wäre Chaos. Es ist daher nicht überraschend, daß in einer Kultur wie der unseren keine nennenswerte Übereinstimmung (wenn nicht sogar ein statistischer Gegensatz) existiert zwischen den Individuen, die über »die Menschheit« ganz allgemein weinen, und jenen, die sich vom Schmerz bestimmter Menschen betroffen fühlen.

Das männliche Tier dagegen kümmert sich um das Wohlergehen der Herde insgesamt. Das kann man als eigennütziges Verhalten interpretieren, durch das die eigenen Sexualobjekte sowohl vor dem Angriff eines Räubers als auch vor dem Eindringen eines Nebenbuhlers geschützt werden. Die Motivation tut nichts zur Sache — sein Verhalten dient letztlich dem Nutzen aller. Das Männchen hat ganz klar die Aufgabe, die Herde in ihrer Gesamt-

81

heit zu schützen. Es würde seine eigenen Jungen gar nicht erkennen.

Was den Menschen betrifft, so entspringt die männliche Versorgerrolle offensichtlich nicht nur der biologischen Festlegung. Ein Mann erwirbt sich Selbstachtung und Selbstwertgefühl, indem er seine Verpflichtungen gegenüber den Schwachen erfüllt: gegenüber den Frauen, Kindern und in manchen Kulturen auch den Alten. Er setzt seinen Körper, mitunter sogar sein Leben ein, um die von ihm Abhängigen zu ernähren und zu beschützen. Er muß weit umherziehen, muß Mut, Geschick und Stärke beweisen, um seine biologische und soziologische Rolle als Ernährer und Versorger auszufüllen. Diese Art Fürsorge unterscheidet sich deutlich vom zarten Umhegen eines Säuglings an der Brust. Aber es ist Fürsorge.

Vielleicht erfüllen beide Geschlechter jeweils nur eine biologische Notwendigkeit, vielleicht handeln sie nur ihrer fürsorgenden biologischen Natur gemäß — das kann man sehen, wie man will. Es ist gleichgültig, welches theoretische Konstrukt man für die dahinterstehende oder zugrundeliegende Antriebskraft annimmt. Tatsache ist, daß beide Geschlechter ihre Fürsorgerollen von jeher ernst nehmen. In der Stammesgesellschaft, bis in die jüngste Zeit hinein auch in den westlichen Gesellschaften, werden beide Geschlechter, wenn sie ihren eigenen moralischen Vorstellungen von Rechtschaffenheit und Güte entsprechen wollen, unweigerlich daran gemessen, wie gut er oder sie eine fürsorgende Rolle ausfüllt.

Auf allen drei Gebieten der Männerrolle — Erzeuger, Beschützer und Versorger — ist der Mann von heute in eine verblassende und zunehmend metaphorische Beziehung zu den biologischen Antrieben geraten, die zum männlichen Geschlecht gehören. Sie drängen ihn zu einem Verhalten, das kulturell keine Gültigkeit mehr besitzt. Diese Antriebe, die sich physiologisch äußern, haben für die fundamentalen Bedürfnisse, denen sie einst dienten, keine Funktion mehr.

Möglicherweise stehen alle Elemente der männlichen Rolle, die wir beschrieben haben, im Begriff, zu veralten. Wir sind jedoch an unsere Biologie gebunden. Sogar in unserer modernen Kultur leben die Idealbilder des potenten Mannes, des Kriegers und des Jägers in verschleierter Form fort. Wir erziehen unsere Männer immer noch für diese drei Rollen, haben aber die Regeln für die Männlichkeitsbeweise geändert. Man muß keinen Bären mehr töten, dafür aber vielleicht ein »Killer« von Konkurrenten sein. Die Probleme sind die gleichen geblieben: Ein Mann muß diese allgemeinverbindlichen Kriterien erfüllen, wenn er in seinen eigenen Augen und in den Augen der anderen ein Mann sein will. So oder so — Männer müssen symbolische Möglichkeiten finden, diese drängenden, instinktiven und ererbten Triebkräfte zu befriedigen, die ihr Männlichkeitsgefühl bestimmen.

Daher erfinden Männer Metaphern für Männlichkeit. Diese Metaphern sind in überschaubaren, ländlichen Gesellschaften leichter erkennbar als in komplexen, städtischen Zentren wie London oder New York. Michael Herzfeld beschreibt die Formen und Regeln der Männlichkeit in der kretischen Dorfgemeinschaft von Glendi:

»Einer der, wie die Glendioten sagen, ›gut darin ist, ein Mann zu sein‹, muß wissen, wie man mit dem Messer umgeht; wie man die akrobatischen Schritte des Tanzführers setzt; wie man die Spötteleien des Sängers mit eleganten, dissonanten Versen beantwortet; er muß auffällig viel Fleisch essen, wo immer es sich ergibt; zu seinem Wort stehen, aber gleichzeitig Gewinn daraus schlagen und es mit jedem aufnehmen, der es wagt, ihn zu beleidigen. Er muß seine Familie vor verbalen und sexuellen Übergriffen schützen und ein Haus führen, das seines ›Gebieters‹ würdig ist. Er muß bei jeder sich bietenden Gelegenheit Gastfreundschaft üben und dabei die Kärglichkeit der angebotenen Speisen beklagen, während er seine Gäste mit Fleisch und Wein verwöhnt . . . Er muß schlagfertig sein. Und bei all dieser

Effekthascherei muß jede einzelne Tat lauthals von einem weiteren Beweis seiner Männlichkeit künden. Eine Großtat, die es versäumt, auf ihre Großartigkeit hinzuweisen, ist wie ein Marktschreier ohne Stimme.«[6]

In einem mediterranen Dorf lassen sich noch die Spuren verfolgen, die sich von den Männlichkeitsritualen bis zu ihren Pendants in den vorindustriellen Gesellschaften ziehen. In angelsächsischen Klassenzimmern existieren die gleichen Männlichkeitskriterien, doch ihre Herkunft liegt weniger offen, die Entstehung der Mannbarkeitsbräuche tiefer im dunkeln, und die Entwicklungspfade von der biologischen zur kulturellen Sphäre verlaufen verschlungener. Dennoch sind sie vorhanden und lassen sich identifizieren.

Wenn wir die in unserer Gesellschaft geltenden Männlichkeitskriterien voll und ganz entziffern und verstehen können wollen, müssen wir die diversen kulturellen Institutionen untersuchen, die dazu dienen, aus einem »Muttersöhnchen« einen »richtigen Mann« zu machen.

Kapitel 4

Das Traumziel: Ein richtiger Mann

Männlichkeit wird in der ganzen Welt als etwas betrachtet, das man lernen und erwerben muß. Das bringt der Anthropologe David Gilmore folgendermaßen auf den Punkt:

> »Insbesondere ist die immer wiederkehrende Auffassung bemerkenswert, daß wahre Männlichkeit nicht gleichzusetzen sei mit simpler anatomischer Männlichkeit. Männlichkeit wird also nicht als natürlicher Zustand begriffen, der spontan durch biologische Reife eintritt, sondern vielmehr als ein unsicherer oder künstlicher Zustand, den sich die Jungen gegen mächtige Widerstände erkämpfen müssen. Diese immer wiederkehrende Auffassung, daß Männlichkeit problematisch ist, eine entscheidende Schwelle, welche die Jugendlichen durch Prüfungen bewältigen müssen, findet sich auf allen Ebenen soziokultureller Entwicklung, ungeachtet möglicher anderer, anerkannter alternativer Rollen. Sie findet sich bei den einfachsten Jägern und Fischern, unter Bauern und gebildeten Stadtbewohnern, sie findet sich auf allen Kontinenten, in jeder Umgebung. Und sie findet sich sowohl bei Kriegervölkern wie bei solchen, die niemals im Zorn getötet haben.«[1]

Die Aufgabe ist nicht einfach. Der Natur muß auf die Sprünge geholfen werden. Männlichkeit muß nicht nur gelehrt werden, man muß indoktriniert und darin eingeweiht werden. Einem Jungen müssen wir beibringen, wie er »gut darin ist, ein Mann zu sein«, um die geglückte Formulierung der Glendioten zu verwenden.

Um einen Mann zu »machen«, ist ein gewundener Trainings- und Entwicklungspfad vonnöten, sehr viel verschlungener als jener, der zur Sicherstellung der weiblichen Identität führt. Die Entwicklung der männlichen Identität verläuft, auch wenn sie von starken genetischen Kräften gesteuert wird, nicht so direkt und natürlich, wie das in der Regel bei der weiblichen der Fall ist. Denn dazu sind zwei Schritte erforderlich, deren erster die *Loslösung* von der Mutter bedeutet. Die männliche Identität muß bereits in den prägenden Jahren der Kindheit errungen und aufgebaut werden.

Dennoch scheint unsere Gesellschaft allen unseren Anstrengungen zum Trotz unfähig zu sein, einen »richtigen Mann« hervorzubringen — zumindest, was die Zufriedenheit des Mannes mit sich selbst betrifft. Was fehlt und dringendst not tut, sind symbolische Akzente wie die »Übergangsriten«, eine universelle Erfahrung aller männlichen Heranwachsenden in primitiven Gesellschaften. Dieser herrliche anthropologische Begriff wurde von Arnold van Gennep gemünzt und erklärt.[2] Er beobachtete bei den verschiedensten Kulturen drei klar voneinander abgegrenzte Stadien oder Phasen bei diesen Riten: Trennung (von der Mutter und dem Weiblichen), Umwandlung und Integration (in die Gemeinschaft der Männer).

Die Rituale unterscheiden sich von einer Kultur zur anderen, und zwar in der Länge des Umwandlungsstadiums, in den männlichen Mysterien, an denen man teilnehmen muß, und in der Heldentat, die vollbracht werden muß. Letztere besteht in der einen Kultur darin, eine große Antilope zu erlegen, in einer anderen, einen Löwen zu töten, und in einer dritten, Vieh aus der Herde eines Nachbarstammes zu stehlen (das mit der Gemeinschaft geteilt wird). Diese verschiedenen Szenarien sind jedoch nur Variationen ein und desselben Themas.

Ein Junge wird aus dem Mutterhaus entführt. Das geschieht

86

entweder mit Gewalt oder symbolisch. In manchen Gesellschaften leisten die Mütter theatralisch symbolischen Widerstand. Das Kind lebt anschließend in enger Gemeinschaft mit männlichen Erwachsenen und wird unterschiedlich langen Perioden von Isolierung, Reinigung und Initiation unterworfen. In verschiedenen Kulturen mit ähnlich entsetzlichen Zeremonien wird der Junge gezwungen, rituelle, aber nur zu reale Schmerzen zu ertragen: Schläge und Verwundungen, Beschneidung ohne Betäubung, Aufschlitzen der Penisober- oder -unterseite, wobei die Harnröhre offengelegt wird. Viele der spezifischen Rituale konzentrieren sich auf das männliche Geschlechtsorgan, so daß kein Zweifel daran bestehen kann, daß dieses Ritual der Mannwerdung dient. Die Zeremonien sind mit dem *Recht* verknüpft, sexuell ein Mann zu werden, sowie mit der *Pflicht* des Mannes, Kinder zu zeugen und zu versorgen. In manchen Fällen wird der Junge mit noch blutenden Wunden in der Wildnis ausgesetzt, ohne Nahrung oder Waffen, und gezwungen, der Natur nackt, unbewaffnet und ohne Angst gegenüberzutreten.

Diese Brutalität stößt abendländische Beobachter ab, und der Stoizismus, wie er zumindest übereinstimmend beschrieben wird, scheint unglaublich. Das ist jedoch der Preis der Männlichkeit, und ist er einmal entrichtet, so existiert der Knabe nicht mehr; aus diesen Prüfungen geht ein Mann hervor, der nun öffentlich von allen als solcher anerkannt wird und dem man den Respekt und die Vorrechte einräumt, die mit dieser Rolle verbunden sind.

Die Umwandlung wird mitunter noch durch einen rituellen Tod hervorgehoben: Der Knabe wird in einen Fluß oder in eine Grube geworfen, wenn nicht tatsächlich, so doch symbolisch, und eine neue Person, ein Mann, wird wieder heraussteigen, der die Kennzeichen des Mannestums trägt. Oft wird ihm ein neuer Name verliehen, bevor er ins Dorf zurückkehrt. In manchen Kulturen wird er vorgeben, die anderen Mitglieder der Gemeinschaft nicht zu erkennen, und nicht einmal seine Mutter und seine Schwestern sehen ihn noch als die Person an, als die er weggegangen war. Aus dem Jugendlichen ist jetzt im wahrsten Sinne des Wortes ein Mann geworden, versehen mit allen Rechten des Mannestums, was in vielen Gesellschaften das Privileg des Geschlechtsverkehrs mit älteren Frauen einschließt.

In der westlichen Kultur ist – Gott sei Dank – sehr wenig von alldem übriggeblieben, aber das hat auch seinen Preis. In einer kürzlich durchgeführten Studie über männliche Identität in den USA beschrieb der Wissenschaftler einem amerikanischen Versuchsteilnehmer, wie Jugendliche bei den Busama im Hochland von Neuguinea ihre Männlichkeit beweisen.

»Auf der ganzen Reise quälten sie die Stammesführer mit Fackeln, mit obsidianbewehrten Speeren und mit Nesseln. Sie erreichten ihr Ziel blutüberströmt und wurden von einem Wächterpaar in Empfang genommen. Sie wurden geschlagen, ausgehungert, am Schlafen gehindert, halb erstickt und fast geröstet. Wasser war verboten, und wenn sie Durst hatten, mußten sie Zuckerrohr kauen. Nur die derbste Nahrung war erlaubt, und auch diese nur in rohem Zustand. Die ganze Zeit erteilten die Wächter ihnen Lehren über ihre Verantwortung gegenüber der Verwandtschaft und über ihre Pflichten gegenüber Älteren. Anschließend brachten die Wächter den ihnen Anvertrauten bei, wie man den Penis einschneidet, was zur Aufhebung der Befleckung dient, die durch die Vereinigung mit dem anderen Geschlecht entsteht. In der Folgezeit mußte diese Operation regelmäßig durchgeführt werden. Dann fand eine Reihe von großen Festlichkeiten statt, und die Initianden traten reich geschmückt hervor.«[3]

Nachdem er diese Beschreibung gehört hatte, antwortete der Versuchsteilnehmer:

»Ich wollte, ich hätte es so einfach. Durch das Feuer laufen, über Kohlen gehen – dann ist es erledigt und vorbei. Du bist ein

Mann. Jeder weiß, daß du ein Mann bist, und damit hat sich's. Für mich geht es immer weiter. Die ewige Unsicherheit — jeden Moment könnte man auf der Straße sitzen. Es hängt alles am Geld. Ich muß ununterbrochen um Geld und Anerkennung kämpfen. Das Feuer hört nie auf; ich muß jeden Tag von neuem durch.«[4]

Wir klammern uns verzweifelt an die wenigen Überreste der Rituale, die uns geblieben sind, und wir versuchen, unsere Männlichkeit in zahllosen symbolischen Mutproben zu beweisen, die wir zu diesem Zweck ersinnen. Nichts ist eindeutig oder öffentlich festgelegt, und wir haben darunter zu leiden. Wenn wir nur die Weisheit besäßen, die in dem Film *Der Zauberer von Oz* zum Ausdruck kommt. Als der Zauberer als Betrüger entlarvt wird (»Kümmert euch nicht um den Mann hinter dem Vorhang«), rechtfertigt er seinen Hokuspokus als notwendige Beigabe für die moderne Gesellschaft. Er schafft damit Ordnung und Rückhalt, Dinge, für welche einst Religion oder Magie zuständig waren. Er versieht uns mit rituellen Zeichen, die uns der Verantwortung entheben, etwas erwerben zu müssen, was angesichts der drückenden Konkurrenz in unserer Gesellschaft womöglich gar nicht mehr existiert. Der Blechmann *hat* ein Herz, er bekommt aber einen tickenden Wecker. Der Feige Löwe erhält eine Medaille, die weithin sichtbar von seiner Tapferkeit kündet — mehr braucht man vielleicht gar nicht in der heutigen Zeit, in der Wagemut wenig ausrichtet. Die Vogelscheuche, die ihre Weisheit schon bewiesen hat, bekommt ein Diplom — den symbolischen Ausdruck und oft die Alternative für einen gebildeten Menschen. Sie braucht das Diplom, damit sie Selbstsicherheit und Anerkennung in einer Öffentlichkeit erlangt, die stets mehr auf die Verpackung als auf innere Werte gibt. Der Zauberer von Oz ist, wenn schon kein Schüler Freuds, so doch wenigstens ein Anhänger des philosophischen Idealismus. Es gibt keine reale Welt, nur die Welt der Illusionen. Wenn man die Welt der Illusionen zufriedenstellt, ist das Überleben gesichert.

Wir besitzen keinen anerkannten Talisman der Männlichkeit,

aber Spuren religiöser und erzieherischer Übergangsriten existieren auch in hochentwickelten westlichen Kulturen noch: Erstkommunion, Konfirmation, Diplome und Titel. Die Bar-Mizwa-Zeremonie stellt für einen dreizehnjährigen jüdischen Jungen immer noch das Zeichen dafür dar, daß er nun entsprechend der jüdischen Lehre das Privileg der Gemeinschaft mit den Männern genießt. Nun ist ihm gestattet, die heiligen Handlungen vorzunehmen und die Thora zu lesen. Es sind nur zwölf »Männer« zur Abhaltung eines jüdischen Gottesdienstes nötig. Eine Gemeinschaft von zwölf Bar-Mizwa-Jungen im Alter von dreizehn Jahren (in einem Versammlungshaus, ohne die Anwesenheit eines Rabbis oder Vorsängers) ist eine ebenso gültige Gottesgemeinde wie eine Kongregation von 3000 Gläubigen mit dem ganzen Beiwerk von Chor und Rabbinern. Allerdings kennzeichnet dieses Ritual aber keine echte Umwandlung wie bei den Busama. Die Witze, die sich um das Thema »ab heute bin ich ein Mann« drehen, täuschen über die Bedeutung eines Sakraments hinweg, das einst todernst genommen werden mußte. Kein dreizehnjähriger Jude ist ein Mann, weder in seinen eigenen Augen noch in denen der Gemeinde oder seiner Eltern.

Die traditionellen Methoden zum Beweis der Männlichkeit besitzen keine Gültigkeit mehr – mit Kraft und körperlicher Einsatzbereitschaft wird heutzutage nichts mehr erreicht, allenfalls unter Heranwachsenden. Da Rituale und Übergangsriten verwässert oder aufgegeben wurden und das Mannestum nirgendwo klar definiert ist, muß man seine Männlichkeit mittels symbolischer kultureller Rituale beinahe täglich aufs neue beweisen.

An die Stelle der althergebrachten Riten und Rituale sind veränderliche, nie abgeschlossene und oft zweischneidige Erfahrungen getreten. Sie werden nach gesellschaftsspezifischen Maßstäben beurteilt, die häufig unausgesprochen bleiben und, was noch schlimmer ist, falsch interpretiert werden. Ohne offizielle Stellungnahme der Gesellschaft, ohne ihren Stempel und ihre

Anerkennung, muß jeder Mann eigene Kriterien für seine Selbstbewertung entwickeln und dann erst Bestätigung im Verhalten seiner Umgebung suchen. Unter ständiger Anspannung wartet er auf das Urteil und hält unentwegt Ausschau nach Zeichen von »respect« (Achtung) und »disrespect« (Mißachtung), wie der derzeit gängige Ausdruck der schwarzen Jugend in den Städten lautet.

Unseligerweise können seine Wahrnehmungen auch falsch sein und seine Probleme noch vergrößern. Wer eine paranoide, konkurrenzorientierte Grundeinstellung zum ganzen Leben hat, gerät unausweichlich in die Falle einer sich selbst erfüllenden Prophezeiung, in der der »mißachtete« Junge oder Mann unablässig Anfeindungen und Demütigungen wahrnimmt, gleichgültig, ob sie existieren oder nicht. Was dabei herauskommt, ist absehbar: im besten Fall ein mürrischer, im schlimmsten ein gefährlicher Mensch.

Früher gab es in Amerika tatsächlich ein Ritual für den Übergang zum Mannsein, das mit der Jagd verknüpft war, wenn auch nur symbolisch: das erste Gewehr, das ein Junge in die Hand bekam. In seiner Kultur galt es als Äquivalent für das erste Auto eines Jungen mit städtischem Hintergrund, und beiden gleich, galt die erste sexuelle Erfahrung als Erwachsener. Der Fanatismus, mit dem der Besitz von Schußwaffen verteidigt wird, und die Macht der »Gun Lobby« im amerikanischen Kongreß gründen sich nur zum Teil auf die zahlreichen Wählerstimmen, die diese mobilisieren kann. Die »Gun Lobby« spricht ganz direkt die unbewußten Unsicherheitsgefühle eines Parlaments an, das noch immer überwiegend aus Männern besteht.

Das Ritual der Jagd ist in William Faulkners außergewöhnlicher Kurzgeschichte *Der Bär* aus den späten zwanziger Jahren wunderschön dargestellt. Der Junge in Faulkners Geschichte durchläuft eine Reihe von Initiationsschritten, die im Zusammenhang mit der Jagd stehen und ebenso formalisiert sind, wenn auch nicht so offenkundig und gewiß nicht so brutal wie bei dem Samburu-Jungen aus Nordkenia[5]:

91

»Noch als Kind, schon drei Jahre, dann zwei und ein Jahr bevor er daran teilnehmen durfte, sah er jeden November dem Planwagen nach, der die Hunde und die Feldbetten und den Proviant und die Flinten mit sich führte sowie seinen Vetter McCaslin und Tennie's Jim und Sam Fathers, bis Sam zum Lager hinauszog, um dort zu wohnen, sah er den Aufbruch nach dem Großen Grund, den großen Wäldern. In seinen Augen brachen sie nicht auf, um Bären zu jagen und Hirsche, sondern um ihr alljährliches Stelldichein mit dem Bären abzuhalten, den zu töten sie gar nicht die Absicht hatten. Zwei Wochen später kamen sie dann zurück, und keine Trophäe, kein Fell.«[6]

Bei der Jagd geht es nicht darum, Wild oder Trophäen zu erwerben, sondern darum, in Gemeinschaft mit anderen Männern die Verbundenheit mit der Natur zu erleben, ein Verhältnis zur eigenen Sterblichkeit und zum eigenen Menschsein zu finden, indem man sich dem Ursprünglichen, Existentiellen, Unsterblichen nähert. Die Jagd ist eine Suche nach Wahrheit und Sinn. Das wird am Ende der Geschichte deutlich ausgedrückt:

»Es geht dabei um die Wahrheit. Sie umfaßt alles, was uns im Innersten berührt – Ehre, Stolz, Mitleid, Gerechtigkeit, Mut und Liebe. Verstehst du das nun?«[7]

Der Junge wächst auf mit seinen Vorstellungen von dem legendären Bären und mit seinen Erinnerungen daran, wie sein Vater zur Jagd aufbricht: an das alljährliche Lebewohl, an die Heimkehr, an die schaudererregenden Geschichten, die den Mythos von Jahr zu Jahr weiter ausschmückten und erneuerten.

Mit Zehn nimmt er endlich an der Jagd teil. Auf seinem ersten Jagdzug macht er seine Treffer, aber er weiß, daß das nicht der eigentliche Zweck der Jagd ist. Er muß den alten Bären sehen. Er muß ihm ins Auge sehen. Das ist das Ritual. Schließlich sagt ihm Sam, daß er, wenn er den Bären sehen will, sein Gewehr, dieses

Symbol der Macht und Zivilisation schlechthin, zurücklassen muß. Er muß in eine frühere Zeit zurückkehren und seinen Mut beweisen, indem er dem Bären unbewaffnet gegenübertritt. Er muß allein in die Wildnis gehen. Und er läßt das Gewehr zurück:

>»Aus eigenem Willen und Verzicht hatte er sich auf etwas eingelassen, das nicht ein Schachspiel war und keine Wahl übrigließ: Er ließ sich auf eine Bedingung ein, bei der nicht nur die bisher unverbrüchliche Anonymität des Bären, sondern all die uralten Regeln und Vereinbarungen des Jägers und des Gejagten aufgehoben waren. Er würde nicht einmal Angst haben, nicht einmal in dem Augenblick, wenn die Furcht ihn von Kopf bis Fuß packen würde: Blut, Haut, Eingeweide, Knochen, Gedächtnis aus der langen Zeit, ehe es überhaupt zu seinem Gedächtnis wurde — alles bis auf jene dünne klare nicht auszulöschende Hellsicht, die allein ihn von diesem Bären unterschied und von allen anderen Bären und Hirschen, die er fast siebzig Jahre lang jagen sollte.«[8]

Dieser Abschnitt der Erzählung zeigt deutlich, daß der Sinn dieser Jagd, und symbolisch jeder Jagd für alle Kinder, darin besteht, den Männerstatus durch eine Mutprobe zu erwerben, bei der es keine Trophäen gibt und deren einziges Ziel in der Umwandlung des Selbst vom Knaben zum Mann besteht. Faulkner läßt den Jungen auf diese Weise alle Phasen von der Vorpubertät über die Pubertät bis zum Mann durchlaufen.

Erst im Alter von vierzehn Jahren begegnet der Junge dem Bären von Angesicht zu Angesicht. Vor der Pubertät hätte er seinen Hirsch getötet, sein Gesicht mit dem warmen Blut beschmiert und sogar den Bären getötet; doch jetzt ist er herangereift. Endlich steht er dem Bären gegenüber, unbewaffnet und allein, abgesehen von einem kleinen Mischlingsrüden, der ein Symbol für Mut an sich darstellt, unverfälscht von Rationalität oder zivilisatorischen Einflüssen, der rohe Mut, den alle Männer erstreben. In einer Szene von überwältigender Schönheit beschreibt Faulkner die Konfrontation des Jungen mit dem Bären, und man spürt an dieser Stelle die Überzeugung des Autors, daß ein Junge nur zum Mann werden kann, wenn er sich mit der Natur, seinem Platz in ihr, seiner Angst und seinem Mut auseinandersetzt:

> »Es ging die Rede von den Männern, nicht von Weißen noch Schwarzen, noch Roten, sondern von Männern, Jägern, begabt mit dem Willen und der Kühnheit, auszudauern, und der Demut und Geschicklichkeit, mit dem Leben davonzukommen, und daneben und als Hintergrund die Hunde und der Bär und das Rotwild, geliefert und bereitgestellt von und inmitten der Wildnis in dem uralten und unablässigen Kampf nach den uralten und unnachsichtigen Regeln, angesichts deren jedes Bedauern nichtig ward und es keine Schonung gab.«[9]

Die Männer sitzen in verschworener Gemeinschaft um das Feuer herum, die Flasche geht von Hand zu Hand, und nun ist der Junge dabei und gehört dazu. Auch das ist ein Ritual für die Verleihung des Männerstatus.

> »Immer war eine Flasche dabei, so daß es ihm immer so schien, als hätten sich jene herrlichen Augenblicke des Herzens und Geistes und Mutes und der List und Schnelligkeit in diesem braunen Getränk konzentriert und geklärt, das weder die Frauen noch Knaben, noch Kinder tranken, sondern nur Jäger, und sie tranken nicht von dem Blut, das sie vergossen, sondern etwas von der verdichteten Unsterblichkeit des ungestümen Mutes.«[10]

Den Bedeutungsverfall der Jagd und die Herabwürdigung der Männlichkeitsrituale thematisieren zwei andere Geschichten über die Wildnis, die ebenfalls von der Jagd handeln: James Dickeys *Flußfahrt*[11] und Norman Mailers ... *am Beispiel einer Bären-*

94

jagd[12]. Die Jahrzehnte, die Faulkner von Dickey und Mailer trennen, haben tiefgreifende Veränderungen in der amerikanischen Kultur und der industrialisierten westlichen Welt erlebt. Obwohl alle drei Autoren durch und durch amerikanisch sind, sind sie Männer, die verschiedenen Epochen und Subkulturen angehören. Und doch legen auch diese Autoren — so wie die kulturübergreifenden Studien die Ähnlichkeit der Truk-Insulaner im Südpazifik mit den andalusischen Bauern in Südspanien zeigten — Zeugnis davon ab, wie peripher kulturelle Unterschiede sind, wenn man sie dem universellen und zentralen Kampf um die Männlichkeit vergleichend zur Seite stellt.

Was für einen Unterschied die fünfzig Jahre ausmachen, die zwischen Faulkner und den anderen beiden Autoren liegen! Die Jäger und die Jagd, wie sie Dickey und Mailer beschreiben, sind eng verwandte Geschichten, die scheinbar gar nichts mit der Erfahrung zu tun haben, die Faulkner wiedergibt. Ihre Ähnlichkeit ist besonders bemerkenswert, wenn man sich vor Augen hält, daß Mailer der Urtyp eines Großstadtjuden und Besserwissers ist, während Dickey das poetische Erbe der Südstaaten in sich trägt.

Auf den ersten Blick scheint Dickey in der *Flußfahrt* Faulkner näherzustehen als Mailer. Auch hier handelt es sich um eine Jagd, aber eine für erwachsene Männer. Sie gehen nicht in die Wildnis, um der Natur von ihrer ursprünglichsten Seite her zu begegnen, — nicht um die »Demut und den Stolz« zu lernen, die der Junge bei Faulkner letztendlich lernen muß —, sondern um sich ihre Männlichkeit erneut zu bestätigen, indem sie nach ihren eigenen Regeln Jagd spielen. Im Fortgang der Geschichte werden sie jedoch mit dem Primitiven in ihrer eigenen Gattung konfrontiert. Sie treffen nicht auf Tiere, sondern auf das Tier, das immer noch im Menschen wohnt, und letztlich auf das Tier in ihnen selbst.

Die Erzählung handelt im wesentlichen von homosexueller Vergewaltigung und dem Angriff auf die Männlichkeit und von der Wiederherstellung und dem erneuten Sich-Versichern der Männlichkeit durch die Rückkehr auf eine frühere Stufe brutaler

Rache. Die Wildnis, die am Schluß die Erlösung bringt (der Originaltitel lautet »Deliverance«; Anm. d. Übers.), ist die Wildheit, die den innersten Kern des Männlichkeitskonzepts in unserer Gesellschaft darstellt. Hier *wird* das Gewehr benutzt und muß benutzt werden. Es ist eine Geschichte vom großen Knüppel, von phallischer Gewalt, von individuellem Kampf, von Rache und Erlösung durch ein rituelles Blutbad.

Die Geschichte ist post-freudianisch, nicht nur in der impliziten Weise, in der man auch Faulkners Erzählung empfinden könnte, sondern ganz explizit. Ihre Sprache ist durchgehend phallisch, und ihre Metaphern bewegen sich alle in einem Rahmen bewußt gewählter sexueller Symbole, die in einem der späteren Kapitel genauer untersucht werden sollen.

Wie läßt sich schließlich Norman Mailers Urschrei von Roman, *. . . am Beispiel einer Bärenjagd*, interpretieren? Im Unterschied zu den beiden anderen Autoren deckt Mailer das ganze Spektrum vom Spirituellen über die Psychologie bis zur Politik ab, und wie in allen seinen Werken sind Politik und Sex kaum auseinanderzuhalten.

Von Abscheu über das Unrecht eines unmoralischen Krieges erfüllt, in dem das Leben junger Männer aufs Spiel gesetzt wird, um die Macho-Ängste ihrer Väter zu befriedigen, erzählt Mailer diese Geschichte als Parabel. Sie ist im Grunde genommen eine Attacke auf Lyndon Johnson und die Politik seiner Ära. Es ist durchaus kein Zufall, daß es in Mailers Buch ein Texaner ist, der seinen Sohn in die Gefahren der Wildnis mitnimmt.

Was bei Mailer geschieht, ist das genaue Gegenteil der Vereinigung von Vater und Sohn im Mannestum, die wir bei Faulkner miterleben. Denn bei Mailers Jagd *wird* der Bär getötet, und diese Tötung führt zu Schande und Verachtung statt zu Stolz. Sie stellt das Ereignis dar, das zur endgültigen Trennung des Sohnes vom Vater und von dessen Werten führt.

Der Sohn wird von seinem Vater Rusty klar und unwiderruflich verraten. Da man seine eigene Feigheit entlarvt hat, versucht der Vater, seine Männlichkeit wiederzuerlangen, indem er sich der seines Sohnes bemächtigt – wie im Vietnamkrieg, wo die jungen Männer ebenfalls geopfert werden sollen, um die schwindende Potenz ihrer Väter wiederzubeleben. Am Ende des Romans weigert sich der Sohn, auch nur die Verwandtschaft mit seinem Vater anzuerkennen.

Der jugendliche Erzähler versucht uns, die Leser, die er direkt anspricht, aus der Reserve zu locken, indem er in die Rolle eines jungen schwarzen Discjockeys schlüpft (daher D. J.). Es ist der schmerzliche Versuch eines texanischen Jungen, sich von dem Männlichkeitsleitbild zu lösen, das ihm sein Vater vermittelt hat. Mailer stellt dem Konzept einer Männlichkeit, die von Macht, Geld und Zivilisation korrumpiert und in Rusty verkörpert ist, einen unverfälschten, »richtigen« Mann in der Person des Führers Luke Fellina gegenüber.

In Mailers Geschichte sind zwar die Attribute aller sexueller Natur, aber im Kern geht es ausschließlich um Macht. Das Gewehr ist kein Symbol für den Phallus mehr, sondern der Phallus eher ein Symbol für das Gewehr. Macht bedeutet alles, und sexuelle Macht ist das Nonplusultra. D. J. beschreibt einen erfundenen Psychiater, der seine Sitzungen damit verbringen muß,

»sich die Beschwerden der Matronen von Dallas über die sexuellen Gewohnheiten ihrer Männer anzuhören. Und die sind natürlich alle ehemalige Feuerstuhl-Piloten, sind Großwild-Jäger, Vieh-Rancher, Öl-Bosse, große Industrie-Nummern und Versicherungs-Nullen, ZAP! . . . jeder dieser Drecksäcke hat so seine sexuellen Besonderheiten, wie das bei echten, warmblütigen Männern zu sein pflegt. Das heißt, daß es bei dem einen nicht kommt, wenn er nicht gleichzeitig über Kimme und Korn blickt, und beim anderen rührt sich nichts, ehe ihm nicht seine Frau eine Pistole in den Hintern stößt – der Mann ist natürlich bei der Polizei.«[13]

Man hat Mailer einen modernen Hemingway genannt, aber es gibt da wesentliche Unterschiede. Auch wenn beide Männer vom Thema Männlichkeit besessen sind, sind sie doch jeweils von ihrer Zeit geprägt. Bei Mailer ist kein Edelmut, keine Romantik aus dem neunzehnten Jahrhundert mehr übrig, obwohl er unleugbar einer unserer letzten Romantiker ist. Der Zynismus des späten zwanzigsten Jahrhunderts durchzieht alles – Post-Vietnam-Bewußtsein. Alles ist jetzt Paranoia. Alles ist ein einziger ungeheurer Schmerzensschrei. Vorbei die Zeit, in der man den großen Knüppel unauffällig trug – das Rollenideal, das in jeder Bar-Szene in jedem Western über Jahrzehnte eine ständige Neuauflage erfuhr, dessen Inbegriff der einsame Mann mit den wenigen Worten und dem ungeheuren, schweigsamen Mut war, von Tom Mix bis Gary Cooper, von John Wayne bis Clint Eastwood. Das Schießeisen steckt nicht mehr unter dem Jackett des Schützen verborgen, unsichtbar im Halfter. Wie alles in unserer Zeit ist das Implizite explizit und das Private öffentlich geworden, und das Symbol des modernen Mannes ist das »Fuck you«, das er, mehr aus Abwehr denn als Herausforderung, vorzugsweise aus der Sicherheit von zweitausend Kilogramm Blech herausschreit, um dann eiligst abzuzischen.

Für einen Stadtjungen gibt es keine Jagden, weder symbolische noch andere. Aber der Antrieb, zu jagen und zu töten, aufzuspüren und anzugreifen, lebt in unseren genetischen Anlagen weiter. Die Kompromißlosigkeit, mit der kleine Jungen von Kampf, Wettkampf und Macht fasziniert sind, findet in ihren Kriegsspielen und -spielzeugen ihren klassischen Ausdruck. Die Psychologie der sechziger Jahre, die die Vietnam-Generation prägte, brachte eine Reihe von Eltern hervor, die dazu entschlossen war, einerseits die Geschlechterunterschiede so gering wie möglich zu halten und andererseits Spielzeuge zu verbieten, die den Militarismus verherrlichen. Die Macht der Androgene und Gene warf die Pläne dieser optimistischen Eltern über den Haufen. Ich habe sowohl die »Unsensibilität« von Eltern aus der vor-feministischen Zeit beobachten können als auch die »Bewußtseinsarbeit« der nach-feministischen Generation, und ich kann keinen signifikanten Unterschied bei ihren männlichen Nachkommen erkennen, die sich alle weiterhin für Waffen begeistern.

Das erste meiner Enkelkinder war ein Junge. Nicht nur seine Mutter, sondern auch sein Vater, ganz besonders sein Vater hatte die feste Absicht, ihn nicht mit Spielzeugwaffen spielen zu lassen. Sein Lieblingsspielplatz war zufällig der Garten seiner Großeltern, in dem es genügend Felsen, Hügel und waldige Stellen gab — ideal für Forts, Barrikaden, Bunker und Schlupfwinkel. Dieser Garten füllte sich im Nu mit verborgenen Lagerplätzen von Stöcken in Form von Gewehren, mit deutlich erkennbaren »Pfeilen«, »Dolchen« und »Schwertern«, die in geschickt gebauten Schanzen säuberlich aufgestapelt lagen. Und überall fanden sich Geheimlager voller ordentlicher Stöße erschreckend realistischer Handgranaten, wie sie die Kiefern mit ihren Zapfen in unendlicher Menge liefern.

Angesichts der Tatsachen kapitulierten sogar diese entschlossenen Eltern, und die Wasserpistolen, die Kapselrevolver und andere Ausrüstungsgegenstände für aggressive Kämpfe begannen an Geburtstagen und anderen Festtagen auf den Gabentischen Einzug zu halten. Einen weiteren Beweis für die nicht enden wollende Begeisterung kleiner Jungen für das »Totschießen« kann man natürlich in dem ungeheuren kommerziellen Erfolg sehen, den Nintendo und andere Videospiele haben, die den Kampf auf der kleinen Mattscheibe noch wirklichkeitsgetreuer in Szene setzen. Der Beschützer und Versorger lebt in dem kleinen Jungen fort und muß sich in Kampfspielen und Machtsymbolen seine Ventile suchen.

In meiner eher vorstädtisch als städtisch geprägten Kindheit im amerikanischen Mittelwesten war das Automobil das Symbol der Macht. Aber das bekam man erst spät, weit nach der Pubertät, später noch als der Junge auf dem Lande sein erstes Gewehr. Das Recht, ein Motorfahrzeug zu steuern, gehört zu den wenigen Übergangsriten, die in unserer Kultur noch übrig sind; es wird durch Gesetze geregelt, erfordert eine Kompetenzprüfung und setzt ein bestimmtes Mindestalter voraus. Im Staat Ohio konnte man nicht Auto fahren, bis man sechzehn war – das heißt, man konnte nicht *legal* Auto fahren. Wir alle hatten mindestens ein Jahr früher fahren gelernt und durften häufig, in Begleitung unserer Väter, ans Steuer. Wir beneideten die Bauernjungen, die mit Dreizehn und Vierzehn schon mit PS-starken Maschinen, Traktoren und Pick-ups herumfuhren.

Vor dem Auto kam natürlich das Fahrrad, und in den Stadien des Heranwachsens zum Mann war es vielleicht wichtiger als das Auto. Es gewährte uns einen Aktionsradius und eine Freiheit, wie wir sie vorher nicht gekannt hatten. Das Rad bot uns den Antrieb, die kinetische Energie und die Bewegung, die uns so sehr ein Teil unserer männlichen Erbanlagen schienen. Bewegung und Geschwindigkeit in jeder Hinsicht sind Teil des männlichen Gefühls für sein biologisches Selbst; Geschwindigkeit, Kraft und Mut sind die grundlegenden Attribute des Kriegers und des Jägers. Jungen lieben die Geschwindigkeit, ob auf der Achterbahn, beim Skifahren oder beim Rollschuhlaufen, ob mit dem Skateboard, bei Wettrennen, in der Basketballhalle oder wenn sie ziellos und wie hysterisch durch leere Straßen und über verlassene Grundstücke fegen.

Das Rad vermittelte uns auch das Gefühl größerer Leistung und Reichweite, da wir mit einer Maschine verschmolzen, die per definitionem eine Kraftübersetzung darstellt und die Körperkraft verstärkt. Die Maschine erweitert das Selbst, wie auch ein Baseballschläger oder ein Gewehr. Sie ist ein Instrument, das Macht verleiht.

Schließlich war das Fahrrad auch ein Hilfsmittel zur Distanzierung, das in unserem ständigen Kampf, uns von der Überwachung durch die Mutter und von der Identifizierung mit der Mutter zu befreien, eine wesentliche Rolle spielte. Die Auskunft »In einer halben Stunde wieder da«, die ein Sohn seiner Mutter schnell noch zurief, bedeutete, daß er vor einer Stunde ganz bestimmt nicht zurückzuerwarten war. Die Entfernungen, die man in dieser Stunde zurücklegen konnte, und die Dinge, die man in dieser Zeit tun konnte, wurden durch ein Fahrrad enorm erweitert. Ich kann mich noch gut an das ungeheure Machtgefühl erinnern, das mich durchströmte, als ich an meinem zwölften Geburtstag den Inbegriff eines Fahrrads bekam – ein großes rotes »Schwinn«. Zusammen mit diesem Rad bekam ich auch mein erstes Paar lange Hosen.

Als ich ein Junge war, gab es strenge Kleidervorschriften, die vom Standard unserer sozialen Umgebung bestimmt waren. Kleine Jungen trugen prinzipiell kurze Hosen, bevor sie in die Schule kamen. Im Winter hatten sie zum Schutz der Beine zusätzlich lange Strümpfe an. Die zunehmende Länge der Hose eines Jungen wurde zum Zeichen seiner wachsenden Reife. Wenn er in die Schule kam, bedeutete das in der Regel den Eintritt in die Welt der »Knickerbocker«. Das waren weite Hosen, die kurz unter dem Knie mit genügend Stoffüberfall gebunden wurden, um Bewegungsfreiheit zu gewährleisten. Man trug sie über Kniestrümpfen und in den kalten Wintermonaten über hohen Schnürstiefeln, die weit über die Knöchel reichten. Man kann diesen Kleidungsstil in alten Filmen aus den dreißiger Jahren und auf den Fotografien aus der Zeit der großen Depression sehen. Ein Hemd, ein Pullover und im Winter ein Jackett vervollständigten die Ausstattung.

In der Vorpubertät wartete man als Junge sehnsüchtig und neidisch auf die ersten langen Hosen. Dieser Kleidungswechsel war beim Eintritt in die »Junior High-School« (Klasse sechs bis neun) obligatorisch. Wenn ein Junge sehr groß und frühreif war, konnte er unter Umständen seine Eltern dazu erweichen, ihm seine ersten langen Hosen schon vorher zu schenken. Damit erregte er den Neid seiner sämtlichen Klassenkameraden. Gelegentlich gab es jedoch auch solche bedauernswerten Gestalten, die sich – weil das Geld fehlte, weil sie klein und noch nicht aus ihren Knickers herausgewachsen oder weil ihre Eltern gleichgültig waren – mit Knickerbockern in der Junior High-School sehen lassen mußten. Sie wurden gewöhnlich erbarmungslos gehänselt und mußten sich Spottnamen wie »Baby«, »Hosenscheißer« oder »Waschlappen« anhören.

Diese Standards altersgemäßer Kleidung gehören inzwischen der Vergangenheit an. Alle Jungen tragen heutzutage praktisch von Geburt an lange Hosen, und Shorts stellen nur noch eine Anpassung an das Wetter dar. Die heutige Jungenkleidung ähnelt immer mehr der Freizeitkleidung für Männer.

Abgesehen von der Kleidung, gab es noch weitere öffentlich anerkannte Verhaltensweisen oder Zeremonien, die bestimmten Altersgruppen vorbehalten waren. Eines der schädlichsten Beispiele waren natürlich die Zigaretten. Ich zähle sie hier zu den Ritualen, weil der Beginn des Rauchens altersgebunden war.

In meiner Jugend waren die gesundheitlichen Risiken des Rauchens noch nicht so weithin bekannt wie heute. Dennoch betrachtete man es als unpassend für ein Kind, zu rauchen. (Wahrhaftig, damals hielt man es sogar für unschicklich, wenn eine Frau in der Öffentlichkeit rauchte.) Es gab eine Art intuitives Gefühl dafür, daß Zigaretten schädlich waren, und die wenigsten Eltern sahen es gern, wenn ihre Kinder rauchten. Trotzdem rauchten die meisten Jungen schon, wenn sie in die High-School gingen. Die wilderen oder nicht so streng überwachten Jungen rauchten mit Dreizehn oder Vierzehn. Kleine Jungen mopsten ihren Eltern ständig Zigaretten, die sie dann heimlich in einem Versteck rauchten.

Die Beziehung zwischen Rauchen und Männlichkeit und Männerbild läßt sich bei den Methoden des Zigarettenmarketing klar belegen. In jenen Tagen gab es nur drei allgemein akzeptable Marken, Lucky Strike, Chesterfield und Camel. Den Zigarettenmarkt für eine neue Marke aufzubrechen wurde in der Werbebranche als nahezu unlösbare Aufgabe betrachtet.

Als es zunehmend offenbar wurde, daß Zigaretten giftig sind, führte man Filterzigaretten ein, ein Täuschungsmanöver, das vorsichtige Konsumenten zum Weiterrauchen ermutigen sollte, indem man ihnen fälschlich suggerierte, sie würden durch ein Wattebäuschchen geschützt. Da die Filterzigaretten jedoch nur von denen geraucht wurden, die sich um ihre Gesundheit sorgten, hatten sie ein Schisser-Image, und die Jungen, die den wichtigsten Markt darstellten, lehnten sie ab. Damals war die Verbrauchertreue zu einer einmal gewählten Marke enorm. Es war daher von entscheidender Bedeutung, die Kunden im jugendlichen Alter einzufangen, um sie für ein ganzes Raucherleben zu gewinnen.

Die Philip Morris Company, ein großer, aber zweitrangiger Hersteller, hatte eine Marke unter ihrem Firmennamen auf den Markt gebracht, die sich gegen die großen Drei nie erfolgreich durchsetzen konnte. Da erfanden sie den Marlboro-Mann − ein Schachzug, der später mit den Virginia-Slim-Zigaretten wiederholt wurde, um die Frauen anzusprechen − und schlugen der Konkurrenz ein Schnippchen. Marlboro machte mit der wachsenden Angst vor Lungenkrebs rasch ein gutes Geschäft. Generationen von Jungen wechselten, beruhigt von der Tatsache, daß harte Cowboys Filterzigaretten rauchten, die Zigarettenmarke. Der Werbefachmann, der erkannt hatte, daß Zigarettenrauchen nicht nur eine Sucht, sondern ein Zeichen von Männlichkeit ist, gewann die Gefolgschaft unzähliger leichtgläubiger Jungen.

Noch einige andere Übergangsriten haben überlebt. Das Auto ist durchaus ein wichtiges Symbol für phallische Macht und Sexualität, viel direkter ist es aber natürlich die erste Erfahrung mit Geschlechtsverkehr. Diese Erfahrung fällt in den verschiedenen sozioökonomischen Gruppen höchst unterschiedlich aus. Im Getümmel der Städte kann sich der erste Geschlechtsverkehr unter Umständen schon in den Jahren der Vorpubertät ereignen. In der Mittelschicht fand der erste Verkehr traditionell eher später statt und wurde als Teil einer Reihe von sexuellen Aktivitäten in der Gruppe der Gleichaltrigen oft freimütig und offen besprochen. Die ersten Schamhaare, der erste nächtliche Samenerguß, die erste Ejakulation beim Masturbieren, das alles waren

Kennzeichen der Entwicklung, deren man sich brüstete, wenn man sie erreicht hatte — und bisweilen auch schon davor.

Handlungen, die der Selbstbefriedigung dienten, wurden zwar, da sie fast unweigerlich zu Schamgefühlen führten, meist insgeheim begangen, konnten aber gelegentlich auch in Spiele integriert werden. Das »Gemeinschaftswichsen« war eine verbreitete Form, die Onanie von Schuldgefühlen zu befreien, es war jedoch eher in der Pubertät oder kurz davor üblich. In den Jahren nach der Pubertät, in denen es schon echte sexuelle Kontakte gibt, werden solche Intimitäten mit anderen Männern zu bedrohlich, da die möglichen homosexuellen Implikationen gemeinsamer sexueller Erfahrungen offenkundiger zutage treten.

»Punkte zu sammeln« war immer wichtig. Autobiographische und halbautobiographische Literatur, Film und Fernsehen haben die vorrangige Beschäftigung mit den einzelnen Schritten bis zum Ziel des Geschlechtsverkehrs dokumentiert — vom Kuß zur Berührung, zur Berührung von nackter Haut, vom Sehen und gegenseitigen Betrachten der Nacktheit zur gegenseitigen manuellen Befriedigung bis zum Verkehr. Alle diese Stufen haben tiefgreifende Bedeutung für den heranwachsenden Jungen, die über das damit verbundene sexuelle Vergnügen hinausgehen. Sie sind Marksteine auf dem Weg zum Mann.

Sex mit Hausangestellten war in der Viktorianischen Zeit sehr verbreitet und wurde bei bestimmten Jungen der oberen Mittelschicht schon fast als Teil ihres Entwicklungsmusters vorausgesetzt. Im zwanzigsten Jahrhundert scheint es solche Intimitäten mit dem Personal nicht mehr gegeben zu haben, aber die Anzahl der sexuellen Erfahrungen, die »arrangiert« wurden, ist ganz beträchtlich. Die meisten meiner Mittelschichtspatienten berichten von ersten Sexualerlebnissen, die von einem der Eltern (in Amerika eher selten) oder einer Ersatzperson — wie einem älteren Bruder, einem jungen Onkel oder einem Freund der Familie — geplant wurden. In anderen Fällen war der erste Intimverkehr Teil einer Gruppenunternehmung, die sich um eine Prostituierte oder ein Mädchen aus einem anderen Viertel oder einer anderen sozialen Schicht drehte. Man begab sich auf Gelände außerhalb des eigenen »Stammes«territoriums. Für die Stadtjungen von New York war das ein Bordellbesuch in Harlem, wo sie ihre erste sexuelle Erfahrung machten. Für die Jungen aus den Städten im Mittelwesten bedeutete es oft, eine Bar in einem der Arbeiterviertel aufzusuchen, wo man eine Prostituierte oder ein Arbeitermädchen aufgabelte.

Vor der sexuellen Revolution waren die »Totem-Tabus« hier so fest verankert wie in der Struktur afrikanischer Stämme, in denen Sex mit Mitgliedern desselben Clans oder Totems verboten war. Man hatte Freundinnen aus derselben Schicht und aus demselben Wohnviertel (dem »Totem«), mit denen man zwar sexuelle Erlebnisse, aber keinen Geschlechtsverkehr hatte. Sex hatte man mit den »anderen«, zumindest, soweit man es öffentlich zugab.

Die Trennung zwischen Zuneigung und Status — zwischen dem Mädchen, das man heiratet, und dem, das man vögelt — war fest etabliert. Die sexuelle Revolution hat die Männer nicht befreit, damit sie Sex genießen können. Diese Freiheit hatten sie schon immer. In diesem Sinne hat die sexuelle Revolution nur den Frauen gedient. Der Fortschritt, den die sexuelle Revolution den Männern gebracht hat, besteht darin, daß es nun etwas einfacher ist, die soziale Rolle der Freundin mit der Rolle des Sexualpartners zu vereinen. Das war zwar prinzipiell auch vor der sexuellen Revolution möglich, doch vor den sechziger Jahren wurden sexuelle Aktivitäten mit der Freundin auf einen späteren Zeitpunkt verschoben.

Die Initiation in den Geschlechtsverkehr war ein Ritual, das den Vater interessierte, auch wenn er es nicht arrangiert hatte. Junge Männer sprachen mit beiden Elternteilen nur in Ausnahmefällen offen über Sex. Dennoch setzten sie ihre Väter auf die eine oder andere Weise so nebenbei darüber in Kenntnis, daß sie »Männer« geworden waren. Es war ihnen bewußt, daß ihre Väter das hören wollten und erleichtert darüber waren. Wenn ein Junge das

Elternhaus verließ, um aufs College zu gehen, war es nicht unüblich, daß sich manche Väter vergewisserten, ob ihre Söhne noch »Jungfrauen« waren, und ihnen gegebenenfalls ein paar Ratschläge mit auf den Weg gaben, um sie auf das unabhängige Erwachsenenleben vorzubereiten.

Heute ist das Sexualleben durch die sexuelle Revolution offener geworden, und es beginnt früher. Es ist weniger ritualisiert, um das Durchlaufen der einzelnen Stadien bis zum Geschlechtsverkehr wird weniger Aufhebens gemacht, und der Geschlechtsverkehr wird häufig vollzogen, ohne daß beide Beteiligten emotional reif dafür sind.

Natürlich haben wir noch andere Kennzeichen der Mannwerdung: die erste Rasur; der erste Schnauzer oder Bart; die erste selbständige Reise; der erste Rausch und so weiter. Sie sind immer noch wichtig, aber sie werden meist nicht lauthals verkündet, es sei denn im kleinen Rahmen der eigenen Clique, wo jeder das Recht hat, anzugeben. Der echte Ritus, das öffentliche Ritual, durch welches die Gemeinschaft den Männerstatus zur festgelegten Zeit durch eine festgelegte Zeremonie und mit formeller Verkündigung anerkennt, ist unwiderbringlich verschwunden. Nichtsdestoweniger muß ein Junge immer noch mit derselben biologischen Orientierung zu Macht, Durchsetzungsvermögen, Konkurrenz, Großzügigkeit und all den anderen Aspekten der Männlichkeit fertig werden, die, wie wir wissen, genetisch angelegt sind und von den Müttern und Vätern der meisten Kulturen umfassend gefördert werden. Die biologische Verschiedenheit wird weiterhin durch stereotype Rollenleitbilder unterstützt, die zwar durch die Frauenbewegung etwas abgemildert wurden, aber im wesentlichen noch völlig intakt und etabliert sind.

Ein Mann muß dafür sorgen, daß er einer ist. Da er die öffentliche Anerkennung braucht, muß er, wie der arme Versuchsteilnehmer es ausgedrückt hat, »jeden Tag von neuem durchs Feuer laufen«. Er muß auf irgendeine Art beweisen, daß er den Mut und die Fähigkeit, die Macht und den Einfluß hat, seinen

106

eigenen Status und seine Selbstachtung als Mann aufrechtzuerhalten. Er muß Unabhängigkeit erringen und demonstrieren, denn sie ist das Hauptmerkmal der Männlichkeit.

Schau heimwärts, Engel könnte durchaus die paradigmatische amerikanische Geschichte vom Versuch eines Jungen sein, seine Männerrolle zu finden, indem er sich von den Eltern befreit. Eugene Gants Versuche, seiner schmallippigen, mißgünstigen Mutter zu entfliehen, wirkten auf eine ganze Generation von amerikanischen Jungen wie eine Botschaft in Leuchtschrift. Das schillernde Werk wirkte besonders auf Heranwachsende, die sich mit der Hauptfigur identifizierten, wie eine Eingebung. Nach über fünfhundert Seiten befreit Thomas Wolfe seinen Helden, Eugene, in der folgenden Szene:

»Unnatürlicher!« zischte Eliza. »Unnatürlicher Sohn! Du wirst bestraft werden, so wahr ein Gott im Himmel ist.«

»Oh, dort ist einer, sicher ist einer dort«, rief Eugene. »Denn ich bin ja schon gestraft worden. Bei Gott! Ich werden den Rest meiner Tage brauchen, um mein Herz wiederzufinden, um die Wunden auszuheilen und die Narben zu verschmerzen, die mir zugefügt wurden, als ich ein Kind war. Das erste, was ich tat, als ich aus der Wiege kam, war, daß ich zur Tür krabbelte, und alles, was ich seitdem getan habe, war ein Versuch, zu entfliehen. Und nun schließlich bin ich von euch allen frei, auch wenn ihr mich noch ein paar Jahre festhalten könnt, und sofern ich nicht frei bin, so bin ich doch wenigstens in meinen eigenen Kerker gesperrt. Aber ich werde es schaffen, daß etwas Schönheit und Ordnung in mein wirres Leben kommt. Ich werde einen Weg ins Draußen finden, selbst wenn es mich zwanzig Jahre kostet — und zwar allein.«

»Allein?« fragte Eliza mit dem alten Argwohn. »Wohin willst du denn gehn?«

»Ach!« sagte er. »Du hast nicht aufgepaßt, nicht wahr? Ich bin schon gegangen.«[14]

Da die Befreiungszeremonien in unserer Kultur fehlen, muß jeder Junge für sich das Tor zum Mannsein finden. Gleichgültig, ob er sich von verhaßten oder heißgeliebten Eltern befreit, er muß seiner Kindheit und seiner Mutter, mit der er sich zunächst so liebevoll identifiziert hat, in jedem Fall entfliehen. Mit oder ohne Ritual muß er sich Schritt für Schritt dem Stereotyp der Männlichkeit nähern, indem er seine weiblichen Anteile abwirft. Leider sind die weiblichen Anteile, deren er sich dabei entledigt, unter Umständen so eng mit wesentlichen Fähigkeiten zu Liebe und Zärtlichkeit verbunden, daß diese im Laufe des Prozesses mit verlorengehen.

Der moderne Mann trägt seinen Knüppel voller Angst. Er ist sich nicht mehr sicher, daß dieser groß genug ist, und sucht daher ständig nach Möglichkeiten, sich in symbolischen Akten zu messen. Er muß sich seinen Platz im Wettbewerb mit anderen angstbeladenen und unsicheren Männern schaffen, die ihn mit ihren (größeren?) Knüppeln von allen Seiten bedrängen.

Teil II

Die Heldenrollen:
Beschützer, Versorger,
Erzeuger

Kapitel 5
Der große Knüppel

In einer früheren, bescheideneren Generation konnte folgende Anekdote als eine wahre Begebenheit durchgehen: Als ein kleines Mädchen, das männlicher Nacktheit noch nie begegnet war, beobachtete, wie ein kleiner Junge seinen Penis herausholte, um an einen Baum zu pinkeln, sagte es: »Oh, das ist aber praktisch, wenn man so was beim Picknick dabei hat!« Manche Psychoanalytiker würden das als »Penisneid« interpretieren, wobei es sich um einen zwiespältigen und hochpolitischen Begriff handelt. Wenn kleine Mädchen das erste Mal das Vorhandensein der männlichen Geschlechtsteile sowie das Fehlen derselben am eigenen Körper bemerken, bringen sie häufig Gefühle von Verlust, Unzulänglichkeit und Angst zum Ausdruck. So viele Patientinnen haben über die Jahre hinweg ihr Gefühl von Unvollständigkeit und den damit einhergehenden Ängsten beschrieben, daß man akzeptieren kann: Es muß so etwas wie »Penisneid« geben. Daß es eine universelle Entwicklungsphase sein soll, die alle Frauen durchlaufen müssen, ist eher problematisch. Daß es der zentrale Punkt — die grundlegende Dynamik — sein soll, die das gesamte weibliche Bewußtsein bestimmt, ist natürlich absurd.

Was bislang in allen diesen Diskussionen fehlt, ist die Berücksichtigung von Penisneid bei den Männern. Man ging davon aus, daß die Kastrationsangst die männlichen Empfindungen in der Vorpubertät beherrscht. Nach der klassischen Freudschen Theorie bleibt auch den kleinen Mädchen die Kastrationsangst nicht erspart. Alle Ängste, gleichgültig, ob Jungen oder Mädchen sie empfanden, wurden als Kastrationsangst klassifiziert. Wenn man Freud im übertragenen Sinne liest, erscheint das Argument weniger abwegig. Wenn man das männliche Genital als Machtsymbol auffaßt, wird Kastrationsangst zum Ausdruck von Entmachtung, Schwäche und Hilflosigkeit.

»Kastration« im wörtlichen Sinne bedeutet die Entfernung der Hoden, aber Freud hatte bei der Kastrationsangst immer die Furcht vor dem Verlust des Penis im Auge. Das ursprüngliche Postulat der »moralischen Überlegenheit der Männer« über die Frauen – von Freud, nicht von mir – beruhte auf der Annahme, daß die Kastrationsangst den Mann anfälliger für die Schrecken des Verlusts mache und er daher leichter »steuerbar« sei. Für einen Mann stelle die Kastration eine sehr reale Bedrohung dar. Der Besitz des Penis mache den Mann daher zum sittlich handelnden Menschen. Diese ursprüngliche Auffassung der »männlichen Überlegenheit« wird von Robert Stoller, einem ausgezeichneten Psychiater und Pionier in der modernen psychosexuellen Forschung, gut zusammengefaßt:

»Freud übernahm unhinterfragt den Glauben daran, daß das männliche Geschlecht das überlegene sei. Er hatte den Eindruck, das sei eine Tatsache, welche die überlegene körperliche Kraft der Männchen im ganzen Reich der Säugetiere belegt; Kämpfe auf Leben oder Tod selektieren Männchen als höherwertig, weil sie stärker sind. Diese Tatsache und der Penis als ihre überzeugendste symbolische Repräsentation finden sich deshalb in der Mythologie, in Märchen, in gesellschaftlichen Institutionen, in künstlerischen Darstellungen, religiösen Riten, Träumen – einfach überall wieder . . . Es ist eine logische Ergänzung der These von der männlichen Überlegenheit, daß auch das wichtigste Kennzeichen der Männlichkeit, der Penis, ein Organ ist, das physiologisch und symbolisch eine Vorrangstellung einnimmt. Freud konnte als Beleg für alle, die auf die Träume von Männern und Frauen nichts geben, auf die

Verehrung des Phallus in ihren unzähligen Formen hinweisen. Im Konzept der Kastrationsangst bot sich ihm ein Grund für den Glauben, daß die Männer den Penis als das wesentliche Organ der Gattung betrachteten, und im Penisneid fand er den Beweis, daß auch die Frauen mit dieser Einschätzung übereinstimmen. Da er äußerlich sichtbar ist, seine Größe so stark verändern kann, die Form einer Waffe hat, zum Eindringen geeignet ist, Frauen ängstigt und von Kindheit an eine Quelle intensivster Gefühle darstellt, bestätigt er an und für sich seine Höherwertigkeit. Wenn man ihn mit den weiblichen Geschlechtsorganen vergleicht, ist der Fall wiederum klar. Der weibliche Phallus, die Klitoris, ist viel kleiner, nicht zu sehen, kann nicht eindringen, hat die Phantasie der Menschheit nicht entzündet, wird nie symbolisch dargestellt oder überhöht und ist — wie Freud meinte — keine ernst zu nehmende Quelle der Lust. Ihre Bedeutung wird zusätzlich dadurch abgeschwächt, daß sie ihr Schicksal mit einem anderen Organ, der Vagina, teilen muß, die nach Freuds Eindruck generell als ein minderwertiges Organ betrachtet wurde — sie ist versteckt, dunkel, mysteriös, undeutlich, unrein und eine unzuverlässige Lustquelle.«[1]

In diesem Punkt irrte Freud, auch wenn Generationen von Psychoanalytikern, weiblichen wie männlichen, diese Parteilinie übernahm. Das Problem besteht darin, daß die Welt der Männer da draußen in unserem späten zwanzigsten Jahrhundert immer noch den Vorurteilen, Einstellungen und Ängsten huldigt, welche Freud im späten neunzehnten Jahrhundert beeinflußt haben. Wenn Freud irregeleitet war, lag es daran, daß seine Kultur die Richtigkeit seiner Beobachtungen zu bestätigen schien. Freud hat den männlichen Chauvinismus nicht erfunden, er war sein Opfer, wie die meisten viktorianischen Männer und Frauen. Nach den Umwälzungen, die die industrielle Revolution, zwei Weltkriege, die biologische und die feministische Revolution bewirkt haben, ist es einigermaßen unglaublich, daß diese Vorurteile bei einem so großen Teil der Bevölkerung noch weiter bestehen.

Wegen einer falschen Theorie darf man nicht alle Freudschen Einsichten über das Wesen des Mannes für ungültig erklären. Freud ist bis heute die größte Autorität auf dem Gebiet menschlichen Verhaltens geblieben. Der Punkt, in dem er vollkommen recht hat und in dem sich seine Lehre als unschätzbar erweist, ist seine Erkenntnis von der Macht des Symbols und der Metapher, die im Phallus verkörpert ist. Er sah sie am stärksten in den Träumen zum Ausdruck kommen. Alle Instrumente der Macht waren einfach Repräsentationen der einzigen wahren Quelle der Macht, des Phallus. Wie hätten wir etwas anderes glauben können? Freud hatte beschlossen, daß alle Energie sexuelle Energie sei, jede Motivation sexuelle Motivation; daher mußte jede Angst sexuelle Angst und jede Aggression sexuelle Aggression sein.

Es war Freuds große Entdeckung, daß das Gewehr (oder der große Knüppel oder der Baseballschläger), von dem jemand träumt, in Wirklichkeit vielleicht ein Symbol für den Penis darstellt; viele Dinge, die als Machtinstrumente betrachtet werden, sind eigentlich phallische Symbole. Was Freud nicht erkannte, war, daß der Phallus seinerseits ein Symbol sein könnte, das für einen großen Knüppel oder für ein Gewehr steht. Freuds großartige Einsicht war, daß alles symbolisch sein kann, nicht, daß alles sexuell ist. Und ebenso wie Macht eine Form sexueller Befriedigung sein kann, kann sexuelle Befriedigung ein Akt der Macht sein. Wir sind heute nicht mehr ganz so bereitwillig, alles und jedes als Symbol aufzufassen. Zumindest einige von uns sehen in einer Zigarre hin und wieder eben nur eine Zigarre.

Ich erinnere mich lebhaft an meinen ersten Traum in der Analyse. Ich hatte mich am Columbia Psychoanalytic Institute eingeschrieben, das eine radikale, verdächtige Richtung der Psychoanalyse vertrat, die mit der orthodoxen Lehre, die in den fünfziger Jahren die Psychoanalyse in Amerika beherrschte, gebrochen hatte. Im Bewußtsein, Teil einer Splittergruppe zu sein, entschloß ich mich, mich in meiner Lehranalyse einem »klassischen Analytiker« vom New York Psychoanalytic Institute zu unterziehen, das damals der Tempel der wahren Lehre und Respektabilität war.

Ich war mir in jenen Tagen nicht bewußt, daß trotz aller wortgewaltigen Angriffe und Schmähungen das, was die psychoanalytischen Schulen in der Theorie trennte, wenig Beziehung zu dem hatte, was in der Praxis Anwendung fand. Wie in jedem anderen Lebensbereich war das, was jemand vertrat, nicht unbedingt das, wonach er handelte.

Mein Traum war einfach, unromantisch und fürchterlich enttäuschend. Ich hätte mein großes Abenteuer lieber mit interessanterem Stoff begonnen. Mein Traum bestand einfach darin, daß ich einen Riß in meiner Krawatte bemerkte. Das war alles, die ganze Geschichte. Mein Analytiker, ein strenger Freudianer (zumindest in diesen Anfangsmonaten der Analyse), sagte nichts. Ich wußte, daß es meine Aufgabe war, frei zu assoziieren. Also gut, dachte ich, los geht's!

Die Krawatte lenkte meine Gedanken sofort auf meinen Vater. Mein Vater war ein Mann, den ich sehr verehrte. Ruhig, stark, fleißig, treu, ein durch und durch anständiger und integrer Mensch. Ich als der älteste seiner drei Söhne hatte immer eine besondere Beziehung und Zuneigung zu ihm. Eine seiner Schwächen war seine Begeisterung für Krawatten. Er besaß tatsächlich Hunderte, obwohl er kein reicher Mann war. Die meisten wiesen ein außergewöhnliches Design oder extravagante Farben auf, die einzige Extravaganz, die ich bei diesem konservativen Mann jemals erlebte. Diese auffallenden Krawatten zu tragen gewährte ihm die Freiheit, die Freude und den Genuß, die ihm in seinem nüchternen und einengenden Beruf versagt waren.

Der Traum, der auf den ersten Blick so trivial ausgesehen hatte, gewann plötzlich eine neue Bedeutung, wenn man ihn in den Kontext meines Alltagslebens brachte. Als ich zu assoziieren

115

begann, enthüllte sich die Bedeutung des Traumes wie in einer Offenbarung. Dieser kleine Traum war wie ein Brennpunkt, in dem sich meine ganze Lebensgeschichte bündelte. Ich war mit meiner Frau, einem fünfzehn Monate alten Kind und einem Neugeborenen nach New York gekommen, um meine Ausbildung zum Psychoanalytiker zu machen. Wir hatten in Ohio unsere Familien und alle unsere Freunde zurückgelassen, eine Gemeinschaft, in der wir uns gekannt und verstanden hatten, in der wir uns aufgehoben und wohl fühlten. Wir kamen aus gefühlsbetonten Familien, die die großen Feiertage gemeinsam feierten. Nun waren wir völlig allein in einer Stadt, die rauh, vulgär und leicht einschüchternd war und die trotz ihrer anregenden und begeisternden Seiten äußerst verwirrend und desorientierend auf uns wirkte. Vor diesem Hintergrund und in dieser Stimmung erlebten wir unseren ersten größeren Feiertag — es muß Thanksgiving gewesen sein — isoliert, wie abgeschnitten, ohne Anschluß.

Der Preis der Unabhängigkeit wurde uns nun erst richtig deutlich. Sämtliche Bindungen an die Vergangenheit waren gerissen. Ich war von einem stechenden Trennungsschmerz erfüllt, der sich auf das Bild meines Vaters konzentrierte, jener mächtigen Gestalt, die ich freiwillig verlassen hatte. Das war also mein endgültiges Übergangsritual, meine Abschlußprüfung, meine Initiation, meine Bewährung in der Wildnis. Ich hatte das Gefühl, daß ich innerlich darauf gewartet hatte und bereit dazu war, und insgesamt stimmte das auch. Ich war siebenundzwanzig, verheiratet mit einer selbständigen, liebevollen Frau, Vater von zwei Töchtern, Arzt, und ich stand am Beginn einer neuen beruflichen Laufbahn und meiner persönlichen Analyse, wobei ich mir von beiden eine Erweiterung meiner Möglichkeiten und meines Selbstgefühls erhoffte. Das Leben war wie ein großes Versprechen und Abenteuer, trotz der finanziellen Schwierigkeiten, die vor uns lagen.

Ganz nach Tradition der Männer schaute ich nur selten zurück. Meine Frau war diejenige, die daran dachte, zu Hause anzurufen, und mich ebenfalls dazu drängte. Das blieb so in all den Jahren, die unsere Eltern noch lebten. »Ruf deine Leute an«, lautete ihre wöchentliche Mahnung, weil ihr bewußt war, daß ein Anruf von mir wesentlich größere Wirkung hatte als einer von ihr.

Solange er noch lebte, dachte ich selten an meinen Vater oder, was das betrifft, an meine Mutter. Erst seit ihrem Tode denke ich sehr regelmäßig an sie, um so mehr, je älter ich selbst werde. Aber an diesem ersten Feiertag fern von zu Hause waren meine Gefühle auf ein Gebiet konzentriert, das meine bewußten Gedanken vermieden. Es ist die Macht der Träume, Gedanken ins Bewußtsein zu rufen und die wahren Gefühle ans Licht zu bringen. Es erschien mir ganz eigenartig, Thanksgiving allein, ohne die große Familienrunde zu verbringen und nur in unserem kleinen Kreis zu essen. Die Nostalgie hatte mich im Griff. Der Traum machte nur zu deutlich, daß ein Teil von mir den Verlust der Familienbande betrauerte, obwohl ich nach außen hin meine Unabhängigkeit in vollen Zügen zu genießen schien. Nun hatte ich ein parallel laufendes Gefühl identifiziert, das aus meinem Unterbewußten aufgestiegen war und das ich zuvor nicht bemerkt hatte: Ich war einsam und fühlte mich ohne Halt.

Aus der Sicht der Columbia Psychoanalytic School, aus der ich kam, hatte ich meinen Traum auf einen zugrundeliegenden »Abhängigkeitskonflikt« zurückgeführt. Das entsprach den Vorstellungen dieser Schule von der Psychodynamik. Sandor Rado, ein außerordentlich brillanter psychoanalytischer Lehrer, war von Berlin nach New York geholt worden, um die erste psychoanalytische Schule der Vereinigten Staaten zu leiten. Er hatte die New York Psychoanalytic School dann verlassen und das Columbia Psychoanalytic Center gegründet. Rado hatte mit der orthodoxen Psychoanalyse wegen der Starrheit gebrochen, mit der sie daran festhielt, daß nur sexuelle Konflikte zu Neurosen führen könnten. In der klassischen Analyse wurden Reife und Gesundheit mit der Überwindung des Ödipuskomplexes gleichgesetzt; bei Rado war es die Auflösung der eigenen Abhängigkeit. Nach den Maßstäben meiner Lehrer hatte ich den Traum auf seinen Ursprungskonflikt zurückgeführt.

Mein Analytiker war jedoch ein waschechter Freudianer. Bei meiner Behandlung verfolgte er ein doppeltes Programm: Seine Aufgabe war, mich zu analysieren, aber er war entschlossen, mich gleichzeitig zu »erziehen«; er wollte nicht, daß ich an eine fremde Schule verlorenging, ohne vorher wenigstens etwas vom wahren Glauben vermittelt bekommen zu haben. Als ich die Analyse meines Traumes zu meiner Befriedigung vollendet hatte und zu anderen Themen übergehen wollte, fragte er mich, warum ich an dieser Stelle aufgehört hätte. Ich war der Meinung, daß ich schon einen ganzen Berg psychoanalytischer Interpretation aus diesem psychischen Maulwurfshügel herausgeholt hatte, kehrte aber pflichtbewußt zu dem Traum zurück.

Ich erinnerte mich als nächstes an ein rituelles Detail bei jüdischen Beerdigungen. Da wird ein schwarzes Band, das einer der Trauernden trägt, mit der Schere zerschnitten. Das zeremonielle Durchschneiden ist ein symbolischer Ersatz für das Zerreißen der Gewänder in Trauer. Bei der Beobachtung dieses Rituals hatte ich für mich den Schluß gezogen, daß es zusätzlich das Bedürfnis der Überlebenden symbolisch darstellen muß, ihre Bindungen an die Vergangenheit zu kappen, die Grenzen der Trauer zu spüren, sich aufzuraffen — so wie sich David aus der Asche seiner Verzweiflung erhob, als er vom Tod seines Sohnes hörte — und den Verpflichtungen gegenüber dem Leben und den Lebenden nachzukommen. Ich bot meinem Analytiker dieses neue Glanzstück, das er akzeptierte, aber als ich mich anderen Ereignissen zuwenden wollte, schien er immer noch unzufrieden und irritiert.

Er fragte mich, warum gerade eine Krawatte und was für eine Form sie gehabt habe. Da begriff ich, daß ich entsprechend den Definitionen, nach denen er arbeitete, das »tiefgehendste« Element des Traumes erst noch zu analysieren hatte. Mir wurde klar, daß die Krawatte, um zur Bearbeitung des Ödipuskomplexes in klassischer Analysemanier zu führen, ein phallisches Symbol sein und ich, in meiner Abgetrenntheit, die Erfahrung von Kastrationsangst durchleben mußte. Ich war mir keiner Ängste bewußt. Ich war mir bewußt, daß ich mich allein und nostalgisch fühlte. Aber Emotionen schenkte man in der traditionellen Analyse keinen Glauben. Deshalb wurden alle Emotionen – Wut, Enttäuschung, Verletztheit, Schuld, Scham – nur als Abwandlungen oder Formen der Angst gesehen.

Der Traum wurde schließlich als mein Streben interpretiert, zur Mutter (zum Zuhause) zurückzukehren, in Konkurrenz zum Vater, dessen ich mich zu bemächtigen suche, indem ich mir selbst eine unabhängige Rolle als Vater schaffe, wobei ich den strafenden Gegenschlag fürchte und unter einem Gefühl der Ohnmacht leide, das aus der Kastrationsangst herrührt.

Ist das die »richtige« Interpretation? Ich habe keine Ahnung. Unterscheidet sie sich wesentlich von der Interpretation, die meine reformistischen Lehrer gegeben hätten? Wahrscheinlich nicht. Wenn man die ritualistischen Sprachhülsen einmal entfernt hat, ist die Geschichte dieselbe. In eine Sprache und Metaphorik gekleidet, die mein Analytiker akzeptieren konnte, war die Interpretation nun vollbracht. Es war für mich nicht schwer, mich seiner Redeweise anzupassen, und sobald wir die gleiche Sprache sprachen, kamen wir glänzend miteinander aus.

Beide Interpretationen berücksichtigen das grundlegende Freudsche Prinzip, daß wir in einer symbolischen Welt leben; daß die Dinge nicht das sind, was sie zu sein scheinen, oder, wenn doch, auch noch darüber hinausweisen; daß alles eine Metapher ist und daß in der Welt der Männer die phallische Metapher die alles durchdringende ist.

Der Penis ist mehr als nur das wichtigste Instrument sexueller Befriedigung. Er ist in unserer Gesellschaft ein Symbol der Macht und der Potenz für jeden Mann – und für nur zu viele Frauen. Die beiden Jungen mit ihrem Spielchen, wer schneller und weiter pinkeln kann, sind der tragisch-komische Prototyp für Spiele, die sie als Männer ihr Leben lang spielen werden.

Die statistische Durchschnittsgröße des Penis liegt – wie die Körpergröße oder irgendein anderes biologisches Maß – im Rahmen der üblichen Gaußschen Kurve, und nur wenige Menschen fallen wegen seiner extremen Größe oder Kürze heraus. Dennoch haben sich Generationen von Jungen bemüht, jenen Extrabruchteil eines Inchs herauszuholen, als Beweis – wofür?

Jedenfalls macht die Größe für den Vollzug des Sexualakts in seinen beiden Funktionen, zum Vergnügen ebenso wie zur Fortpflanzung, nicht den geringsten Unterschied, es sei denn, es geht um besagte Extreme, die möglicherweise spezielle Probleme schaffen könnten. Die Vagina ist ein anpassungsfähiges Organ. Sie schließt sich bereitwillig um alles, was sich ihr darbietet, in der entsprechenden Paßform.

Trotzdem scheint die Größe des Penis nicht nur bei den Männern, sondern auch bei den Frauen irgendwie symbolisches Gewicht bei der Bewertung eines Mannes zu besitzen. Kann sich irgend jemand ein symbolisches Äquivalent bei den Frauen vorstellen? Man könnte anführen, daß große Brüste einen Konkurrenzvorteil bedeuten, aber bei genauerer Betrachtung wird deutlich, daß das in den verschiedenen Kulturen variiert; was in einer Gesellschaft als angenehm groß empfunden wird, gilt in einer anderen schon als obszön und unförmig. Man braucht nur die typische nackte Schönheit von Rubens mit den flachbrüstigen Nackten der Art-déco-Periode in den späten zwanziger Jahren zu vergleichen, um zu sehen, wie stark der Wert, der dem Brustumfang zugemessen wird, von der Kultur bestimmt ist. Meines Wissens hat keine Kultur bisher jemals einen Mini-Pimmel verherrlicht und romantisiert.

Selbst dort, wo große Brüste bewundert werden, werden sie gewöhnlich als sexueller Schmuck verehrt. Wenn Brüste symbolische Bedeutung haben, die über das Sexuelle hinausgeht, dann nicht auf dem Gebiet des Machtkampfs, sondern eher im Hinblick auf ihre fundamentale Funktion als Stillorgane und daher Symbol mütterlicher Liebe. Brüste reden nicht von Macht, es sei denn indirekt:

von der »Macht«, einen Mann anzulocken und auf diese Weise einen mächtigen Beschützer zu erlangen. Die Größe des Penis' ist da etwas ganz anderes. Über seine Signalwirkung auf sexuellem Gebiet hinaus ist der Penis ein transzendentes Symbol männlicher Konkurrenz, Macht und Überlegenheit.

In der prähistorischen Welt der Höhlenmenschen war die besondere Wertschätzung der Körpergröße gerechtfertigt. Große Männer mit starken Muskeln waren zuverlässigere Verteidiger von Familie und Eigentum. Wo der Kieferknochen eines Esels als einzige Waffe dienen mußte, war die Muskelkraft eines Samson eine Notwendigkeit. Aber das ist seither schon längst nicht mehr der Fall, außer in den primitiveren Gesellschaften oder den primitiveren Gebieten der industriellen Gesellschaft. Ein kleiner Mann, der einen kleinen Revolver oder auch ein dickes Scheckbuch mit sich trägt, ist einem Arnold-Schwarzenegger-Typ in den meisten Situationen mehr als gewachsen. Aber die Vorliebe für Größe und Stärke lebt weiter. Wie sonst wäre das Phänomen des wirklichen Arnold Schwarzenegger zu erklären?

Wir leben heute in einer Welt, in der uns die Schwerarbeit von Maschinen abgenommen wird. Mit der Erfindung von Landmaschinen, Robotern und Fließbändern in den entwickelten Ländern findet die wirtschaftliche Ausbeutung, die Menschen zu Arbeitstieren oder lebenden Maschinen degradiert hat, allmählich ihr Ende. Die Machtpositionen in unserer Gesellschaft erfordern wenig Muskeln. Als Richter am Bundesgerichtshof, Kabinettsmitglied, Generalmanager, Arzt, Finanzberater, Verleger oder Politiker braucht man keine Körperkraft. Ein untersetzter Immobilienmagnat kann ohne weiteres Hunderte von Männern herumkommandieren, die halb so alt und doppelt so groß sind wie er. Und dann reden sie ihn noch mit »Herr Direktor« an. Macht wird in den Formen ausgeübt, die in der Welt von heute allein Einfluß haben — Geld und Position.

Generell läßt sich sagen, daß Körperkraft im Alltag längst nicht mehr dem Überleben dient: die Fähigkeit, schnell oder weit zu rennen, hoch zu springen, Speere und Hämmer zu schleudern, einen Gegner in die Niederlage zu ringen oder zu boxen — all das hat nur noch in der symbolischen Welt des Sports eine reale Bedeutung. Es ist wahr, eine gewisse Bewunderung und Verehrung für einen starken Mann liegt im Unbewußten der meisten Männer verborgen. Boxkämpfe ziehen ein Millionenpublikum an, und sogar die gladiatorenspielähnlichen Wrestling-Schaukämpfe erzielen riesige Zuschauerzahlen. Groß ist immer noch schön in der Welt der männlichen Ideale, wenn schon nicht in der Realität. Harte Muskeln, physische Stärke, Ausdauer, Körpergröße — der große Mann wird irgendwie immer noch als »mehr Mann« betrachtet. Männer, die ungewöhnlich klein sind, leiden außerordentlich bis ins Erwachsenenalter, und das als solches bekannte Syndrom des kleinwüchsigen Mannes weist bezüglich seiner Verallgemeinerungen eine bestimmte Verläßlichkeit auf. Welchen Vorteil bringt — von einigen Sportarten wie Football und Basketball einmal abgesehen — eine kräftige, muskulöse Statur und eine Größe von zwei Metern? Und doch würde sich die Mehrzahl der Männer sofort einen mächtigen Muskelapparat antrainieren, wenn es nicht so ermüdend, lästig und zeitaufwendig wäre.

Die emotionale Fixierung auf die Körpergröße verweigert sich jeder rationalen Begründung. Nach dem Zweiten Weltkrieg vollzog sich in Japan, Hand in Hand mit der Verwestlichung, ein durchgreifender Wandel in den Ernährungsgewohnheiten. Zur Freude der Japaner schlug sich die Einführung proteinreicherer, fetthaltigerer Kost im stetigen Anstieg der Durchschnittsgröße der Bevölkerung nieder. Dem Rest der Welt bewies dieser Wandel, daß Ernährungsmängel — wahrscheinlich der Mangel an essentiellen Aminosäuren — das Wachstum der Japaner auf ein Maß unterhalb ihres genetischen Potentials beschränkt hatte. Der allgemeine Vorzug, den Größe genießt, führte zu der selbstverständlichen Annahme, daß größer besser sei. Gäbe es jedoch eine Vorliebe für Kleinheit, wäre ein völlig anderer Denkansatz möglich gewesen. Man hätte argumentieren können, daß die verderbliche

westliche Ernährung anormales Wachstum, Bluthochdruck, Herz-
verfettung, Schlaganfälle, Brust- und Gebärmutterkrebs verursacht habe. Alle diese Krankheiten nahmen, parallel zur steigen-
den Körpergröße, bei der japanischen Bevölkerung an Häufigkeit
tatsächlich signifikant zu. Sie sind bekanntermaßen das Ergebnis
einer fett- und proteinreichen Ernährung.

In den siebziger Jahren begann das Hastings Center, ein Institut,
das sich dem Gebiet der Bioethik verschrieben hat, Fragen der
Moral von Genmanipulationen zu diskutieren. Ich machte augen-
zwinkernd den Vorschlag, als erste Aufgabe die Produktion einer
neuen Rasse des *Homo sapiens* in Angriff zu nehmen, deren
Idealgröße höchstens einen Meter betragen sollte. Ich brachte als
Begründung vor, daß kleinere Menschen die Ressourcen unseres
Planeten um fünfzig Prozent vermindert aufbrauchen würden.
Viel kleinere Leute brauchen auch viel kleinere Dinge und ver-
brauchen daher weniger Rohmaterialien. Wir kämen mit weniger
Essen aus und könnten die Lebensmittel daher gerechter verteilen.
Die Autos könnten kleiner sein und würden bei der Produktion
weniger Stahl, Gummi und so weiter erfordern. Die Zahl der
Parkplätze in New York würde sich automatisch verdoppeln! Wir
würden den Globus nur halb so schnell wie jetzt mit Wegwerfpro-
dukten verseuchen. Wir würden Zeit zur Abwendung der ökologi-
schen Katastrophe gewinnen. Wir könnten auch anfangen, unsere
Haustiere kleiner zu züchten; eine dänische Dogge hätte dann zum
Beispiel nur noch die Größe eines Zwergpudels.

Es schien in jeder Hinsicht eine hervorragende Lösung für alle
drängenden Probleme unserer Zeit. Mir gefiel die Vorstellung
ungeheuer, daß alle Straßen automatisch doppelt so breit wären,
zweispurige Autobahnen vierspurig und Brücken zu riesigen
Monsterbrücken würden. Nichtsdestotrotz wurde meine Idee auf
der Stelle abgelehnt. Ich hatte den Vorschlag nicht als ernstzuneh-
menden Plan gemeint, doch waren andererseits einige der Ent-
würfe, die ernst genommen wurden, in meinen Augen kontraproduktiv und mit Sicherheit gefährlich. Selbst wenn ich es voll-

kommen ernst gemeint hätte, wäre meine Idee nicht leicht an den Mann zu bringen gewesen. Die Einstellung, groß sei mit gut gleichzusetzen, ist zu tief in unserem Unbewußten verwurzelt. Statt den Korb beim Basketball so weit herunterzuhängen, daß wir uns alle vernünftig mit dem Spiel identifizieren können, »züchten« wir zwei Meter zehn große Basketballspieler, die uns eine Welt der Superlative vorführen, die von kleinen Jungen voller Ehrfurcht und Neid bestaunt wird.

Die ursprünglichsten, rudimentären Spuren der Zeit, in der animalische Kraft alles war, überleben – außer im Sport – in der allgemeinen Einstellung zur Penisgröße. Die Penisgröße macht eine Aussage über die jeweilige Position in der männlichen Hierarchie, wobei der »große Schwanz« eine Führungs- und Machtposition suggeriert – und darüber hinaus jene Gemeinheit und Gefährlichkeit, die sich so oft in unser Männlichkeitsbild hineinschmuggeln. Das ist der hartnäckigste und gefährlichste Überrest der althergebrachten Gleichsetzung von Größe mit Macht. Diese Vorstellung wird vielleicht am eindringlichsten in den leicht paranoiden Schriften des französischen Soziologen Emmanuel Reynaud verteidigt:

»Das Prinzip ist einfach: Da man den Penis als eine Art Bizeps auffaßt, wird er um so größer, je öfter man ihn benutzt: was weiter heißt, je größer er ist, desto besser kann er sich die Frauen gefügig machen, und desto höher stehen die Erfolgschancen für den Mann. Hier haben wir den vollendeten Zirkelschluß – ein großer Penis garantiert Erfolg, und Erfolg garantiert einen großen Penis.«[2]

Reynaud spricht zwar von der Eroberung von Frauen, doch was er meint, ist Macht. Das Ziel ist nicht sexuelle Lust, sondern Herrschaft:

»Der Mann faßt Beziehungen im allgemeinen nur im Sinne von Machtverhältnissen ins Auge. Wenn er einer Frau nachstellt, sich ihr nähert oder sie verführt, dann nur, um sie zu bezwingen; die Sprache, die er dafür verwendet, ist bezeichnend und klingt eher wie die eines Seemanns, Jägers oder Kriegers als die eines Liebhabers. Eine Frau ist nicht eine Person, die es zu entdecken, sondern ein Körper, den es auszuziehen gilt; er ›kennt‹ sie nicht wirklich, bevor er nicht in ihre Vagina eingedrungen ist.«[3]

In dieser Welt ist die Frau eine reine Trophäe, eine öffentliche Verkündigung des Sieges über irgendeinen anderen Mann, da alle Bemühungen des modernen Mannes im Dienst des Machterwerbs stehen:

»Bei Beziehungen zwischen Männern steht der Kampf um die Macht im Mittelpunkt; ob einzeln oder in einer Gruppe, Männer sind ständige Rivalen in der Aneignung von Frauen, Reichtum und Ruhm. Die Freundschaft, die so oft als ein typisch männliches Gefühl proklamiert wird, ist eher eine Art Nichtangriffspakt, eine kurze Erholungspause vom Kampf . . .«[4]

Man muß Reynauds übertriebene Verallgemeinerungen nicht insgesamt übernehmen, um das Vorhandensein, ja das Vorherrschen der Dynamik zu erkennen, die er beschreibt. In unserer Kultur wird die Notwendigkeit, Männlichkeit zu beweisen, auf wenige symbolische Gebiete eingeengt: Geld, Sport und insbesondere, unglücklicherweise, Frauen.

Einer der verwirrenden Aspekte der Penisgröße ist die widersprüchliche Rolle, die sie bei der Selbsteinschätzung spielt. Die meisten Leute neigen dazu, ihre Vorzüge zu *über*schätzen. Gibt es irgend jemanden, der nicht der Meinung ist, er habe einen überdurchschnittlich guten Geschmack oder Verstand? Wer hat nicht einen »feineren« Sinn für Humor? Die Selbsteinschätzung ist immer tendenziös, meist in Richtung der eigenen Höherwertigkeit. Die Penisgröße bildet da eine überraschende Ausnahme.

Als ich in New York zu praktizieren begann, machte ich die Erfahrung, daß die große Mehrzahl meiner Patienten von der Annahme ausging, sie hätte einen kleineren Penis als der Durchschnitt. Zunächst dachte ich, es könnte sich um einen statistisch wertlosen Zufall handeln. Einer meiner Freunde meinte im Scherz, das sei vielleicht bezeichnend für mich – und für die Art von Männern, die zu mir in Behandlung kämen.

Dennoch gab mir die Tatsache Rätsel auf, und ich kam mitunter zu etwas bizarren Lösungen, etwa zu meiner »Theorie der Parallaxe«. Der durchschnittliche heterosexuelle Mann hat nicht viele Gelegenheiten, den Phallus anderer Männer genauer zu betrachten. Wenn er den Penis eines anderen ansieht, muß er es mit einem verstohlenen Blick tun, den er rasch wieder abwendet, damit er nicht als Einladung oder, schlimmer, als Beleidigung aufgefaßt wird. In New York kann es schon als Einbruch in die persönliche Sphäre empfunden werden, wenn man in der Untergrundbahn jemandem direkt ins Gesicht schaut. Weiß Gott, was es bedeuten könnte, wenn man ihre entblößten Genitalien betrachtete! Jedenfalls hat man aus einer gewissen Distanz den direkten Anblick, während man beim Hinunterschauen auf den eigenen Penis die perspektivische Verkürzung mit berücksichtigen muß, die ihn vielleicht kleiner aussehen läßt – der Parallaxeneffekt.

Nun, das waren die phantasievollen Flüge meiner jungen Vorstellungsgabe. In Wirklichkeit war ich nur über einen weiteren Ausdruck der grundlegenden Unsicherheit gestolpert, die die Männer in unserer Gesellschaft erfüllt: die Schwierigkeit, die sie alle haben, sich als mächtig, erfolgreich und als Mann unter Männern zu empfinden.

Es ist wiederholt festgestellt worden, daß Leistung, Macht und Erfolg die Welt der Männer beherrschen. Was dabei vernachlässigt worden sein mag, ist die Neigung von Männern, ihr Versagen auf einem dieser Gebiete als Angriff auf ihre Männlichkeit zu interpretieren. Im Unbewußten der meisten Männer reduziert sich alles auf ein symbolisches Ritual zum Beweis der eigenen Männlichkeit, das täglich in vielfältigen metaphorischen Kämpfen erneuert werden muß.

Eine »Persönlichkeit« sein heißt ein Mann sein. Und das Mannsein wird immer noch nach den traditionellen Maßstäben von Macht und Mut gemessen. Impotenz auf einem beliebigen Gebiet wirft ein entsprechendes Licht auf die sexuelle Potenz, das Fundament der Männlichkeit. Am Ende wird die Sexualität selbst im Dienste der Rollenidentität entsexualisiert und verliert ihre Lustfunktionen. Sex wird zu oft als Eroberung und Sieg wahrgenommen. Indem Sex nur als ein weiterer Index für Status und Macht erfahren wird, zerstören wir die freudvollen und zärtlichen Seiten dieser intimsten und zentralsten unter den menschlichen Erlebnismöglichkeiten.

Phallisches Macht- und Konkurrenzgebaren äußert sich höchst selten im Duell oder Zweikampf mit einem anderen starken Mann. Natürlich gibt es die Möglichkeit von Ringkämpfen, und der Sport ist fraglos eine institutionalisierte Methode geworden, unsere Kräfte im direkten Wettbewerb zu messen. Aber sogar beim Sport neigen wir dazu, aktiv in passiv und direkt in symbolisch zu verwandeln. Wir werden zu Zuschauern, die sich ihre Überlegenheit durch die Identifikation mit ihrer Mannschaft bestätigen. Wir haben das Feld für körperliche Wettkämpfe zugunsten symbolischer Wettkämpfe geräumt. Aber im Kern der männlichen Psyche schlagen sich alle Machtkämpfe immer noch in körperlichen Bildern nieder. Bei den seltenen Gelegenheiten, bei denen wir physisch angegriffen werden, reduziert sich sozusagen alles auf Irrationalität, Wut und Terror. Die amerikanischen Zeitungen sind voll von Berichten über Zänkereien um einen Parkplatz oder Beleidigungen am Tresen, die jene mörderische Wut erwecken, die Voraussetzung dafür ist, sich tatsächlich eine Schrotflinte zu kaufen und einen anderen

Menschen zu töten. Selbst diejenigen unter uns, die niemanden umbringen, hätten gute Lust dazu.

Bei den meisten von uns kommt es jedoch nicht zur körperlichen Auseinandersetzung. Unmerklich agieren wir unsere Machtspiele im Laufe unserer täglichen Jagd nach Geld und Status aus. Der echte Gladiatorenkampf findet heutzutage eher in einem Büro oder gar am Telefon statt, wo der Gegner nicht einmal zugegen ist. Oder wir erleben unsere Siege in den Produkten unserer Phantasie. In Fantasy-Welten läßt sich der Gedanke direkt aussprechen: Da braucht es keinen Versuch, ihn zu bemänteln, keine Übertragung in einen anderen Bereich, keinen symbolischen Ersatz. Hier ist der Mann der Held: der Robocop, Clint Eastwood, Rambo, John Wayne. Alles ist hier Power, Kraft und Muskeln, das große Schießeisen und der große Schwanz.

Damit er den Tatsachen des Lebens besser entspricht, ist der Held dem ersten Anschein nach manchmal wie wir, er ist sanft, wohlerzogen und zivilisiert, er läßt Spott ohne Reaktion über sich ergehen. Er ist der starke, schweigsame Mann, der still duldet — wie die meisten von uns ertragen —, bis eine bestimmte Grenze überschritten ist, und dann demonstriert er seine erschreckende Gewalt — so wie wir es von uns für den entsprechenden Fall erhoffen.

Ein behinderter Mann, den Spencer Tracy in *Bad Day at Black Rock* darstellt, ist der Inbegriff dieser Art bereitwilliger Identifizierung. Er ist schon älter und im Zweiten Weltkrieg verkrüppelt worden und erträgt die Demütigungen und Spötteleien der zweitrangigen Bösewichter, die seine Haltung und seinen Stoizismus als Schwäche ansehen. Der Oberbösewicht »weiß« jedoch, daß es ein starker Mann sein muß, der soviel erträgt; nur ein selbstsicherer und tapferer Mann kann solche Provokationen hinnehmen, ohne sich gedemütigt zu fühlen. Der Elefant trompetet nicht, wenn ihn eine Mücke sticht. Stumm warten wir ab, bis die Grenze überschritten wird und unser Held, der heroische einarmige Mann, seine lächerlichen Peiniger im Nahkampf niedermacht.

Es gibt mindestens noch zwei andere Gebiete in unserem Alltagsleben, auf denen sich eine direkte Verbindung zur physischen Gewalt des Kriegers und Jägers herstellen läßt: in den vorwiegend männlichen Welten der Waffen und des Automobils. Was macht die Faszination der Waffen aus? Zunächst ist das Gewehr ganz offensichtlich der große Gleichmacher. Der kleine Mann mit der Flinte ist mächtiger als ein großer ohne. Das Gewehr stellt ein rudimentäres Bindeglied zum Krieger dar. Es ist ein Kampfinstrument. Das könnte man auch vom Geld sagen, aber ein finanzieller Sieg tritt mit Verzögerung, subtiler und auf Umwegen ein. Dabei erlebt man nur selten die dramatische und romantische Befriedigung der direkten Unterwerfung eines Feindes. Das Gewehr ist allgegenwärtig, im Kinderspiel, in der männlichen Phantasie, aber auch in den Spielen erwachsener Männer.

Was für eine Entschuldigung gibt es dafür, der breiten Öffentlichkeit immer noch den Besitz von Schnellfeuerwaffen zu gestatten? Sogar für einfache Handfeuerwaffen gibt es kaum eine Rechtfertigung. Die ganz offenkundig heuchlerischen Phrasen von Sportlichkeit und Fairneß sind blanker Unsinn. Wenn jeder Waffenbesitzer sich eine Stunde täglich am Schießstand oder auch nur in den Wäldern einfinden müßte, bräuchten wir uns um die Eindämmung des Waffenbesitzes keine Gedanken mehr zu machen: Damit wäre bereits eine wirksame Kontrolle gefunden. Das Vorhandensein eines Gewehrs dient der Phantasie. Die Vorstellung, wir alle könnten zur Rächerfigur wie in *Death Wish* werden, ist die Machtbasis der amerikanischen »Gun Lobby«.

Natürlich gibt es Jäger, die wirkliche Liebe zur Natur, zum einfachen Leben, zur Kameradschaft und zu dem langsamen Puls der Jagd empfinden. Aber auch Frauen lieben Kameradschaft und Natur, und doch jagt der Großteil von ihnen nicht. Der Blutdurst, der dem Jagen und Schießen zugrunde liegt, läßt sich an der Perversion privater Wildreservate ablesen, in denen die Tiere ausschließlich zum Abschlachten gehalten werden; oder an Privatgehegen, die mit Fasanen und anderen jagdbaren Vögeln besetzt werden, die von Bediensteten auf Geheiß zum Abschuß freigege- ben werden. Tontaubenschießen ist nicht genug. Es ist das echte Blutvergießen, das die Anziehungskraft ausmacht; alles andere ist sekundär.

Beim Angler liegt die Sache gemeinhin anders. Auch er findet in seiner Beschäftigung eine Identifikation mit einem früheren Selbst. Er mißt sich mit der Natur und geht dabei oft bis an die Grenzen, indem er immer dünnere Angelschnüre, immer leichtere Ruten verwendet, um dem gejagten Fisch jede erdenkliche Chance zu geben. Er freut sich an seinem Fang – den er oft wieder freigibt. Beim Jagen und Schießen besteht die Möglichkeit nicht: Ein totes Tier kann man nicht wieder freilassen. Und selbst wenn man es könnte, würde es der Jäger auch tun? Ein guter Prozentsatz von denen, die ich kenne, täten es nicht, obwohl das Wild gewöhn- lich im Gelände liegenbleibt und verrottet. Die Jagd hält unsere Verbindung mit einer fernen Vergangenheit aufrecht, sie reflek- tiert aber auch das Versagen unserer gegenwärtigen Kultur. Heute existiert wenig Gemeinsamkeit mit der Natur und weniger Würde als zu den Zeiten, als die Menschen mit primitiven Waffen in einer echten Wildnis jagten.

Wie steht es nun mit den Automobilen? Was hat ein Auto an sich, daß es zu dem Phallussymbol schlechthin in unserer männlichen Kultur werden konnte? Zunächst einmal ist es eine Maschine. »Machine« war in den Kindertagen des Automobils eine gängige Bezeichnung dafür, und eine Maschine ist per definitionem eine Vorrichtung, um Kraft und Stärke mit hohem Wirkungsgrad einzusetzen – um menschliche Muskelkraft durch menschlichen Einfallsreichtum zu erhöhen. Als es dem Menschen nicht gelang, einen riesigen Steinbrocken zu bewegen, hat er den Hebel erfun- den, wobei er automatisch die Effizienz seiner Muskelmasse ver- größerte. Er hat die Winde und den Flaschenzug erfunden, um damit gigantische Balken in die Höhe zu ziehen. Er hat das Rad und das Getriebe erfunden. Schließlich setzte er Getriebe und

Räder zusammen, und siehe da, er hatte die vollendete Maschine unserer Kultur — das Automobil. In diesem einen Symbol haben wir alles vereinigt: Stärke, Status, Geschwindigkeit, Rüstung, Sex. Ich gehe wohl nicht zu weit, wenn ich unterstelle, daß das Auto ebenfalls eine phallische Metapher ist — eine Repräsentation der »komplizierten Maschinerie« der männlichen Genitalien, die, vergrößert und angeschwollen, als Instrument betrachtet wird, das dazu dient, Frauen zu überwältigen und andere Männer auszustechen.

Das Auto wurde nicht nur ein Symbol, sondern auch ein Vehikel der Sexualität. Es verlieh einem einen gewissen Status bei den Mädchen. Aber was noch wichtiger war: In der engen Welt der Mittelschicht, in der prüden Welt vor der sexuellen Revolution bot es einen intimen Ort, einen Platz für sexuelle Aktivitäten, auch wenn es sich bei diesen Aktivitäten nur um Verführungsversuche oder genauer — um die veralteten Worte jener unschuldigen Zeit zu verwenden — um »Knutschen« und »Petting« handelte. In jenen Tagen, als Sexualität noch im Verborgenen stattfand, die Familien intakt und die Überwachung streng waren, bot das Auto den einzigen Ort, an dem man verhältnismäßig ungestört fummeln konnte.

Die meisten von uns konnten sich kein Auto leisten. Das machte nichts. Irgendeiner hatte schon die fünfzig bis siebzig Dollar für eine Rostlaube übrig, richtete sie wieder her und stellte sie für Dreifach-Rendezvous (vier hinten, zwei vorn) zur Verfügung, bei denen man jene unschuldige Sexualität genoß, die damals der Leidenschaft genügen mußte.

Heute ist das Auto jedoch vor allem ein Phallussymbol geworden. Seine hohe Geschwindigkeit macht es für Wettkämpfe geeignet. Ob es um die Beschleunigung bei Wettrennen mit frisierten Schrottautos geht oder um den Mut des Fahrers bei »Spielen«, die das Abbremsen in letzter Sekunde erfordern: Die Power, die in ihm steckt, hat das Auto zu einer Alternative für die echten Ringkämpfe in vortechnologischen Kulturen werden lassen.[5]

Die Auto-Spiele Heranwachsender sind auf den ersten Blick als erweiterte Neuauflage der Pinkelwettbewerbe unter Sechsjährigen zu erkennen, wobei ihnen allerdings größeres Gewicht zukommt, da sie ein echtes Risiko enthalten. Selbst zusammengebastelte, frisierte und auf Hochtouren gebrachte Schrottkarren können in einem Wettrennen ohne weiteres außer Kontrolle geraten. Dieser Kitzel sorgt für einen gewissen Hauch von Waghalsigkeit, Mut und potentieller Gefahr, der an die Ritterturniere im Mittelalter erinnert.

Auch dabei gibt es im allgemeinen ein Publikum, denn ein solches Rennen ist ein öffentliches Ereignis. Es gibt einen Sieger und die Besiegten. Es entsteht ein Gefühl von Machtgewinn oder aber von Impotenz. Das Spiel verändert seinen Charakter auf kaum merkliche und gefährliche Weise, wenn es zum sogenannten »Angsthasen-Spiel« wird: Zwei junge Verrückte rasen in frisierten Autos aufeinander zu; wer als erster ausweicht, hat verloren. Sieger und Besiegter sind sofort erkennbar — ersterer wird als Führer anerkannt, der andere ist gezwungen, seine Unterlegenheit zuzugeben. Er ist nicht nur geschlagen, er ist entblößt und vorgeführt.

Der erwachsene Mann kauft Autos, die zweihundertfünfzig Stundenkilometer machen, und das in einem Land, in dem nirgendwo mehr als achtundachtzig Kilometer pro Stunde gefahren werden darf und in Städten mehr als fünfunddreißig Kilometer pro Stunde nicht mehr möglich sind. Auf Schnellstraßen wie dem Long Island Expressway und den Los Angeles Freeways, die längst zu rollenden Parkplätzen verkommen sind, sollen diese Sportwagen dann auf Touren gebracht werden — erreichen aber selten auch nur dreißig Meilen in der Stunde und können ihre Höchstgeschwindigkeit nie ausfahren.

Wie läßt sich die Vernarrtheit Erwachsener in Sportwagen erklären, ob in der proletarischen Version des Pontiac TransAm, der bürgerlichen der Corvette oder der gut betuchten von Lamborghini und Maserati? Die Autos sind weder bequemer noch tauglicher als andere. In der Lamborghini-Klasse kann man schon von Glück sagen, wenn es einen funktionierenden Scheibenwischer gibt oder ein Gebläse, das die Scheiben freibekommt. Mit Sicherheit braucht niemand die vielgerühmte Beschleunigung von null auf hundert, die diese Wagen bieten. Wo, in aller Welt, kann man eine solche Beschleunigung überhaupt ausfahren, es sei denn mutterseelenallein auf einer fernab von jeder Zivilisation gelegenen Strecke? Und was wäre dann der Witz dabei? Der einzige Sinn der Sache ist schließlich, daß man die anderen Typen an der Ampel hinter sich läßt.

Abgesehen von den psychologischen Zwecken, denen sie dienen, gibt es keinen wirklichen Bedarf für die Produktion solcher Autos. Am Steuer eines dieser extravaganten Fahrzeuge zu sitzen hilft dabei, das Gefühl eigenen Ungenügens zu kaschieren. Das Verhalten eines Mannes ändert sich gewaltig, sobald er von solch einer schützenden Hülle umgeben ist. Beleidigende Bezeichnungen und obszöne Gesten fliegen ungestraft und in einer Weise hin und her, wie man sie in der gedrängten Enge eines U-Bahn-Waggons oder in der Warteschlange vor dem Kino nicht riskieren dürfte. Autos können Einschüchterungs-, ja sogar Mordinstrumente sein, die zudem nicht nur die Möglichkeit zur Verwundung, sondern auch zur Flucht bieten.

Ein Auto ist ein Fortbewegungsmittel, das vor dem Gegenschlag schützt. Es wird fast als so etwas wie der Panzer im Krieg empfunden. Da er durch eine Stahlarmierung geschützt ist und jederzeit die Flucht ergreifen kann, falls die Dinge eine ungünstige Wendung nehmen, verkommt der Durchschnittsmann mitunter zu einem konkurrenzgierigen, aggressiven Idioten. Lebensbedrohliches Verhalten ist auf unseren Autobahnen an der Tagesordnung. Wenn mich jemand schneidet und somit bei einem Tempo von hundert Kilometern in der Stunde mein Leben bedroht, wäre die logische Reaktion, Abstand von ihm zu halten. Ein Mann reagiert jedoch selten so. Er interpretiert diese Aggression als Erniedrigung, als persönlichen Angriff und darüber hinaus als

Herausforderung an seine Männlichkeit, die er annehmen muß. Wenn sein Leben gefährdet war, ist er erst wieder quitt, wenn er dem Kerl hinterherrast und ihn ebenfalls schneidet — wobei er sein Leben ein zweites Mal in Gefahr bringt.

Verhalten dieser Art ist bisher nicht empirisch untersucht worden, aber der Augenschein legt für mich den Schluß nahe, daß Männer in dieser Hinsicht schlimmer sind als Frauen. Frauen bevorzugen anscheinend eine andere Art aggressiven Fahrverhaltens. Ich habe beobachtet, daß Frauen öfter als Männer unbeirrt auf der Überholspur bleiben und sich weigern, sie zugunsten aufgeregter Blinker oder Huper freizugeben. Zunächst nahm ich an, dieses Verhalten beruhe auf Ängstlichkeit: Sie wollten nur die Mittelspur belebter Schnellstraßen meiden, weil dort auf beiden Seiten Autos vorbeifahren können. Kürzlich habe ich Männer und Frauen über ihre Fahrgewohnheiten befragt, und nun bin ich mir nicht mehr so sicher. Eine größere Zahl von Frauen gab mir unabhängig voneinander dieselbe Erklärung. Ja, sagten sie, sie blieben deshalb auf der Überholspur, weil sie sich da wohler fühlten; sie weigerten sich aber auch deshalb, Platz für Huper zu machen, weil sie ohnehin schon mit der gesetzlich zulässigen Höchstgeschwindigkeit führen. »Niemand braucht schneller zu fahren. Wenn sie das Gesetz übertreten wollen, sollen sie doch um mich herumfahren.« Kein Mann, den ich fragte, gab mir diese Erklärung. Es liegt etwas Selbstgerechtes in diesem Verhalten; doch zusätzlich und charakteristischerweise verrät es eher passive als direkte Aggressivität.

Die liebevolle Aufmerksamkeit, die ein Mann seinem Auto widmet, ist derjenigen verwandt, mit der ein Marineinfanterist sein Gewehr behandelt — oder die der Narzißt darauf verwendet, seinen schönen Körper zu hegen und zu pflegen. In früheren Zeiten beschrieben die Psychoanalytiker die Beschäftigung des Mannes, der rubbelnd, polierend und schwitzend sein neues Auto wachst, gerne oberflächlich als »masturbatorisches Äquivalent«, und es lag, auch wenn wir heute mit solchen oberflächlichen und direkten Analogien zurückhaltender umgehen, doch ein Körnchen Wahrheit in dieser globalen Interpretation. Es ist letztlich das eigene Selbst, das massiert und gepflegt wird. Das Auto stellt die künstliche Verlängerung des Selbst dar, die auffällt, wahrgenommen und bewundert wird. Es ist, um mit der heutigen Jugend zu sprechen, »echt geil«. Das teure Auto weist auf einen wohlhabenden Besitzer hin; es ist eine Art Ersatzschmuck für den Mann. Das Auto ist also ganz sicher das höchste Phallussymbol – eine Metapher, die in unserer Kultur definitiv als Ausdruck männlicher Macht verstanden wird.

Alles kann als Maßstab für Männlichkeit oder als Machtsymbol mißbraucht oder dazu umgewandelt werden. Man würde sich wünschen, daß wenigstens die Sexualität selbst davon verschont bliebe, daß Männlichkeit hier nicht mit Macht, sondern mit Zuneigung und Liebe verbunden wäre. Aber auch diese ursprüngliche Funktion kann durch die Belange der Macht korrumpiert werden. Die sexuelle Lust wird oft dem Bedürfnis eines Mannes geopfert, sich seiner Position und Potenz zu vergewissern.

Die genauere Betrachtung der Sexualität soll einem späteren Kapitel vorbehalten bleiben. An dieser Stelle möchte ich nur andeuten, daß die Vorstellung vom Penis als einer Waffe auch auf die ursprünglichsten Funktionen übergreift, denen der Phallus dienen sollte: Liebe und Zuneigung. Der Machtkampf, den die Männer in der Männerwelt führen, wirkt sich auch auf die Beziehungen der Männer zu den Frauen aus.

Es ist unvermeidlich, daß Macht für Männer und Frauen eine unterschiedliche Bedeutung hat; Macht spielt in ihrem Leben eine jeweils unterschiedliche Rolle. Für den Mann definiert Macht sein Selbst. Ichstärke beruht auf einem Gefühl physischer Kraft. Der Penis ist das Symbol für männliche Kraft und Autorität – das Zepter. Der Penis ist das ausführende Organ. Aber für die Zeugung spielt er nur eine sekundäre Rolle, er enthält nur den Samenleiter. Ein Mann ohne Penis kann Kinder zeugen; ein Mann ohne Hoden kann das nicht. Das grundlegende, eigentliche männliche Organ sind die Hoden. Sie sind mit einer eigenen mystischen Vorstellung belegt. Sie sind das Symbol für die ursprünglichste männliche Tugend, den Mut.

Um ein Mann zu sein, der sich vom Jungen unterscheidet, braucht man das Werkzeug eines Mannes, den großen Knüppel. Aber um ein Mann unter Männern zu sein, um den »wertvollen Samen« weiterzugeben, um Kinder zu zeugen, muß man Hoden haben. In der spanischen Kultur mit ihrem Hang zum Machismo liegt der Schwerpunkt des Männlichkeitsbegriffs auf den Hoden. Große Hoden gelten bei einem Spanier eher als ein Zeichen von Männlichkeit als ein großer Penis. Kraft allein ist nicht genug; auch Mut ist verlangt. Kraft kann eine zufällige Gabe der Natur sein; Mut ist ein Willensakt, ein echter Maßstab für einen Mann.

Kapitel 6

Mut und das Zeug dazu

Muskelkraft und Stärke sind bei allen Männern der Welt begehrt. Doch es sind keine Eigenschaften, die immer und unbedingt hoch geachtet werden. Ebenso wahrscheinlich wie Bewunderung können sie auch Furcht erzeugen, vielleicht, weil soviel Kraft dem Tier oder der Maschine zu ähnlich macht.

In der Mythologie werden Krafthelden oft als dümmlich dargestellt. Es ist etwas vom Hanswurst an Samson, der sich von Delila täuschen läßt und zu erniedrigender Knechtschaft gezwungen wird. Erst nach einer längeren Periode der Machtlosigkeit und Schwäche lernt Samson, seine eigene Kraft ernstzunehmen und zu schätzen; erst dann respektieren wir ihn. Herkules ist zwar zweifellos eine heroische Gestalt, aber er wird von Robert Ranke-Graves nicht zufällig als Tölpel gezeichnet.[1] Seine rohe Kraft scheint unbeherrschbar und nicht vernunftgesteuert. Ihm fehlen sowohl die körperliche Wohlgestalt als auch die Ideale männlichen Verhaltens, die die Griechen verehrten. Kraft allein ist nicht genug. Kraft kann häßlich sein. Ein Raufbold wird nicht geehrt und ein Psychopath nicht bewundert. Damit physische Kraft als Tugend angesehen wird, muß sie im Kontext eines umfassenderen Bildes von Männlichkeit stehen.

Die eine unstrittige Tugend, die man mit Männlichkeit verbindet, ist der Mut. Die Geschichte der abendländischen Kultur und unsere Informationen über die noch existierenden Stammeskulturen belegen, daß Mut von jeher als das wesentliche Element von Männlichkeit galt. Die Stoiker lehrten vier Kardinaltugenden:

Klugheit, Gerechtigkeit, Starkmut und Selbstbeherrschung. Keine davon war ohne die anderen möglich. Plato lehrte diese Tugenden ebenfalls, allerdings ersetzte er die Selbstbeherrschung durch die Mäßigkeit. Gleichmut und Selbstbeherrschung wurden eingeführt, damit eine klare Unterscheidung zwischen dem unbedachten und waghalsigen Toren und dem wahren Helden möglich wurde. Man muß dem Impuls zu einer sinnlosen und törichten Aktion ebenso widerstehen wie dem, vor Gefahr und Bedrohung wegzulaufen. Aristoteles gab uns daher eine genauere Definition von Mut und bezeichnete ihn als Mittelweg zwischen einem Übermaß, das Tollkühnheit wäre, und einem Mangel, der Feigheit ist.

Auch wenn wir heutzutage alle Arten von Mut anerkennen (wie sittliche Stärke, die innere Kraft, einem schweren Schicksal oder Krankheit zu trotzen, Zivilcourage), ist der Begriff von Mut, der von der griechischen Kultur auf uns gekommen ist und für das männliche Ego eine zentrale Rolle spielt, doch fast immer identisch mit dem Mut zu körperlichem Einsatz. Bis auf den heutigen Tag ist er so im männlichen Unbewußten verankert. Obwohl im Erwachsenenleben physische Mutbeweise kaum je gefragt sind, muß man doch, um ein Mann zu sein, das Gefühl haben, daß man die Unerschrockenheit und das Zeug dazu besitzt, einer Gefahr für Leib und Leben entschlossen ins Auge zu sehen. Mut ist gleichbedeutend mit Tapferkeit und Furchtlosigkeit. Bei der Bewertung der Männlichkeit wird Mut immer der Maßstab sein.

Mut wird oft angesichts einer Übermacht an den Tag gelegt. Es ist nicht mutig, wenn ein Starker einen Schwachen angreift. Mut erfordert die Fähigkeit und Bereitschaft, sich selbst einem Risiko auszusetzen. Daraus folgt, daß Mut die Einsicht in das Risiko und die Freiheit der Wahl voraussetzt.

Mut kann also nicht einfach die Abwesenheit von Angst bedeuten. Es fällt schwer, sich eine mutige Tat ohne Angst vorzustellen, so wie es auch schwierig ist, eine Tugend zu loben, die nie in Versuchung gerät. Wenn eine Handlung ohne jede Überwindung oder als automatische, reflexartige Reaktion erfolgt, können wir sie zwar als »mutig« (oder altruistisch) betrachten, aber schwerlich als Ausdruck einer Tugend. Wir schreiben Tieren, die aufgrund ihres Instinkts nur »gut« handeln können, kein sittliches Verhalten zu. Das menschliche Tier ist das moralische Geschöpf, weil wir die Wahl haben. Wir haben die Freiheit, Gutes oder Böses zu tun. Darüber hinaus haben auch nur wir die Kenntnis von Gut und Böse — was zweifellos das ist, was die alten Juden meinten, als sie sagten, daß wir nicht nur nach dem Bilde Gottes geschaffen sind, sondern auch Kenntnis von Gott haben. Wir wissen auch um unsere eigene Verwundbarkeit und Sterblichkeit. Wir wissen, was der Tod bedeutet, und gehen davon aus, daß er unwiderruflich ist. Wenn wir die Schönheit des Lebens genießen, müssen wir unweigerlich Angst empfinden, sobald es in Gefahr kommt. Wie wir uns in solchen Situationen verhalten, sagt uns viel über die Stärke unseres eigenen Charakters.

Alle Geschöpfe, die ein Empfindungsvermögen besitzen, ja sogar manche, die keines besitzen, reagieren auf Gefahr mit dem Mechanismus von Angriff oder Flucht. Sie zerstören die Gefahrenquelle entweder, oder sie flüchten davor. Nur die Menschen haben eine Alternative; nur sie können bewußt und freiwillig die Gefahr »für ein höheres Gut« als das Überleben auf sich nehmen.

Das menschliche Wesen gestaltet also in einer Weise wie kein anderes Tier sein Bild immer wieder neu. Wenn Mut ein Ideal der Männlichkeit ist, so ist er doch nicht leicht zu erlangen. So wie er gepriesen wird, muß er auch vermittelt, erzogen und bestärkt werden.

In *Mythos Mann*[2] gibt David Gilmore in einem Abschnitt mit dem Titel »Männer werden gemacht, nicht geboren« einen Überblick über verschiedene Männlichkeitsrituale, die sich verblüffend ähneln. Äußerst unterschiedliche Gesellschaften zeigen das gleiche Bewußtsein für die Notwendigkeit, Jungen zu unterweisen und zu konditionieren, wenn sie einem universellen Ideal von Männlichkeit entsprechen sollen — und das schließt Mut immer mit ein.

Gilmore stellt fest, daß »Männlichkeit in Neuguinea ein kompliziertes Experiment (ist), das Mut erfordert; ein langer, beschwerli-
cher Weg, den nicht alle Männer vollenden können«. Er
beschreibt, daß erwachsene Männlichkeit

>»ein künstlich herbeigeführter Status sei, der nur durch Prüfun-
gen und sorgfältige Unterweisung erreicht werden kann. Wahre
Männer entwickeln sich nicht einfach natürlich zu gegebener
Zeit wie Schmetterlinge aus Kokons, sondern sie müssen
beharrlich aus ihren jugendlichen Muschelschalen herausge-
lockt, geformt, gehegt und gepflegt, beraten und zur Männlichkeit angespornt werden . . . Im Unterschied zur Weiblichkeit,
die auf natürlichem Weg durch biologische Reife eintritt, vollzieht sich der Prozeß der männlichen Entwicklung bei den Awa
nicht natürlich. Ganz allgemein nimmt man überall im Hochland an, daß Männer unfähig sind, die Erwartungen, die an die
maskuline Rolle gestellt werden, ohne Unterstützung durch
kulturelle ›Kunstgriffe‹ zu erfüllen. Das männliche Wesen wird
mehr geschaffen, als daß es natürlich wäre. Wachstum und
Kraft, Tapferkeit und Männlichkeit werden erreicht durch
Sequenzen von Isolation und Prüfungen, Unterweisung und
Offenbarung. In Neuguinea wird ein Junge zu einem Mann
gemacht. «[3]

Das entspricht genau dem, was Gilbert Herdt in *Rituals of Manhood*[4] sagt.

Es gehört zu diesen Männlichkeitsritualen, daß die Jungen
Gefahren und Schmerzen von unvorstellbarem Ausmaß ausgesetzt werden. Dabei müssen sie nicht nur akzeptieren, was man
ihnen zufügt, sondern alles völlig unbewegt ertragen. Da Mut als
männlicher Charakterzug angesehen wird, wird der Schmerz traditionell dem Körperteil zugefügt, der im Mittelpunkt der männlichen Geschlechtsidentifikation steht, dem Phallus.

Beschneidungsriten gibt es über viele kulturelle Grenzen hinweg. Gilmore schreibt dazu, daß die erste Prüfung für die Jungen am Übergang zur Männlichkeit

»die traumatische Beschneidungsprozedur (ist). Die außerordentlich schmerzhafte Operation stellt ihren Mut und Stoizismus auf die Probe; Betäubungsmittel sind ausgeschlossen, und es wird auch nichts getan, um bei den Initianden die entsetzliche Angst vorher zu mildern. Vor seinen männlichen Verwandten und der künftigen Schwiegerfamilie muß jeder Junge bewegungslos und still die Prozedur des Schneidens, die vier Minuten oder mehr dauern kann, über sich ergehen lassen. Selbst ein unfreiwilliges Zucken würde als Zeichen der Furcht ausgelegt werden . . . Macht der Junge die geringste Bewegung oder gibt er den leisesten Ton von sich, löst er damit einen kollektiven Stoßseufzer des Entsetzens und der Bestürzung aus; er ist dann für alle Zeiten als Feigling abgestempelt und wird aus seiner Altersklasse und damit vom weiteren Weg zum Erwachsensein ausgeschlossen . . . Außer daß er also selbst grausam verfemt ist, bringt er auch seiner gesamten Verwandtschaft ewige Schande. Nach einem Sprichwort der Samburu müssen all seine Verwandten öffentlich ›ihren Respekt essen‹, wenn einer ihrer Jungen ›gerannt‹ ist.«[5]

Mit den Ritualen der Hautritzungen, des Peitschens und Folterns werden mehrere unterschiedliche Ziele verfolgt. Sie sind durchaus nicht willkürlich. Sie sind Initiationen, die ins Leben einüben. Sie setzen einen Jungen jenen Schmerzen aus, die er auf der Jagd eventuell wird ertragen müssen. Den Schmerz von Dornenzweigen, von Schürfungen, Wunden und Nahrungsmangel.

Stoizismus ist ein Teil des Jägerlebens. Die Torturen erinnern den Jungen an ähnliche, wenn auch vielleicht abgemilderte Ängste und Schmerzen, die er ertragen muß, um seine Rolle als Mann auszufüllen. Er muß mutig und tapfer sein und die Jagd, von der die Ernährung seiner Frau, seiner Kinder und seines Stammes abhängt, über seine natürliche Furcht stellen. Die Rituale sind eindeutig. Der Preis, der bezahlt werden muß, ist bekannt. Es ist eine Prüfung, die, wenn sie einmal absolviert ist, die bereitwillige Aufnahme in den Club garantiert. Die Seele des Jugendlichen hat dann ihre Ruhe; er ist wirklich und wahrhaftig ein Mann. Als ein solcher wird er von seinen Genossen im Dorf und auch von den Frauen behandelt werden, die ihn nun als Mann betrachten, dem alle sexuellen Privilegien zustehen, die der jeweilige Stamm dem erwachsenen Mann zugedacht hat.

Im Zuge der Industrialisierung und Urbanisierung unserer Gesellschaft haben physische Stärke und körperliche Einsatzbereitschaft ihre für das Überleben unserer Kultur notwendige Rolle verloren. Unsere Generation hat keine Felder mehr mit Muskelkraft pflügen müssen, wir haben keine Grenzen ins Unbekannte mehr überschreiten und unser Leben auf der Suche nach Neuland riskieren müssen. Wir haben uns nicht in die Wildnis begeben müssen, um in Zeiten von Mißernten Nahrung zu beschaffen. Ich räume ein, daß es noch Berufe gibt, in denen man wissentlich sein Leben aufs Spiel setzt. Zum größten Teil sind es jene »ruhmreichen« Berufe wie Testpilot, Polizist oder Feuerwehrmann, von denen Kinder träumen. Aus diesen Leuten setzt sich jener kleine Teil der Bevölkerung zusammen, dem der Zutritt in die Ränge der Heroen noch nicht verwehrt ist.

Es gibt in unserer Gesellschaft wenig Gelegenheit, Mut auf einer physischen Ebene zu demonstrieren, aber wenn ein solcher Fall eintritt, reagiert die Öffentlichkeit mit Ehrfurcht und Bewunderung. Trotz alledem sehen sich Männer in ihrer eigenen Wahrnehmung ständig symbolischen Mutproben ausgesetzt. Die meisten dieser symbolischen Konflikte verlangen Mut im moralischen oder soziologischen Sinne: Kann ich meinem Chef die Stirn bieten; kann ich gegen den Strom schwimmen und einen unpopulären, aber richtigen Standpunkt bei einer öffentlichen Angelegenheit vertreten? Das Ergebnis der Entscheidung wirft jedoch wieder ein Licht auf den Mut des Mannes im Fall einer *körperlichen*

142

Auseinandersetzung. Entweder ich hab' das Zeug dazu, oder ich hab's nicht: Mumm, Standfestigkeit, ebendie in der Welt des Machismo sprichwörtlichen »großen Hoden«.

Während der Übergangszeit, in der Industriestädte und ländliche Gebiete nebeneinander existieren, wurden die Jungen noch dazu erzogen, tapfer und mutig zu sein und sich mit der ungezähmten Natur auseinanderzusetzen, damit sie die Tugenden entwickelten, die der Gemeinschaft nützlich waren.

Da man zum Überleben in unserer Kultur sein Leben gewöhnlich nicht mehr riskieren muß, kommt das Training für diese Art Mut abhanden. Aber Reste der Bewunderung für körperliche Geschicklichkeit und Einsatzbereitschaft sind geblieben. Es tut nichts zur Sache, daß sie nicht mehr von Nutzen sind. Wir schätzen viele Dinge, die keinem konkreten Zweck außer einem Prinzip oder Ideal dienen. Es ist unerheblich, daß Situationen, in denen man diesen Mut beweisen kann, selten bis nie vorkommen. Jeder Mann für sich antizipiert unweigerlich eine solche Gelegenheit, sei es im Bett oder auf dem Schlachtfeld, in der seine Männlichkeit auf die äußerste Probe gestellt werden wird.

Da der körperliche Beweis von Mut ein wesentlicher Teil der Identität eines Mannes als Mann ist, neigt er dazu, Mutproben zu suchen und zu erfinden. Viele dieser Tests sind spontan und nicht institutionalisiert, aber manche sind auch formalisiert, mit genauen Spielregeln, die die Bedingungen für den Erfolg definieren. Ein herausragendes Beispiel ist der Sport; aber sogar vor solchen organisierten und disziplinierten Aktivitäten gibt es die inoffiziellen Spiele der Kindheit. Die Jugendspiele in der Vorpubertät, die sich um »tu's doch, wenn du dich traust« und »ich wette, du kannst nicht« drehen, sind Rituale, die antesten und herausfordern, was diese Jungen – es sind fast immer Jungen – in der Adoleszenz zu bedeutend gefährlicheren Taten verführt: auf einen Baum klettern, sich an der Rückseite eines fahrenden Busses festklammern, von einem Hausdach auf das andere springen, oder zu tödlichen Spielen, zu denen das derzeit beliebte

Mitfahren auf einer Aufzugskabine gehört. Diese Spiele von »sag feig« und »trau dich doch«, die einem Erwachsenen idiotisch erscheinen, erfüllen ganz offensichtlich irgendwelche entscheidenden Bedürfnisse des sich entwickelnden männlichen Wesens.

Krieg ist natürlich kein Spiel, aber er kann ebenfalls als ein extremes Ereignis betrachtet werden, das uns in eine frühere Zeit zurückversetzt, in der die Angst überwunden und das Ich zum Wohl einer Gruppe geopfert werden mußte; in der die Rechte zugunsten von Pflicht und Schuldigkeit in den Hintergrund traten. Unter den Bedingungen eines Kriegs kehren wir zu einem primitiveren Lebensstil zurück, in dem der Kampf körperlich ist und das Leben, nicht nur der Status, auf dem Spiel steht. Vielleicht ist es wahr, was einige Feministinnen behauptet haben, daß nämlich die Männer den Krieg lieben und daß der Krieg eine Institution ist, die gefördert wird, um eine Rückkehr zum fundamentalen Männerspiel zu ermöglichen. Mag sein. Immerhin ist ein Teil von uns der Ansicht, daß es notwendige und gerechte Kriege gibt.

Alle Kriege sind in ihrer Anfangsphase populär. Sie erzeugen ein Gefühl von Sinn in einer Gesellschaft, die oft sinnlos erscheint, und ein Gefühl von Gemeinschaft in einer Kultur, die das Wesen der Gemeinschaft fortschreitend unterminiert. Während des Golfkriegs war das allgemeine Hochgefühl in Amerika fast greifbar. Es war zugegebenermaßen ein eigenartiger Krieg, da er einen Anfang und ein Ende, aber keinen Mittelteil hatte. Gerade der Mittelteil verschleißt gewöhnlich unsere Euphorie.

Der Golfkrieg war ein Stärkungsmittel, ein Gegengift. Die Amerikaner wurden von ihren Frustrationen befreit. Er stellte sowohl für die Männer als auch für die Frauen eine Form phallischer Erregung dar, das gigantische Anschwellen eines Machtgefühls, das sich an der Stelle des geschrumpften und schlaffen Selbstwertgefühls erhob, welches das Erbe des Vietnamkriegs und der iranischen Geiselkrise war. Zusätzlich schweißte der Krieg die

Amerikaner zu einer Gemeinschaft zusammen, und der Hunger nach Gemeinschaft ist in Amerika in diesen letzten Tagen des zwanzigsten Jahrhunderts groß. Der Krieg brachte uns zurück zu Heldentum und Ritual in ihrer primitivsten Form des Kampfes auf Leben und Tod. Der Stolz der Mutigen konnte wenigstens ersatzweise von jenen unter uns miterlebt werden, die gemütlich um ihre Fernseher gekuschelt saßen. Wir konnten Männer und Frauen voller Tapferkeit, Mut und Ehre sehen.

Kriege sind der ideale Schauplatz für die literarische Analyse von Angst und Feigheit. Stephen Cranes Roman *Die rote Tapferkeitsmedaille*[6] spielt in der Zeit des amerikanischen Bürgerkriegs. Dieses Buch, das die Mannwerdung eines Jungen beschreibt, stellt eine Studie über das Wesen des Mutes dar. Als der »Junge«, wie er im ganzen Buch genannt wird, das erste Mal hört, daß er an einer Schlacht teilnehmen soll, erfüllt ihn das mit einem Gefühl von Begeisterung und Romantik. »Er träumte wahrhaftig schon sein Leben lang vom Kampfgetümmel, vom packenden, begeisternden Feuer irgendeiner Schlacht. In seinen Träumen hatte er schon tausend solcher Schlachten bestanden.«[7]

Er hat kein großes Vertrauen darauf, daß der Krieg vor der eigenen Haustür seinen Erwartungen entsprechen wird. »Das konnte doch gar kein echter Krieg sein.« Er sehnt sich nach der Art von Schlachten, wie sie die alten Griechen gefochten hatten, von denen er gelesen hat. Die Männer waren damals besser, weniger ängstlich.

Die Mutter ist über den Krieg weniger erfreut als ihr Sohn. Sie kennt seine Grenzen und will ihn lebendig und gesund zu Hause haben. Er hingegen ist enttäuscht über ihre unromantische Einstellung zu seiner freiwilligen Meldung. Er hätte sie gerne sagen hören, »daß er mit seinem Schild zurückkehren solle oder aber darauf«[8] – die traditionelle Ermahnung der Mütter aus Sparta, wenn ihre Söhne in den Krieg zogen.

Wenn die Realität Teil einer noch kaum erkennbaren Zukunft ist, können wir uns alle vorweggenommenen Phantasien von Mut und Tapferkeit hingeben. Als typischer Heranwachsender hat der Junge noch kein Gefühl für seine eigene Sterblichkeit. Er nimmt an, daß er ewig leben wird. Wenn er sich seinen Körper vorstellt, der leblos auf einem Schild zurückkehrt, handelt es sich dabei nicht um sein eigentliches Ich. »Er« wird immer noch dasein – irgendwo –, sich über die Loblieder freuen, die man ihm singt, und sich in den Tränen der Liebe suhlen, die für ihn vergossen werden. Er wird es tatsächlich, wie Tom Sawyer, genießen, an seiner eigenen Beerdigung teilzunehmen.

Wenig später ändert sich alles. Als die Schlacht naht, fühlt der Junge zum ersten Mal Angst. Dann erfüllt ihn Entsetzen, nicht vor der drohenden Schlacht, denn er hat keine wirkliche Ahnung davon, was eine Schlacht bedeutet, sondern vor seiner Angst und seinem unvorhersehbaren Verhalten. »Er begriff, daß seine Lebensregeln ihm in dieser Krise nichts nützten, daß alles, was er über sich selbst wußte, hier nichts half. Er sah ein, daß er wieder ganz von vorne anfangen und sich selbst auf die Probe stellen mußte, wie in seiner frühen Jugend . . . und nahm sich vor, gut achtzugeben und sich von seinen eigenen Eigenschaften, die er noch gar nicht kannte, auf keinen Fall ins Unglück bringen zu lassen.«[9] Das ist dieselbe Versagensangst, die auch die Männer heutzutage ständig empfinden.

Der Junge hat Schwierigkeiten, seine Angst in den Griff zu bekommen, und versucht häufig, andere Soldaten auszuforschen, die älter und erfahrener sind, indem er sie verspottet. Es handelt sich bei dem jungen Henry um keine besonders attraktive Person. Nur mit sich selbst beschäftigt, unreif und unsensibel, steht er im Kontrast zu anderen Männern, die kaum ein paar Jahre älter sind, aber eine innere Würde besitzen, die das Ergebnis ihrer frühen Prüfungen ist. Er gerät in Panik.

»Der Junge begriff, daß die Stunde gekommen war. Jetzt sollte er sich bewähren. Einen Augenblick lang fühlte er sich wie ein Kind vor dieser schweren Prüfung, und das Fleisch über seinem

Herzen schien ihm sehr dünn. Er schaffte es dennoch, sich prüfend umzusehen.

Er sah jedoch auf den ersten Blick, daß es einfach unmöglich war, aus dem Regiment zu fliehen. Er war in der Menge eingekeilt, die ihn auf allen vier Seiten umschloß und die eisernen Fesseln der Tradition und des Gesetzes verkörperte. Er stolperte dahin wie in einer Kiste, die sich im Eilschritt vorwärts bewegte.«[10]

Nun befinden wir uns in der Welt des Heranwachsenden. Was ihn treibt, ist die soziale Anerkennung. Es geht ihm weniger um die Tugend als um die mögliche Schande, Erniedrigung und Schmach. Er muß in den Augen der Altersgenossen, die ihn umgeben und beurteilen werden, eine gute Figur machen. Er *ist* in einer »Kiste« eingeschlossen, wie alle Teenager. Und wie alle Männer in unserer Gesellschaft.

Crane wählt für seinen Helden absichtlich einen Jungen, der feiger ist als andere, der jammert und sich beklagt, damit er das Wesen des Mutes herausarbeiten kann. Der Junge *ist* ein Feigling. Er bekommt allmählich das Gefühl, »daß er sich ja gar nicht freiwillig gemeldet habe. Die erbarmungslose Regierung hatte ihn gezwungen«, und das hatte er nun davon: »Sie schleppte ihn zur Schlachtbank.«

Im ersten Ansturm der Schlacht stellt er jedoch fest, daß sich ein automatisches Verhalten einstellt, das fast jeder Soldat in der Schlacht erlebt hat, den speziellen Mut, der daraus resultiert, daß man Teil einer Gruppe ist.

»Gefahr und Angst waren wie weggewischt. Er war kein Mensch mehr, war nur noch ein Glied eines riesigen Körpers. Er fühlte, daß irgend etwas, wovon er nur ein Teil war – ein Regiment, eine Armee, eine Sache oder ein Vaterland –, in Gefahr sei, und ging in einem größeren Wesen auf, das nur ein einziger Gedanke beherrschte. Einige Augenblicke lang hätte er so wenig fliehen können, wie ein kleiner Finger sich von der Hand zu lösen vermag.«[11]

Crane definiert hier in wenigen Worten das wesentliche Element, die Identifikation mit der Gruppe — die in unserer Zeit so sehr fehlt —, die den Zugang zu Kraftreserven eröffnet, die unbewußt jedes zu einer Gemeinschaft gehörige Individuum hat. Die Gruppe hat eine ungeheure Macht, das Verhalten des einzelnen zu beeinflussen. Sie hebt das Gefühl der Autonomie auf. Unabhängig davon, ob die Gruppe eine Befreiungsarmee oder eine Lynchabordnung ist, können wir unser »Ich« in der Gruppenidentität aufgehen lassen.

Später beginnt sich der Junge zu fürchten und verhält sich so wie wir alle, wenn wir, von unserer Angst gedemütigt, die Selbstachtung verlieren. Er verkehrt die Angst in Wut:

»Eine rote Welle der Wut packte ihn, die Erbitterung eines Tieres, das sich in die Enge getrieben sieht, einer friedlichen Kuh, die von Hunden umstellt wird. Ach, daß sein Gewehr immer nur ein Leben auslöschen konnte! Er wollte vorwärts stürmen, mit den Fingern eine Kehle zusammenpressen. Er wünschte sich die Macht, mit einer einzigen, weltumfassenden Handbewegung alles vom Erdboden wegfegen zu können. Das Bewußtsein seiner Ohnmacht steigerte seine Wut zu der eines gehetzten Tieres.«[12]

Der Junge fühlte sich im Verlauf seiner ersten Schlacht als Held und wiegt sich verfrüht in der Gewißheit seines bewiesenen Heroismus. Seine kurzlebige Selbstherrlichkeit und Selbstzufriedenheit werden jedoch nachhaltig erschüttert, als ihm klar wird, daß das nur ein erstes Scharmützel war und daß immer wieder neue folgen werden. Als der Kampf wiederaufgenommen wird, läuft er, von Panik überwältigt, davon. Seine Reaktion darauf besteht aus einer reinen Rationalisierung und Projektion, dem Stoff für eine typische psychoanalytische Stunde. Er redet sich selbst ein, daß sowieso alles verloren ist und nur ein Narr bleiben würde. Er desertiert von seiner Kompanie und flieht, wobei ihm das Wissen zu Hilfe kommt, daß alle bald tot sein werden und er eine weise Entscheidung getroffen hat.

Zu seiner Bestürzung erfährt er jedoch, daß die Front standgehalten hat. Jetzt werden seine schlimmsten Befürchtungen Wirklichkeit werden: Es wird offenbar werden, was für ein Feigling er ist. Überschwemmt von Selbstmitleid und der Angst vor der Bloßstellung irrt er in seiner eigenen Wildnis zwischen den Fronten herum. Jetzt betrachtet er die verwundeten Soldaten voller Neid. »(Er) sagte sich, Männer mit zerfetzten Leibern müßten doch eigentlich sehr glücklich sein. Er wünschte sich, er hätte auch eine Wunde, eine rote Tapferkeitsmedaille.«[13]

Der Hauptteil des Buchs handelt von der Demütigung dieses Heranwachsenden. Er leidet unter der entsetzlichen Angst, jeden Augenblick als der Nicht-Mann bloßgestellt zu werden, als der er sich empfindet. Der Junge hat dabei mit allen Menschen das Gefühl gemeinsam, daß auf die eine oder andere Weise unsere unbewußten Gedanken und Emotionen offen sichtbar sein müssen und man sich nicht in sich selbst verstecken kann. Als Psychoanalytiker muß man seine Patienten immer wieder und oft vergeblich daran erinnern, daß niemand ihre Gedanken lesen kann und der einzelne zwar für sein Verhalten, nicht aber für seine Wünsche und Gefühle verantwortlich gemacht werden kann. Die Patienten reagieren aber unverändert so, als würde ihr inneres Selbst irgendwie öffentlich zur Schau gestellt. Bis zu einem gewissen Grad haben sie damit freilich recht. Unser Selbstbild hat unweigerlich einen Einfluß auf die Art, wie uns die anderen wahrnehmen.

Zum Schluß von Cranes Buch wird Henry sowohl zu seiner eigenen wie zur Überraschung des Lesers doch noch eine heroische Gestalt.

»Er begriff, . . . daß er gekämpft hatte wie ein heidnischer Fanatiker für seine Religion . . . Und er hatte bei diesem Gefecht Schwierigkeiten überwunden, die vorher noch Berge für ihn gewesen waren. Sie waren zusammengeklappt wie Kartenhäuser. Und er war jetzt, was er bei sich einen Helden nannte. Und er hatte gar nichts davon gemerkt, er hatte geschlafen und war als strahlender Ritter erwacht.«[14]

Henry ist schließlich trotz seiner Fehler dabei, ein Mann zu werden, da er das Erhebende einer Situation erlebt hat, der jegliche Selbstsucht fremd ist.

»Diese Überzeugung zog ein starkes Gefühl der Selbstsicherheit nach sich, ruhiger Männlichkeit, unaufdringlich, doch stark und zuverlässig. Er wußte, daß er nie wieder den Mut verlieren würde, was das Schicksal auch von ihm verlange. Er hatte das große Sterben mit den Händen berührt und hatte festgestellt, daß es letzten Endes nicht mehr war als eben das große Sterben. Er war ein Mann.«[15]

Der Krieg stellt einen besonders schrecklichen Zwang dar, Männlichkeit zu beweisen, und den meisten von uns bleibt die Erprobung im Kampf erspart. Darüber hinaus gehört Henry einer anderen Zeit an als wir. Die Identifikation mit der Gruppe, die soziale Verantwortung und die Angst vor Schande und Demütigung sind die entscheidenden Kräfte, die Henry dazu bringen, seine natürliche Furcht zu überwinden. Mut wird von Crane also in einem psychologischen Sinne aufgefaßt als die Unterdrückung von Angst — von Todesangst — durch etwas, das als eine größere Bedrohung erlebt wird, nämlich die Angst vor sozialer Erniedrigung in einer Zeit, in der soziale Anerkennung über alles galt. Cranes Roman und Faulkners Kurzgeschichte liegen fünfzig Jahre auseinander, aber in bezug auf ihre Werte scheinen sie Ort und Zeit gemeinsam zu haben. Und beide erscheinen der Gegenwart fremd.

Norman Mailer ist ein Mann unserer Zeit. In einer meiner Meinung nach direkten Anspielung auf Faulkner setzt Mailer einmal mehr das Ritual der Heimkehr von der Jagd ein, um zu zeigen, wie weit wir seit Faulkners Zeit heruntergekommen sind. Auch hier haben der heranwachsende Held, D. J., und der Freund seiner Kindheit, Tex, ihre Übergangsriten in allen formalen Aspekten vollzogen, aber mit völlig anderen Konsequenzen, die den Verfall unserer Werte und unserer Zivilisation während des Vietnamkriegs verdeutlichen.

D. J. erlegt seinen Bären, nur damit sein arroganter, im innersten feiger Macho-Vater die Lorbeeren dafür einheimst. Er fühlt sich angewidert und gedemütigt und macht sich mit seinem Freund auf den Weg, um seinen Organismus von einer elenden Verzweiflung zu befreien.

»Tex hat das Gefühl, daß er nie wieder in seinem Leben auf die Jagd gehen wird, und das ist nicht unbeträchtlich für jemanden wie ihn, der doch von Natur aus ein Jäger ist! Aber dann, wie ein Blitz durchfährt es ihn von seinem genialen Nabelknopf bis hinauf ins Gehirn, weiß er plötzlich, welche Reinigungszeremonie jetzt abgehalten werden muß. Und er erklärt D. J., daß sie jetzt ihre Gewehre einwickeln und im Geäst eines Baumes festbinden müßten, um ihre Wanderung durch den Wald und hinauf zum Gipfel nur mit ihren Bowiemessern, ihren Ferngläsern und ihren Rucksäcken fortzusetzen, also unbewaffnet und schutzlos, mit Ausnahme der Messer. Und während er das noch sagt, wissen sie alle beide schon ganz genau, daß sie nur auf diese Art den Bandwurm aus Angst, Ekel und sonstiger gemixter Schleimscheiße aus ihrem verschlungenen Gedärm und ihren überdrehten Nerven herauskriegen können . . .

Und wie sie ihre ganze Ausrüstung schließlich verschnürt und versteckt haben, da ist nur noch klare, saubere Angst in ihnen, denn jetzt sind sie der Wildnis völlig ausgeliefert. Und dabei fühlen sie sich so leicht, als ob für sie die Schwerkraft

151

aufgehoben wäre. D. J. hat das Gefühl, als könne er zwei Meter hoch springen, und wenn es nicht so beschissen kalt wäre an diesem Morgen, dann würde er auch völlig nackt losziehen. Oh, wie riesenhaft und grimmig die Landschaft vor ihnen liegt!«[16]

Hier ist das Ritual das gleiche: Laß die Segnungen der Zivilisation zurück, und reinige deine Seele. Diesmal nicht, um die Gemeinschaft mit den Männern zu suchen, wie bei Faulkner, sondern um sich aus der Gemeinschaft mit ehrlosen Männern zu befreien. Um die eigene Bestätigung im Trotz der Jugend zu finden, und nicht, indem man einen Männerstatus anstrebt.

Mailer stellt den Inbegriff des individualistischen Zeitalters dar, in dem wir leben. Gesellschaft, Kultur, Mitmenschen — all das sind Quellen der Verunreinigung. Es gibt nur den einsamen Macho, wie er von Hemingway und Mailer, seinem selbsternannten Erben, gezeichnet wird.

So sieht das moralische Universum des späten zwanzigsten Jahrhunderts in Amerika aus. Man zieht die eigene Sache durch, man macht kein Hehl daraus, man rettet sein eigenes Leben. Die ganze Moral dreht sich um den einzelnen, um Selbsterhaltung und Selbstdarstellung. Wir kreieren Mythen aus dem einsamen Bergmenschen, dem Partisanen, dem Einzelgänger.

Was können die Männer in Ermangelung von Kriegen tun, um ihren Mut zu beweisen? Sie können Spiele erfinden, die sie miteinander spielen, wie kleine Jungen vor und nach der Pubertät. Gelegentlich greifen auch reife Männer auf solche Spiele zurück, aber die Folgen können katastrophal sein, da Männer um höhere Einsätze spielen. Es gibt kein Morgen, und die Urteile könnten sich als demütigend oder gar unerträglich erweisen. James Dickey läßt in seinem Roman *Flußfahrt* den Helden, Ed, zu einem solchen »Spiel« aufbrechen.

Er ist sehr beeindruckt von seinem Freund Lewis, einem beinharten, von Überlebens- und Fitneßtraining besessenen Mann, den er teils mit Unglauben, teils mit Ehrfurcht beobachtet. Lewis bedrängt Ed und zwei andere Freunde so lange, bis sie sich bereit erklären, ihn auf einer Flußfahrt in der Wildnis von Georgia zu begleiten, um mit dem Wildwasser zu kämpfen und sich der Natur zu stellen. Lewis ist ein Romantiker an der Grenze zum krankhaften Fanatiker, dessen Ziele über Spaß und Spiel hinausgehen.

»›Ich glaube nur‹, sagte er, ›daß die ganze Chose eines schönen Tages ausschließlich vom Körper, von der Physis, abhängen wird. Und dann will ich bereit sein.‹
›*Was* für eine Chose?‹
›Die Menschheit und so. Ich glaube, daß die Technik versagen wird, daß die politischen Systeme versagen werden und daß ein paar Leute dann in die Berge gehen und ganz von vorn anfangen werden.‹
Ich sah ihn an. Er lebt in einem der Vororte der Stadt wie wir anderen auch. Er hatte Geld, eine gutaussehende Frau und drei Kinder. Ich konnte nicht glauben, daß er jeden Abend, nach den beschwichtigenden Gesprächen mit seinen vielen Mietern, nach Haus kam und sich dann höchst feierlich der Sache mit dem Überleben widmete, soweit es seinen Körper betraf. Welche Phantasievorstellungen führten zu so etwas?«[17]

Das findet Ed relativ bald heraus, als er selbst ein Opfer der gleichen romantischen Vorstellung wird.

»Warum in aller Welt bist du bloß hier? dachte ich. Aber als ich mich wieder zum Auto wandte, um festzustellen, was Lewis machte, sah ich mich plötzlich im Rückfenster: ein großer, hellgrüner Waldmensch, ein Forscher, ein Guerilla, ein Jäger. Ich muß sagen, daß mir dieses Spiegelbild gefiel. Auch wenn alles nur Spiel war, eine Scharade, so hatte ich mich doch darauf eingelassen, und ich war hier in den Wäldern, wo Leute wie ich eigentlich nichts zu suchen hatten. Aber für irgend etwas war es sicher gut. Ich berührte den Griff des Messers an meiner Seite und erinnerte mich daran, daß alle Männer einmal Jungen waren und daß alle Jungen ununterbrochen nach Mitteln und Wegen suchen, Männer zu werden. Einige dieser Mittel und Wege sind leicht; man braucht sich nur damit zu begnügen, daß es geschieht.«[18]

In der weiteren Entwicklung der Geschichte wird Ed mit reinem Terror und der Notwendigkeit konfrontiert werden, zu töten, um nicht selbst getötet zu werden. Durch den ganzen Roman hindurch verwendet Dickey das Messer und Pfeil und Bogen, beim Eindringen todbringende Instrumente, als phallische Symbole männlicher Gewalt.

Als Ed, der zivilisierte Städter, im Begriff ist, einen anderen Mann umzubringen, reagiert er folgendermaßen darauf:

»Es war alles in Ordnung; es hätte nicht besser sein können. Meine Position war gut und fest, und die breite Spitze schien so ruhig und gelassen wie ein Felsen. Ich war ganz erfüllt von der verwandelnden Kraft des voll gespannten Bogens, von der Aufregung des Spannens, die vielen Bogenschützen zum Verhängnis wird, aber denen zum Vorteil, die sie zu beherrschen wissen.«[19]

Da uns die Möglichkeiten, sich körperlich zu beweisen, fehlen, bleiben die Zweifel am eigenen Mut bestehen. Dieser Zweifel verträgt keine Trivialisierung. Frauen, die sich neckenderweise über das männliche Bedürfnis lustig machen, Mut auf einer körperlichen Ebene zu beweisen, stellen für gewöhnlich fest, daß den Männern in diesem Punkt jeglicher Sinn für Humor fehlt. Den Mut eines Mannes anzuzweifeln bedeutet, wie wir an der spanischen und amerikanischen Ausdrucksweise sehen, den Wert seiner »Hoden« anzuzweifeln, das heißt, seine Zeugungsfähigkeit und seine eigentliche Identität als Mann in Frage zu stellen.

Kriegel hat es in seinem Buch *On Men and Manhood* gut ausgedrückt:

»Denn wir haben entdeckt, daß die wirklichen Herausforderungen, denen sich die Männer heutzutage gegenübergestellt sehen, überhaupt nicht sexueller Natur sind. Die echten Herausforderungen haben mit Mut zu tun, mit der Bereitschaft, die eigene Substanz als Mann aufs Spiel zu setzen, mit der Fähigkeit, das Selbst zu erreichen, das man für sich beansprucht . . . In unserer Zeit scheint sogar eine Parodie auf Taten wahrer Männlichkeit tapferer als das, was wir haben.«[20]

Was die Männer heute im Grunde erfüllt, ist nicht so sehr das Bedürfnis, Mut zu demonstrieren, sondern die Angst, Feigheit zu zeigen. Diese Allgegenwart der Angst vor der eigenen Feigheit ist unter Frauen ein seltenes Phänomen. Frauen haben nicht das Gefühl, daß sie tapfer oder mutig sein müssen. Das soll nicht heißen, daß ihnen Mut oder Tapferkeit oder die Hochschätzung dieser Tugenden fehlt. Sie messen sich nur nicht ausschließlich an diesem Maßstab. Deshalb haben sie auch keine Angst davor, sich bloßzustellen oder zu versagen.

Man kann allerhand Spekulationen über den Unterschied zwischen Männern und Frauen anstellen. Wir wissen, daß Aggression bei fast allen Tieren stark durch die Ausschüttung männlicher Hormone beeinflußt wird. Auf der physiologischen Ebene sind Frauen weniger aggressiv als Männer. Das bedeutet weder, daß Frauen weniger durchsetzungsfähig sind als Männer, noch, daß es keine aggressiven Frauen gibt. Aggression, Gewaltbereitschaft und Stärke dienen und dienten bei einer Frau nie dem Überleben. Der grundsätzliche Unterschied in Kraft und Körpergröße bringt Frauen bei einem Streit mit Männern in Gefahr. Eine genetische Veranlagung für offene Konfrontationen und Angriffe wäre schlecht angepaßt – nämlich selbstmörderich – bei einem körperlich kleineren Geschöpf, das im direkten Kampf zwangsläufig unterliegt. Wenn die Frau überleben soll, ist definitiv eine bessere Art der Anpassung vonnöten: Intelligenz, Vernunft, Anpassungsfähigkeit, List und Gefälligkeit.

Ein zweiter Grund, warum die Frauen keine Angst vor Feigheit haben, liegt darin, daß im herkömmlichen Frauenleben Schmerz seinen unvermeidlichen Platz hat. Dafür, daß die Frauen Freiheit, Autonomie und Wissen der Abhängigkeit vorgezogen haben, zahlen sie im Buch Genesis als Preis mit dem »Urteilsspruch Gottes«: »Viel Mühsal bereite ich dir, sooft du schwanger wirst. Unter Schmerzen gebärst du Kinder.«[21]

Frauen leben traditionsgemäß in der Erwartung von Schmerz. Die Entbindung stellt für sie einen biologischen Übergangsritus dar, der Mut und die Hinnahme von Schmerz für einen höheren Zweck erfordert. Bis zu dem Zeitpunkt, an dem wir in eine Kultur künstlicher Geburten übergehen, werden die Frauen weiterhin davon ausgehen, daß sie diese schmerzhafte Prüfung durchleben müssen. Dieser Umstand sowie die Tatsache, daß Mut kein grundlegendes Markenzeichen für ihr eigenes Selbst ist, befreien sie von der Angst, feige zu sein; sie erlauben ihnen, die eigene Verletzlichkeit zuzugeben, und ermöglichen ihnen, wie ich meine, auch größeres Einfühlungsvermögen in die Verletzlichkeit anderer.

Dieses Mitgefühl mit der Verletzlichkeit anderer kann im Umgang mit Männern zu großen Schwierigkeiten führen. Eine Frau mag vielleicht annehmen, daß es einen Mann tröstet, wenn der Mensch, der ihn liebt, seine Verletzlichkeit sieht und akzeptiert. Sie wird ihm daher vermitteln, daß ihre Liebe zu ihm, Feigling hin oder her, unveränderlich bestehen bleibt und daß körperlicher Mut für sie keine Wichtigkeit besitzt. Nichts könnte eine katastrophalere Wirkung haben. Männer reagieren im allgemeinen nicht gut auf Gespräche, die besagen: »Du brauchst mir nichts vorzumachen, ich weiß, daß du Angst hast, aber ich finde das in Ordnung. Du hast mein vollstes Verständnis.« *Sie*, die Männer, sind es, die kein Verständnis dafür haben. Um ihren Stolz zu wahren, müssen sie ihre Angst leugnen. Da das unvermeidliche Ergebnis von geleugneter Angst Wut ist, ist es am Ende oft die Frau, die angegriffen wird.

Ein typisches Beispiel beschrieb mir ein junger Mann Anfang

Dreißig während seiner Therapie. Bei einer Verabredung wartete er mit seiner Freundin geduldig in der Schlange vor einem der großen Kinos im Zentrum von Manhattan und unterhielt sich mit den Leuten um sie herum. Die Schlange reichte bis um die Ecke des Häuserblocks. Drei aggressive Jugendliche, harte Burschen knapp unter Zwanzig, warfen einen Blick auf die lange Schlange, gingen dann geradewegs nach vorn und sagten zu dem jungen Mann: »Warum stehst du auf unserem Platz? Beweg deinen Arsch.« Er fühlte die Wut in sich aufsteigen. Seine Freundin sagte ängstlich: »Laß sie rein.« Er zögerte einen Augenblick, sah aber ein, daß ein paar Leute mehr vor ihm kaum einen Unterschied machen würden, und kontrollierte daher klugerweise seinen animalischen Instinkt, der so unangebracht wie gefährlich war. Seine Freundin zog ihn herum, so daß er mit dem Rücken zu den Teenagern stand, und verwickelte ihn in eine Unterhaltung. Diese erkannten jedoch, daß sie hier eventuell mehr Spaß erwartete als im Kino, und begannen, ihn zu verspotten.

Entsprechend der althergebrachten Soziologie der New Yorker rückten die Leute ein bißchen ab, drehten sich weg und schufen so einen Raum von Teilnahmslosigkeit. In Wirklichkeit fand das alles ja gar nicht statt. Man war schließlich nicht im Kino, nur in der Schlange vor dem Kino. Im Kino drinnen würde Charles Bronson seine Riesenkanone herausziehen, Löcher in die Eindringlinge ballern und augenblicklich zum Volkshelden avancieren. Eine ganze Reihe von Filmen — *Death Wish I, II* und so weiter —, die auf unbewußten Phantasien eingeschüchterter Männer aus den Innenstadtbereichen basieren, ist ein durchschlagender Kassenerfolg geworden.

Unser Mann jedoch hat die Schlange vor dem Kino verlassen und seine Freundin an ihrer Wohnung abgesetzt. Und die Demütigung dieses frustrierten Mannes verwandelte sich in Wut, die vom Selbst abgelenkt und auf seine Freundin gerichtet wurde. Wo sonst hätte er seine fürchterliche Erniedrigung straflos abreagieren können? Man hatte ihn als Mann angegangen; sein »Mädchen«

war beleidigt worden; er hatte als Beschützer versagt; er war vom Schlachtfeld weggelaufen. Was alles nur rational, intelligent und vernünftig war, wenn man in dieser Stadt am Leben bleiben wollte.

In der Analyse stellte die Rationalität seines Verhaltens keinen Trost dar. Sein einziger wirklicher Fehler war gewesen, in ein größeres Kino im Stadtzentrum zu gehen. Er hätte auf der Upper East Side oder in den vorstädtischen Gebieten bleiben sollen, wo Begegnungen, die unweigerlich in die Niederlage führen, äußerst selten vorkommen. Trotzdem fühlte er sich gedemütigt, bloßgestellt und impotent. Er war sich sicher, daß er nicht mit seiner Freundin hätte schlafen können, wenn er die Nacht mit ihr verbracht hätte. Sexualität war das letzte, wonach ihm der Sinn stand, zumindest Zärtlichkeit und Heterosexualität. Sein Traum in dieser Nacht war ein kaum verhülltes Symbol für eine homosexuelle Vergewaltigung.

Wut und Angst sind biologisch vorgesehene »Notreaktionen«, die uns in jenen barbarischen, präzivilisatorischen Äonen vor Gefahr schützten, in denen Bedeutung und Wesen der Gefahr noch unmißverständlich waren. Die Lebensbedrohung lag auf der Hand. Die Gefahr war wirklich und physisch – ein wildes Tier, eine feindliche Horde, ein aufbegehrender Clangenosse.

Im modernen Leben tritt die Gefahr indirekter auf. Da sie im Sinne eines Gleichgewichts zwischen uns und der Bedrohung definiert ist, wird die Gefahr durch alles, was uns herabsetzt, vergrößert. Es muß kein neues Gefahrenelement im Leben eines Mannes hinzukommen, damit er sich verunsichert fühlt. Es genügt, einfach Zweifel an seiner Stärke, Zuverlässigkeit oder Standhaftigkeit zu erwecken, seine Selbstachtung oder sein Selbstvertrauen zu schmälern, und schon erscheint ihm seine bisherige Umgebung gefährlicher. Es sind insbesondere die Angriffe auf die Selbstachtung und das Selbstbewußtsein, die unser Gefühl von Angreifbarkeit und Ohnmacht verstärken.

Männer fühlen sich am ehesten dann bedroht, wenn sie Ablehnung, Herabsetzung und Ausbeutung oder Manipulation, Frustration und Verrat oder aber Demütigung verspüren. Das sind die Löwen und Tiger, die unsere zivilisierte Umwelt belauern, und die Männer haben ihre Sinne geschärft, so daß sie ihre Anzeichen überall entdecken.

Angst und Wut waren als Reaktionen auf die Bedrohung unseres Lebens gedacht. Unseres *Lebens* — nicht unseres Stolzes, unseres Status, unserer Position oder Würde. Trotzdem haben die Männer irgendwie eine entscheidende Verbindung zwischen der Bedrohung ihres Status und ihrem ureigenen Überlebenstrieb geschaffen. Männer reagieren auf eine Beleidigung mit biologischen Abwehrmechanismen, die auf körperliche Angriffe zugeschnitten sind. Männlichkeit, die ursprünglich die Erhaltung der Art erleichtern sollte, läuft nun Amok in einer Kultur, die offenbar die Regeln für das Überleben geändert hat. Heutzutage ist eine körperliche Mutreaktion eher lebensbedrohlich als lebensrettend, aber sie stellt immer noch eine der Säulen dar, die den männlichen Stolz und die männliche Selbstachtung tragen. Kultur und Natur klaffen jetzt auf potentiell explosive Weise auseinander. Wir müssen ein neues Konzept von Männlichkeit formulieren, wenn wir diesen unzeitgemäßen Aspekt männlicher Identität den Verhältnissen anpassen wollen. Vielleicht können wir Mut in neuen Begriffen definieren, aber ich bin da nicht sehr zuversichtlich. Mut als etwas Körperliches ist in der Struktur der Männlichkeit tief verwurzelt — und wird sowohl von der Physiologie als auch von den Genen unterstützt.

Der Mann als Beschützer ist mit seiner Kultur nicht mehr im Gleichklang. Welche Dienste leistet uns unsere Biologie noch bei dem anderen wesentlichen Rollenaspekt, dem des Erzeugers? Wir setzen als selbstverständlich voraus, daß auf einem Gebiet, das für die Arterhaltung so zentral ist wie die Sexualität, die Harmonie zwischen biologischer und sozialer Natur des Mannes erhalten bleiben muß. Die Tatsachen sind allerdings weniger beruhigend.

159

Kapitel 7

Die männliche Sexualität – eine öffentliche Angelegenheit

Alle möglichen merkwürdigen Lebewesen, große und kleine, aus Flora und Fauna pflanzen sich »sexuell« fort. Sexuell heißt dabei nicht unbedingt, daß ein Penis in eine Vagina eingeführt werden muß. Der Begriff bedeutet nur, daß die »Frucht«, die ebensogut ein Baum sein kann wie der Affe, der auf ihm wohnt, das Produkt zweier verschiedener, nämlich männlicher und weiblicher Elternteile ist, die je zur Hälfte das Erbgut des neuen Geschöpfs beisteuern. Dadurch ist weitgehend sichergestellt, daß keine zwei Nachkommen derselben Eltern identisch sind, wobei eineiige Zwillinge die prototypische Ausnahme darstellen.

Uns allen ist die Tatsache bekannt, daß männliche und weibliche Pflanzen unter Umständen weit voneinander entfernt wachsen und daher abhängig von liebenswürdigen Dritten – wie Bienen und Schmetterlingen – sind, um den sexuellen Akt zu vollziehen. Ähnliches gilt jedoch auch für manche Tiere. Bei vielen Meerestieren besteht die ganze körperliche Annäherung zwischen Männchen und Weibchen für den Geschlechtsakt in ihrer jeweiligen Anwesenheit an der Brutstätte. Die Eier werden abgelegt, das Weibchen entfernt sich, das Männchen erscheint und spritzt den Samen über die Eier. Nicht romantisch, aber sehr effektiv.

Ich habe diese vereinfachte Einführung in das Thema sexueller Reproduktion gewählt, um die anthropozentrische Sichtweise zu durchbrechen, daß Sex eben Sex sei und der Mensch sich dem tierischen Anteil seiner Nataur am ehesten in der Sexualität nähere, einer Eigenschaft, die uns mit den Tigern und Elefanten verbinde. Während die meisten von uns bei einem Apfelbaum nicht daran denken würden, daß er an sexuellen Aktivitäten beteiligt sein könnte, erscheint uns das, was die Hunde in aller Offenheit auf der Straße machen, dem sehr ähnlich, was wir privat bei uns zu Hause tun; wir halten diese beiden Verhaltensweisen für vergleichbar. Das ist jedoch eine gefährliche und falsche Projektion. Zwischen diesen beiden Formen der Kopulation liegt ein himmelweiter Unterschied.

Zum einen tun wir es nicht auf der Straße. Es gibt wenige Kulturen, die das zulassen würden. Die einzigartige Rolle, die die Intimsphäre bei der menschlichen Sexualität spielt, ist ein Teil der *Biologie* der menschlichen Sexualität, die das Sexualverhalten des Menschen sogar von dem ihrer engsten Verwandten im Primatenbereich unterscheidet. Das hat viele Leute vor irritierende Fragen gestellt. Was soll der Nutzen einer solchen Anpassung für den Menschen sein? Dieses Wesen, der *Homo sapiens*, ist vom Geschlechtsverkehr ebenso abhängig wie die Tauben oder die Ratten, aber es nähert sich der Sexualität mit Gefühlen von Schüchternheit und Scham oder gar Angst und Schuld. Das erscheint unlogisch und direkt kontraproduktiv. Warum sollte die Sexualität beim Menschen nicht ebenso unbelastet von psychologischem Beiwerk sein wie offenbar bei den meisten anderen Lebewesen? Daneben stellt sich die Frage, warum sie von den anderen lebenserhaltenden Trieben Hunger und Durst so verschieden sein sollte?

Das war das Paradoxon, der Widerspruch, dem Freud gegenüberstand. Freud war sich der Tatsache völlig bewußt, daß sich die menschliche Sexualität wesentlich von der tierischen unterscheidet. Ihn interessierte insbesondere die Rolle der sexuellen Schuld- und Schamgefühle; er entwickelte zwei voneinander unabhängige Theorien über ihren Ursprung, wobei er die eine aufgrund seiner klinischen Beobachtungen der menschlichen Entwicklung gewann, sich für die andere hingegen auf anthropologische und soziologische Überlegungen stützte.

In seiner »Libido-Theorie« postuliert Freud, daß die normale menschliche Entwicklung genetisch bestimmt und biologisch gesteuert sei. Die primäre Energie, die Kraft, die die gesamte menschliche Aktivität bestimmt, ist der Sexualtrieb.[1] Nach dieser Theorie ist das Kind ein hedonistisches Wesen und folgt ausschließlich seinen Lustbedürfnissen, die im Konkreten wie im Allgemeinen stets sexueller Natur sind. Zunächst konzentriert sich dieser kindliche Sexualtrieb auf die eigenen Körperteile. Läßt man dem Kind freie Hand, gibt es sich der Masturbation, dem Exhibitionismus oder dem Voyeurismus hin, ohne dabei Scham- oder Schuldgefühle zu empfinden. Im Alter von vier oder fünf Jahren integriert das Kind seinen Sexualtrieb und beginnt, nach einem anderen Objekt zu streben. Das ist der Zeitpunkt, an dem es sein sexuelles Interesse dem Elternteil des anderen Geschlechts zuwendet. Freud geht davon aus, daß die Anziehungskraft der Mutter auf den kleinen Jungen und die des Vaters auf das kleine Mädchen triebgesteuert sind. Dieses sexuelle Interesse ruft eine Inzestfurcht hervor, die Freud ebenfalls als universell und biologisch festgelegt betrachtete. Die Inzestfurcht führt zu Schuld- und Schamgefühlen sowie zu der Angst vor Bestrafung durch den gleichgeschlechtlichen Elternteil.

Um dieser gefährlichen Lage zu entgehen, unterdrückt das Kind nun alle sexuellen Wünsche und tritt in die sogenannte Latenzperiode ein, in der sich Sexualität nur äußern darf, indem sie in scheinbar nichtsexuellen Handlungen sublimiert wird. Der Geschlechtstrieb bleibt im Unbewußten verborgen, bis die Kräfte der Pubertät ihn zurück ins Bewußtsein holen und, mit etwas Glück, auf ein nichtinzestuöses Objekt lenken.

Die beschriebene Inzestfurcht schreibt eine ständige, schwierige Gratwanderung zwischen Begierde und Scham vor, die es eben erfordert, daß das Geschlechtsleben zurückgezogen und intim abläuft und sich somit deutlich von anderen der Arterhaltung dienlichen Trieben wie Hunger und Durst unterscheidet. Die Intimsphäre, die das sexuelle Verhalten der Eltern umgibt, schützt auch das Kind vor seinen drängenden inzestuösen Gelüsten.

In seinem Buch *Totem und Tabu*[2] behandelt Freud das Gebiet von sexueller Schuld und Scham aus einem Blickwinkel, den man heute als »soziobiologisch« bezeichnen würde. Er geht dabei von der Überlegung aus, daß die menschliche Sozialstruktur in ihren primitiven Anfängen der von Primatenhorden entsprach. Ein dominantes Männchen kopulierte mit einer Gruppe von Weibchen, die aus seinen »Frauen« und Töchtern bestand. Die männlichen Nachkommen wurden aus der Urhorde vertrieben, wenn sie die Pubertät erreicht hatten, um sie von den Sexualobjekten des Vaters fernzuhalten. Die ausgestoßenen Brüder schlossen sich in einer zweiten Gruppe zusammen. Mit Erreichen der vollen Reife wurde diese Gruppe stark genug, um die Urhorde zu überfallen, den Vater zu töten (und zu verzehren) und sich die paarungsfähigen Weibchen zu sichern. Freud sagt, daß sich die Erinnerungen daran (durch Mechanismen, die die moderne Biologie heute anzweifelt) tief ins Unbewußte der neuen Hordenführer eingegraben und zur Errichtung religiöser Tabus geführt haben. Diese Tabus verboten den Verzehr bestimmter Speisen, die mit dem Stammestotem in Zusammenhang standen, sie verboten das Töten des Vaters oder des Stammesoberhaupts und schützten gegen Inzest, indem sie die Heirat innerhalb der verschiedenen Totems regelten. Soweit die kurze Zusammenfassung und grobe Vereinfachung eines faszinierenden spekulativen Werks.

Freuds Schlußfolgerungen aus *Totem und Tabu* decken sich mit denen, die er in seiner Libido-Theorie dargelegt hat. Inzestfurcht und Inzesttabus sind ein universeller Teil des menschlichen Gewissens, eine Antwort auf die genetisch determinierten inzestuösen Wünsche. Scham, Schuldgefühle, der Rückzug in die Intimsphäre und all die anderen Rituale menschlicher Sexualität gehören zu einer psychischen Struktur, die für die widersprüchlichen Erfordernisse der menschlichen Arterhaltung unabdingbar ist. Für das Überleben der Art ist der Sexualtrieb beim Menschen ebenso wichtig wie bei den Tieren. Angesichts der außergewöhnlichen Faktoren, die die menschliche Geburt und Entwicklung bestimmen, ist jedoch für das Überleben des *einzelnen* eine gewisse Einschränkung und Unterdrückung der Sexualität erforderlich. Zu den nur dem Menschen eigenen Charakteristika gehören: ein kontinuierlicher Sexualtrieb; eine verlängerte Periode der Unselbständigkeit, die eine fest gefügte Familie voraussetzt, ein großes Potential für individuelle Unterschiede und die Unabhängigkeit von instinktfixiertem Verhalten. Alle diese typischen Eigenschaften verlangen nach einer besonderen Intimsphäre.

Unsere Sensibilität hat ihren Preis. Unsere Sexualität ist weniger festgelegt und stabil als bei den Tieren. Doch bevor wir uns der starken Anfälligkeit unseres Sexualverhaltens gegenüber soziologischen und psychologischen Einflüssen zuwenden, müssen wir die spezifisch biologischen Eigenschaften menschlicher Sexualität einer genaueren Betrachtung unterziehen.

Die verbreitete Annahme, daß wir in der Sexualität unseren tierischen Vorfahren am ähnlichsten seien, ist falsch. Menschliche Sexualität ist nicht der gleiche brünstige, besessen triebhafte, genetisch gelenkte Vorgang, den wir bei anderen Primaten und niederen Tieren wie Pferden, Hunden oder Schafen beobachten können. Obwohl ihr Kopulationsverhalten dem unseren peinlich ähnlich sieht, sind die Unterschiede weit zahlreicher und faszinierender als die Gemeinsamkeiten.

Der auffälligste Unterschied besteht darin, daß wir es die ganze Zeit tun. Der Mensch ist das einzige ständig paarungsfähige — wenn auch Gott sei Dank nicht immer paarungswillige — Tier. Wir haben keine Paarungszeit und keine zeitlich begrenzte Brunst. Die meisten Tiere dagegen, ob männlich oder weiblich, durchleben besondere, feststehende Perioden, die ihrer Fortpflanzung dienen. Mit Sicherheit hat dieses Modell im Insektenreich seine Gültigkeit. Wenn wir die Stufenleiter zu den komplexeren Tieren emporsteigen, können wir feststellen, daß manche *männlichen* Tiere, vorwiegend unter den Säugetieren, einer regelmäßig wiederkehrenden und begrenzten Zeit sexueller Stimulation nicht unterworfen sind. Aber da man schließlich zum Kopulieren wie zum Tango immer zwei braucht, läßt sich eine Paarungszeit auch definieren, indem man sich auf die Beobachtung der einen Hälfte der Paare beschränkt, nämlich durch eine relativ kurze Zeit der Empfängnisbereitschaft beim Weibchen.

Beim weiblichen Tier sind Sexualdrang und Bereitschaft stets an die Fortpflanzungsfähigkeit gebunden. Die Paarungszeit ist daher entsprechend dem Eisprung und der fruchtbaren Zeit des Weibchens festgelegt. Bei manchen, aber nicht bei allen Tieren beeinflußt und steuert die Brunst des Weibchens die sexuelle Begierde des Männchens, da das Weibchen in dieser Zeit bestimmte sexuell stimulierende Düfte, sogenannte Pheromone, absondert. Diese sprechen beim Männchen jene Gehirnzentren an, die seinen Geschlechtstrieb mobilisieren.

Mit der Brunst sind also zwei Bedingungen gegeben, die für die Sexualität der Tiere zentral sind: erstens, daß Sex bei den Tieren, selbst wenn er als angenehm empfunden wird, nie allein dem Vergnügen dient, sondern eng mit der Fortpflanzung verknüpft ist. Und zweitens, daß jede sexuelle Aktivität auf einen eng begrenzten Zeitraum, die Paarungszeit, eingeschränkt bleibt. Die Unterschiede zwischen Mensch und Tier wären somit nur zu deutlich.

Natürlich ist die Hauptaufgabe auch der menschlichen Sexualität die Sicherung der Arterhaltung. Das intensive Lustgefühl im sexuellen Erleben ist die treibende Kraft, die die Ausführung dieser artdienlichen Funktion sicherstellt. Der Vollzug der menschlichen Sexualität hat sich jedoch inzwischen so weit von der ursprünglichen Funktion entfernt, daß der *Fortpflanzungs*aspekt des Geschlechtsverkehrs den meisten Leuten eher als lästige und einschränkende Bürde für die *Lust* erscheint, der er nun in erster Linie dient.

Die Vorteile einer Brunstzeit liegen auf der Hand. Schon während der Paarungszeit, aber vor allem bei der Versorgung der Jungen droht den Tieren erhöhte Gefahr durch Verfolger. Jungtiere, die noch gesäugt werden, sind besonders gefährdet, und gerade auf ihr Überleben ist die Art angewiesen. Es ist daher entscheidend, daß sie alle zur gleichen Zeit auf die Welt kommen, nämlich dann, wenn die

Herde beisammen ist und die Anwesenheit der männlichen Tiere optimalen Schutz bietet. Eine Brunst, die auf relativ kurze Zeit im Jahr begrenzt ist, besitzt noch einen weiteren Vorteil. Die Herde ist während der Perioden der Paarung und der Aufzucht von Jungen besonders angreifbar. Wenn es gelingt, die Herde in diesen Zeiten zusammenzuhalten, in denen auch aufgrund des üppigen Nahrungsangebots großräumige Weidezüge nicht erforderlich sind, werden Dauer und Ausmaß der Angreifbarkeit verringert.

Der folgenreichste Schritt in der Evolution der menschlichen im Unterschied zur tierischen Sexualität war die Befreiung der weiblichen Sexualität von den einschränkenden Bedingungen einer Brunstzeit.

Diese Trennung von Fruchtbarkeit und Lust hat zu einem kontinuierlichen Geschlechtstrieb geführt. Das allein hat schon genügt, das Modell der menschlichen Sexualität so zu verändern, daß es mit denen anderer Lebewesen nicht mehr vergleichbar ist. Wie bei allen menschlichen Belangen ist jedoch die biologische Grundlage nur das Rohmaterial, das von den seelischen und gesellschaftlichen Kräften unserer Wahrnehmung und unseres Verhaltens neu geformt wird.

Es dürfte den meisten von uns nicht schwerfallen, sich die Vorteile einer Sexualität auszumalen, die vierundzwanzig Stunden am Tag, sieben Tage die Woche während des ganzen Jahres funktioniert. Es erhebt sich aber die Frage, welchem Anpassungszweck diese Charakteristik menschlicher Sexualität dienen könnte und was sie für die menschliche Existenz bedeutet.

Der bekannte Biologe E. O. Wilson begreift die kontinuierliche Fähigkeit des Menschen zu sexueller Aktivität — und die raffinierten Verfeinerungen, die zu den verschiedensten Formen dieser Aktivität geführt haben — als ein Mittel, die Bindungen zu festigen, die der Hochzeit vorausgehen. Der tägliche und intensivierte Wunsch nach sexuellem Erleben verbindet das Paar über die Jahre in ihren gemeinsamen Bedürfnissen:

»Der Mensch steht unter den Primaten mit der Intensität und dem Abwechslungsreichtum seiner sexuellen Aktivitäten einzigartig da. Im Kreis der anderen höheren Tiere wird er nur noch von den Löwen an athletischen sexuellen Verrenkungen übertroffen. Die äußeren Geschlechtsteile sind bei Männern wie Frauen ungewöhnlich groß; sie werden zusätzlich durch Büschel von Schamhaar betont. Die Brüste der Frauen sind über den zur Aufnahme von Milchdrüsen nötigen Umfang hinaus vergrößert, wobei die Brustwarzen sexuell empfindsam und mit auffällig gefärbten Höfen umgeben sind. Bei beiden Geschlechtern sind die Ohrläppchen fleischig und sensibel.«[3]

Wilson neigt zu einer Auffassung, die die geschlechtliche Liebe und die Freuden des Familienlebens — und fast alles andere — als Ergebnis von »Befähigungsmechanismen« betrachtet, die genetisch festgelegt sind und, über die Physiologie vermittelt, zu einem programmierten Verhalten führen. Bei den meisten Tieren ist die Sexualität durchaus ein halb automatisches Phänomen, das auf einer einfachen chemischen Ebene hervorgerufen wird. Beim Menschen ist nichts automatisch. Nichts ist immun gegen die Macht des menschlichen Geistes. Die Phantasie kann Lust in Schmerz und Schmerz in Lust verwandeln. Als Folge davon gehen die Sexualität und die Rolle, die sie im Leben eines Mannes spielt, weit über die biologische Zeugung von Nachkommen hinaus. Wilson führt beinahe widerwillig das Konzept der menschlichen Vorstellungskraft und ihres Einflusses auf den Sexualtrieb ein:

»Die Menschen sind Genießer auf dem Gebiet sexuellen Vergnügens. Sie ergehen sich in der unverbindlichen Ausschau nach potentiellen Partnern, sie schwelgen in Phantasien, Gedichten und Liedern und in allen erdenklichen Nuancen des Flirts, die schließlich zu Vorspiel und Beischlaf führen. Mit Fortpflanzung hat das wenig bis gar nichts zu tun, dafür aber um so mehr mit dem Entstehen von Bindungen. Wenn die

167

Besamung das alleinige biologische Ziel des Geschlechtsverkehrs wäre, ließe es sich wesentlich weniger umständlich in ein paar Sekunden durch Besteigen und Eindringen erreichen. Säugetiere, die in keiner festgefügten sozialen Ordnung leben, paaren sich in der Tat mit einem solchen Mangel an Zeremonien . . . In Übereinstimmung mit diesem Trend stellen die meisten Formen der Lust bei der menschlichen Sexualität wichtige Verstärker zur Erleichterung der Paarbildung dar. Liebe und Sex gehören tatsächlich zusammen.«[4]

Wilson setzt die Wichtigkeit menschlicher Paarbildung voraus, ohne zu erklären, warum sie für unsere Art von so entscheidender Bedeutung ist. Die außerordentliche Abhängigkeit des menschlichen Kleinkinds erfordert eine umfassende Hingabe und Kooperation mindestens zweier Eltern — das hat jedenfalls in den Hunderttausenden von Jahren vor der Entwicklung einer Kultur gegolten, die Institutionen zur Kinderbetreuung anbieten kann. Das Menschenkind kommt völlig hilflos auf die Welt und bleibt es lächerlich lange, weshalb es auf Vollzeitpflege angewiesen ist. Das Baby hätte die weit ausgreifenden Jagdzüge behindert, die zur Nahrungsbeschaffung für die junge Familie notwendig waren, wenn man keine Vorkehrungen für eine Arbeitsteilung getroffen hätte, in der ein Elternteil sich der Umsorgung und Pflege des Kindes widmet, während der andere die Voraussetzungen zum Überleben schafft. In der Frühgeschichte unserer Gattung, als wir eine Gesellschaft von Jägern und Sammlern waren, war zumindest ein engagiertes Paar dazu nötig, die Bedürfnisse des hilflosen Geschöpfs zu befriedigen.

Bei den meisten Menschenaffen haben die männlichen Tiere kein besonderes Interesse an ihrer Nachkommenschaft, soweit sie sie überhaupt als solche erkennen oder anerkennen. Es ist der Aufgabenbereich des Weibchens, sich um Schutz und Pflege der Jungen zu kümmern. Das Männchen ist für den Schutz der Horde insgesamt verantwortlich. Bei Nicht-Herdentieren, wie zum Beispiel bei den Tigern, muß die Mutter ihr Junges gegen die Tigermännchen — einschließlich des Vaters — verteidigen, da sie eine der größten Bedrohungen für die Nachkommenschaft darstellen. Das ist beim *Homo sapiens* nicht der Fall. Die Höherbewertung des eigenen Kindes ist beim Menschen vom Geschlecht unabhängig. Man könnte zwar argumentieren, daß im traditionell vorgegebenen Kinderbetreuungsmuster von der Mutter eine intensivere Zuwendung verlangt ist; aber auch der Vater nimmt das Interesse seiner Kinder wahr und setzt sich mit Nachdruck für sie ein.

Wenn sich der männliche Partner mit dem weiblichen zu einem Paar zusammenschließt, bietet das die Gewähr dafür, daß er die Bedürfnisse seiner Partnerin über die der Allgemeinheit stellt. Zusätzlich zu dieser Paarbindung bringen ihn sexuelle Wünsche und Liebe zurück zu Mutter und Kind, die auf ihn warten. Umgekehrt festigt diese Bindung die Treue der Frau während seiner Abwesenheit. Während andere monogame Geschöpfe nur für eine kurze Zeit der Paarung beieinander bleiben, haben die Menschen eine Paarungszeit von unbegrenzter und ununterbrochener Dauer, die sogar die langen Perioden der Abwesenheit des Mannes überlebt, die durch die weit entfernte Nahrungssuche bedingt sind. Der weibliche Teil dieser Gattung entwickelt unabhängig vom Eisprung und unabhängig von der Anwesenheit des Partners sexuelle Bedürfnisse. Gerade die emotionalen Ausschmückungen der Sexualität halten das Paar in Verpflichtung, Liebe und Treue zusammen und sichern damit die Stabilität des Familienverbands.

Diese beiden Gesichtspunkte — daß das unselbständige Kind auf eine Familienstruktur angewiesen ist und daß das sexuelle Bedürfnis kontinuierlich wirkt — können auch zu einer weiteren Erklärung des schon erwähnten Paradoxons beitragen: Warum ein so existentieller Vorgang wie der Geschlechtsverkehr den Rückzug in die Intimsphäre erfordert und mit einem Mantel von Scham umhüllt ist. Eine These lautet, daß das Bedecken der Genitalien, das kulturübergreifend üblich ist, dazu dienen soll, die sexuelle Erregung zu verhindern oder einzuschränken, um andere lebensnotwendige Tätigkeiten, wie den Bau von Hütten, die Nahrungsbeschaffung oder die Kinderaufzucht, zu erleichtern. Schamhaftigkeit stellt immer auch eine öffentliche Aussage über die nichtöffentlichen Aspekte der Geschlechtsteile und ihres sexuellen Gebrauchs dar. Für den Menschen ist die Sexualität nie eine zwanglose, öffentliche Angelegenheit.

Obwohl sich Freud der vielen komplizierten und einzigartigen Faktoren menschlicher Sexualität bewußt war, postulierte er in seiner Libido-Theorie unerklärlicherweise einen automatischen und animalistischen Mechanismus sexueller Energie. Sexuelle Lust wird in rein physiologischen Begriffen abgehandelt. Aber Lust kann nicht einfach das physiologische Produkt einer gelösten sexuellen Spannung sein, wie Freud annahm. Sex muß einen Platz irgendwo innerhalb eines umfassenderen, vielschichtigeren Konzepts von Bindung und Liebe zugewiesen bekommen. Diese tragenden Säulen gegenseitiger Verpflichtung sagen eine Menge über die Werte in unserer Gesellschaft aus; über die Leute, mit denen wir zu tun haben, und über die Welt, in der wir leben.

Aber gibt es denn im Mann nicht etwas wie einen rücksichtslosen Sexualtrieb, der alles durchwirkt? Gibt es da nicht etwas, das unter dem Deckmantel der Rituale und Romantik menschlicher Liebeswerbung und Liebe sein Unwesen — vor allem im Mann — treibt, etwas, das dem reinen Sexualinstinkt des niederen Tiers gleichbedeutend ist? Handelt es sich dabei nicht um den angeblichen »kleinen Unterschied« zwischen Männern und Frauen: daß Frauen Beziehungen brauchen, während Männer nur »abspritzen« wollen?

Vorausgesetzt, es gibt in Männern einen animalischen Trieb, so handelt es sich dabei wohl um das, was meist mit dem Begriff »Begierde« bezeichnet wird. Einige ernstzunehmende Forscher auf dem Gebiet der Liebe nehmen an, daß er existiert. Reine Begierde ist die Lust auf ein momentanes und anonymes sexuelles

Gefühl – eine Erektion, die ohne die Absicht einer romantischen Werbung und ohne eine bestimmte Bewertung des Objekts erfolgt. Ein Penis, der nach einem geeigneten Loch sucht, in das er eindringen kann. Gewiß erleben sowohl Männer wie Frauen das Aufwallen sexueller Erregung beim Anblick eines attraktiven Exemplars vom anderen Geschlecht, das ein passendes Objekt sein kann oder auch nicht – ein Gefühl des Verlangens. Die Anonymität des Gefühls ist die Seite, die der Soziologe Roberto Unger als für die Begierde charakteristisch betrachtet, wenn er sie folgendermaßen definiert: »Sinnliche Begierde ist sexuelle Anziehung ohne Überformung durch Liebe und, allgemeiner, durch die Wahrnehmung von Anderssein.«[5]

C. S. Lewis definiert die Begierde so: »Geschlechtliches Verlangen ohne Eros will *es*, will *die Sache an sich*; Eros will die geliebte Person . . . von einem Lüstling, der durch die Straßen pirscht, sagen wir, er sei ›auf der Suche nach einer Frau‹; das ist ein ganz unglücklicher Ausdruck. Genaugenommen sucht er nicht eine Frau. Er sucht eine Lust, für die eine Frau nun einmal die nötige Apparatur darstellt.«[6] Die sexuelle Befreiung der letzten drei Dekaden hat den Versuch mit sich gebracht, Sex von Liebe und Verbindlichkeit zu befreien, ihn zu entmystifizieren und zu entromantisieren – ihn zu einer »natürlichen Sache« zu machen. Aber es ist eben eine Tatsache, wie Freud völlig richtig erahnte, daß zum Sex »natürlicherweise« Angst, ein gewisses Maß an Schuldgefühlen und etwas Scham gehören. Es ist natürlich, daß Sex, wie die meisten wichtigen Formen zwischenmenschlichen Verhaltens, eine bedeutungsüberladene und komplexe Verhaltensweise ist.

Ungeachtet der Macht des Geschlechtstriebs findet man selten Menschen, für die Sex nur der reine, unverfälschte Instinkt ist. Liebende auf dem Gipfel ihrer Leidenschaft spielen vielleicht gerne mit dem Gedanken, aber sie verhalten sich nicht wie ein brünstiger Bär oder eine läufige Hündin. Die gesamte menschliche Sexualität wird, wie das gesamte menschliche Verhalten, von Emotion und Einbildungskraft geprägt, und zwar durch die Phantasie ebenso wie durch die Realität. Nur bei den Tieren und im Verhalten so anomaler Menschen wie Vergewaltigern tritt der reine Sexualtrieb zutage, ohne durch widersprechende Empfindungen beeinflußt zu werden. Bei einem Vergewaltiger kann Sex von der Kenntnis der anderen Person oder einer Zuneigung zu ihr völlig losgelöst sein. Aber selbst hier ist Sex oft nur der begleitende Faktor beim Angriff. Für einen solchen Mann ist das Motiv eher die haßerfüllte Furcht vor Frauen als sexuelle Begierde.

Einige Subkulturen in unserer Gesellschaft haben versucht, die Sexualität vollständig vom Sexualpartner zu trennen. Diese isolierte und traurige Sexualität tritt unter anderem bei jenen männlichen Homosexuellen auf, die der anonyme Sex in öffentlichen Toiletten und Bädern anzieht. Diese Männer werden von einem zwanghaften Bedürfnis nach sexuellen − oder, genauer, phallischen − Erlebnissen getrieben, die bar aller menschlichen Kontakte sind. Der Pseudonymus William Aaron beschreibt seine Erfahrungen in dieser Welt. Die Begierde nach anonymem Sex führt zu so entgrenzten Aktivitäten wie wiederholtem Analverkehr und Fellatio an zwanzig bis fünfzig »Partnern« pro Nacht.[7] Die Erniedrigungen beim anonymen Sex werden auch in Larry Kramers Roman *Faggots*[8] ausführlich dargestellt.

Doch selbst bei dieser Form der Sexualität bedeutet die Anonymität nicht die Abwesenheit von Phantasie. Phantasien sind sogar ein wesentlicher Bestandteil der Erregung. Die Präsenz eines anderen Menschen wirkt jedoch störend auf die Phantasiewelt. Es ist ausschließlich der isolierte Phallus, der hier im Zentrum des Interesses und des Begehrens steht. Die sexuelle Lust wird völlig beliebig einem geheimen Szenario von Macht und Erniedrigung, Herrschaft und Unterwerfung, Angst und Bestätigung unterworfen. Das Triebverhalten ist kaum mehr sexueller Natur. Daß der Sexualakt selbst nicht befriedigend ist, beweisen die Unersättlichkeit und das zwanghafte Bedürfnis, ihn fortwährend zu wiederholen.

Sexualität, die nicht nur von Zuneigung, sondern von menschlichem Kontakt überhaupt abgeschnitten wird (das heterosexuelle Gegenstück hat Erica Jong als den »zipless fuck« bezeichnet), entpuppt sich als nur noch der Form nach sexuell. Sie stellt gewöhnlich den zwanghaften Vollzug von Sex dar, mit dem andere, davon völlig verschiedene unbewußte Bedürfnisse befriedigt werden. Die Antriebskraft, die wirklich hinter diesen Verhaltensweisen von Männern steckt, ist ein Teil des komplexen Bereichs von männlicher Konkurrenz, Herrschaft, Unterwerfung und Abhängigkeitssehnsucht in unserer Kultur. Solche Abweichungen sind auch spezifisch menschlich, aber nicht charakteristisch für die menschliche Sexualität.

Für die Tiere ist Sex Sex, kein symbolischer Ersatz für irgend etwas anderes. Es kommen natürlich Machtkämpfe bei der Konkurrenz um die Weibchen vor, aber die Fortpflanzung bleibt das eigentliche Ziel. Macht und Überlegenheit werden in den Dienst des Geschlechtsakts gestellt, nie umgekehrt. Zudem ist die Sexualität ein fixiertes und vom Instinkt gesteuertes Verhalten. Wenn ein Rattenmännchen ein empfängnisbereites Weibchen sieht und riecht, kümmert es sich nicht um Faktoren wie Ästhetik, Persönlichkeit oder Status dieser ganz speziellen Ratte, die sich ihm bietet. Ein Hund fühlt sich von einer läufigen Hündin angezogen, weil sie einen olfaktorischen Stimulus aussendet. Dieses Pheromon wirkt wie ein chemischer Schalter, der einen so unausweichlichen Menchanismus in Gang setzt, daß das männliche Tier, oft unter Lebensgefahr, nach dem Vollzug des Geschlechtsakts strebt. Ein Hund wird sich mit anderen Hunden, die doppelt so groß und stärker und furchterregender sind als er, auf einen Kampf einlassen, wenn er in dem automatischen Bann des Sexualinstinkts gefangen ist. Er denkt dabei nicht; es zieht ihn wie an einem unsichtbaren Faden. Es ist ihm gleichgültig, ob die Hündin hübsch, häßlich, reinrassig oder ein Mischling ist, ob schwarz oder weiß, ein Zehntel oder fünfmal so groß wie er, alt oder jung, seine Tochter, seine Schwester, seine Mutter oder einfach die Hündin von nebenan.

Nichts davon ließe sich auf die Vorstellung menschlicher Lust oder gar Liebe übertragen. Für uns macht es einen *entscheidenden* Unterschied, ob das Objekt unserer Wünsche unsere Mutter oder das Mädchen von nebenan ist. Der Geschlechtsakt wird auch dann, wenn er nicht Teil einer Liebesbeziehung ist, durch die phantasiebegabten Seiten der menschlichen Psyche immer verändert. Das sexuelle Objekt muß als »attraktiv« empfunden werden. Es muß bestimmte Voraussetzungen bezüglich Alter, Stil, Auftreten und Persönlichkeit erfüllen, um unser Begehren zu wecken.

Und wie steht es mit der Durchführung des Geschlechtsakts bei den Tieren, sobald ihnen die Annäherung geglückt ist? Es scheint ihnen nicht sonderlich viel Spaß zu machen! Trotz der Tatsache, daß die Werbung und das Ausstechen der Konkurrenz raffiniert und aufregend sein können, erscheint der Aktvollzug unglaublich stereotyp und leidenschaftslos. Angesichts der erschöpfenden und oft gefährlichen Manöver, die das Männchen vollbringt, um zur Paarung zu gelangen, wirkt die Durchführung wie eine Anti-Klimax. Dasselbe stereotype Verhalten findet sich in allen Rängen des Tierreichs, von den einfachen bis zu den komplexen Tieren: Die Kopulation bleibt der gleiche (zumindest für den Betrachter) langweilige und vorhersagbare Vorgang, ob man nun Guppies oder unsere »Vettern«, die Schimpansen, beobachtet.

Vielleicht beurteilen wir das subjektive Empfinden der Tiere falsch. Das männliche Tier muß bei der Ejakulation immense Befriedigung irgendeiner Art verspüren. Warum sonst sollte es Leib und Leben dafür riskieren? Die meisten Verhaltensforscher gehen jedoch nicht davon aus, daß das weibliche Tier eine dem Orgasmus der Frau vergleichbare Empfindung erlebt. Dem zufälligen Beobachter erscheint der Paarungsvorgang bei den Tieren langweilig und fade im Vergleich mit der eigenen Erfahrung – oder zumindest mit der Erwartung, die er an den Geschlechtsverkehr stellt. Das Weibchen läßt gewöhnlich alles in unbeweglicher Haltung und mit starrem Blick über sich ergehen. Da gibt es kein lustvolles Stöhnen, kein ekstatisches Beben. Das Männchen führt seine rhythmischen Bewegungen wie ein billiges Aufzieh-spielzeug so lange aus, bis die Spannung nachläßt. Sex unter Tieren scheint in jedem Fall genetisch programmiert, rein physio-logisch und nicht der Rede wert zu sein. Mit Romantik hat er nichts zu tun – wo wäre die Leidenschaft? Sie bestimmt offen-sichtlich nur die Werbungsphase, nicht den Vollzug.

Reine Begierde oder reine Sexualität, die – wie bei den Tieren – ausschließlich eine Spannung löst, so wie das Urinieren den Druck von der ausgedehnten Blase nimmt, ist beim Menschen ein höchst unwahrscheinliches Phänomen. Sogar in ihren verzerrte-sten und perversesten Formen – da vielleicht sogar am allermei-sten – sind sexuelles Begehren und Verhalten bei ihm mit dem Gewicht der Vergangenheit und dem Blick in die Zukunft beladen. Sexualität wird meistens nicht unabhängig von anderen emotiona-len Bezügen zum jeweiligen Partner erlebt und genossen. Norma-lerweise haben wir zu Leuten, die uns abstoßen, keine sexuelle Beziehung.

Sexuelle Erregung ist beim Menschen immer eine Mischung aus Endokrinem und Phantasie. Sie ist eine eher religiöse als reflexar-tige Reaktion, die immer einen nicht analysierbaren, mystischen Aspekt besitzt und auch nie verlieren wird. Wenn ein Mann sich einer Frau mit sexuellen Absichten nähert, ist er selten nur auf der Suche nach sexueller Entspannung. Natürlich gehört die dazu, aber vermutlich sucht er auch Zuneigung, Anerkennung, Roman-tik, Statusgewinn, Bestätigung seiner Männlichkeit, ein Machtge-fühl, einen Beweis seiner männlichen Fähigkeiten, vielleicht ein Gefühl der Herrschaft über die Frau oder die Befreiung von der Angst davor und so weiter. Er ist sich über diese Absicht eventuell gar nicht im klaren, aber man kann sie ihm schnell zu Bewußtsein bringen.

Die männliche Fähigkeit zur Ausführung dieser direkten und scheinbar einfachen Funktion des Koitus, von der die Arterhaltung abhängt, ist aufgrund der »Romantik«, die in die Physiologie des Sex inzwischen Einzug gehalten hat, für Erschütterungen anfällig.

Der Mann umgibt die Begattung mit phantasiereichen Gefühlen und Bedeutungen, die das »Ficken« in einen »Liebesakt« verwandeln. Dieselbe menschliche Begabung zur Phantasie kann ihn dazu verleiten, falsche Schlüsse zu ziehen und über das Ziel hinauszuschießen, das heißt, die Bedeutung des Geschlechtsverkehrs mit einer Frau falsch einzuschätzen. All das prädestiniert den Mann – unter der gegebenen Voraussetzung seines unzuverlässigen Sexualorgans – für ein mögliches Versagen.

Bei den Menschen ist die Sexualität inzwischen für beide Geschlechter so symbolträchtig, daß man viele metaphorische Schichten entfernen muß, um den »einfachen«, ihr zugrundeliegenden Zeugungstrieb zu finden. Für die Männer stellt das Sexualverhalten den äußersten Ausdruck ihrer Männlichkeit, ja darüber hinaus ihrer Persönlichkeit dar. Mut, Kraft und Macht sollten mit dem Sexualakt eigentlich nichts zu tun haben. Versuchen Sie, das einem durchschnittlichen Mann zu vermitteln, der es fertigbringt, seine Sexualität mit alldem und noch mehr zu beladen.

Genau diese Verschmelzung von Machtaspekten mit Sexualität bildet die Grundlage für den Machismo. Den Prototyp finden wir im Mittelmeerraum. David Gilmore hat das Werk von Julian Pitt-Rivers zusammengefaßt, der auf diesem Gebiet Pionierarbeit geleistet hat:

»Wie viele andere Männer im Mittelmeerraum . . . drängt es die Andalusier im tiefen Süden Spaniens danach, ihre Männlichkeit öffentlich, vor aller Augen unter Beweis zu stellen. Sie sind sogar in noch höherem Maße als andere Iberer glühende Anhänger dessen, was der spanische Kritiker Tierno Galvàn als einen quasireligiösen ›Glauben an die Männlichkeit‹ bezeichnet hat. Wenn man in dieser Hinsicht besteht, dann ist man ›sehr ein Mann‹ *(muy hombre)*, ›sehr männlich‹ *(muy macho)* oder ›viel Mann‹ *(mucho hombre)*. Besteht man nicht, dann ist man ein *flojo*, ein schwacher und bemitleidenswerter Hochstapler. Der mehrdeutige Begriff *flojo* bedeutet wörtlich leer, schwach oder schlaff; er wird zur Beschreibung einer leeren Batterie, eines platten Reifens oder für irgendein anderes nicht funktionierendes Werkzeug benutzt und meint außerdem schlaffe Unfähigkeit, Nutzlosigkeit oder Untüchtigkeit.«[9]

Die phallische Bedeutung dieses allgemeinen Begriffs für Nutzlosigkeit ist leider nur zu klar ersichtlich.

Für die spanischen Männer und für viele andere Männer rund um das Mittelmeer ebenso ist es wichtig, nicht nur Erfolg bei Frauen zu haben, sondern ihn auch öffentlich zu machen. In der amerikanischen Tradition hat das entgegengesetzte Rollenbild der Männlichkeit immer noch seinen Platz: den großen Knüppel haben, aber nicht davon sprechen. Die zurückhaltenden, sanften Helden, die nicht über ihre sexuellen oder heroischen Abenteuer reden, stellen eine einflußreiche alternative Tradition dar, die sich vielleicht bis zu den schweigsamen und einsamen Männern im »Wilden Westen« zurückverfolgen läßt: dem Bergläufer, dem Trapper, dem Cowboy. Man könnte es nach der Figur des starken, schweigsamen Wildtöters bei James Fennimore Cooper das »Natty-Bumpo-Syndrom« nennen. Natürlich gibt es bei uns auch die andere Tradition der prahlerischen Schwadroneure und der Don Juans. Die Männer des Mittelmeerraums halten sich jedoch anscheinend in erster Linie an den Macho-Mann. Sexualität allein genügt nicht. Selbstbewußte Sexualität wird verlangt. Gilmore berichtet dazu: »Schüchternheit in der Liebe ist bei einem andalusischen jungen Mann mehr als nur ein nebensächlicher Fehler, sie stellt eine ernste, sogar tragische Unzulänglichkeit dar. Das ganze Dorf beklagt Schüchternheit als persönliches Unglück und kollektive Schande.«[10]

Diese Tradition existiert im gesamten Mittelmeergebiet und bis hinauf in den Balkan: bei den Sizilianern, den Andalusiern, den Türken und anderen.

»In diesen Ländern ist der echte Mann sowohl energisch in der Werbung wie ein furchtloser Mann der Tat. Beides, Sex und wirtschaftliche Unternehmungen, sind kompetitiv und riskant, weil sie Männer im Wettbewerb um das begehrteste Gut — die Frau — miteinander konfrontieren. Niederlage und Demütigung sind immer möglich.

So ist in Sizilien beispielsweise männliche Ehre stets mit Aggressivität und Potenz verbunden. Ein wahrer Mann ist in Sizilien ein ›Mann mit großen Hoden‹; seine Potenz steht außer Zweifel. Auch bei den Sarakatsani Griechenlands muß ein männlicher Erwachsener ›mit Hoden gut ausgestattet sein‹, rasch erregt und unersättlich im Akt.

Derartige Ansichten gelten auch weitgehend für Spanien, zumal im Süden, wo es von einem echten Mann heißt, er habe viel *cojones* oder Eier. Solche Männer mit großen Hoden überragen und dominieren natürlich ihre weniger gut ausgestatteten und phlegmatischeren Artgenossen.«[11]

Gilmore teilt die Sichtweise von anderen Kennern der mediterranen und spanischen Kultur, wenn er — trotz aller Bravour — in der Hauptrolle des Mannes dort immer noch die des Erzeugers sieht. Er konstatiert: »Selbst in jenen Teilen Südeuropas, in denen das Don-Juan-Vorbild sexuellen Selbstbewußtseins hoch im Kurs steht, erschöpft sich die dem Mann zugewiesene Aufgabe nicht nur darin, unendlich viele Eroberungen zu machen, sondern er muß seinen Samen verbreiten.« Der letzte Prüfstein sei letztendlich die Zeugung von Kindern, sagt Gilmore mit dem Hinweis auf Länder, in denen nur die Schwangerschaft der Ehefrau die Männlichkeit des Ehemanns untermauern könne. »Deshalb bedeutet die mediterrane Betonung der Männlichkeit in erster Linie: Ergebnisse, Nachwuchs zeugen (vorzugsweise Jungen). Für die Anerkennung durch die Gemeinde zählt legitimer Zeugungserfolg mehr als erotische Akrobatik.«[12]

Die männliche Fähigkeit, diese direkte und scheinbar einfachste aller Funktionen zu vollziehen, ist anfälliger als die der Frau, und zwar aus rein biologischen Gründen. Die kulturelle Bürde all der symbolischen Zutaten des Machismo belastet die ohnehin schon kniffelige Maschinerie der männlichen Sexualität. Sexuelles Versagen ist für einen Mann verheerend.

Männer *sind* anders als Frauen. Sie sind die Opfer ihrer Anatomie. Sie unterscheiden sich von den Frauen in ihrer Morphologie ebenso wie in ihrer Psychologie. Die meisten psychologischen Unterschiede (und manche morphologischen) sind kultureller Veränderung zugänglich, für alle gilt jedoch, daß sie ihre Ursache in den Genen haben. Einige dieser Unterschiede stellen den Schlüssel zum Verständnis der besonderen Agonien männlicher Impotenz dar.

Der Durchschnittsmann weiß — manchmal nur allzu gut —, wie seine Geschlechtsteile aussehen. Er sieht sie täglich. Er weiß auch, wie die Genitalien anderer Männer aussehen und wie er im Vergleich »abschneidet«. Die Durchschnittsfrau hatte bis vor kurzem keine Ahnung, wie ihre Geschlechtsteile aussehen; viele wissen es heute noch nicht. Vielen Frauen ist nicht bewußt, daß die Vagina, die großen und kleinen Schamlippen, die Scheidenwand und ihre exkretorische Drüse ebenso komplizierte und »interessante« Geschlechtsteile darstellen wie die des Mannes.

In den Anfangstagen meiner Praxis war ich entsetzt darüber, wie viele Frauen nicht einmal eine einfache Zeichnung der Klitoris und der sie umgebenden Teile anfertigen konnten. Jungen Männern waren solche Probleme fremd. Sie wußten nicht nur genau, wie ihr Penis aussah, sie konnten mir gewöhnlich auch die Maße seines Umfanges und seiner (zweifellos übertriebenen) Länge in erigiertem und schlaffem Zustand angeben. Einem Mädchen erscheint seine Schamgegend offenbar einfach als leerer Fleck, an dem ein Penis sein könnte.

Ob zum Vorteil oder Nachteil, sei dahingestellt, in jedem Fall sind die männlichen Geschlechtsteile öffentliche Organe. Wie bei einem Hund der Schwanz ist der Penis beim Mann ein äußerliches

Anhängsel, das nicht zu übersehen ist. Was schlimmer ist, er ist ein Verräter. Als Mann hat man keine intimen Teile. Sie sind nicht nur zu sehen, sondern peinlicherweise ein Instrument zur öffentlichen Bekanntmachung der innersten Gedanken, der geheimsten Wünsche und der verborgensten Phantasien. Denken Sie an Mae West, wie sie sich in *Sie tat ihm unrecht* mit ihrem herrlich karikierten Vamp-Gebaren an Cary Grant wendet und ihn fragt: »Ist das da ein Revolver in deiner Tasche, lieber Junge, oder freust du dich einfach, mich zu sehen?«

Jeder Mann kann sich an Situationen in seiner Kindheit und leider auch im Erwachsenenalter erinnern, in denen ihn eine Erektion in Verlegenheit brachte. Die schreckliche Angst von Jungen in der Pubertät, beim Tanz mit einem Mädchen eine Erektion zu bekommen, hat schon zu den bizarrsten Vorbeugemaßnahmen geführt, die sie verbergen sollten.

Kleine Jungen entdecken ihren Penis, vielleicht ebenfalls aufgrund der Anatomie, in der Regel früher als kleine Mädchen die Klitoris. Männliche Babys masturbieren oft bis zur Erektion mit einer Regelmäßigkeit, die bei weiblichen Kleinkindern nicht beobachtet worden ist. Zudem werden die Genitalien des kleinen Jungen von seiner Mutter oder Pflegerin, anders als beim Mädchen, regelmäßig in die Hand genommen; zum Waschen und für die Reinlichkeit ist das Anfassen vor allem des unbeschnittenen Penis unumgänglich. Mütter sind hingegen sehr bemüht, nicht in die Scheide des kleinen Mädchens einzudringen. Diese Gegend wird behutsam und vorsichtig behandelt, um alle die in früheren Zeiten so hochgeschätzten Zeichen der Jungfräulichkeit zu bewahren. Im Lauf der Zeit können beide Geschlechter die Selbstbefriedigung entdecken und tun es auch; allerdings wird von Mädchen ein so zwanghaftes Onanieren, wie es für männliche Heranwachsende charakteristisch ist, nur selten beschrieben.

Außerdem machen Eltern oft den Versuch, Kinder beiderlei Geschlechts mit Drohungen und verhüllten Warnungen vom Masturbieren abzuhalten, was bei einem Jungen wesentlich schwieriger durchzusetzen ist. Schließlich wird er auch dazu angehalten, mit seinen Geschlechtsteilen bewußt umzugehen. Wir wollen ja nicht, daß er im Badezimmer über den ganzen Boden pinkelt oder auf seine Hosenbeine tropft. Man bringt ihm bei, mit dem Urinstrahl ins Klobecken zu zielen, wobei er den Penis in die Hand nehmen muß. Außerdem ist die Berührung des Penis schon allein beim An- und Ausziehen und beim Verstauen in den Kleidern nicht zu vermeiden und kann insgeheim in den Dienst masturbatorischen Vergnügens gestellt werden.

Ein anderer wesentlicher Unterschied zwischen den Geschlechtern besteht darin, daß eine Frau das Erwachsenenalter erreichen kann, ohne je einen Orgasmus erlebt zu haben. Bei einem normalen Mann ist das unmöglich. Auch dieser Punkt physiologischer Verschiedenheit ist von grundlegender Bedeutung. Der Orgasmus des Mannes dient, zusätzlich zum Lustgewinn, einer zweiten und wesentlichen Funktion, indem er nämlich die Spannung löst, die durch zurückgehaltenen Samen und Samenflüssigkeit entsteht. Nach der Pubertät produziert ein Junge ununterbrochen Samen und Samenflüssigkeit. Sie stauen sich auf und erzeugen allmählich einen Druck, der ebenso schmerzhaft wie sexuell anregend wirkt. Um sich der angestauten Flüssigkeit zu entledigen, leitet der Körper einen spontanen nächtlichen Erguß mit einem gleichzeitigen Orgasmus ein. Da der Vorgang oft von einem erotischen Traum begleitet wird, wird er auch als »feuchter Traum« umschrieben. Der feuchte Traum ist häufig ein Übergangsphänomen, das den spätentwickelten Heranwachsenden zur Selbstbefriedigung führt. Er erlebt eine spontane Ejakulation und fängt an zu begreifen, daß er mit ein bißchen Manipulieren und Reiben selbst einen Samenerguß hervorbringen kann. Die Produktion eines stimulierenden Tagtraums — für einen Heranwachsenden kein großes Problem — bietet reichlich Ersatz für den Traum. Ich habe noch nie einen Mann kennengelernt, der noch keinen Orgasmus gehabt hätte, und es hat noch nie einer unsicher auf die Frage reagiert, wie häufig er einen Orgasmus erlebt. Männer wissen, was ein Orgasmus ist. Frauen hingegen sind oft verwirrt und unsicher, ob sie überhaupt schon einen Orgasmus erfahren haben. Eine Kultur hat die Möglichkeit — mit Absicht und aus Bosheit —, jede sexuelle Lust bei der Frau psychologisch zu zerstören. Einem Mann kann man das nicht antun. Ihm garantiert seine Physiologie das orgastische Vergnügen.

Darüber hinaus könnte keine Kultur überleben, deren männliche Bevölkerung dauerhaft derart verkrüppelt wäre. Eine Frau ist zum Sexualverkehr auch ohne innere Anteilnahme, ja sogar im Falle der Nötigung in der Lage. Sie kann den Akt als Liebesdienst für ihren Partner vollziehen. Im Gegensatz dazu kann es ein Mann nicht »seiner Partnerin zuliebe« tun. Ein Mann, der sexuell nicht erregt ist, ist zeugungsunfähig. Eine Frau kann — eventuell mit Hilfe von ein wenig Gleitcreme — aus Zuneigung, Pflichtgefühl, Mitleid oder dem Wunsch nach einem Kind eine hingebungsvolle Sexualpartnerin und potentielle Mutter werden. Ein Mann kann aufgrund der spezifischen Natur seiner Genitalien nicht tun, was er nicht zu tun begehrt. Wenn er aus irgendwelchen Gründen keine Lust empfindet oder Angst hat, wird er versagen. Genau wie seine sexuelle Lust wird auch seine Impotenz sofort offenbar; die männlichen Geschlechteile erlauben keine Verstellungen, Gefälligkeiten oder Liebesdienste im Interesse einer anderen Person.

Impotenz ist ein absolut verheerender Schlag für das männliche Ego. Es ist das psychische Problem, das mit größter Wahrscheinlichkeit auch noch den konservativsten Macho mit seiner Verachtung für allen »Psychokram« in die Arme eines Psychotherapeuten treibt.

Männliche Impotenz ist mehr als ein verpaßter Lustgewinn; sie betrifft auch keineswegs nur Fragen der Zeugung. Impotenz ist ein Stoß mitten ins Herz der Männlichkeit, mit der sein Stolz und seine Selbstachtung untrennbar verbunden sind. Impotenz hängt fast immer mit dem Auftreten von Angst beim Sexualakt zusammen. Diese Angst kann vielfältige Wurzeln haben, die dem Betrof-

182

fenen gewöhnlich nicht bekannt sind. Manchmal liegt der Angst ein ursprünglicher Haß auf Frauen, auf eine bestimmte Frau oder auf Sexualität überhaupt zugrunde. Oft treten Furcht und Haß gemeinsam auf, und es ist schwierig, festzustellen, was Ursache und was Wirkung ist. Wir wissen, daß wir Wut auf Dinge entwickeln, vor denen wir uns fürchten; und wir wissen auch, daß unsere eigene Wut zum Fürchten sein kann. In der Therapie konzentrieren wir uns auf diese Emotionen, die den Sexualtrieb mit Beschlag belegen.

Impotenz tritt in verschiedenen Formen auf. Die einfachste, vom Mann und seiner Partnerin am leichtesten zu erkennende Form ist die Unfähigkeit, eine Erektion zu bekommen oder aufrechtzuerhalten. Daneben gibt es zwei weitere, eng verwandte Erscheinungsweisen, nämlich den vorzeitigen und den verzögerten Samenerguß.

Vom vorzeitigen Samenerguß existiert häufig eine falsche Vorstellung. Viele Patienten klagen über einen »vorzeitigen Samenerguß«, der sich bei näherer Untersuchung als ein ganz anderes Phänomen herausstellt. Sie meinen einfach, daß sie »zu früh« ejakulieren, was zum Beispiel heißen kann, bevor ihre Partnerin zum Orgasmus gekommen ist. Wenn die Partnerin mit dem Orgasmus Probleme hat oder zusätzliche Arten der Stimulation bräuchte, was aber einem oder beiden Partnern nicht bewußt ist, kann ein Mann auch nach stundenlangen Bemühungen noch von einem »vorzeitigen Erguß« sprechen. Wenn wir Psychiater den Begriff verwenden, haben wir dabei nicht nur den Zeitfaktor im Auge (auch wenn das ein wichtiger Aspekt ist), sondern auch die Art der Ejakulation. Aktive koitale Bewegungen haben innerhalb relativ kurzer Zeit eine Ejakulation zur Folge. Dreißig, vierzig oder fünfzig Hin- und Herbewegungen führen zum Ergebnis, und das ist völlig normal. Die Männer bemühen sich, das Ende hinauszuzögern, um die sexuelle Lust zu verlängern, um sich und die Partnerin zu befriedigen oder um aus dem Geschlechtsakt einen »Liebesakt« zu machen.

Die wirkliche *Ejaculatio praecox* bedeutet einen Erguß direkt im Moment des Eindringens oder sofort danach. Der Mann hat eine Erektion, und sobald er versucht, einzudringen, ejakuliert er. Dieser Erguß hat eine andere Gefühlsqualität als die normale Ejakulation, die nach einem vollständigen Sexualakt erfolgt. Manche Männer beschreiben sie als Ejakulation ohne Orgasmus oder mit einem nur sehr schwachen Orgasmus. Der Samen tropft häufig nur heraus, statt stoßweise zu spritzen.

Eine weniger verbreitete Form der Impotenz wird oft gar nicht als solche erkannt, sondern als ihr Gegenteil — besondere Manneskraft — betrachtet. Bei diesem Befund ist der Mann in der Lage, die Erektion fast unendlich aufrechtzuerhalten, aber er hat große Schwierigkeiten, während des Aktes zu einem Erguß zu kommen. Man spricht hierbei von »verzögerter Ejakulation«. Manche Männer — und auch Frauen — freuen sich darüber oder sind stolz darauf, da sie den Zustand als ein Zeichen von Hyperpotenz interpretieren. In Wirklichkeit stellt er einen »gefühllosen« Penis dar. Der Mann beruhigt seine Angst oder Wut, indem er sich weigert, seinen Samen zu verströmen oder die Erektion aufzugeben. Der Ausdruck »sich weigern« ist dabei im metaphorischen und psychosomatischen Sinne zu verstehen. Es handelt sich nicht um einen kognitiven oder bewußten Akt, über den das Individuum gebieten kann. Es würde sich sonst ja nicht um ein Symptom handeln.

Bei allen drei Formen der Impotenz — die Unfähigkeit, eine Erektion zu bekommen oder zu halten, die vorzeitige und die verzögerte Ejakulation — ist ihre Überlagerung durch starke, beherrschende Grundemotionen von zentraler Bedeutung. Bei der Behandlung gehen wir davon aus, daß die Konfrontation mit der irrationalen Angst des Mannes dem Sexualtrieb den Weg an die Oberfläche ebnet. Wir beginnen also damit, die Angst aufzuspüren.

Wenn ich einen sexuell impotenten Mann (vor allem im Fall der Erektionsunfähigkeit) direkt frage, wovor er Angst hat, wird er zwar das Vorhandensein von Angstgefühlen bestätigen, aber eine völlig wertlose Antwort geben. »Ich habe Angst davor, daß ich keine Erektion bekomme und in eine peinliche und demütigende Situation gerate.« Der Therapeut muß geduldig mit dem Patienten arbeiten, um dieses zirkuläre Argumentationsmuster zu überwinden. Er muß den Patienten zu der Erkenntnis bringen, daß es sich dabei um eine sekundäre Versagensangst handelt. Er muß verstehen lernen, daß er vor allem deswegen keine Erektion bekommt, weil er sich vor etwas fürchtet, das mit dem Geschlechtsakt selbst zu tun hat. Erst kommt die Angst, dann die Impotenz, dann die Angst vor der Impotenz.

An diesem Punkt kann der Patient auf bewußter Ebene keine Antwort geben. Er muß einen Prozeß in Gang setzen, in dessen Verlauf er seine Einstellung zur Sexualität, zu Männern, zu Frauen, zu den Geschlechterrollen und so weiter untersucht – all das, was die dynamische Forschungsarbeit umfaßt, die Teil einer jeden »Gesprächstherapie« ist. Dynamische Therapie und Selbsterkenntnis sind jedoch nicht die einzigen Formen der Psychotherapie. Die Impotenz, vor allem in minder schweren Fällen, spricht gut auf Verhaltenstherapie und einfache Konditionierung an. Die heute wohl am meisten verbreitete Art der Behandlung, die Grundlage jeder Sexualtherapie, ist ein Konditionierungsprogramm, das einen Abbau der Versagensangst zum Ziel hat, da diese, unabhängig von ihren Ursachen, bald zum dominierenden Faktor wird. Man geht dabei von der Annahme aus, daß sich durch die Überwindung der Versagensangst eine rituelle Form der Sexualität einspielen kann, die die unbewußten Angstmechanismen umgeht. Selbst wenn eine unbewußte Dynamik existiert, kann die reale, regelmäßige Ausübung des Verkehrs als emotionale Gegenerfahrung zu einem Korrektiv werden, das die Angst lindert. Genau derselbe Mechanismus wird bei allen Phobien angewendete, sei es nun die Furcht vor Sex oder die vorm Fliegen.

Der Prototyp dieser Behandlung ist die Grundtechnik, die von Masters und Johnson entwickelt wurde.[13] Der Mann und seine

Frau (oder Partnerin) erhalten den Auftrag, sich zunächst zum Zweck gemeinsamer Lust und Zärtlichkeit gegenseitig zu erforschen; es ist ihnen aber *strengstens verboten*, miteinander zu schlafen. Gleichgültig, wie sehr sie sich danach sehnen, sie dürfen es nicht. In der Tat ist auch jede Ejakulation in den ersten Phasen verboten, es sei denn, sie kommt versehentlich vor. Durch die Befreiung vom »Leistungsdruck« und das zusätzliche Verbot des Sexualverkehrs erfüllt die körperliche Stimulierung ihre Aufgabe. Allmählich dürfen sich die Paare dem gemeinsamen Sexualverkehr wieder schrittweise nähern. Auf diese Weise läßt sich das Ziel eines erfolgreichen Verkehrs oft in einem Zeitraum von zehn bis vierzehn Tagen erreichen.

Die Zahl der Personen, auf die diese Art Sexualtherapie mit Erfolg angewendet wird, ist beträchtlich. Das stört viele dynamische Therapeuten, denn es bleibt die Sorge, daß die zugrundeliegenden ungelösten Konflikte auf andere Gebiete verschoben werden. Es gibt jedoch bislang keine Belege dafür, daß eine Verhaltenstherapie bei Impotenz eine gefährliche oder inadäquate Behandlungsform darstellt. Es ist ein beliebtes Klischee aus der Analyse, daß ein befriedigendes Sexualleben zehn Prozent einer guten Ehe ausmacht, ein frustrierendes aber zu neunzig Prozent für eine gescheiterte Ehe verantwortlich ist. Dem Sex wieder auf die Sprünge zu helfen trägt mit Sicherheit dazu bei, daß die anderen neunzig Prozent der guten Ehe halten.

Alle Sexualtherapeuten und -therapeutinnen haben ihre persönlichen Spezialmethoden. Eine sehr erfolgreiche New Yorker Therapeutin produziert mit Hilfe ihrer »Komplizin« (der Frau oder Freundin des Patienten) kleine »Theaterszenen«, wenn sie einen impotenten Mann behandelt. Wenn der Mann mitten in der Nacht mit einer Erektion aufwacht − und weiß, daß es vermutlich der Druck auf die Blase ist, der den traditionellerweise so bezeichneten »Wasserturm« verursacht hat −, hat er Anweisung, die Frau aufzuwecken, die sofort ausrufen muß, wie schön die Erektion sei, wie groß, gewaltig, einschüchternd, ehrfurchtgebietend, bombastisch, oder was sonst die Privatausdrücke ihrer Zweisamkeit sein mögen. Es ist wichtig, die Erektion mit Vorstellungen von Potenz, Männlichkeit, Macht und Ehrfurcht zu verbinden. Die Frau wird für die Kunstgriffe bei diesem Spiel instruiert.

Bestimmt ist es kein Zufall, daß eine Frau diese Technik ausgearbeitet hat. Es ist fraglich, ob ein männlicher Therapeut sich in unserem gegenwärtigen politischen Klima mit solchen Manipulationen hätte durchsetzen können. Man könnte die Rolle, die der Frau dabei zugewiesen wird, als entwürdigend empfinden. Auf der anderen Seite liebt die in Frage kommende Frau den Mann im allgemeinen und möchte die Beziehung wiederherstellen. Jene Sexualtherapeutin geht bei ihrer Arbeit von der Einsicht aus, daß es sich bei der Störung des Patienten um einen Zusammenbruch im System seines männlichen Stolzes und seiner Identität als Mann handelt, nicht nur um den seines Geschlechtsapparats.

Einer intelligenten jungen Frau muß man nicht erst sagen, daß sie nichts erreicht, wenn sie vom männlichen Geschlechtsorgan als einem »süßen, kleinen Pimmel« spricht, aber vielleicht ist eine kleine Vorwarnung doch angebracht. Auch wenn über den Penis von Paaren oft in der dritten Person gesprochen wird, sollte man die Sache nicht zu leicht nehmen. Er will geachtet sein. Er ist der große Knüppel. Er will in seiner Macht anerkannt und mit Ehrfurcht behandelt sein. Frauen, die sich freiwillig auf das Spiel einlassen, kennen die positive Reaktion der Männer auf vorgetäuschte Angst und Aussagen wie: »O Gott, du bringst mich ja um . . . das ist zuviel . . . er hat gar keinen Platz . . . er ist einfach zu groß . . . du machst mich wahnsinnig!« Es ist eine höchst eigenartige Sprache für die Liebe, aber oft notwendig für dieses lächerlich zerbrechliche Geschöpf, das männliche Tier, besonders in einer Gesellschaft, die ihm nie erlaubt hat, sich auf irgendeine andere Weise voll und ganz als Mann zu fühlen. Wenn eine Frau äußert, sie finde ihn »anbetungswürdig, auch wenn er klein ist«, so ist das unannehmbar. »Anbetungswürdig« ist nicht, was er sein soll, und das Wort »klein« versetzt den Mann in Panik, da er aller Wahrscheinlichkeit nach zu der Mehrzahl der Männer gehört, die sich nicht sicher ist, ob sie es in punkto physischer oder psychischer Potenz mit dem »Durchschnittsmann« aufnehmen kann, wer immer das auch sein mag.

Einige Erkenntnisse über die existentiellen Ängste, die die Sexualität stören können, sind besonderer Beachtung wert. Was sollte daran zum Fürchten sein, wenn man das Natürlichste der Welt tut: den Penis in die Vagina einer Frau einführen, um beiden Vergnügen zu bereiten und sie in einer der ältesten Urerfahrungen zu vereinen?

Traditionell haben die Psychoanalytiker jede Impotenz als das Resultat einer nichtgeglückten Überwindung des Ödipuskomplexes verstanden. Was ist damit gemeint? Es bedeutet einfach, daß die erste heterosexuelle Liebe im Leben eines Jungen seine Mutter ist. Wie bereits am Anfang dieses Kapitels beschrieben, rufen diese Gefühle eine Inzestfurcht hervor, die Freud als ein für die menschliche Gattung typisches, biologisches und genetisches Phänomen ansah. Der Junge kämpft mit dieser Furcht und versucht, seine gesamte Sexualität zu unterdrücken, aber unter der Last und dem ungeheuren Druck der Pubertät ist der Geschlechtstrieb so gewaltig, daß er nicht beherrscht werden kann. Es ist daher die Aufgabe des Kindes, seine sexuellen Gefühle für die Mutter auf ein anderes heterosexuelles Objekt zu übertragen. Zum Glück scheint das den meisten von uns ohne allzu große Schwierigkeiten zu gelingen. Einigen gelingt es jedoch nicht. Die Gründe dafür umfassen wieder eine Reihe komplizierter Gegebenheiten, die so unterschiedlich sind wie die impotenten Patienten, die aus ihnen hervorgehen. Was immer die Gründe sein mögen, man betrachtet eine gewisse Anzahl von ihnen als auf der ödipalen Ebene »fixiert« (festgehalten, in der Entwicklung stehengeblieben). Da für diese jungen Männer alle Sexualität Sex mit der Mutter bedeutet, führt sie zu wirklich panischer Angst.

Einige Männer bearbeiten das Problem, indem sie einen Komplex entwickeln, den Freud den »Madonna-Prostituierte-Komplex« genannt hat. Inzwischen tendieren wir dazu, den Begriff in einer Freud entgegengesetzten Weise anzuwenden. Freud sah die Mutter als die Hure (da sie mit dem Vater Geschlechtsverkehr hat). Heute sehen wir die Hure als die Alternative zur Mutter. Männer mit einem entsprechenden Problem betrachten die Mutter in ihrer guten, liebevollen Art als asexuelles Wesen. Sie gehen ihre Freundschaften und Ehen in der Regel mit Frauen aus ihrer eigenen »Klasse« und Bildungsschicht ein. Sie sind jedoch nur mit entehrten Frauen, also Huren, in der Lage, Sexualität zu genießen. Dieses Verhalten läßt sich als die Lösung ihres schrecklichen Konflikts verstehen, daß sie einerseits sexuelle Bedürfnisse haben, die sie andererseits nicht mit ihrer Mutter befriedigen wollen.

In jedem Fall ist das Ergebnis eine klar umrissene Konstellation, der der Psychiater häufig begegnet: Ein Mann, der Frauen in »anständige Mädchen« und »leichte Mädchen« aufteilt, der das anständige Mädchen heiratet oder sich sozial zu ihm hingezogen fühlt, aber bei ihr impotent ist, und der befriedigenden Geschlechtsverkehr nur mit »Huren« kennt, das heißt mit jeder Frau, die aus irgendeinem Grund unter seinem Niveau ist.

Die Variationen über dieses Thema sind ausgefeilt und vielfältig. Es gibt Männer, die mit ihren Frauen den Sexualakt zwar vollziehen *können,* ihn aber als formal und unbefriedigend empfinden. Ihre wahre Leidenschaft bleibt Affären vorbehalten. Per definitionem ist jede Frau bei einer solchen Affäre eine Hure. (Affären sind jedoch komplexer und dienen einer Vielzahl von Bedürfnissen; sie dürfen daher nicht immer nur als Befriedigung dieser einen Fixierung aufgefaßt werden.)

Oft kann der Mann mit seiner Frau nur Verkehr haben, wenn sie in unflätiger Sprache mit ihm spricht und sich gänzlich unmütterlich und unweiblich benimmt. Eine verbreitete Variante dazu ist das Durchspielen sadomasochistischer Situationen. Das Spiel kann die totale Demütigung oder die einfache Unterwürfigkeit des Mannes zum Inhalt haben. Übertragen gesprochen, befriedigt es die inzestuösen Bedürfnisse des Mannes, während er vorgibt, sie zu verleugnen: Nein, nein, sie ist nicht die Mutter, denn sie ist sexy, verwendet unflätige Wörter, kleidet sich wie eine Hure, malt sich die Brustnippel rot an und was es sonst noch gibt. Doch, ja, sie ist die Mutter, da er wieder in die frühe Kindheit zurückgekehrt ist, als die Mutter die geliebte Tyrannin war, die Spenderin und Zerstörerin aller Lust. Dieses Sexualspiel vermeidet bestimmte fürsorgende Aspekte in der Erinnerung an die Mutter, während es das Drama der Macht, wie es in dieser Zeit erlebt worden ist, wiederholt.

Mit den Komplikationen und Raffinessen des Ödipuskomplexes ließen sich Bände füllen. Für Generationen von Psychoanalytikern war die Basis *aller* Neurosen, nicht nur der sexuellen Probleme, ein nichtüberwundener Ödipuskomplex. Ganz in der großartigen Tradition der Talmudisten, die Jahrhunderte auf die Auslegung der fünf Bücher Mose verwenden mußten, verbrachten die frühen Psychoanalytiker ihr Leben mit dem kleinen Gesamtwerk von Freud. Die Zahl der Variationen zum Thema Ödipuskomplex übersteigt daher die Zahl der Engel, die auf einer Nadelspitze tanzen können.

Das ödipale Dreieck besteht neben der sexuellen Fixierung des Jungen auf seine Mutter aus zwei weiteren Komponenten. Zusätzlich zum Verlangen nach der Mutter ist da das deutliche Bewußtsein von der Existenz des viel mächtigeren Vaters. *Ihm* gehört die Mutter. Um die Mutter − die an diesem Punkt für alle Frauen steht − zu erlangen, muß der Junge zum mächtigen Vater in Konkurrenz treten. Die Angst hat ihre Ursache deshalb nicht einfach in irgendeiner biologisch und genetisch bestimmten Inzestfurcht, sondern in dem in der Entwicklung gewonnenen, alltäglichen Bewußtsein, daß »eine Frau zu nehmen« bedeutet, sie einem anderen Mann wegzunehmen, der gewöhnlich durch den Vater, also einen mächtigeren Mann, symbolisiert wird. Eine andere wichtige Variable in diesem Zusammenhang stellt die Tatsache dar, daß Sexualität zu einem konkurrenzorientierten Phänomen wird, das den einen Mann gegen einen mächtigeren zweiten antreten läßt.

Die schreckliche Angst vor dem rächenden Vater führt direkt zur Kastrationsangst, von der man annimmt, daß sie aller Impotenz zugrunde liegt. Wenn man den eigenen Knüppel dazu verwendet, eine Frau zu erobern, wird ein Mann mit einem größeren Knüppel kommen, einen kastrieren und so dieses Instruments berauben und einem darüber hinaus gar eine weibliche Rolle aufzwingen, indem er einen zu seinem homosexuellen Lustobjekt macht. Ein Gefühl des eigenen Ungenügens, aus welchen Gründen auch immer, führt in der konkurrenzorientierten Welt der Männer unter Umständen zum völligen Verzicht auf Frauen, um so jede Konkurrenz zu vermeiden.

Auch dabei treten alle erdenklichen Abwandlungen und Übertragungen auf. Manche Männer kennen das Gefühl der Erregung nur bei »unerreichbaren« Frauen oder bei Frauen anderer Männer. Ihre insgeheime Aneignung ist für sie eine Quelle der Lust und bietet ihnen die Möglichkeit, in verkleideter und sinnbildlicher Form ihre ödipalen Bedürfnisse auszuleben. Nähere Ausführungen zu diesem Thema finden sich vor allem in Freuds Abhandlungen mit dem eigentümlichen Titel *Beiträge zur Psychologie des Liebeslebens*[14].

Beim vorzeitigen Samenerguß spielt wieder eine andere Dynamik eine Rolle. Hier ist nicht das anhaltende Verlangen nach der Mutter, sondern eher die Furcht vor einer dominanten oder phallischen Mutter der primäre Faktor. Bei dieser Konstellation erlebt der kleine Junge eine dominante Mutter als den wichtigsten Ausgangspunkt der Macht. Manchmal konzentrieren sich die Ängste des Jungen nur auf ihre Geschlechtsteile als besondere Gefahrengegend, während die Frau in ihrer Gesamtheit weiterhin als schützend empfunden wird.

Dazu wurde in der Frühzeit der Psychoanalyse der Begriff »Vagina dentata« – »Vagina mit Zähnen« – geprägt. Die Vagina wurde als eine Stätte der Gefahr angesehen. Entsprechend kann die Kastrationsangst in folgende Vagina-dentata-Phantasie überführt werden: Der kleine Junge beobachtet, vielleicht bei seiner kleinen Schwester, das Fehlen eines Penis; er nimmt an, daß sie zunächst einen besaß, daß er aber wegen irgendeiner Gebotsübertretung von der mächtigen Mutter abgerissen worden ist. Daraus leitet er natürlich die Annahme ab, daß ihm dasselbe passieren könnte. Die Entwicklung dieser Theorie kann man im Original in Freuds faszinierender und brillanter Studie über den »kleinen Hans«[15] nachlesen.

Ein anderer Grund für die Angst vor der Vagina erklärt sich aus den verworrenen Vorstellungen des kleinen Jungen über die weiblichen Organe. Da die weiblichen Geschlechtsorgane nicht so leicht zu untersuchen sind wie die von Männern, haben viele Jungen — und bedauerlicherweise auch viele Mädchen — ein kloakenartiges Bild von der Scheide. Sie machen aus Anus, Scheide und Harnleiter eine große Kloake, die allen Zwecken dient. Sie sehen die Vagina daher als ein schmutziges Loch. Es liegt Ironie darin, daß eine ganze Generation von Männern mehr Angst davor hatte, ihre Zunge in die Scheide einer Frau als in ihren Mund zu stecken, obwohl der Mund oft die unhygienischere Körperöffnung ist.

Aus diesen und anderen Ursachen kann es dazu kommen, daß der Junge die Scheide als einen gefährlichen Ort ansieht, den er meiden muß. Diese Auffassung liegt dem Phänomen der *Ejaculatio praecox* zugrunde. Der angsterfüllte Mann muß, wie ein Dieb in der Nacht, schnell hinein und schnell wieder hinaus, bevor er entdeckt wird. Es bietet noch mehr Sicherheit, wenn er gar nicht erst eindringt.

Alles, was ein Verweilen in der Vagina gefährlich erscheinen läßt, kann zur vorzeitigen Ejakulation führen. Ein weiteres Beispiel: Die Vagina könnte das private Schatzgewölbe eines mächtigen Mannes sein, in das man nur unter großer Gefahr eindringt. Denken Sie an all die Mythen, Märchen und Legenden, die vom Eindringen in die Höhle des Riesen und dem Raub seiner Juwelen handeln. Der vorzeitige Samenerguß ist eine spezielle Methode, mit der Angst vor der Frau umzugehen, die immer noch als unschätzbarer Besitz empfunden wird. Der Mann löst dieses sexuelle Problem durch die beschriebene »Kompromißlösung«, indem er nur ganz kurz eindringt.

Die dritte bedeutende Kategorie von Impotenz wird durch die Don Juans vertreten, die in dem Ruf stehen, stundenlang ohne Anzeichen von Ermüdung oder Erschöpfung rammeln zu können. Diese Männer werden zu wenig verstanden und zu viel gepriesen. Sie leiden gewöhnlich unter einer verzögerten Ejakulation. Für solche Männer mit »gefühllosem« Penis entspricht der Samenerguß einem Verlust an Macht. Der Prototyp ist in der Geschichte von Samson und Dalìla beschrieben. Nur eine Frau ist in der Lage, einen zeugungsfähigen Mann impotent zu machen. Natürlich kann eine Frau jeden Mann »impotent« machen in dem Sinne, daß mehrere Ejakulationen ihn allmählich erschöpfen und seine Fähigkeit zu neuen Erektionen einschränken. Der völlig befriedigte Mann bekommt rein physiologisch Schwierigkeiten, weitere Erektionen zustande zu bringen. Wenn er jung und kräftig ist, kann er vielleicht zwei, drei hintereinander haben, aber nach drei Samenergüssen hat er seine Kräfte in der Regel »verausgabt«.

Die Vorstellung von der Auszehrung der Kräfte ist in der Kindheit sehr verbreitet. Ich kann mir da eine Szene aus meiner Jugend noch lebhaft ins Gedächtnis rufen. Ich schnüffelte gern auf dem Dachboden durch alte Bücher, auf der Suche nach irgendeinem Prickel, der meinen offenbar unstillbaren Hunger nach neuen Onaniervorlagen befriedigen könnte. Pornographie war, jedenfalls in unserem Haushalt, nicht zu haben. Softpornos, wie *Playboy* und *Penthouse*, mußten sich ihre Sporen erst noch verdienen. Harte Pornographie gab es durchaus — ich erinnere mich deutlich an ein Buch mit Illustrationen der sexuellen Abenteuer, welche Popeye und Olive Oyl erlebten, nachdem sie die Alltagsszenen der täglichen Comic strips absolviert hatten —, aber sie war schwer zu bekommen und eher für die High-School-Belegschaft reserviert. Wir armen Dreizehn- oder Vierzehnjährigen in der Frühpubertät waren auf die mageren Funde im *National Geographic* angewiesen, wo gelegentlich nüchterne Fotos barbusiger Eingeborener aus Afrika oder Australien abgedruckt waren. Im äußersten Notfall mußten wir uns sogar dazu herablassen, »geile« Wörter wie Vagina, Busen oder Vulva im Lexikon nachzuschlagen.

Eines Tages fand ich auf unserem Dachboden einen wahren Schatz, ein Buch mit dem Titel *Eugenik*. Es war voll von biologischen und anatomischen Illustrationen des menschlichen Körpers sowie von Erklärungen der »wissenschaftlichen« Natur körperlicher und geistiger Gesundheit und den Bedingungen, die sie fördern oder zerstören.

Mit Stichwortverzeichnissen vertraut, schlug ich gleich unter »Masturbation« nach. Zu meinem Entsetzen stieß ich dabei auf einen Absatz, in dem mit großer wissenschaftlicher Überzeugung erklärt wurde, daß die Masturbation das Rückenmark austrockne und letztendlich zu Wahnsinn und Blindheit führe. Ich hatte noch nie einen Wahnsinnigen gesehen, und der Begriff besaß für mich aufgrund gewisser Schauerromane, die ich gelesen hatte, eine romantische Qualität. Er hatte jedenfalls nichts Bedrohliches an sich. Bei der Blindheit sah die Sache allerdings vollkommen anders aus. Es gab mindestens zwei Blinde in unserer Umgebung, die mir immer als bemitleidenswerte Figuren erschienen waren. Danach brachte ich manche Stunde damit zu, mit verbundenen Augen auf dem Dachboden umherzugehen, um für mein, wie mir schien, unvermeidliches Schicksal zu üben.

Diese Art »wissenschaftlicher Erkenntnis« erwartet man vielleicht gerade noch von einem Buch aus dem neunzehnten Jahrhundert, nicht aber der modernen Welt. Dennoch ist die Vorstellung von der Auszehrung der eigenen Kräfte überall verbreitet. Sportler werden davor gewarnt, vor dem »entscheidenden Spiel« mit ihren Frauen oder Freundinnen zu schlafen. Verabredungen, Freundinnen und Frauen werden aus Trainingslagern verbannt, und wenn die Gerüchte stimmen, leben sämtliche italienischen Fußballmannschaften nach diesem Motto. Angesichts des kulturellen Hintergrundes italienischer Männer stellt das ein ernstes, geradezu religiöses Opfer zur höheren Ehre ihres Sports dar.

Bei der verzögerten Ejakulation wird das Sperma zurückgehalten. Sie ermöglicht dem Mann außerdem, mit einer Frau Verkehr zu haben — und sie zum Orgasmus zu bringen, was in seiner konkurrenzorientierten Sichtweise der Mann-Frau-Beziehung ihre Entmachtung bedeutet —, während er gleichzeitig seine eiserne Disziplin demonstriert. Je öfter er die Frau zum Höhepunkt bringt, um so größer ist seine Macht. Er bleibt dabei »cool« und hat alles unter Kontrolle. Dazu sollte bemerkt werden, daß auch Männer, die nicht unter verzögertem Samenerguß leiden, diese Phantasie oft aufregend finden. Der Mann gibt selbst den Samen nie ab und die Erektion nie auf. So behält er beides für sich.

Die Vorstellung von Sperma als männlichem »Brennstoff« oder Energieträger, den man nicht verbrauchen darf, ohne ihn zu ersetzen, ist für den Stamm der Sambia auf Neuguinea von zentraler Bedeutung. Die Sambia gehen dabei so weit, daß sie den jungen Novizen die Fellatio bei erwachsenen Männern auferlegen, um ihre Kraft durch diese zusätzliche Energiezufuhr zu stärken. Beim verzögerten Erguß wird nicht nur der Samen zurückgehalten, sondern der große Knüppel bleibt bestehen und fällt nicht zu dem ärmlichen und nutzlosen Anhängsel zusammen, das ein Mann normalerweise nach dem Beischlaf sein eigen nennt. Und schließlich wird der Mann, der unter verzögerter Ejakulation leidet, in seiner Selbsttäuschung von gewissen Frauen bestärkt, die seine Schwäche ebenfalls als Zeichen gesteigerter Potenz interpretieren — ein Superhengst.

Was immer ihre Ursache sein mag, Impotenz oder die Angst davor wird die Männer ihr ganzes Leben lang verfolgen. Wie entscheidend die Bedrohung der Hauptstütze männlichen Stolzes ist, wird auch durch die symbolische Bedeutung der Wörter für sexuelles Versagen nahegelegt. »Potenz« heißt wörtlich »Macht«. Impotent zu sein bedeutet, entmachtet zu sein, und für einen Mann, für den die Macht fast alles ist, bedeutet Impotenz die Gefahr, zur Unperson zu werden. »Impotenz« ist ein Begriff, der für Männer reserviert ist.

Bei Frauen verwenden wir ein anderes Wort. Und der Unterschied zwischen diesen beiden Wörtern ist eine aussagekräftige Metapher für den Unterschied in unserer Einstellung zu männlicher und weiblicher Sexualität. Eine Frau, die keine sexuelle Lust empfinden kann, wird als »frigide« bezeichnet. Damit ist impliziert, daß sie kalt, nicht mütterlich und unempfänglich ist. Ihr Problem wird nicht als Versagen ihrer Kraft gesehen, sondern als Zeichen von Zurückweisung und Liebesmangel. Oder, noch schlimmer, als totale Gefühlsarmut. Sie »verweigert« die Säfte, die den Liebesakt hegen und pflegen. Wie kommt es dazu, daß das Unvermögen, zu sexueller Lust zu gelangen, bei Männern als Versagen der »Kraft« verstanden wird, bei Frauen jedoch nicht? Die Antwort liegt in der Verknüpfung von Potenz und Aktvollzug, die beim Mann (und eben nicht bei der Frau) gegeben ist.

Ganz offensichtlich hat dieser Unterschied zwischen den männlichen und weiblichen Geschlechtsorganen zu entscheidenden Konsequenzen geführt. So, wie einerseits der Gegensatz öffentliche versus intime Natur der Genitalien unsere Kultur, unsere Einstellung und unser Verhalten prägt, hat andererseits natürlich auch diese Verknüpfung von Lust und Zeugungsfähigkeit ihren Einfluß auf uns. Einer »frigiden« Frau kann man zwar vielleicht das Gefühl geben, daß sie lieblos und gleichgültig, aber nicht unbedingt, daß sie machtlos ist. Es ist ein hoher Preis, aber nicht der gleiche Preis. Für einen Mann bedeutet sexuelles Versagen Impotenz auf allen Gebieten. Sexuelle Potenz ist gleich Macht ist gleich Männlichkeit.

Die Metaphern für Impotenz gehen weit über die sexuelle Arena hinaus. Alles, wodurch ein Mann auf irgendeinem Gebiet degradiert wird, kann dazu führen, daß er sich *sexuell*, auf der Ebene seiner Schöpferkraft, impotent fühlt. Umgekehrt tragen alle Hinweise auf sexuelle Impotenz dazu bei, sein Machtgefühl gegenüber anderen Männern in den Welten der außersexuellen Konkurrenz zu schwächen. Das System des männlichen Stolzes wird von seinem Machtgefühl regiert. Das wiederum wird von seiner Fähigkeit genährt, die fundamentale Rolle des Erzeugers zu erfüllen, die neben der des Beschützers und des Versorgers einen der drei Grundpfeiler des männlichen Egos darstellt. Das Tragische dabei ist, daß der männliche Stolz auf alle drei Pfeiler angewiesen ist und die Beschädigung auch nur eines dieser drei das ganze System zum Einsturz bringen kann.

Die schwindende Sexualität in der Lebensmitte, die oft mit dem schwindenden Einfluß im Arbeitsleben einhergeht, wird für viele Männer zu einem doppelten Schlag. Das ist einer der Gründe, warum das Bedürfnis, über die Lebensmitte hinaus und bis ins hohe Alter zu arbeiten, immer mehr als ein Grundzug des modernen Mannes betrachtet wird.

Kapitel 8

Arbeit: Der Mann als »Versorger«

Die Arbeit ist für den Stolz, die Selbstachtung, den Status und die Männlichkeit eines Mannes mindestens ebenso wichtig wie seine Potenz. Körperliche Einschränkungen — wie der plötzliche Verlust der Gehfähigkeit oder der Körperkraft — mögen sein Selbstvertrauen erschüttern. Das bedeutet jedoch nicht, daß sein Stolz auf diesen Eigenschaften beruht; eher handelt es sich dabei um die untergeordneten Attribute der Männlichkeit. Stolz basiert auf Arbeit und Leistung sowie dem daraus resultierenden Erfolg — und doch legen viele Männer heutzutage eine verworrene und widersprüchliche Einstellung zur Arbeit an den Tag. Dem modernen Mann »graut« es vor dem Montagmorgen; er zählt die Tage bis zum Urlaubsbeginn und schmiedet unentwegt Pläne für die Zeit nach seinem Rückzug aus dem Berufsleben. Fehlt es ihm jedoch an Arbeit, so neigt er dazu, sich abzukapseln und in Selbstverachtung und Niedergeschlagenheit zu versinken. In ganz anderer Weise als bei jedem anderen Lebewesen ist Arbeit für den Menschen Teil seiner Funktion — und doch sind wir uns nicht sicher, ob sie eine Pflicht oder ein Privileg ist.

Selbst Gott erscheint ambivalent. Als Adam sich dazu verstieg, ein freies, unabhängiges Geschöpf zu werden, lautete die Strafe, daß er hinfort sein Brot »im Schweiße seines Angesichts« selbst zu verdienen habe. Doch Adam war bereits *vor* seiner Verbannung aus dem Paradies Arbeiter. An zwei Stellen der Genesis nimmt Gott auf Adams Rolle als arbeitender Mensch Bezug — und zwar mit sehr viel wohlwollenderen Worten: ». . . denn Gott, der

Herr, hatte es auf die Erde noch nicht regnen lassen, und es gab noch keinen Menschen, der den Ackerboden bestellte.«[1] Einen Garten gab es überhaupt erst nach der Erschaffung Adams – und dieser Garten war als Gemeinschaftsleistung von Adam und Gott gedacht: »Gott, der Herr, nahm also den Menschen und setzte ihn in den Garten von Eden, damit er ihn bebaue und hüte.«[2]

Der Bibel zufolge wurde Adam »nach Gottes Ebenbild geschaffen«. Gott war also auch ein Arbeiter, und Seine Arbeit erforderte Energie, schwere Schufterei bis zur Erschöpfung – und verschaffte ihm Befriedigung: »Am siebten Tag vollendete Gott das Werk, das er geschaffen hatte, und er ruhte am siebten Tag, nachdem er sein ganzes Werk vollbracht hatte.«[3]

Die Verbannung aus dem Paradies und die Verurteilung zur Arbeit bedeuteten also nichts weiter, als daß Adams Tätigkeit von nun an mit Schmerzen verbunden sein würde. Die Arbeit als solche war nicht seine Strafe. Arbeit war und ist sein Adel. Arbeit unterscheidet den Menschen von allen anderen Lebewesen und verbindet ihn in schöpferischer Kraft mit Gott.

Tatsache ist, daß Tiere nicht arbeiten. Jene Aktivitäten, die wie Arbeit aussehen, sind mechanische, ihrem Organismus innewohnende Verrichtungen, die ausschließlich dem Überleben und der Arterhaltung dienen. Die Idee der Arbeit als Form der Kreativität existiert im Tierreich nicht.

Arbeitswissenschaftlern ist diese exklusiv menschliche Fähigkeit vertraut, und sie haben sich Gedanken über deren potentielle Bedeutung gemacht. Auch Papst Johannes Paul II. hob jüngst in seiner bislang vielleicht elegantesten und mitfühlendsten Enzyklika darauf ab:

»Und diese Arbeit ist eines der Merkmale, die den Menschen von allen anderen Lebewesen unterscheidet. Was diese tun, um ihr Leben zu erhalten, verdient nicht, als Arbeit bezeichnet zu werden. Zur Arbeit fähig ist einzig und allein der Mensch. Er allein leistet im wahren Sinne des Wortes Arbeit und erfüllt damit zugleich sein irdisches Dasein mit sinnvollem Gehalt. Von daher empfängt und trägt die Arbeit das Merkmal des Menschen und der Menschlichkeit, genauer gesprochen der in der Personengemeinschaft wirkenden Einzelperson. Dieses Merkmal offenbart deren innerste Beschaffenheit und macht geradezu deren Wesen aus.«[4]

Arbeit gilt somit als Bestandteil des wesentlichen menschlichen Lust-Mechanismus. Sie ist verknüpft mit einem erweiterten und gehobenen Selbstgefühl. Wer einzig und allein des Geldes wegen *freiwillig* eine Arbeit verrichtet, die ihm keinen Spaß macht, läßt sich auf einen wahrhaft schlechten Handel ein. Der typische Vertreter der Arbeiterklasse, der jeden sich ihm gerade bietenden Job annehmen muß, hat tragischerweise keine andere Wahl. Er denkt gar nicht darüber nach, ob die Arbeit ihn »erfüllt«, ihm irgend etwas »bringt« oder zu seiner »Selbstverwirklichung« beiträgt. Er wird Kumpel, weil er in einer Bergbaugemeinde lebt, geht auf den Bau, weil sein Vater auch schon auf den Bau gegangen ist, oder er wird LKW-Fahrer, weil sein Onkel in der Trucker-Gewerkschaft war und ihm Zugang zu dieser Gewerkschaft verschaffte. Der Durchschnittsarbeiter sieht in seiner Arbeit kein Vergnügen, sondern eine Vorbedingung dafür. Bei einer Wochenarbeitszeit von zwischen vierzig und sechzig Stunden ist dies eine erschütternde Einstellung.

Ich erinnere mich an meinen eigenen Vater: Er arbeitete zwölf Stunden täglich, und dies sechs Tage in der Woche. Er verabscheute seine Arbeit. Er hatte nie die Chance gehabt, aufs College zu gehen, und war Versicherungsvertreter geworden. Er brachte seine Familie sicher und sogar recht komfortabel durch die Weltwirtschaftskrise, während man in der Verwandtschaft auf die fünfzehn Dollar Arbeitslosenunterstützung pro Woche dringend angewiesen war. Die Lehre, die Vater seinen Söhnen mit auf den Weg gab, war folgende: Die Stunden der Schufterei in einem freudlosen Arbeitsverhältnis sind durch keine Summe Geldes und keinerlei käufliche Güter wiedergutzumachen. Wer Freude an der Arbeit gegen materielle Werte eintauscht, versündigt sich. Wer die Wahl hat und die falsche Entscheidung trifft, verkauft sein Geburtsrecht für ein Linsengericht.

Es erübrigt sich zu sagen, daß die meisten Männer das Privileg dieser Wahl nicht besitzen. Besonders tragisch ist es indessen, wenn man miterlebt, wie jene, die die Wahl haben, die Freude an einer lang ersehnten Tätigkeit für die Sicherheit, den Status und die Kaufkraft eines anderen Jobs verkaufen. Es gibt nur wenige wirklich wertvolle Dinge, die man mit Geld kaufen kann, darunter vor allem die Freiheit von den Schrecken der Armut und die Freiheit des Verzichts auf eine Art des Gelderwerbs, die man als unattraktiv empfindet. *Last not least* erwirbt man sich mit Geld das heilige Privileg der Zeit. Man kann Dienstleistungen bezahlen, die einen von weltlichen Dingen befreien, und gewinnt somit Zeit für die wahren Freuden des Lebens.

Arbeit ist Teil des Nährbodens, auf dem unser Ego gedeiht, das System unseres Stolzes, unserer Identität. Ich meine hier selbstverständlich nicht die knochenharte Plackerei, mit der der Urmensch in kargen Zeiten seine Familie vor dem Verhungern bewahren mußte — das ist die Mühe, die der Mensch mit den Tieren teilt. Es gilt hier »Arbeit« *(labor)* von »Tätigkeit« *(work)* zu unterscheiden. In der klassischen Trennung, die auf John Lockes zweite *Abhandlung über die Regierung* zurückgeht, ist die Rede von »der Arbeit unseres Körpers und der Tätigkeit unserer Hände«. Die Hände sind natürlich jene geschickten Instrumente, die viele edle Schöpfungen des menschlichen Geistes in die Tat umsetzen. Zu den traditionellen semantischen Definitionen des Arbeitsbegriffs aus der Zeit nach Locke gehört u. a. die brillante Analyse Hannah Arendts in ihrem Buch *The Human Condition*.

»Arbeit«, so Hannah Arendt, »erschafft kein bleibendes Produkt.« Die »Tätigkeit« in ihrer klassischen Definition bringt etwas hervor, nämlich das »Werk«. Es ist unabhängig vom unmittelbaren Überleben seines Urhebers und kann ihn seinerseits überleben.[5]

»Tätigkeit« ist nicht unbedingt notwendig; sie ist eine Beschäftigung, eine Form der Kreativität, ein besonderes Privileg des Menschen. Andere Lebewesen müssen sich ihre Nahrung beschaffen, vor Raubtieren fliehen, sich ihrer Umgebung anpassen, in weit entfernte Landstriche ziehen, Gänge und Baue graben, Nester bauen, Flüsse aufstauen, Bäume fällen – doch nichts von alledem ist »Tätigkeit«. Es gibt nichts Dauerhaftes und keine Wahlfreiheit. Alle Aktivitäten sind notwendige Voraussetzungen für den Erhalt der Art. Der einzige »Sinn« in der tierischen Existenz ist das Überleben. Das Huhn ist, wie einmal gesagt wurde, nur eine praktische Maschine zur Produktion des Eis, das wiederum ein Huhn zu produzieren imstande ist.

Wenn »Tätigkeit« die Menschheit auszeichnet und auf eine höhere Ebene stellt – wie verhält es sich dann mit den Anstrengungen und Schmerzen, die unvermeidlich auch dazugehören? Ich glaube, daß die Lust an der Tätigkeit nicht *trotz*, sondern *wegen* der schmerzlichen Begleitumstände existiert. Wahre Lust ist ein Wohlgefühl, ein Gefühl der Freude, ein gutes Gefühl, ein Gefühl der Befriedigung. Sie ist zunächst und vor allem ein *Gefühl* oder eine Emotion. Es gibt zwar unterschiedliche Formen, doch haben sie alle eine Grundeigenschaft gemeinsam: Alle lustfördernden Aktivitäten tragen unweigerlich zur Hebung, Erweiterung und Vergrößerung unseres Selbstgefühls bei. Lust stärkt und bereichert das Selbst.

Es gibt deutlich voneinander geschiedene Kategorien der Lust. Die Unterschiede liegen im Ursprung und in der Qualität. Einfache sensorische Lust – die Lust am Essen, an der Entspannung im Orgasmus, am Gestreicheltwerden – entspricht ziemlich genau den Lustempfindungen eines Tieres. Doch der Mensch zieht sogar bei derart einfachen Gefühlseindrücken auch schon aus Sekundärerscheinungen Lustgewinn. Die Freude, die er zum Beispiel bei der Naturbeobachtung empfindet – beim Anblick der mächtigen See, der majestätischen Bergwelt, der zierlichen Eleganz einer Blüte –, liegt nicht unmittelbar im Sehen, sondern in begrifflichen

Erweiterungen, die ebendieses Sehen in eine Wahrnehmung, ein Symbol verwandeln. Es gibt kein Tier, das beim Anblick eines Sonnenuntergangs oder der Abgründe des Grand Canyon von Ehrfurcht ergriffen würde. Bei ihm beschränkt sich die »Freude« wahrscheinlich auf den Anblick der Beute, den Geruch eines paarungsbereiten Geschlechtspartners und möglicherweise auf den Anblick des eigenen Nachwuchses. Das menschliche Auge *nimmt wahr* beim Sehen. Es integriert die einfache Sinnesempfindung mit einem Konglomerat aus Erinnerungen, Antizipationen, verwandten Ereignissen und symbolischen Bedeutungen.

Die Kategorie der Lust, die dem Wesensinhalt der Arbeit am nächsten kommt, besteht in einem Phänomen, das ich als »Meisterschaft« *(mastery)* bezeichne. Menschen lieben Fortschritt. Wandel und Wachstum bereiten uns Genugtuung. Unsere Freude an erfolgreichen Leistungen unseres Geistes entspricht in jeder Hinsicht jenem befriedigenden Gefühl, das die sportlichen Leistungen unseres Körpers hervorrufen. Ich bin keineswegs davon überzeugt, daß das Wesentliche der Arbeit die Herstellung eines Produkts ist. Was stellt denn ein Lehrer her, was ein Sozialarbeiter, was ein Arzt? Dennoch repräsentieren alle drei angesehene, erfüllende Bereiche der Arbeit. In einer zunehmend abstrakten Welt können Dienstleistung und Meisterschaft bei der Definition des Arbeitsbegriffs eine ebenso zentrale Rolle spielen wie die Herstellung eines Produkts. Die ureigene Natur der Befriedigung, die aus beiden Tätigkeiten gezogen wird, beinhaltet Anstrengung und Schmerz, das Gefühl: »Ich habe es geschafft.«

Es heißt, daß viele Männer heutzutage bei ihrer täglichen Arbeit dieses Gefühl der Meisterschaft, der erfolgreichen Vollendung eines »gut geratenen« Werks, nicht mehr erleben und daß diejenigen, denen dieses Glück noch beschieden ist, mehr und mehr in die Minderheit geraten. Statt dessen sucht man Befriedigung im Hobby, beim Sport oder durch verstärktes Engagement im außerberuflichen Bereich. Obwohl Spiele nicht die traditionelle Definition von Arbeit erfüllen, da sie kein Produkt hervorbringen, sind sie doch verbunden mit Anstrengung und Meister-schaft.

Ich liebe die Gartenarbeit – die ursprüngliche Tätigkeit Adams. Dabei geht es mir weniger um das Säen und das stille Glück der Pflege bis hin zur erfolgreichen Blüte – nein, mich reizt vor allem das Gröbere: Ich baue gern Gartenmauern, rode Buschland, kämpfe gegen widerspenstig Wucherndes, hacke, säge, stutze und schwitze, bis die Natur und ich in Widerstreit und Gemeinschafts-arbeit etwas geschaffen haben, das mir gefällt – einen Garten. Ich genieße diese Tätigkeit nicht *trotz*, sondern *wegen* meiner Schrammen und Schrunden, meines vergossenen Schweißes und meines schmerzenden Rückens. Mit der Vollendung der schwieri-gen Aufgabe habe ich mich selbst bewiesen und etwas für mein Selbstgefühl getan.

Man könnte nun darüber spekulieren, inwieweit sich der Stein-zeitmensch nun tatsächlich von den Tieren unterschied. Man könnte sagen, er arbeitete eben *nicht* um seiner selbst willen. Man kann sich gut vorstellen, daß er – wie bestimmte Tiere – seine gesamte Zeit auf die Sicherung des Existenzminimums verwenden mußte. Wenn wir auch die früheste Menschheitsgeschichte nie bis in ihre letzten Einzelheiten entschleiern werden, so sprechen doch alle neuen Informationen über jene Epoche dafür, daß die Men-schen in jener Zeit imstande waren, Arbeit zu finden und Beschäf-tigungen herzustellen. Wir Menschen finden Arbeit, weil wir die Aktivität und die sich daraus ergebende Befriedigung »brauchen«. Unsere Rechtfertigung der Arbeit ist nicht länger korrekt. Wir definieren die »Notwendigkeiten« des Überlebens inzwischen anders: Wir brauchen nicht mehr einen Schutz vor den Naturge-walten, sondern wir brauchen ein Haus, ein »anständiges« Haus wohlgemerkt. Was wir heute für »angemessen« halten, geht weit über die einfache Schutzfunktion eines Unterschlupfs hinaus.

Die spärlichen Belege aus dem Paläolithikum zeigen, daß der Mensch in jener frühen Zeit das Bedürfnis hatte, eine Vielzahl von

Dingen zusammenzutragen, die er nicht fürs Überleben, sondern für seine Vorstellungswelt, sein Verständnis von Status, Macht und Wohlstand oder ganz einfach ihrer Ästhetik wegen brauchte. Erst kürzlich verriet ein neuer Fund, daß sich der Mensch bereits vor zwanzigtausend Jahren – also zehntausend Jahre bevor er lernte, den Boden zu bearbeiten und wilde Tiere zu domestizieren – Ketten aus Tierzähnen und Klauen fertigte. Er stellte schmückende Artefakte her und legte sich Wohlstands- und Machtsymbole zu.

Belege für eine frühe Ästhetik gibt es ebenfalls. Die europäischen Höhlenmalereien bezeugen nicht nur die Vorstellungskraft des Menschen, sondern auch sein Bedürfnis, schöpferisch tätig zu sein und Dinge herzustellen, die ohne ein ästhetisches oder gar spirituelles Leben undenkbar sind und in keinem unmittelbaren Zusammenhang mit den physischen Überlebensnotwendigkeiten stehen. Die frühen Zeugnisse unserer künstlerischen Bestrebungen beweisen die Besonderheit unserer Art. Hier gibt es auf einmal ein Lebewesen, das sich unabhängig von der Sicherung des Existenzminimums und des Überlebens, ja oftmals sogar zu beider Nachteil, mit der *Bedeutung* der Existenz und dem *Sinn* des Überlebens beschäftigt.

Die ersten Nachfahren von Adam und Eva, jene primitiven afrikanischen Höhlenbewohner, die weder Werkzeuge noch den Gebrauch des Feuers kannten und weder den Ackerbau noch die Herstellung von Gerätschaften beherrschten, verwendeten möglicherweise all ihre Energie auf den mühevollen Überlebenskampf. Und dennoch gelang es ihnen in einer unglaublich kurzen Entdeckungsphase, technische Fertigkeiten zu entwickeln. Durch die Entwicklung dieser Techniken – durch den Einsatz von Händen und Verstand – schufen sie sich eine Existenz, die ihre Körper schonte. Der Mensch wurde, wie Benjamin Franklin es ausdrückte, zum »werkzeugherstellenden Tier«.

Es war eine höchst bemerkenswerte Entwicklung. Vorbild für den geschärften Stein, der in letzter Konsequenz das Schmieden von Metallwerkzeugen ermöglichte, mag eine Venusmuschel gewesen sein. Der merkwürdig gebogene Ast, der irgendwann einmal rein zufällig beim Ausgraben von Wurzeln und eßbaren Knollen gute Dienste geleistet hatte, wich schon bald präziseren Werkzeugen. Ein Stück Holz, das gekrümmt war wie ein Hebel und sich als solcher verwenden ließ, führte zur Herstellung eines Hebels und – in jenem großen Entwicklungssprung, der unsere Species ureigentlich definiert – zur Entdeckung des Hebel*prinzips*. Der Hebel ist die einfachste »Maschine«. Eine Maschine ist ein Mechanismus, mit dessen Hilfe eine größere Masse mit vergleichsweise geringer Kraft bewegt wird. Versuchen Sie einmal, eine Flasche mit bloßen Händen zu öffnen, und greifen Sie danach zum guten alten Flaschenöffner. Sie merken sofort, wie Ihre Kraft sich »verstärkt«. Die Entdeckung des Hebelprinzips öffnete das Bewußtsein für den Flaschenzug, die schiefe Ebene, die Schraube, das Rad und die Achse. Im Prinzip gibt es nur diese fünf einfachen Maschinen. Die gesamte komplizierte Maschinerie der modernen Physik besteht lediglich aus Variationen und Weiterentwicklungen dieser fünf Grundthemen.

Mit dem aufmerksamen, beobachtenden Blick seiner Augen entdeckte der Mensch im Laufe der Zeit auch das Verhältnis zwischen dem ausfallenden Samen und der wachsenden Pflanze. Er begriff, wie sich die nahrhaften Samenkörner züchten ließen, und erfand den Ackerbau. Das Stück Holz wurde zu diesem Zweck in eine primitive Hacke verwandelt. Der Mensch war auf einmal imstande, eine Kultur zu entwickeln, in der er zur Sicherung seiner Nahrungsgrundlage nicht mehr weit umherschweifen mußte; er konnte sie sich vielmehr in seinem eigenen Garten selber schaffen. Der außergewöhnliche Verstand des Frühmenschen funktionierte bereits genauso wie unser heutiger Forschergeist, mit dem wir immer tiefer in die Molekularstruktur der belebten Materie vordringen.

Die Horizonterweiterung durch die Entwicklung des Ackerbaus und die Domestizierung von Wildtieren war in keiner Beziehung weniger dramatisch als in unserer Zeit der Flug zum Mond und die Konstruktion von Venussonden. Die Zähmung und Zucht von Tieren erforderte dieselbe Zeit und Geduld, dieselbe Vorstellungskraft und Intelligenz, dieselbe Fähigkeit zur Sammlung, Synthese und Verwertung von Daten einschließlich der Probe aufs Exempel, bei der die richtigen Schlußfolgerungen von den falschen geschieden werden mußten. Die Menschen brauchten Tausende von Jahren, um herauszufinden, welcher Zusammenhang — sowohl bei ihnen selbst als auch bei den Tieren — zwischen Geschlechtsakt und Fortpflanzung besteht. Noch im zwanzigsten Jahrhundert gab es Eingeborenenstämme, die diesen Zusammenhang nicht anerkannten.

Die ersten domestizierten Tiere — Hunde, die dem Menschen bei der Verfolgung des Wildes halfen — wurden wahrscheinlich als eine Art lebendiges Werkzeug betrachtet. Im Hund konnte man die Fortführung ebenjener Intelligenz sehen, die Speere, Wurfspieße, Bogen und Pfeile ersonnen hatte. Früher oder später kamen die Menschen dann jedoch darauf, daß die mühevolle Jagd selber gar nicht mehr unbedingt erforderlich war. So wie sich der Hund domestizieren und dazu abrichten ließ, bei der Jagd nach dem Nahrungsmittel Tier zu helfen, so ließ sich das Nahrungsmittel Tier selbst domestizieren. Verglichen mit der Haustierhaltung, ist die Jagd unzuverlässig und verbraucht wesentlich mehr Energie. Im eigenen Hinterhof konnte man Schafe schlachten, Schweine braten und Kühe melken.

Der Mensch besaß noch andere Methoden, mit deren Hilfe er seine Herrschaft über das Tierreich erweitern und gleichzeitig sein eigenes mühevolles Los erleichtern konnte. Er konnte die Tiere nicht nur verspeisen, sondern ihnen auch Arbeiten aufbürden, die er zuvor selbst erledigt hatte. Der gekrümmte Ast, der zum Grabwerkzeug geworden war, verwandelte sich nun in einen Pflug, vor den man einen Ochsen spannte, der eigens zu diesem und ähnlichen Zwecken kastriert worden war.

All dies bereitete den Weg für ein theoretisch von körperlicher

Schwerarbeit freies Leben. Daß — und vor allem *warum* — es nicht soweit kam, wird im Zusammenhang mit dem Versuch, die Natur des modernen Menschen näher zu beleuchten, zur kritischen Frage. Gehen wir im Moment einmal davon aus, daß die Männer und Frauen nach all diesen Entdeckungen in der Höhle geblieben, also nicht gewissermaßen »aufstiegsorientiert« gewesen wären, sondern ihren alten, primitiven Lebensstandard beibehalten hätten. Angenommen, die Lebensumstände wären exakt die gleichen geblieben: Wir blieben in der Höhle, bauten uns keine Hütten — geschweige denn Städte —, machten keinerlei kulturelle Fortschritte, begehrten nicht mehr als der Löwe oder der Affe, arbeiteten nur, um zu essen, zu atmen, Wasser zu trinken und Schutz zu finden vor den Elementen. Nach der Entdeckung von Technik und Landwirtschaft hätten wir Menschen trotz des göttlichen Verdikts ein Leben ohne Schmerz und Anstrengung führen können. Aber die Geschichte des Menschen verlief anders. *Homo sapiens,* das ewig vorwärtsstrebende Tier, beharrte stets darauf, das Vorhergehende noch zu übertreffen, und er beharrt darauf bis auf den heutigen Tag. Er verließ die Höhle und zog in eine Schilf- oder Lehmhütte. Er verließ die Hütte und zog in einen primitiven Verschlag aus Holz oder Steinen. Später siedelte er in einen Palast über, der seinerseits sozusagen ein direkter Vorläufer der Kathedralen von Salisbury und Chartres war.

Die Geschichte der menschlichen Kultur wirkt geradezu pervers. Unablässig erweitert der Mensch die Definition dessen, was er für »lebensnotwendig« hält — »Leben« ist längst nicht mehr gleichbedeutend mit »Überleben«, sondern mit »gutem Leben«. Und indem er so handelt, erfüllt er die Prophezeiung, daß er sich sein Brot im Schweiße seines Angesichts erarbeiten muß. Die jungen Männer und Frauen, die heute, gelockt von Jahresgehältern von fünfundachtzigtausend Dollar in führenden Anwaltsbüros der Wall Street, an den juristischen Fakultäten der Eliteuniversitäten ihr Examen ablegen, werden für ihr Geld hart arbeiten müssen. Man wird sie rannehmen und siebzig bis achtzig Wochenstunden lang eine außerordentlich langweilige Tätigkeit verrichten lassen. Daraus entsteht eine Verzweiflung, die schon nach kurzer Zeit dazu führt, daß die überwiegende Mehrheit der jungen Leute ihren Beruf zu hassen beginnt und für Recht und Gesetz nur noch Zynismus übrighat. Nur einem kleinen Prozentsatz von ihnen wird die Arbeit wirklich Freude und Genugtuung bereiten. Die Mehrheit wird dennoch nicht ihren Beruf wechseln. Warum? Bei einigen wird es einfach so sein, daß sie in eine Falle geraten sind. Zu dem Zeitpunkt, da ihnen ihre unbefriedigende Lage bewußt wird, haben sie sich bereits an den Lebensstil und den Lebensstandard, dem sie sich verschrieben haben, gewöhnt und kommen nicht mehr von ihm los. Außerdem bringt die Überzeugung, auf diesem oder jenem Gebiet wirklich gut zu sein, durchaus einen gewissen Lustgewinn mit sich – selbst wenn das, worum es geht, als solches gar nicht lohnend ist. Schließlich entwickeln sie eher einen gewissen Stolz auf die Nebenprodukte ihrer Arbeit als auf die Arbeit selbst. Sie lernen Positionen, besondere Vorrechte und die Macht schätzen. Sie trösten sich mit dem Prestige ihres Berufs, freuen sich mehr an der Verpackung als am Inhalt und erreichen den Punkt, an dem sie den Flitter und das Flair des Erfolgs brauchen, ohne daß diese ihnen Substanz und Inhalt bieten könnten.

Hannah Arendt hat sich mit dieser intensiven Expansion unserer »Bedürfnisse« auseinandergesetzt und kam zu dem Schluß, daß es sich dabei um den integralen Bestandteil eines notwendigen *Arbeitsbedürfnisses* handelt. Die Quantität dessen, was wir konsumieren können, hat ihre Grenzen. Doch wenn wir fortfahren wollen, Dinge zu produzieren, *müssen* wir auch weiterhin konsumieren, vor allem angesichts eines unerschöpflichen Arbeitskräftereservoirs. Eine der Gefahren der Eliminierung physischer Mühsal aus der Arbeit bestand darin, daß damit für viele Menschen *jede* Beschäftigungsmöglichkeit verschwand. »Wie können wir den Verbrauch steigern, wenn wir bereits eine unbegrenzte Reichtums- und Güterakkumulation haben?« fragt Hannah Arendt. Die Lösung

»besteht darin, alle Gebrauchsgegenstände so zu behandeln, als wären es Verbrauchsgüter, so daß ein Stuhl oder ein Tisch mittlerweile so schnell verbraucht werden wie ein Kleid, und ein Kleid fast so schnell aufgebraucht wird wie ein Lebensmittel. (...) Die Industrielle Revolution hat das schöpferische Handwerk durch Arbeit ersetzt, was zur Folge hatte, daß in der modernen Welt alle Produkte Arbeitsprodukte geworden sind, deren natürliches Schicksal darin liegt, *ver-*, anstatt wie Handwerksprodukte *ge*braucht zu werden.«[6]

Das Zitat erklärt im wörtlichen wie im übertragenen Sinn das, was wir meinen, wenn wir sagen, daß wir heute in einer Konsumgesellschaft leben. Aus der Schlacht zwischen dem *Homo faber* (dem Menschen als Handwerker) und dem *animal laborans* (dem Menschen als Arbeiter) ging das *animal laborans* als Sieger hervor. Wir leben in einer Wegwerfgesellschaft. Alles dient nur dem Verbrauch, nichts wird bewahrt – eine Praxis, für die wir allerdings einen sehr hohen Preis bezahlt haben. Wir haben unsere normale Tätigkeit in Arbeit verwandelt. Niemand mehr führt eine Sache, die er begonnen hat, auch zu Ende. Wir produzieren kleine Stücke, führen kleine, präzise Arbeitsschritte aus, um Dinge herzustellen, die in Wirklichkeit völlig wertlos sind. Wir leben in einer Welt der Papierhandtücher, der Papierwindeln, des integrierten Schwundes, und dabei haben wir es geschafft, unseren Stolz auf das Geschaffene und unsere Freude am Tätigsein zu zerstören. Dies wiederum führte zu einer generellen Trivialisierung der Arbeit.

Bei der Degradierung der Arbeit sind wir in vielen Industriebetrieben so weit fortgeschritten, daß der Roboter, unser eigenes Produkt, mittlerweile leistungsstärker ist als wir selbst. Mit dem Einsatz von Robotern an den Fließbändern mag ein neues Zeitalter beginnen: Die Menschheit wird von jener zerstückelten Arbeit befreit, bei der Ganzes aus Teilen zusammengefügt wird. Noch sind wir jedoch nicht so weit. Vielmehr exportieren wir jene Art von Arbeit in die Entwicklungsländer und lassen sie dort von weniger privilegierten Menschen verrichten. Wir schließen unsere Stahlwerke, verkürzen unsere Fließbänder und importieren statt dessen immer mehr Waren aus Ländern, die ein oder zwei Generationen hinter uns herhinken und in deren Fabriken entsprechend schlechte Arbeitsbedingungen herrschen. Und dennoch suchen die meisten nach einer Tätigkeit, ja, sie brauchen sie.

Wir richten unsere Wirtschaft zunehmend auf technische Ziele aus, was immer besser ausgebildete und technisch versiertere Arbeitskräfte erfordert. Das ist nichts Neues; gewiß hat es in den vielen Generationen unserer Entwicklung, deren es bedurfte, um uns aus den Höhlen ans Licht der Sonne zu bringen, immer wieder ähnliche Entwicklungen gegeben. Allerdings gingen die Veränderungen wohl kaum jemals so schnell vonstatten wie heute unter den Bedingungen der modernen Verdichtung der Zeit. Während der gesamten Menschheitsgeschichte gab es immer Handwerker und Künstler, die eine sinnhaltige Tätigkeit ausübten. Es gab eine Zeit, da die Bauern tätig waren, anstatt einfach nur zu arbeiten. Zwar stellten sie Verbrauchsgüter her, doch waren diese nicht für sie selbst, sondern für andere bestimmt. Sie errichteten Höfe, die über ihre Lebenszeit hinaus Bestand hatten. Gewiß gab es Zeiten, in denen ihr Tun äußerst hart und beschwerlich war, zum Beispiel im neunzehnten Jahrhundert, einer Epoche besonders krasser, nach unseren heutigen Vorstellungen geradezu abscheulicher Klassenunterschiede.

Und doch besaß die Tätigkeit des kleinen Bauern in ihrer Art eine gewisse Noblesse. Es ist gut, die Saat auszubringen, sie zu pflegen, sie wachsen zu sehen, sie zu ernten, die Spreu vom Weizen zu sondern, ein Produkt von ideellem und materiellem Wert herzustellen. Es ist gut, den Weizen zur Mühle zu tragen, Mehl daraus zu mahlen, es mit Hefe und Wasser zu mischen und daraus Brot zu backen. Es ist gut, Nahrung zu schaffen und, von den Rohstoffen ausgehend, sinnvolle Produkte herzustellen. Es war gut für den Handwerker, der in seiner Werkstatt einen Stuhl oder eine Bank, einen Tisch oder, eleganter noch, eine Geige oder ein Cello fertigte – Dinge, von denen er wußte, daß sie anderen zur Freude gereichten, nach dem Tode des Benutzers an den nächsten vererbt würden und auf diese Weise eine Art kulturübergreifende Unsterblichkeit gewannen.

Es liegt nicht in meiner Absicht, die Arbeit in früheren Kulturen zu romantisieren. Niemand von uns wäre in der Feudalzeit gerne in die Haut eines Leibeigenen geschlüpft. Es gab immer Arbeiter, und der überwiegende Teil der Menschheit pflegte während jener Epoche auch nur zu arbeiten. Die Entstehung einer besseren Gesellschaft mit größerer Gleichberechtigung hätte nun eigentlich zu einer größeren Umwandlung von Schwerarbeit in Tätigkeit führen sollen, anstatt das genaue Gegenteil zu bewirken. Die Art und Weise, wie wir für den Erwerb und die Vergeudung all jener Kunstprodukte und Kinkerlitzchen, deren einziger Zweck in der Befriedigung von Statusbedürfnissen liegt, mit unseren Kräften Schindluder treiben und dabei alles kreative Tun, die wahre Quelle des Stolzes, in simple Arbeit verwandeln, kann einen sehr traurig stimmen.

Die Bedingungen, unter denen eine unbefriedigende Arbeit stattfindet, sind für alle gleich, betreffen gleichermaßen den Privilegierten wie den Entrechteten und Männer ebenso wie Frauen. Gerade weil sich der Arbeitsmarkt heute aus Männern *und* Frauen zusammensetzt, wäre es doppelt tragisch, wenn wir nicht imstande wären, wenigstens einige jener den Stolz fördernden Aspekte der Arbeit wiederherzustellen.

Die Antwort auf unbefriedigende Arbeit lautet nicht: überhaupt nicht mehr zu arbeiten. Freizeit, das ist bekannt, lindert zwar den Arbeitsstreß, ersetzt aber nicht die befriedigenden Aspekte einer schöpferischen Tätigkeit. Gewiß, dem von den Zwängen des Geldverdienen-Müssens Befreiten bietet sich gemeinhin eine Fülle von freiwilligen Arbeitsaktivitäten. Doch die Erfahrungen mit Rentnern sind alles andere als ermutigend: Für viele Menschen ist der Ruhestand nur eine andere Form der Agonie.

Für *Männer* ist unbefriedigende Arbeit allemal noch besser als überhaupt keine Arbeit. Sie ist lebensnotwendig. Mit ein bißchen Glück verschafft sie dem Betroffenen auch ein gewisses Maß an Freude über seine »Meisterschaft«. Und anders als bei der Frau erfüllt sie beim Mann auch noch einen dritten Zweck: Sie definiert seine Männlichkeit. Die Arbeit mag ihm nicht den geringsten Spaß machen, ja, es mögen sogar alternative Einkommensquellen verfügbar sein (zum Beispiel eine arbeitende Ehefrau) – der untätige Mann wird sich stets als unvollkommener Mann sehen. Sein Ego, sein ureigenstes Selbst, verlangt von ihm, daß er seiner Versorgerrolle gerecht wird. Die zunehmend größer werdende Kluft zwischen der realen Welt und dem Bild des Mannes von sich selbst erfordert unsere Aufmerksamkeit. Wir müssen den männlichen Stolz von der Arbeiterrolle abkoppeln, indem wir alternative Strukturen schaffen, die es dem Mann ermöglichen, sich unabhängig von seiner Geldverdienerrolle als »Versorger« und Wohltäter zu sehen. In primitiven Gesellschaftsformen wurde der nicht mehr arbeitende ältere Mann oft hoch verehrt und respektiert – als Vorbild, als Lehrer, als Weiser. Die Alten waren der Hort des Wissens, sie gaben ihre Fähigkeiten und Fertigkeiten weiter – bis das geschriebene Wort diese ihre Funktionen überflüssig machte. Für den Mann, der infolge seines Alters oder der gesellschaftlichen Umstände keine Arbeit mehr hat, müssen daher neue Aufgaben gefunden werden, auf die er stolz sein kann. Männer brauchen Arbeit. Erzwungene Untätigkeit und die symbolische Bedeutung von Ruhestand und Arbeitslosigkeit lassen sie verkümmern und verzweifeln.

In den frühen Tagen der Sozialgesetzgebung mit dem Ziel, die Leiden der alten Menschen zu lindern, entstand der Gedanke eines staatlich garantierten Ruhestandes. In Deutschland entwickelte sich das Prinzip der sozialen Sicherheit um die Wende vom neunzehnten zum zwanzigsten Jahrhundert. Damals beschloß man, den optimalen Zeitpunkt für das Ausscheiden aus dem Berufsleben mit dem Durchschnittsalter der altersbedingten Berufsunfähigkeit gleichzusetzen. Als die ersten deutschen Sozialgesetze verabschiedet wurden, lag das Durchschnittsalter der altersbedingten Berufsunfähigkeit bei fünfundsechzig Jahren. Die Einführung des Pensionsalters von fünfundsechzig war also nicht willkürlich gewählt, sondern beruhte auf statistischen Erhebungen.

Als in den dreißiger Jahren in den Vereinigten Staaten die Sozialgesetzgebung unter dem Einfluß des New Deal Gestalt annahm, erschien die Altersgrenze von fünfundsechzig ebenfalls durchaus angemessen. Niemand konnte damals die enormen Fortschritte der Medizin voraussehen, die sich in der Zeit nach dem Zweiten Weltkrieg endgültig von einem eher fürsorglichen und trostspendenden Gewerbe in eine wahrhaft lebensrettende Profession verwandelte. Der medizinische Fortschritt führte zu einer grundlegenden Verschiebung der Voraussetzungen und zu einem Konflikt zwischen der Alterswirklichkeit und dem Prinzip der Altersgrenze – mit dem Ergebnis, daß sich die Sozialgesetzgebung des New Deal auf diesem Sektor allmählich als kontraproduktiv erwies.

Wir haben heute nicht nur eine höhere Lebenserwartung, sondern wir bleiben auch wesentlich länger gesünder und »jünger« als früher. Wollten wir heute eine Pensionsgrenze einführen, die sich am Durchschnitt der altersbedingten Berufsunfähigkeit orientierte, so läge diese bei *zweiundachtzig* Jahren! Daraus ergeben sich zwei Probleme: erstens die enorme Belastung des jüngeren Teils der Bevölkerung, der für die Aufrechterhaltung der Altersversorgung arbeiten muß, durch die Älteren. Und zweitens die sogenannte »Freifahrt« jener noch vitalen, arbeitsfähigen Rentner, die ebenfalls von den jüngeren Tribut fordert.

Ältere Studien über Männer im Ruhestand erbrachten einige recht unerwartete Ergebnisse. Die Befreiung von den Lasten des modernen Arbeitslebens führte keineswegs zum allgemeinen Aufblühen der Betroffenen. Sehr viel wahrscheinlicher war, daß Depression und Verzweiflung das Schicksal des nun untätigen Mannes bestimmten – es sei denn, es gelang ihm, sich ein neues

214

Betätigungsfeld zu schaffen. Manch einer fand es im Spielen. Wer genug Geld hatte, konnte sich nun auf die »Tätigkeit« des Golf-spiels zurückziehen – eine der erregendsten und anspruchsvoll-sten Herausforderungen.

Frauen dagegen kamen im Ruhestand erheblich besser zurecht. Für die meisten von ihnen änderte sich ohnehin nicht viel. Sie wurden nicht in die »Freiheit« des Ruhestands entlassen, da sie für ihre Arbeit nie bezahlt oder gelobt worden waren. Sie machten einfach weiter wie vorher – kochten, wuschen, kümmerten sich, wenn nicht mehr um den eigenen Nachwuchs, so eben um die Enkelkinder oder sorgten für den kränkelnden Partner oder die siechen Eltern.

Arbeit dieser Art war wohlgemerkt niemals in sinnlose Teil-funktionen aufgespalten. Die Frauen verbanden in ihrem Tun Arbeit und Tätigkeit. Hätte ich die Wahl, entweder Mutter zu sein oder Fließbandarbeiterin (oder meinetwegen auch Kinderärztin, die den lieben langen Tag damit verbringt, kerngesunde Babys und ab und zu mal ein Kind, das nichts weiter braucht als eine normale Antibiotikabehandlung, zu untersuchen) – ich würde mich ein-deutig für die Mutter entscheiden. *Vorausgesetzt* (und auf diese Voraussetzungen kommt es an!), ich verdiente ebensogut, man zollte mir die gleiche Anerkennung und den gleichen Respekt, und meine Machtposition bliebe unverändert.

Als die feministische Revolution noch in den Kinderschuhen steckte, gingen die Frauen davon aus, daß der Arbeit der Männer zumindest teilweise etwas Edles, Nobles innewohne, und begehr-ten ihren Anteil an diesem Arbeitsmarkt. Allerdings dachten die intellektuellen Anführerinnen der Bewegung dabei an Betätigun-gen, die *ihren* Möglichkeiten entsprachen, sahen sich als Senato-rinnen, Richterinnen, Chefredakteurinnen, Chirurginnen. Der Durchschnittsmann schuftete hingegen in Stahl- und Bergwerken oder sortierte Briefe bei der Post. Und genau dieser Arbeitsmarkt wird inzwischen zunehmend von Frauen besetzt. Die Frauen sind also – welche Ironie! –, nachdem sie nun endlich ihre Freiheit erlangt haben, so frei, daß sie ausgerechnet in jene Bereiche des Arbeitsmarktes vordringen, die für die meisten Männer längst jeden Reiz verloren haben.

Selbst aus einer Tätigkeit, die zu sinnentleerter Schufterei degeneriert ist, schöpfen Männer noch ein gewisses Maß an Selbstachtung. Sie finden Mittel und Wege, selbst reinen Routinearbeiten noch eine gewisse Bedeutung beizumessen. Einmal wurde ich Zeuge, wie ein Lieferwagenfahrer, dessen Fahrzeug unsachgemäß beladen war, sich mit kaum verhohlenem Stolz darüber beklagte, daß das System während seines Urlaubs »zusammengebrochen« sei. »Herrgott noch mal! Wissen die denn nicht, daß ich das Weizenmehl *vor* dem Roggenmehl rausholen muß?« Ja, ein wenig Stolz verbleibt allemal, doch ist die Schutzschicht, die das ureigenste Selbst bewahrt, oft nicht mehr als ein dünner Firnis.

Der verbliebene Stolz beruht im übrigen größtenteils nicht so sehr auf der Arbeit als solcher, sondern auf der Tatsache, daß man noch immer der »Versorger« ist, also seiner männlichen Verantwortung gegenüber Frau und Kindern gerecht wird. In der Stammesgesellschaft, die wir alle erst kürzlich hinter uns gelassen haben, war die Rolle des Mannes klar: Er mußte ein mutiger, kühner Krieger sein – und ein »Versorger«. Kraft und Tapferkeit mußten mit Wohltätigkeit, Großzügigkeit und Dienst an der Allgemeinheit verbunden sein.

Für die Rolle des Kriegers gibt es in der modernen Gesellschaft kaum ein direktes Äquivalent, die des Versorgers hingegen ist klar umrissen. Männer arbeiten für den elementaren Lebensunterhalt und zur Erfüllung ihrer Wünsche und Bedürfnisse. Jene Wünsche und Bedürfnisse sind Teil eines Ego-Mechanismus aus Status, Konkurrenz und dem Aufbau eines Selbstwerts. Vom arbeitenden Mann wird zwar nicht mehr verlangt, daß er buchstäblich auf die Jagd geht, doch daß er für seine Familie »die Brötchen verdient«, setzt man nach wie vor voraus. Und obwohl er diese Verantwortung in wachsendem Maße mit Frauen teilt, ist seine Rolle als »Brötchenverdiener« nach wie vor von zentraler Bedeutung für seinen männlichen Stolz. Im Verlust des Arbeitsplatzes werden Männer stets ein Versagen des innersten Selbst sehen. Ein Mann, der im Beruf »versagt«, versagt auch in seiner fundamentalen »Versorgerrolle«. Seine Angst vor einem derartigen Versagen entspricht dem Horror, der den Mann in früheren Gesellschaftsformen überkam, wenn er merkte, daß seine Nahrungsreserven zur Neige gingen. Dabei droht ihm mehr als nur Not und Elend — er sieht sich gedemütigt. Obwohl die meiste Arbeit zu reiner Plackerei verkommen ist — einer Jagd ohne Jagdruhm —, führt ihr Verlust nicht nur zu Angst und Entsetzen. Der Verlust des Arbeitsplatzes ist nicht nur ein finanzieller Rückschlag, sondern auch ein Schlag gegen die Selbstachtung und den Stolz — und wenn nicht den Stolz auf die Arbeit als solche, so doch den Stolz darauf, ein arbeitender Mensch zu sein.

Daß Menschen Hunger leiden, lassen wir im Amerika des ausgehenden zwanzigsten Jahrhunderts weitgehend nicht mehr zu: Arbeitslosenversicherung, Sozialhilfe und diverse private und regierungsamtliche Wohlfahrtsorganisationen tragen im allgemeinen dafür Sorge, daß der Arbeitslose und seine Familie nicht zu hungern brauchen, wenngleich es natürlich immer einige gibt, die durch die Maschen des sozialen Netzes fallen. Und doch sah man während der Rezession zu Beginn der neunziger Jahre im Fernsehen sehr prägnante Bilder von beschäftigungslosen Stahl- und Bergarbeitern, denen die nackte Angst ins Gesicht geschrieben stand, weil sie sich in Fabriken, die durch effizienter wirtschaftende Konkurrenzunternehmen in Bedrängnis geraten waren, urplötzlich nicht mehr gebraucht sahen und sich nutzlos vorkamen. Aus den Augen dieser einfachen Arbeiter sprach eine Verzweiflung, ja eine Demütigung, die niemand von uns, die ihre durch die Medien öffentlich gemachte Beschämung miterlebten, leicht vergessen wird.

Was diese Arbeiter verloren hatten und worüber sie trauerten, war gewiß nicht die *Lust* an der Arbeit. Die Kumpel in den Hügeln von Kentucky und die Stahlarbeiter in den Fabriken von Gary/

217

Indiana hatten erbärmliche Jobs. Ihre harte Knochenarbeit machte ihnen keinen Spaß. Die Arbeitslosigkeit, die sie de facto von schweren Belastungen befreite, raubte ihnen, so wie sie es sahen, ihre Männlichkeit. Daß unabhängig davon, ob der Mann arbeitete oder nicht, noch genug Brot im Haus war, spielte keine Rolle; es war sein *Beruf*, für den Lebensunterhalt seiner Familie zu sorgen. Sein Stolz, seine Identität, seine Männlichkeit, sein Ego — alles drehte sich darum, daß *er* die Brötchen verdiente.

Die Rolle des Versorgers und die Bedeutung der Arbeit sind in modernen psychologischen und soziologischen Untersuchungen über die Unterschiede zwischen den Geschlechtern eher stiefmütterlich behandelt worden. Dabei gibt es bis heute deutliche Unterschiede in ihrer jeweiligen Signifikanz für Frauen oder Männer. Das Versorgen ist eine männliche Form des »Bemutterns«, der Fürsorge für den Nachwuchs. Arbeiten ist die männliche Form des Stillens.

Die Aufgabe des Mannes in seinen Rollen als Beschützer und Versorger besteht darin, in einer spezifisch männlichen Art und Weise für den Schutz der Hilflosen und Abhängigen »Sorge zu tragen«. Zwischen der Fürsorge des Mannes und der der Frau läßt sich eine deutliche Trennungslinie ziehen: Die Frau kümmert sich um das neugeborene Kind unmittelbar; sie gibt ihm Liebe, Wärme, Nahrung, Zärtlichkeit, Teilnahme. Die »Fürsorge« des Vaters ist eine Stufe distanzierter, entfernter, territorial, nicht so direkt und unmittelbar. Der Mann in seiner Eigenschaft als Krieger sorgt dafür, daß das hilflose Kleinkind in sicherer Umgebung aufwächst; der Mann als Jäger sorgt dafür, daß es genug zu essen bekommt.

Mit dem Bedeutungsverlust der Kriegerrolle in unserer Gesellschaft verlagerte sich die Last der Männlichkeit mehr denn je zuvor auf den Ernährer und Versorger. In der Tat nehmen die meisten Männer ihre Arbeit außerordentlich ernst. Die meisten von uns erwerben durch Arbeit Geld, und Geld spielt im Leben des Durchschnittsmenschen eine ganz wesentliche Rolle. Mit Geld werden die Rechnungen bezahlt. Ohne die Ware Geld ist das Überleben in der zivilisierten Gesellschaft unmöglich.

Geld dient allerdings nicht allein dazu, Rechnungen zu begleichen, und es umfaßt auch weit mehr als nur die Beschaffung von Unterkunft und Verpflegung. Geld ist das universale Tauschmittel, mit dessen Hilfe wir etwas, das wir tun oder besitzen, in etwas verwandeln, das wir haben wollen. Und unsere Wünsche übersteigen bei weitem die Erfüllung der elementaren Grundbedürfnisse. Macht, gesellschaftliche Stellung, Status und das, was wir im Kreise unserer Mitmenschen darstellen – alles hängt mittelbar oder unmittelbar mit Geld zusammen. Geld ist Macht. Mit Geld läßt sich alles kaufen – von Sex bis hin zum öffentlichen Amt. Geld ist das wahre Werkzeug der Macht, und das anschwellende Bankkonto ist in letzter Konsequenz ein phallisches Symbol.

Der Beruf verleiht den Erfolgreichsten unter uns eine besondere Macht und einen besonderen gesellschaftlichen Status. Wir haben die Ausschmückungen und den Gebrauch dieser Macht ins Extreme übersteigert – in einer Weise, die in einer Jäger-Gesellschaft geradezu lächerlich wirken würde. Längst arbeiten wir mehr für die Befriedigung von Statusbedürfnissen als für die reine Existenzgrundlage und zahlen in Form von vorzeitigen Sterbefällen durch Bluthochdruck, Herzkrankheiten und andere streßbedingte Phänomene einen gewaltigen Preis dafür. Wir können unsere Männlichkeit nicht mehr unmittelbar in der biologisch angenehmsten Form unter Beweis stellen – wir können nicht mehr um die Macht »ringen«; wir haben keine Rituale mehr, die uns für jedermann sichtbar als »erfolgreich« klassifizieren. Die internen Erfolgskriterien sind in einer aufstiegs- und leistungsorientierten Gesellschaft, in der jede erreichte Karrierestufe nur schon wieder die nächste erreichbare ins Blickfeld rücken läßt, kaum zu erfüllen. Wir treiben uns dazu, mehr und mehr Dinge anzuhäufen, die völlig nutzlos und unbrauchbar sind und deren Hauptzweck in dem verzweifelten Versuch liegt, vor aller Welt und vor uns selbst unsere Identität als machtvolle männliche »Versorger« zu demonstrieren.

Ein Mann, der seine Arbeit — egal welche — verliert, sieht sich sowohl mit der Angst vor dem Verlust der Existenzgrundlage als auch mit dem Schuldgefühl, in einer seiner Hauptverantwortlichkeiten versagt zu haben, konfrontiert. Wenn ein Mann seine Arbeit verliert oder auch nur den beruflichen Aufstieg nicht schafft, kann dies als Zeichen von Impotenz interpretiert werden. Seine Selbstachtung und sein Selbstvertrauen werden beschädigt; Depressionen und Selbstmord können die Folge sein. Männer verüben in unserer Gesellschaft Selbstmord so gut wie immer wegen erlittener sozialer Demütigungen, die fast ausschließlich auf geschäftlichen Mißerfolgen beruhen.

Ein Mann kann sich für einen Versager halten, obwohl er nach allen Kriterien seiner Umwelt offensichtlich ein »Erfolgsmensch« ist. Wir alle leben in einer Welt, die wir uns selbst geschaffen haben; die einzige Realität ist jene, die wir durch die trügerische und verzerrende Brille unserer Imagination wahrnehmen. Ein Mann besitzt fünfzig Millionen Dollar. Na, und wenn schon: War er zuvor eine Milliarde Dollar schwer und hat er den Zusammenbruch seines Wirtschaftsimperiums hinter sich, so kann es durchaus sein, daß er sich erniedrigt und verarmt vorkommt und sich für einen »wirtschaftlichen Versager« hält. Und das, obwohl ihm seine fünfzig Millionen ohne weiteres ein Einkommen von drei Millionen pro Jahr bescheren können, was weit mehr ist, als sich die meisten von uns für ihr ganzes Leben erträumen können.

Ich habe solche Männer behandelt und mich intensiv mit ihren Depressionen auseinandergesetzt. In depressiven Phasen sehen sie sich buchstäblich als völlig macht- und mittellos. Sie weinen, wenn sie daran denken, wie die Zeitungen ihren Ruf ruinieren und sie erniedrigen werden. Sie jammern bei dem Gedanken an den Hunger — ja, Hunger! —, der ihre Kinder bedroht. Ich kann mich an mindestens ein halbes Dutzend Patienten (ausnahmslos Männer) erinnern, die an »eingebildeter Verarmung« litten, denn selbst wenn das Konkursverfahren den denkbar schlimmsten Verlauf nahm und all ihre Hoffnungen und Erwartungen enttäuscht wurden, so stand doch fest, daß sie und ihre Frauen und Kinder am Ende noch vergleichsweise wohlhabend sein würden. Unter den Verzerrungen der Depression verbanden diese Männer ihren Abstieg nihilistisch mit so elementaren Begriffen wie Obdachlosigkeit und Hunger.

Statusverlust bedeutet Machtverlust, Versagen als Mann. Das Gefühl des persönlichen Versagens kann auf der symbolischen Ebene als ebenso tief und schmerzlich empfunden werden wie auf der fundamentalen, das heißt also im Falle des konkreten Unvermögens, die Existenzgrundlage zu sichern. Nur sehr wenige von uns haben solche Erfahrungen gemacht. Die Weltwirtschaftskrise bot dagegen Beispiele zuhauf, wahre Tragödien, über die uns Bücher und die Kunst jener Zeit unterrichten. Das Gefühl des »tragischen Verlusts« kann in unserer Gesellschaft bereits auf einer sehr hohen materiellen Ebene existieren.

Sinnvolle Arbeit ist selten. Doch selbst sinnentleerte Arbeit ist für den männlichen Stolz von Bedeutung. Arbeitslosigkeit und vorzeitiger Ruhestand nehmen einem Mann selbst die unbefriedigende Arbeit dieses technologischen Zeitalters. Er ist nicht länger der Beschützer und in zunehmendem Maße auch nicht mehr der einzige Ernährer. Auch die Zeugung von Nachkommen steht nicht mehr in hohem Ansehen. Die drei Säulen seines Stolzes sind brüchig geworden.

Woraus also nährt sich heute maskuliner Stolz? Er ist gezwungen, bei »männlichem Schmuck« und den Scheinerfolgen des »Spiels« narzißtische Bestätigung zu suchen.

Teil III

Die Stützen des männlichen Egos

Kapitel 9
Männerschmuck

Zur Schaffung eines gewissen Überlegenheitsgefühls bilden Männer Kategorien und Kasten. Sie wollen zeigen, was sie können, und suchen nach entsprechend griffigen *Statements*. Den Engländern fällt dies besonders leicht: Sie verleihen einander dauernd irgendwelche Titel. Ein »Sir« vor dem Namen ist Balsam für das Ego. Endzweck des Schmucks ist für den erwachsenen Mann die öffentliche Zurschaustellung, durchaus vergleichbar mit dem kleinen Jungen, der stolz seinen erigierten Penis präsentiert. Die Darstellung ziert und verkündet ein bestimmtes Macht- oder Prestigeniveau.

Wie gern wir uns bewundern lassen! In jedem Menschen schlummert der Wunsch, in der einen oder anderen Weise etwas Besonderes oder Bedeutendes zu sein. Und das sind wir ja auch. Menschen sind variabler als alle anderen Lebewesen. Andere Species bilden in Afrika und der Antarktis, angepaßt an die jeweiligen Umweltbedingungen, Unterarten. Der Mensch dagegen, befähigt, die Umwelt seiner Physiologie anzupassen, ist eine einzige Art geblieben, trotz individuell unterschiedlicher Größe, Gestalt und Hautfarbe.

Bei aller uns eigenen Unterschiedlichkeit sind wir uns freilich auch der Ähnlichkeiten mit unseren Mitmenschen bewußt und verspüren das Bedürfnis, unsere Individualität zu behaupten, uns aus der Masse hervorzuheben. Verallgemeinerungen stören uns, und dies durchaus zu Recht. In der Umgangssprache dienen sie dazu, das Individuum zu unterdrücken. Wer sich generalisierend über Schwarze, Juden und Latinos äußert (und nicht gerade Soziologe ist), neigt dazu, den einzelnen zu ignorieren und in bestimmte Klischees zu pressen. Wir mögen es nicht, wenn man uns als »typisch« für dieses oder jenes bezeichnet. Wir wollen als Individuen respektiert werden.

In den westlichen Demokratien haben wir die am stärksten individualistisch geprägten Gesellschaften aller Zeiten geschaffen. Sie kommen dem psychobiologischen Bedürfnis nach dem Aufbau eines »Selbstgefühls« durch die Bildung von Wertvorstellungen entgegen, bei denen die Autonomie und das Individuum oft in gefährlicher Weise über der Gesellschaft und dem Gemeinwohl rangieren. Das individualistischste Lebewesen, das sich im Laufe der Zeit entwickelte, ist wahrscheinlich der Amerikaner des zwanzigsten Jahrhunderts.

Die individualistische Gesellschaft ist ein janusköpfiges Gebilde. Die unbegrenzten Erfolgs- und Karrieremöglichkeiten erleichtern die individuelle Profilierung nicht, sondern erschweren sie. *Jeder* stürmt voran. Und wenn alle loslegen, muß sich der einzelne, will er Schritt halten, ganz schön anstrengen. Stets belastet uns ein gewisses Maß an Unsicherheit bezüglich unseres individuellen Stellenwerts. Sich zur Wahrung der Selbstachtung auszuzeichnen, aus der Masse hervorzuragen, ist ein sehr mühsames Geschäft.

Über das Bedürfnis nach individueller Bedeutung hinaus gibt es auch ein Bedürfnis nach Achtung. Immer wieder suchen wir bei anderen nach Anerkennung und Bestätigung unseres persönlichen Wertes. Um sie auf unsere Bedeutung aufmerksam zu machen und in den respektvollen Blicken unserer Gefolgschaft Anerkennung zu finden, benötigen wir ein bestimmtes Instrumentarium. Und genau zu diesem Zweck haben wir Menschen das Statussymbol erfunden. Wir haben den »Schmuck« in all seinen facettenreichen Variationen entdeckt.

All diese Hilfen – Schmuck, Trophäen, Metaphern, Uniformen, Abzeichen, Signale und Symbole – sind verzweifelte Versuche, Status zu erlangen. Alle belegen sie den fragilen Zustand des männlichen Egos.

Lange vor der Entdeckung von Bronze, Silber, Gold und verschiedenen Formen kunsthandwerklich gestalteten Schmucks schmückte sich der Mensch mit Nüssen, Beeren, Samen, Steinen, Muscheln, Federn, Tierzähnen, Knochen, Elfenbein und vergleichbaren Materialien — ja, er trug sogar eher Schmuck als Kleider. Da das Anlegen von Schmuck in erster Linie eine bestimmte Außenwirkung bezweckte, waren die ersten Schmuckträger wahrscheinlich nicht Frauen, sondern Männer. Damals wie heute war Schmuck ein von der jeweiligen Mode bestimmtes »Statement«. Er zeigte den Wohlstand und den gesellschaftlichen Rang sowie indirekt auch die daraus resultierende Macht seines Trägers.

Die Mode war im Laufe der Jahrhunderte zyklischen Veränderungen unterworfen. Manche Epochen sahen die Männer im bunten Federkleid und in der Rolle des geschmückten Geschlechts. Sie alternierten mit Phasen, in denen schmucktragende Männer als »ungehörig« oder »unmännlich« galten. Selbst in Perioden puritanischer Zurückhaltung waren die Männer nie um einen Ausweg verlegen: Sie erfanden den metaphorischen Schmuck der Titel, Auszeichnungen, Orden und Ehrenzeichen. Auch heute noch kann die Untersuchung der Frage, welchen echten Schmuck die Männer in einer bestimmten Kultur zu tragen bereit sind, als Richtschnur zum Verständnis für das Woher und Wohin von Zeitströmungen dienen. Das Bedürfnis nach Status und öffentlicher Anerkennung ist ein angeborener Bestandteil der männlichen Psyche, und je mehr man sich benachteiligt fühlt, desto stärker wird der Druck, »Präsenz« zu zeigen.

Reiche Männer tragen weder Goldkettchen noch goldene Armbänder; es sind die armen — oder jedenfalls würden sie es gerne tun. In einer Welt der Armut werden teure materielle Güter nicht verschmäht. Das Echte ist allemal bedeutender als das Symbol — und mehr ist immer besser. Unter Schmuck wird hier immer echter Schmuck verstanden, wenngleich auch der Arme dem realen Wert einen symbolischen hinzufügen wird. Bestimmte materielle Dinge sprechen eine deutlichere Sprache als andere. Die schwerste Goldkette gibt den Ton an — sie ist so unverschämt hemmungslos. In den Großstädten werden Schulkinder wegen der Goldkettchen, die sie um den Hals tragen, wegen ihrer modischen »Oakleys« (Sonnenbrillen), ihrer »Eightballs« (Jacken) oder ihrer »Air Jordans« (Turnschuhe für zweihundert Dollar das Paar) buchstäblich umgebracht. Die Mode bestimmt das Luxussymbol der Saison. Woher die Kids das Geld für den Kauf solcher Dinge bekommen, ist eine interessante soziologische Frage. *Warum* sie aber zum Statuserwerb solche Summen ausgeben — das ist eine Schlüsselfrage zum Verständnis des männlichen Egos.

Schon in früheren Zeiten gab es immer wieder Phasen, in denen die Männer wahre Vermögen auf die eigene Ausstaffierung verschwendeten. Unwillkürlich fällt einem der Hof König Ludwigs XIV., des Sonnenkönigs, ein. Die in Versailles herrschende Extravaganz trieb einen nicht unbeträchtlichen Prozentsatz des Adels in den Bankrott. Schwelgerei und üppiger Reichtum waren unerläßliche Voraussetzungen für jeden, der den vom König vorgegebenen Stil aufrechterhalten wollte. Männer, Frauen, Kinder und der Haushalt mußten dementsprechend, einem kruden Materialismus folgend, herausgeputzt werden. Es wurde Wert darauf gelegt, daß das livrierte Personal fast genauso elegant gekleidet war wie die Herrschaft selbst; sogar das Pferdegeschirr diente plakativ der Präsentation des eigenen Rangs. Der Adel wurde auf diese Weise derart geschwächt, daß manche Historiker dahinter einen genialen Schachzug Ludwigs XIV. vermuten. Nach ihrer These bewirkte sein Stil, daß Groß- und Kleinadel permanent am Rande des Bankrotts schwebten und die durch sie stets bedrohte Monarchie im staatlichen Machtgefüge letztlich doch die Oberhand behielt.

Beispiele für pfauenhaften Prunk und Protz unter Erwachsenen finden sich auch heute noch zur Genüge: Liberace, Mr. T. und

Sammy Davis jr. wäre es nicht im Traume eingefallen, ohne den traditionellen Zierat an Goldschmuck, Federn und Pelzen aller Art vor die Öffentlichkeit zu treten. Wer sie sah, mußte sie unwillkürlich für die wohlhabendsten Männer der Vereinigten Staaten halten. In Wirklichkeit stand auch nicht einer von ihnen jemals auf der »Forbes-Liste« der fünfhundert reichsten Amerikaner. Sie waren Repräsentanten einer Subkultur, Bürger der *demimonde*, des Entertainments.

Auch im Geschäftsleben zeigen materielle Dinge Wohlstand und Reichtum an. Allerdings erwartet man hier eine unterkühlte Artikulation, eine subtilere, mehr tangentiale und weniger plakative Darstellung. Der Entertainer wendet sich an eine breite Öffentlichkeit, darunter große Bevölkerungsgruppen, die arm sind und von Höherem träumen. Er ist der symbolische Vertreter dessen, was sich der Arme unter Reichtum vorstellt.

Der Bourgeoisie und den Reichen sind die Wertvorstellungen der Masse ein Graus, doch unter ihresgleichen suchen sie nicht minder verzweifelt nach Anerkennung. Auch sie wollen zeigen, wie leicht es ihnen dank ihres Reichtums fällt, Geld und Energien für vollkommen nutzlose Güter abzuzweigen. Allerdings dürfen sie nicht so »dick auftragen«. Es gab einmal eine Zeit, in der man den Hersteller oder Designer seiner Garderobe gar nicht erst erwähnen mußte — der Schnitt der Kreationen sprach für sich. Mittlerweile sind die Männer, dem Beispiel der Frauen folgend, so unsicher geworden, daß sie die Firmenzeichen außen tragen. Ein kleiner Polospieler auf dem Strickhemd erlaubt einen hundertprozentigen Aufschlag auf den Verkaufspreis und tut vor aller Welt kund, daß man bereit gewesen ist, doppelt soviel auszugeben, wie das gute Stück eigentlich wert ist; er zeigt, daß man das Geld hat und daß der Preis keine Rolle spielt. Die öffentliche Zurschaustellung weicht von den noch vor fünfzig Jahren üblichen Praktiken bereits beträchtlich ab. Über kurz oder lang wimmelt es von statushungrigen Männern mit dem kleinen Polospieler auf der Brust. Wird der »Club« zu voll, verliert er seine Exklusivität.

Zeitbeständige Statussymbole sind schwer zu finden. Peu à peu holt die Masse auf, und schon sieht man sich gezwungen, weiterzuhetzen, um ja mit den Müllers und Meiers Schritt zu halten und sie womöglich noch zu überholen.

Prestige ist ein Konglomerat aus verschiedenen Wertvorstellungen, die je nach Art der beteiligten Gruppen honorig oder verabscheuenswert sind, jedoch eine Eigenschaft gemeinsam haben: Das Etikett muß den Eindruck einer beschränkten Mitgliederzahl vermitteln, eine gewisse Exklusivität suggerieren. Es muß den einzelnen Mann aus der gemeinen Masse hervorheben. Als Grenzwall der Exklusivität bieten sich hohe Kosten an. Ein Polo-Hemd wird sich bei einiger Anstrengung jeder leisten können, nicht jedoch eine goldene Rolex. Achtgeben muß man auch auf den richtigen Kurs zwischen der Skylla des Massengebrauchs und der Charybdis der Protzerei. Piaget-Uhren und Porsche sind generell akzeptabel, doch kann in manchen Kreisen das eine oder das andere bereits als übertrieben gelten. Die Piaget sollte gewiß nicht auch noch mit Diamanten verziert sein, und wenn aus dem Porsche ein Lamborghini oder ein Rolls-Royce wird, bewegt man sich haarscharf an der Grenze zur Prunksucht. Die Reichen haben es nicht leicht.

Da Frauen noch immer oftmals wie schmückendes Beiwerk behandelt werden, kann man als Alternative getrost die eigene Gemahlin mit Juwelen dekorieren. Ein reicher Mann konnte bis vor ganz kurzer Zeit unmöglich einen Nerzmantel tragen — seine Frau dagegen ohne weiteres. Ehefrau oder Freundin werden also großzügig mit Zobel, Luchs und Marder, teurer Spitze, Zierknöpfen und Goldlamé ausstaffiert und mit Smaragden, Saphiren und Rubinen behängt.

Kleidung kann schmücken, doch mit Designer-Hemden und -Pullovern allein ist es nicht getan, wenn der Mann sich anzieht. Kleidung muß nicht unbedingt extravaganter Zierat sein, dessen eigentlicher Wert in der Repräsentation bestimmter Dollarsummen liegt. In anderer Weise kann auch eine Uniform zu Status verhelfen. Schon immer definieren sich gesellschaftliche Sphären durch Uniformität. Ein bestimmtes Maß an Individualität (oder sogar Exzentrizität) wird geduldet, sofern es sich im Rahmen der von der Gruppe gesetzten Grenzen hält. Jeder rühmt sich gerne eines gewissen Nonkonformismus, gilt Nonkonformismus doch traditionell als Tugend. Doch für den Nonkonformismus gelten ebenso strenge Vorschriften wie für provinzielle Schuluniformen. Es genügt, einen Blick auf die Kabinettsrunde eines beliebigen Präsidenten der vergangenen Jahre zu werfen, um die armselige Konformität dieser Herren zu erkennen. Wer weiß schon, wo sie zur Schule gingen oder studiert haben? Wen interessiert es? Technische Hochschule Texas, Princeton, Alabama, Stanford . . . Die Männer um den Präsidenten passen sich dem Image des Chefs an.

Uniformen können aus minderwertigem, billigem Stoff geschneidert sein und einen Nullachtfünfzehn-Schnitt haben — »alte Schulkrawatten« sind schlichtweg unbezahlbar. Und eben deshalb, weil die Schul- oder Clubkrawatte mit keinem Geld der Welt zu erwerben ist, verschafft sie ihrem Besitzer den denkbar höchsten Status — einen Rang, der nicht gekauft werden kann.

Beim Militär bezeichnet die Uniform natürlich den Rang. Das Marineblau des Admirals ist aus dem gleichen Stoff wie die Uniform des Rekruten und kostet vermutlich auch nicht mehr, wenn man einmal von den zusätzlichen Goldstreifen und Litzen absieht. Zweck der Uniform ist es, für unmittelbare Präsenz zu sorgen. Man salutiert der Uniform und nicht dem Mann, der sie trägt.

Unsere Welt ist voller spezifischer Uniformen, die oft nur für jene kleine, exklusive Bevölkerungsgruppe erkennbar ist, die »zählt« — von jenen also, die in den Eingeweihten-Kreisen verkehren und die gleichen Wertvorstellungen teilen. Jede Kultur entwirft sich ihre eigenen Uniformen. Kleidung aller Art kann den gesellschaftlichen Status des einzelnen verraten und ein starkes Movens für die Sozialisation sein.

Es gibt bestimmte Uniformtypen. Der erste ist der objektive,

231

jeweils aktuelle Bekleidungscode des Militärs oder der Schule. Der zweite ist die Uniform, die einem durch einen rigiden gruppeninternen Sittenkodex aufoktroyiert wird. Der Vater oder die Mutter, die gegen den altgewohnten Stil der von ihren Sprößlingen besuchten High-School aufbegehren, stehen auf verlorenem Posten. Das Kind kennt die Etikette jener Welt. Wenn es die Normen seiner Subkultur *nicht* kennt oder gezwungen wird, gegen sie zu verstoßen, folgt die Demütigung auf dem Fuße.

Zu meinen bleibenden Jugenderinnerungen gehört eine Konfrontation mit der »Kleiderordnung« in Harvard, die u. a. durch öffentlich ausgehängte Schilder im Speisesaal allgemein bekanntgemacht wurde. Als ich Mitte Februar in Harvard eintraf, las ich auf einem Schild vor dem Speisesaal des Eliot House den Satz: »Coats will be worn at all meals.« Ich interpretierte das Wort *coats* als »Mantel«; daß es auch die Bedeutung »Jackett« hatte, war mir nicht geläufig (bei uns in Ohio hieß so etwas *jacket*). Ich besaß zwar ein Jackett, doch befand es sich in dem Koffer mit der Sonntagskleidung, der im Gegensatz zu meinen Alltagsklamotten noch nicht eingetroffen war. Die sprachliche Hürde überwand ich schnell, doch da ich eben noch nicht über einen *coat* im Harvardschen Sinne verfügte, trug ich, um keinen Regelverstoß zu begehen und mir eine persönliche Demütigung zu ersparen, das ganze jammervolle Wochenende über zu jedem Frühstück, Mittagessen und Abendbrot den *coat*, den ich hatte — einen schweren Wintermantel. Es war dies im übrigen die einzige offizielle Kleidervorschrift. Die inoffiziellen Vorschriften waren wesentlich umfangreicher. Harvard war eben keine kleine Provinzschule, an der Navy-Jacken und weiße Hemden vorgeschrieben waren. Nein, ich befand mich doch in einer komplexen, demokratischen, heterogenen Gesellschaft, die sich höhere Ziele gesetzt hatte als die Erfüllung eitler Modetorheiten . . . Jedenfalls bildete ich mir das ein. Aber die ungebührlich schnelle Verwandlung einer Gruppe von siebzehnjährigen Burschen von den Farmen Iowas, aus den Städten Chicago und Detroit und den Vororten von San Francisco in

Abziehbilder der Kinder aus der Bostoner Oberschicht belehrte mich eines Besseren.

Wir Neuankömmlinge kannten die Regeln nicht. Der Trendsetter von Harvard waren Exeter, St. Paul's und Groton — Schulen, die ich zuvor nicht einmal dem Namen nach gekannt hatte. Die Mode dieser elitären Ostküsten-Colleges bestimmte alsbald auch meine eigene Kleidung.

Ich kam als Erstsemester nach Harvard und hatte nicht viel Geld, aber doch immerhin eine angemessene Garderobe, die sich aus Shetland-Pullovern, weißen Hemden, Hosen, einem Paar brauner Schuhe für den Alltag und einem Paar schwarzer für Feiertage, also der »Uniform« meiner High-School, zusammensetzte. Und das war's auch schon. Mir wurde sehr schnell klar, daß ich, wenn ich dazugehören wollte, mein »Federkleid« wechseln mußte. Zu meiner Überraschung stellte sich heraus, daß dies keineswegs in jedem Fall einen Qualitätssprung nach oben bedeutete.

Von schwarzen oder braunen Schuhen schien in Harvard noch nie jemand etwas gehört zu haben. Hier trug man weiße Wildlederschuhe mit roten Gummisohlen, je schmutziger, desto besser. Die Unterscheidung zwischen Alltags- und Feiertagsschuhen war unbekannt. Die richtigen Hosen waren sogenannte *chinos* aus Baumwolle — sie waren nämlich billig. Kein Mensch trug Pullover, und der richtige *coat* war ein ausgebeultes Harris Tweed Jackett mit Flicken auf den Ellenbogen. Tagsüber trug man es zu den *chinos* und bei besonderen Anlässen zu dunkelgrauen Flanellhosen. Erforderlich war zudem ein Anzug — und der war teuer. Es mußte ein grauer — sehr dunkel grauer — Einreiher von *Brooks Bros., J. Press* oder *Chips* sein, den einzigen Firmen, die Anzüge mit jenem lockeren Sitz herstellten, der damals als *Ivy League* bekannt und ein absolutes Muß war.

Nach ungefähr vier Monaten hatten sich die meisten Studenten durch mühevolles Schnorren und Hökern eine geeignete »Uniform« zugelegt, so daß, zumindest was die Frisur und die Kleidung betraf, der Hinterwäldler nicht mehr vom Weltmann zu unterscheiden war. Jeder Mann kann den »Kleider-Code« seiner eigenen Schulzeit beschreiben.

Außer der Kleidung gibt es noch andere Anzeichen für Geld und Status. Ziehen Sie einen Mann aus, und stellen Sie ihn in Badeshorts auf den Strand: Sie können auch jetzt noch erkennen, wen Sie vor sich haben.

Ich erinnere mich an einen Vorfall, der sich während eines längeren Universitätskongresses in Colorado ereignete. Nach einer hochsommerlich heißen Sitzung suchte ich ein öffentliches Schwimmbad auf. Es lag in der Nachbarschaft einer großen militärischen Einrichtung, und die meisten Besucher waren eindeutig Soldaten. Man erkannte es an ihrem Alter — sie waren alle jung — und an ihrem Haarschnitt, der deutlich kürzer war, als es der damaligen Mode entsprach. Außerdem ließ sich leicht feststellen, daß es vorrangig Rekruten einfacher Herkunft und keine Offiziere waren, die sich hier versammelt hatten.

Die vielen Goldkettchen an den Hälsen der Besucher waren kein Zeichen von Wohlstand, sondern von Armut — die Uniform einer Gruppe aus der Arbeiterklasse. Tätowierungen — eine andere Form des Schmucks — deuteten auf einen größeren Klassenunterschied hin. Darüber hinaus gab es noch andere, weniger faßbare Anzeichen. Schlechte Zähne und schlechter Teint treten häufiger bei armen als bei reichen Leuten auf. Zahnpflege ist teuer und prophylaktisch, also zukunftsorientiert. Die Armen sind so sehr mit der Bewältigung der Gegenwart beschäftigt, daß sie gar nicht die Zeit haben, sich Gedanken über die Zukunft zu machen. Bei den Armen ersetzen Zahnlücken und billige Füllungen Zahnorthopädie, Kronen und was die moderne Zahnheilkunde sonst noch alles zu bieten hat. Ein guter Teint ist schon etwas verwirrender und vermutlich nicht so verläßlich; wahrscheinlich ist es eher eine Frage der Körperpflege und der Ernährung. Die typisch sonnenverbrannte Haut des Farmers — roter Hals und rote Unterarme — verrät dagegen mit großer Sicherheit den Mann, der viel im

Freien arbeitet und dabei seine Hände benützt. Ganz anders die Palm-Beach-Bräune zu jeder Jahreszeit, die den Jet-setter schmückt. Selbst in der sogenannten »klassenlosen« Gesellschaft der Vereinigten Staaten läßt sich die Klasse, der man entstammt, kaum verhehlen.

Anders als die Kinder der Armen bringen die der Reichen einander nicht wegen irgendwelchen Schmucks um. Dafür bringen sich reiche Männer wegen hochrangiger materieller Güter des öfteren *selber* um. Es gibt materielle Besitztümer, die innerhalb der Grenzen des konservativen »guten Geschmacks« durchaus zulässig sind. Eigentum bestimmter Art darf Wohlstand verraten: das Haus am Strand von East Hampton oder Newport; die Skihütte in Aspen, Sun Valley oder St. Moritz; die Villa in Venedig oder in der Provence sowie das dazugehörige Personal. Und natürlich die Privatflugzeuge, um dahin zu gelangen. All dies kann zur Last werden, selbst für die Superreichen. Oft führen sie zwangsläufig eine Existenz auf Pump. Schulden werden zum legitimen Part des Lebensstils und machen selbst die Donald Trumps dieser Welt in extremer Weise anfällig für einen finanziellen Ruin in Glanz und Gloria.

Nun müssen wir allerdings die Welt der materiellen Güter verlassen, um den Blick für die in unserer Kultur am weitesten verbreitete Form des Männerschmucks frei zu bekommen.

Im Jahre 1682 wurde Peter, der jüngste Sohn des Zaren Alexis, zum Zaren aller Reußen ernannt. In den folgenden zehn Jahren waren Unruhen, politische Auseinandersetzungen, Putschversuche und Verrat an der Tagesordnung. Peters Leben war ständig in Gefahr, und fast die Hälfte jener Zeit verbrachte er praktisch im Exil oder als Gefangener in einem Vorort von Moskau.

Vierzehn Jahre lang war Peter von einer Gruppe europäischer Berater umgeben – von Holländern, Schotten, Franzosen und Schweizern –, die ihn mit Visionen von einer Welt traktierten, die zwar geographisch nur ein paar hundert Meilen weit entfernt lag, von ihren Sitten und Gebräuchen her aber Jahrhunderte entfernt war. Peter lernte von diesen Ausländern. Unter dem Einfluß der Holländer begann er sich für Schiffe zu begeistern, was später zur Gründung St. Petersburgs führte, der großen Hafenstadt im Norden des Landes. Und von Ludwig XIV. (genauer gesagt, durch die Repräsentanten Frankreichs in Rußland) lernte er die enorme Macht der Eitelkeit und den Wert narzißtischer Belohnungen kennen.

Rußland befand sich zu jener Zeit fast permanent im Kriegszustand. Allenthalben blühten politische Intrigen. Feinde mußten bestraft, Freunde belohnt werden. Siegreiche Generäle erwarteten gewaltigen Lohn: In Anerkennung ihrer militärischen Erfolge und als Bezahlung für ihr künftiges Wohlverhalten konnten sie mit Tausenden von Hektar Land, Hunderten von Zobelpelzen, mit Smaragden und Rubinen rechnen. Das Wertvollste waren Tausende von Leibeigenen.

Ludwig XIV. hatte nur wenig Geld für seine Günstlinge übrig, vor allem aber: Er wollte sie nicht reich werden lassen, sondern durch Armut versklaven. Peter lernte von Ludwig, daß materielle Güter hauptsächlich als Schmuck geschätzt werden – als Aushängeschild für Wohlstand und Macht. Ludwig löste das Problem, einerseits sein Vermögen zu bewahren und andererseits seinen Adligen schönzutun, auf geniale Weise: Anstatt sein Vermögen mit anderen zu teilen, schuf er Orden und Dekorationen. So begriff auch Peter der Große die Macht des Symbols: Hier eine Ehrenlegion, dort ein Orden . . . Es ließ sich mit einem Minimum an Aufwand und Kosten erreichen – und doch wurde dem jeweiligen Träger eine sichtbare Auszeichnung verliehen. Man mußte den Gesalbten lediglich wissen lassen, daß er beim König in hoher Gunst stand und folglich ein mächtiger Mann war. Wozu dafür noch Geld verschwenden? Juwelen konnten sich auch andere kaufen, die nicht der Gunst des Zaren teilhaftig waren. Die neuen Belohnungen waren Ränge und Ehrenzeichen: die blaue Schärpe, eine rote Schleife, eine Medaille oder ganz einfach ein Titel.

Herzöge und Grafen vermehrten sich unter Zar Peter so schnell wie heute die stellvertretenden Direktoren einer Werbeagentur, eines Rundfunksenders oder einer Bank.

Es wimmelt nur so von Trophäen und Orden in der modernen Gesellschaft. Jeder Wissenschaftler träumt vom Nobelpreis und würde ihn genauso begehren, wenn er nur mit einer kleinen symbolischen Summe oder überhaupt nicht mit Geld verbunden wäre. Der Preis verschafft den Zugang zum exklusivsten aller Clubs. Er ist exklusiv, und seine Exklusivität definiert seinen Wert, das heißt, die Preisempfänger gelten als die Hervorragendsten ihres Standes.

Von den illustren Höhen führt der Weg hinab in die Niederungen der Lächerlichkeit: zu den Legionen von Amtsträgern in Clubs, Logen und Bruderschaften, deren Hauptdaseinszweck vermutlich darin liegt, ebendiese Hierarchien zu begründen.

Bei Kindern ist es leicht. Goldsternchen auf Schularbeiten, Ranglisten und Urkunden sagen das gleiche aus wie »Bravo!«. Besonders beliebt sind sportliche Trophäen. Pokale, so unbedeutend sie sein mögen, besetzen in Hunderttausenden von Jungenzimmern unweigerlich Ehrenplätze in den Regalen. Tennis, Fußball, Schach und Rechtschreibung, ja sogar schlichte Anwesenheit werden prämiert und als besondere Leistung anerkannt.

Wenn Hinz und Kunz dem Club beitreten, verliert die Mitgliedschaft ihren Reiz. Zwei bekannte Anekdoten belegen dies: Da ist zum einen der berühmte Satz von Groucho Marx, er würde nie einem Club beitreten, der Leute wie ihn als Mitglieder akzeptiert, und zum anderen die noch bezeichnendere Geschichte von dem (wie ich hoffe) fiktiven britischen Lord, der, als er in die Jahre kam, an der Verkommenheit des britischen Klassensystems schier verzweifelte. Jeder, so meinte er, könne mittlerweile auf die Ehrenlisten der Queen kommen und den ehemals exklusiven englischen Clubs beitreten. Um Abhilfe zu schaffen, widmete er den Rest seines Lebens dem Aufbau eines Clubs für wahre Aristokraten. Er durchkämmte die Ränge seiner Bekannten aus ältestem, blaublütigstem Adel und fand schließlich zwanzig potentielle Mitglieder. Viele Jahre lang studierte er die Liste und begann dann, nach Perfektion strebend, einen Namen nach dem anderen zu streichen. Nach jahrelanger harter Arbeit stand nur noch ein einziger Name auf der Liste — sein eigener. Kurz vor seinem Tod betrachtete er noch einmal seinen Namen und hielt Rückschau auf sein Leben. Dann strich er widerstrebend den letzten verbliebenen Eintrag auf der Liste mit blauem Farbstift durch.

Das Prinzip der Exklusivität ist äußerst anfällig für den Virus des Snobismus. Gesetzt den Fall, ein Mann kann seine Überlegenheit nicht an realen Leistungen messen — wie soll er da beweisen, daß er besser ist als seine Mitmenschen? Er tut dies, indem er einen künstlichen Maßstab schafft. Er schafft sich die »In-Gruppe«. Er gründet einen Verein. Was sonst hat man schon von der Mitgliedschaft in einem snobistischen, exklusiven, bigotten Verein wie dem *Bohemia Club* in San Francisco oder dem *Meadow Club* in Southampton? Das Essen dort ist nicht unbedingt besser als in anderen Restaurants und Clubs der Umgebung; das Ambiente ist in keiner Weise großzügiger, die Einrichtung nicht luxuriöser als an weniger exaltierten Plätzen.

Man kann in solchen Etablissements sicher sein, nur »seinesgleichen« zu begegnen. Bieten sie also einen echten Schutz vor der Verunreinigung und Bedrohung durch (und der Angst vor) einem Juden oder einem Afro-Amerikaner? Im Grunde nicht. Man kann durchaus Geschäfte mit einem Juden machen oder mit einem Afro-Amerikaner zusammenarbeiten, ja, man darf sogar Befehle von einem Mann italienischer Herkunft entgegennehmen und sich von ihm Geld leihen. Clubs wie die genannten entstehen nicht als Bollwerke gegen die »unreine« Gegenwart von Minderheiten. In ihnen präsentiert sich vielmehr die Kaste, die gesellschaftliche Position. Indem sie andere von vornherein ausschließen, verschaffen sie dem Insider die Illusion der Überlegenheit.

Viele Menschen aus »niederen Kasten« sind »Freunde«, dürfen aber dem Club nicht beitreten. William Paley wurde aus den

North Shore Clubs in seiner Nachbarschaft ausgeschlossen. Seine Stiefkinder, die von ihrem biologischen Erbe her so blaublütig waren wie der älteste North-Shore-Adel (die Mortimers und die Cushings), waren durch seine jüdische Verwandtschaft verunreinigt und durften den örtlichen Club nur auf Einladung ihrer Vettern und Kusinen, Schwägerinnen und Schwager und der Whitneys von nebenan betreten.

In einer Welt, die die Selbstüberschätzung provoziert, die Selbstachtung unterminiert, in panischer Angst vor Gleichmacherei lebt und in der letztlich auf den alles zerstörenden gemeinsamen Nenner namens Tod hinausläuft, bedarf das Ego einer Stütze, und diese wird ihm durch Exklusivität geboten. Es ist eine Exklusivität, die auf Vorurteilen und Bigotterie beruht, denn schon die Ausschlußkriterien für jene, die nicht zugelassen werden, sind Kunstprodukte einer vulgären Gesinnung.

De facto sind solche Clubs nichts weiter als die Fortsetzung von Jugendbanden wie den *Black Diamonds*, den *Enforcers* oder den *Dragons*, wie es sie landauf, landab an jeder Schule gibt. Kinder, so sollte man meinen, haben allerdings plausiblere Gründe für den Beitritt zu derartigen Vereinigungen als Erwachsene. In der Kindheit gibt es den Hunger nach »Zugehörigkeit«, die Furcht vor identitätsloser Leere, ein Bedürfnis nach Sicherheit, die Angst vor der unbekannten Weite, in der gefährliche Feinde lauern. Mit der Sicherheit und dem Status des Erwachsenseins sollten sich derartige Befürchtungen freilich geben. Daß dem oftmals nicht so ist, verrät die Unsicherheit vieler Erwachsener. Es gibt Männer, die einem Golfclub beitreten, obwohl sie dort wegen des übergroßen Andrangs gar nicht spielen können. Es ist die Mitgliedschaft, auf die es ihnen ankommt, nicht das Spiel.

Ursprünglich schlossen sich Männer Vereinen an, um ihrem Ego auf die Sprünge zu helfen. Am Anfang stand vielleicht, ähnlich wie beim Kind, der Wunsch nach männlicher Kameradschaft, der erst später zur Ego-Krücke verkam. Golfclubs und

Kegelvereine sind so unterschiedlich nicht. Sie entstanden aus der Absicht, Männer mit gleichen Interessen zusammenzuführen.

Doch aus Golfclubs wurden dann eben *Country Clubs*, zu denen man gleich die Familie mitbrachte. Tennisplätze und Swimmingpools wurden errichtet und entwickelten sich zu Zentren des gesellschaftlichen Lebens. Dann genügte die Männerfreundschaft nicht mehr: Man erfand Begriffe wie »Leute aus unseren Kreisen« oder »unseresgleichen« – und damit waren allen kulturellen Vorurteilen Tür und Tor geöffnet. Erst in jüngster Zeit sind mit der Kommerzialisierung des Golfspiels im Fernsehen und der Anfälligkeit der Sponsoren gegenüber Manipulationen Bestrebungen in Gang gekommen, diese Bastionen des Vorurteils aufzubrechen.

Es gibt Clubs und Vereinigungen, deren Ziel es ist, echte Verdienste herauszustellen. Ich benütze den Begriff »Clubs« hier im weitesten Sinne und schließe Organisationen wie *Phi Beta Kappa* oder ihre Vorstufe in der High-School, die *Honor Society*, sowie die *Academy of Science*, das *Institute of Medicine* und die *Academy of Arts* mit ein. Hier gilt die Mitgliedschaft als Ehre in Anerkennung für eine bestimmte Leistung. Daß auch diese honorige Absicht korrumpiert, daß die Mitgliedschaft käuflich und zum Spielball von Politik und Zeitgeist wurde, macht ein Blick auf die Liste der Literatur-Nobelpreisträger (im Gegensatz zu ihren Kollegen aus den Naturwissenschaften) nur allzu deutlich. Wo sind Tolstoi, Proust, Joyce und D. H. Lawrence? Ersetzt durch Mommsen, Eucken, Carducci und Spitteler!

Exklusivität und exklusive Institutionen sind künstliche Hilfsmittel zum Schutz des Egos vor den Attacken der unerbittlichen Kräfte der modernen Gesellschaft. Zumindest zeitweise können wir uns überlegen fühlen, wenn auch nur isolierter und kleingeistig. Wir bauen eine Mauer und ein Tor und verteilen Schlüssel an eine beschränkte Anzahl von Personen. Dann spähen wir über das Tor und genießen das Gefühl, daß alle, die draußen bleiben müssen, irgendwie benachteiligt oder minderbemittelt sind.

Bedauerlicherweise kommt es oft genug vor, daß die Außenstehenden diese Ansicht teilen und alles daransetzen, ebenfalls eingelassen zu werden. Es ist ihnen nicht bewußt, daß man seine Unsicherheiten im Kopf und im Herzen überall mit sich herumschleppt. Exklusivität kann im Endeffekt in offene Bigotterie umschlagen. Jean-Paul Sartre schrieb in seinem brillanten Essay über den Antisemitismus: »Wenn es den Juden nicht gäbe, würde der Antisemit ihn erfinden.«[1]

Das eigentliche Problem des bigotten Eiferers ist nicht so sehr die Person, auf die sich sein Haß konzentriert, sondern das Problem, das er mit sich selbst hat. In ihrer Frustration, ihrer Wut, ihrem Ohnmachtsgefühl brauchen manche Leute irgend jemanden, den sie hassen und auf den sie herabsehen können. Der oder die Verachteten dürfen indes nicht einfach als Objekte des Zorns angesehen werden. Sie sind vielmehr ein Ventil für die inneren Spannungen des Aggressiven selbst. Ein Fachmann hat dies sehr präzise ausgedrückt: »Der Haß auf die Außenseiter-Gruppe hat die Funktion, dem Hassenden zu helfen. Wie unbedeutend die aus einer derartigen Verteidigung resultierende Erleichterung auch sein mag – ihre Funktion ist für die seelische Ökonomie der unsicheren Person von vitaler Bedeutung. Es ist leichter, andere abzulehnen, als sich selbst.«[2]

Bigotterie ist eine von vielen Methoden, mit ohnmächtiger Wut und der Angst vor der eigenen Unzulänglichkeit umzugehen. Kein Mann kann ohne Vertrauen in sich selbst und unter ständiger Selbstverachtung sein Leben fristen. Abhängig, wie er von diesem Selbst ist, vor dem es kein Entrinnen gibt, muß er Mittel und Wege finden, die ihm innewohnenden Gefühle der Unzulänglichkeit und Selbstverachtung abzustoßen. Indem er sie auf andere projiziert, befreit er sich von seinem Selbsthaß und erhöht sich selbst auf Kosten des anderen.

In seiner Pionierarbeit über die Natur des Vorurteils stellte Gordon Alport fest, daß »der Effekt des Vorurteils unter dem Strich . . . darin besteht, das Objekt des Vorurteils, ohne daß es dafür etwas kann, zu benachteiligen«[3].

Ziel des Vorurteils, das sich in der zwanghaften Suche nach Sündenböcken äußert, ist der Schutz der fragilen Selbstachtung und des beschädigten Selbstbilds des Eiferers. Indem er eine verpönte Minderheit schafft, kann er sich der trügerischen Annahme hingeben, daß irgend jemand anders für alles verantwortlich ist. Im Elend lebend und sich schwach und hilflos fühlend, zaubert man sich nicht nur eine Einzelperson, nein, eine ganze Klasse herbei, der man die Schuld an seiner Misere geben kann. Wir schützen uns, indem wir anderen die Schuld zuschieben können, bevor sie sie uns zuschieben oder bevor wir selbst gezwungen sind, in den Abgrund unserer eigenen Seele zu blicken. Und um dies tun zu können, erfinden wir eine verachtete Minderheit. Natürlich funktioniert das alles nicht. In Wirklichkeit wird dadurch kein einziges Problem gelöst. Ein Mann wird auch jetzt noch eine beklemmende, wenn auch vielleicht ein wenig kaschierte Furcht vor seinen eigenen Unzulänglichkeiten mit sich herumschleppen.

Bei dem, was wir heute als „Sexismus" bezeichnen, handelt es sich nicht um traditionelle Bigotterie. Sexismus ist nicht dasselbe wie unsere Einstellung gegenüber einer verachteten Minderheit. Er beginnt bei dem kleinen Jungen, der das Bedürfnis verspürt, sich von allen Dingen zu lösen, die weiblich sind. Mädchen und »Mädchenkram« verabscheut er, und Jungen, die sich damit abgeben, werden gehänselt und aus ganzem Herzen verachtet. Daß der Widerstand gegen frauliches Tun auf die Frau selbst übertragen wird, ist fast vorhersagbar. Allerdings ist die Sache recht kompliziert, denn den Aktivitäten, die zur Zurückweisung von allen weiblichen Dingen führen, liegt eine tiefe, anhaltende Zuneigung zugrunde, die mit der Angst, die Frauen könnten wieder ihre ursprüngliche Autorität geltend machen, vereinbart werden muß. Frauen zu kontrollieren und dann in ihren Augen herabzuwürdigen, fällt Männern leichter, als sich mit der eigenen latenten Angst auseinanderzusetzen.

Es ist durchaus möglich, daß dieselben Männer, die in der

Öffentlichkeit eine nicht mehr zu überbietende Herablassung gegenüber Frauen an den Tag legen, im Privatleben vor der eigenen Gemahlin kuschen. Karikaturhaft überspitzt wird in diesem Zusammenhang oft auf die japanische Kultur verwiesen, die Frauen bei gesellschaftlichen Anlässen ignoriert oder sogar ausschließt. In traditionellen Kreisen des Landes werden Frauen von vornherein dazu erzogen, sich in Gegenwart von Männern ehrerbietig zu verhalten. Im engsten Familienkreis ist die Frau dagegen oft die Autorität, die niemand in Frage zu stellen wagt.

Die meisten Männer haben im Umgang mit Frauen nach wie vor Schwierigkeiten, weil sie mit dem Balanceakt zwischen der ihnen in frühester Jugend anerzogenen Furcht und Ehrerbietung vor den Frauen und der für die Zurückweisung alles Weiblichen notwendigen Verachtung und Geringschätzung nicht zurechtkommen. Das Herauskehren einer »typisch männlichen« Haltung gegenüber Frauen muß als fehlgeleitete Demonstration von Autorität im Sinne eines Schutzmantels gesehen werden.

Selbst im amerikanischen Alltag sind die Rituale erkennbar. Die emanzipierte Frau aus der Vorstadt, die täglich mit ihrem Mann in die Stadt fährt und dort nicht selten einen ebenso wichtigen Beruf ausübt wie er, sitzt im Auto nahezu unvermeidlich auf dem Beifahrersitz, während der Ehemann im wortwörtlichen wie im übertragenen Sinne das Steuer in der Hand hält. An Vorortbahnhöfen erlebt man immer wieder, wie Frauen, die selber nicht arbeiten, ihren Mann vom Zug abholen: Sie fahren mit dem Wagen an und rutschen dann umständlich auf den Beifahrersitz, damit der Gatte die drei Minuten bis nach Hause selbst am Steuer sitzen kann.

In der Geschäftswelt gibt es ein ganzes Vokabular an Schmuck-Äquivalenten. Wie es sich für ein phallisches Symbol gehört, kommt es immer auf die Größe an. Jeder Quadratzentimeter zusätzliche Bürofläche gilt für den Betreffenden als Anerkennung seiner überlegenen Position im Rudel. Wir sind wieder beim

Zentimetermaß angelangt und wollen wissen, wie lang der Knüppel ist . . . Es gibt die verschiedensten Feinabstufungen: Ein Büro am Ende eines Ganges ist sehr aussagekräftig. Wie viele Enden hat der Gang oder das Stockwerk? Und wenn es schon nicht am Ende des Ganges liegt – wie viele Fenster hat es? Ist der Boden mit einem Teppich ausgelegt? Verfügt man über den Schlüssel zum Waschraum fürs höhere Management? Hat man sogar einen eigenen Waschraum? Oder eine Sekretärin, die nicht nur das eigene Ego widerspiegelt, sondern auch einen günstigeren und geräumigeren Arbeitsplatz sowie einen größeren Schreibtisch besitzt als die Sekretärinnen der Kollegen?

Höchstes Symbol der Liebe und Anerkennung, des Respekts und der Bewunderung im Geschäftsleben ist jedoch ein Schwung »rosa Rosen«. Man kann einen Mann stets bei Laune halten, wenn man dafür sorgt, daß er beim morgendlichen Arbeitsantritt ein oder zwei Dutzend »Rosen« auf seinem Schreibtisch vorfindet. Gemeint sind freilich nicht frische Rosen vom Strauch oder ein Strauß vom Blumenhändler, sondern die kleinen rosa Notizzettel auf dem Schreibtisch, die einen an die zu beantwortenden Telefonate erinnern. Männer schimpfen und jammern darüber, daß sie partout nicht »den Schreibtisch frei bekommen« – aber ein Mann, der beim Betreten des Büros auf seinem Schreibtisch keinen Notizzettel mehr vorfindet, wird sich rasch unerwünscht und unbeliebt fühlen. Es gibt für ihn keine größere Bestätigung als den Anblick zahlreicher Botschaften von Leuten, die ihn zu erreichen wünschen, unbedingt mit ihm reden oder etwas von ihm haben wollen. Das Markenzeichen des Managers auf dem absteigenden Ast ist die schwindende Zahl von Aufmerksamkeiten auf seinem Schreibtisch.

Die Standardmethode zur Demütigung eines Mannes, der aufgrund eines für ihn günstigen Anstellungsvertrags entweder ausbezahlt oder zur Kündigung von sich aus gezwungen werden muß, besteht darin, die »Rosen« von seinem Schreibtisch zu entfernen. Wir bürden ihm keine unangenehmen Pflichten auf. Man kann von einem Aufsichtsratsmitglied nicht verlangen, daß es auf einmal die Toiletten putzt – das würde einen schlechten Eindruck machen. Wir können auch seinen Status oder seine Stellung nicht kompromittieren, denn eine Beschädigung des Ansehens und des Respekts der Position würde auch die Überlebenden bedrohen. Der Mann ist immerhin Clubmitglied und schon als solches sogar vor indirekter öffentlicher Demütigung zu bewahren. Wie also bringt man einen Finanzleiter dazu, seinen Sessel zu räumen? Man kann ihn kastrieren – nicht im wörtlichen Sinne natürlich. Für derartige Direktmaßnahmen ist unsere Gesellschaft zu zivilisiert. Wir begnügen uns mit der symbolischen Kastration, indem wir ihn einfach »schneiden«. Konferenzen, an denen er bislang immer teilnahm, finden nun ohne ihn statt; er wird gar nicht mehr benachrichtigt. Sein Vorgesetzter setzt ihn bei Hausmitteilungen an seine Untergebenen nicht mehr auf den Verteiler. Leute, die früher ihm berichtspflichtig waren, tragen auf einmal jemand anderem vor. (Handelt es sich dabei um jemanden, der früher in der Hierarchie weiter unten stand, so ist die Demütigung noch größer.) Niemand nimmt ihm sein geräumiges Büro mit den vier Fenstern, den Teppichen und dem großen Schreibtisch – man läßt ihn dort lediglich in totaler Isolation und Leere sitzen. Es gibt keine »rosa Rosen« mehr. Anrufe werden nicht mehr durchgestellt. Er hat keinerlei Verantwortlichkeiten mehr – außer daß er am Monatsende seinen Gehaltsscheck über fünfzigtausend Dollar abholen darf. Doch die tiefe Demütigung ist mit keinem Geld der Welt aufzufangen. Das Gefühl der Nutzlosigkeit, des Übergangenwerdens reicht in den meisten Fällen aus, den Mann weichzukochen und ihn zu neuen Verhandlungen über seine Kündigungsbedingungen zu bewegen.

Das höchste Statussymbol des Mannes ist seit jeher die Frau. In früheren Zeiten waren Macht und Rang des Häuptlings an der Anzahl der Frauen erkennbar, die er sich leisten konnte. Frauen waren schließlich Luxusgüter: Sie mußten ernährt und anständig gekleidet werden. Außerdem sorgten sie für Nachwuchs. Ein

Mann mit vielen Frauen hatte dementsprechend mit vielen Kindern zu rechnen, die ebenfalls alle ernährt, gekleidet und behütet werden mußten.

In exotischeren Ländern als dem unseren hat sich diese Tradition bis heute erhalten. Philip Shenon schilderte in der *New York Times*, wie ein putschender General in Thailand

> ». . . seine Stellung durch einen Ehefrau-gegen-Geliebte-Skandal gefährdet sah, der einen seltenen, sehr öffentlichen Einblick in das in Thailand nahezu legalisierte System der Polygamie gewährte . . .
>
> Geliebte sind bis zu einem gewissen Grade eine Demonstration des Wohlstands. Je mehr Geliebte ein Mann hat, desto reicher ist er in der Regel. Eine Handvoll extravaganter Millionäre in Bangkok verfügt angeblich über jeweils zehn oder mehr außereheliche Gespielinnen . . .
>
> Was normalerweise in diesen Beziehungen erwünscht ist — und in der romantischen Dreiecksbeziehung um General Sunthorn völlig fehlte —, ist ein Sinn für die Etikette.«[4]

Wir leben im Westen in einer monogamen Kultur, was nichts daran ändert, daß Frauen auch bei uns ein narzißtischer Schmuck des Mannes sein können. So wie der erfolgreiche Football-Spieler in der High-School der Prototyp des erstrebenswerten Mannes ist, so ist das Mädchen, das als »Cheerleader« den Ton angibt oder eine vergleichbare Rolle spielt, für den Jungen das Prestigeobjekt. Später kann es vorkommen, daß Männer im Fremdgehen eine Stütze für ihr Ego finden, doch ein Wesensmerkmal der ehelichen Untreue besteht darin, daß sie geheimgehalten werden muß. Untreue ist daher, rein technisch gesprochen, keine Zierde. Schmuck will getragen, zur Schau gestellt werden. Das Äquivalent des »Cheerleaders« in der Welt der Erwachsenen ist daher wohl am ehesten in der Rolle zu sehen, die das Model im Leben des erfolgreichen Junggesellen spielt. Eine schöne Prostituierte reicht nicht aus; sie ist für einen Preis zu haben, den sich zu viele andere Männer auch leisten können. Es gibt jedoch eine *demimonde* von Frauen, für die die Bezeichnung Prostituierte nicht ganz zutrifft, da sie nur zu einem unbestimmten Preis auf allerhöchstem Niveau käuflich sind. Ihre Existenz besteht darin, schön zu sein und sich von wohlhabenden Männern ausführen zu lassen. Manchen von ihnen öffnet sich durch Heirat sogar die Welt des respektablen Bürgertums. Über ihnen figurieren noch die Starlets und die schönen Geschöpfe der »gesellschaftlichen Szene«: Fotomodelle, Schauspielerinnen, selbsternannte oder von den Medien geförderte Beinahe-Prominenz. Diese Frauen sind die Ordensbänder, Schärpen und Zierröschen, die Männer in der Öffentlichkeit so gerne »anlegen«.

Zumindest in New York scheint die dekorative Funktion der Frauen in einem besonderen Phänomen zu kulminieren, das man als das »Syndrom der großen Blonden« bezeichnen könnte. Während der siebziger und achtziger Jahre gab es dort zahlreiche enorm wohlhabende, aber körperlich etwas kurz geratene Männer, darunter viele Juden, die nach fünfundzwanzig- bis dreißigjähriger Ehe ihre Gattinnen verließen und sich jüngere Frauen suchten. Das ist im Grunde nichts Besonderes und kommt überall im Lande vor. Rein statistisch verblüffend war jedoch die auffallend hohe Anzahl kleiner Männer sowie die Tatsache, daß die Frauen nicht nur zwanzig bis dreißig Jahre jünger, sondern darüber hinaus in der Regel blond und fünfzehn bis zwanzig Zentimeter größer waren. Man erklärte sich das Phänomen folgendermaßen: Ein Mann, der zeigt, daß er eine um so viel jüngere Frau an sich binden kann, stellt damit seine Virilität unter Beweis. Mit der großen, attraktiven und daher sehr auffälligen Frau an seinem Arm überwindet er das Stigma seiner Kleinwüchsigkeit. Hier, so gibt er aller Welt zu verstehen, ist eine Frau, die jünger und größer ist als ich, eine Frau, um die sich die Männer reißen. Ihre Wahl ist auf mich gefallen — oder, zutreffender, ich habe sie mir ausgesucht und sie bekommen. So mächtig, so attraktiv bin ich. Schließt also ja nicht voreilig von meiner Körpergröße auf mein Format . . .

Das Phänomen betrifft natürlich nicht nur kleine New Yorker Juden, sondern zieht weit größere Kreise. Die »große Blonde« kann als Metapher für die zweite Frau dienen, deren Hauptzweck darin besteht, einem alternden Mann zu versichern, daß er nach wie vor sexuell attraktiv und begehrenswert ist, und dies auch nach außen hin kundzutun. Letztlich dient sie ihm auch dazu, das Wissen um die Endlichkeit des Lebens und vom bevorstehenden Tod zurückzudrängen, das mehr und mehr von seinem Bewußtsein Besitz ergreift.

Frauen, die solche Beziehungen eingehen, scheinen sexuelle Ansprüche und sexuelles Vergnügen gegen materielle Güter einzutauschen – ein schlechter Handel, wie mir scheint. Allerdings habe ich immer wieder erlebt, daß Frauen diese von mir unterstellte Geschäftsmäßigkeit strikt zurückweisen. Sie beharrten felsenfest darauf, daß es kein Handel war. Was ich nicht begriffen hatte, war, daß Macht für manche Frauen ein Aphrodisiakum ist. Ein mächtiger Mann ist »sexy«, wenn auch auf andere Weise als ein Mann von kräftigem Körperbau. Die betroffenen Frauen behaupteten, daß diese Männer echt anziehend auf sie wirkten. Obwohl sie für den Luxus, der mit der Verbindung auf sie zukam, durchaus nicht unempfänglich waren, verkauften sie sich nicht. Sie schlugen lediglich zwei Fliegen mit einer Klappe.

Wir sollten allen dankbar sein, die ihren Reichtum für das Allgemeinwohl einsetzen. Großzügigkeit ist eine Tugend, die unseren Respekt verdient. Philanthropische und karitative Beiträge entspringen oft einer ehrenwerten Motivation – nicht alles muß auf unterbewußte Motive zurückgeführt werden, und menschliches Tun sollte, selbst wenn es unterbewußt motiviert ist, auf der Basis seiner Konsequenzen beurteilt werden. Dennoch lohnt es, einen Blick auf die unterschwellig wirkenden dynamischen Kräfte zu werfen.

Der Tod kann nicht verdrängt werden. Mit zunehmendem Alter sehen sich die Menschen, und unter ihnen besonders die begüterten, nach Formen der Unsterblichkeit um. Man denkt an das Beispiel des Stahlmagnaten Andrew Carnegie, der vielleicht längst vergessen wäre, gäbe es da nicht die Carnegie-Stiftungen und die Carnegie-Bibliotheken. Der »Name« lebt also weiter, ja, er wird nicht nur unsterblich, sondern stets mit dem Beiklang der Wohltätigkeit verbunden sein. Schmückt der Name ein öffentliches Gebäude – sei es *Zeckendorf Plaza*, *Duke University* oder *Millstein Hospital Wing* (der Name prangt in riesigen Leuchtbuchstaben auf dem Gebäude und täuscht darüber hinweg, daß die Abteilung dem *Columbia Presbyterian Hospital* untergeordnet ist) –, so geht man gemeinhin davon aus, daß ein gewisses Maß an Unsterblichkeit gewährleistet ist. Das stimmt natürlich nur bedingt. Wer durch die *Madison Avenue* fährt, denkt im Normalfall genausowenig an James Madison wie ein Passant auf der *Houston Street* an den ruhmreichen Sam Houston. Die Zahl der Gedenktafeln im Metropolitan Museum ist enorm – und keiner beachtet sie. Der Dichter Shelley beschrieb die Nichtigkeit einer solchen Unsterblichkeit:

»›My name is Ozymandias, king of kings:
Look on my works, ye Mighty, and despair!‹
Nothing beside remains. Round the decay
Of that colossal wreck, boundless and bare,
The lone and level sands stretch far away.«[5]

Wenn die Statuen auch nicht verschwinden, so verblassen doch die Aufschriften und werden unleserlich; und selbst wenn die Namen erkennbar bleiben, kann es durchaus sein, daß sie den Bezug zu der Person verlieren, deren ewigen Ruhm sie singen sollen.

Ein Mann, der sich ein genuines, seinen Selbstwert erhöhendes Bild seiner Macht wünscht, kann nicht einfach selbstsüchtig materielle Güter anhäufen. Da ein Teil des Egos auf dem Gefühl beruhen muß, ein guter, anständiger und wohltätiger Mensch zu sein, bietet sich die Philanthropie als Mittel zum Zweck an: Durch sie können wir uns in jenen guten Menschen verwandeln, der wir gerne sein möchten. Höchster Respekt wurde, historisch gesehen, weniger dem Großverdiener und Großgrundbesitzer als dem Ernährer und Versorger entgegengebracht. Das Bedürfnis, vor sich selbst und vor anderen als großzügiger Mensch zu gelten, setzt Machtgier und Geiz durchaus respektable Grenzen. Die Tugend der Großzügigkeit und die Generosität an sich sind integrale Bestandteile unserer Kultur.

Großzügiges Verhalten kann natürlich in Verschwendung und törichte Extravaganz ausarten. Dennoch ist den meisten von uns der unbekümmerte Versorger lieber als der kluge Geizkragen. Es gibt viele Vergehen, die schlimmer sind als Knauserigkeit. Doch unter den Charaktereigenschaften findet sich kaum eine, die weniger erträglich ist als Geiz. Der anal-retentive Pfennigfuchser und Erbsenzähler, der sein Leben in Teelöffelhäppchen von Geben und Nehmen bemißt, gehört zu den unangenehmsten Zeitgenossen schlechthin. Wer immer gleich mit dem Scheckbuch zur Stelle ist, erfreut sich allemal größerer Beliebtheit als der zögerliche Nörgler.

Eine der merkwürdigsten kulturellen Entwicklungen, in denen sich das Verhältnis zwischen Großzügigkeit und Männlichkeit widerspiegelt, ist der sogenannte *Potlach*, ein zeremonielles Fest der Indianer an der kanadischen Pazifikküste. Die öffentliche Weitergabe von Reichtum bildet dort die Grundlage der gesamten Gesellschaft. Status innerhalb der Gemeinschaft erlangt nur, wer enorme Mengen verschenkt. Bei einem großen Potlach-Fest schenkt der Gastgeber seinen Gästen — unter denen sich auch seine Feinde befinden können — seine wertvollsten Besitztümer, Werte, für die er jahrelang schwer gearbeitet hat. Auf der gleichen Ebene liegt es, wenn er bei dieser Gelegenheit hochgeschätzte Kupferplatten ergreift und demonstrativ zerstört. Das geht so weit, daß im absurden Extremfall die Ersparnisse eines ganzen

Lebens bei einem einzigen Potlach fortgegeben oder zerstört werden und der Betroffene am Ende völlig verarmt ist.

In Verfälschung seines ursprünglichen Sinnes wurde der Potlach zu einer Waffe gegen persönliche Feinde. Da ein Grundprinzip des Potlach in der Gegenseitigkeit beruht, durfte niemand ein Geschenk zurückweisen. Außerdem wurde von jedem Geschenkempfänger erwartet, daß er in absehbarer Zeit seinen eigenen Potlach hielt und gleichwertige Geschenke verteilte. Aus dieser Sitte entwickelte sich eine raffinierte Methode, Widersacher in den Bankrott zu treiben: Man gab ihnen einfach mehr, als sie zurückzugeben imstande waren, es sei denn, sie ruinierten ihren eigenen Haushalt. Immerhin zeigt der Potlach, daß die großzügige Weitergabe von Reichtum in dieser Kultur mehr Respekt einbringt als dessen Akkumulation. Der Schluß liegt nahe, daß die Geringschätzung materieller Dinge in gewisser Weise als Adel betrachtet wurde, vor allem, wenn sie mit der anderen Tugend der Großzügigkeit einherging.[6]

Die Verachtung von materiellen Dingen oder die vorgetäuschte Gleichgültigkeit ihnen gegenüber ist ein puritanischer Zug, der in vielen Kulturen parallel zu Materialismus und Gewinnstreben verläuft. Ein extremes Beispiel liefert Henry James' *Bildnis einer Dame*. Isabel Archer, eine junge, ebenso naive wie hübsche Amerikanerin, sieht sich den Ablenkungen und Verlockungen der europäischen Kultur ausgesetzt. Eingeschüchtert, aber auch abgestoßen von der sklavischen Abhängigkeit der Gesellschaft von Mode und Zeitgeist, verliebt sie sich in Gilbert Osmond, der für sie die höchste Verkörperung des unabhängigen, allfällige Modetorheiten verachtenden und nur nach seinen eigenen Wertvorstellungen lebenden Mannes darstellt. Die Reinheit dieses Gefühls und die rechtschaffene, über jede Gefallsucht erhabene Prinzipientreue ziehen Isabel so an, daß sie mit Osmond eine katastrophale Ehe eingeht. Schon bald nach der Hochzeit erkennt sie, daß Osmonds Verhalten nichts anderes war als vollendete Pose: »Unter all seiner Kultur, seiner Klugheit, seiner Anmut, unter seiner Zugänglichkeit, seiner Leichtigkeit, seiner Lebenserkenntnis lag sein Egoismus verborgen wie eine Schlange in einem Blumenbeet.«[7] Osmond hatte sein gesamtes Leben dem Aufbau einer Fassade von Überlegenheit und Unabhängigkeit gewidmet. Die Ironie liegt darin, daß gerade dieses Verhalten den Narzißten in Reinkultur verrät – den Mann, der ausgerechnet dadurch Ehrfurcht und Anerkennung gewinnt, daß er sich die Identität eines Mannes zulegt, der über jedes Bedürfnis nach Anerkennung erhaben ist.

Das hier geschilderte Phänomen ist die Grundlage des umgekehrten Snobismus, wie er in der Vorliebe mancher Reicher für alte Kleider und ramponierten Trödel zum Ausdruck kommt. Auf der feinabgestuften Skala des Automobileigentums läßt sich der Niedergang des Cadillac als Limousine der Reichen und Superreichen nachvollziehen. Die Nobelkarosse wurde suspekt, als man begann, an bestimmtem Prunk und Protz den Wagen des Parvenus zu erkennen. Die Reichen wandten sich daraufhin dem konservativen und (damals) unaufdringlichen Mercedes zu. Auch auf niedrigerem Wohlstandsniveau findet man die unbekümmerte Mißachtung der »öffentlichen Meinung«, die in einer sklavischen Abhängigkeit von der Meinung einer kleineren Öffentlichkeit endet.

Narzißtische Freuden dienen fast immer der Linderung von Ängsten und Unsicherheiten. Die meisten schnellebigen Vergnügungen des modernen Lebens lassen sich hier einordnen. Männerschmuck in all seinen Erscheinungsformen ist das Produkt narzißtischer Lust. Ein Kompliment, eine Ehrung, selbst eine gute Rezension können vorübergehendes Wohlbefinden und eine Hebung des Selbstwertgefühls bewirken, doch der Stoff, aus dem echte Sicherheit und echte Lust sind, ist das alles nicht.

Jeder Erwachsene kennt ein kleines Kind, das ständig eine sogenannte »Schmusedecke« mit sich herumschleppt. Ein anderes fühlt sich nur wohl und geborgen, wenn es an seinem Schnuller nuckeln kann. Der erwachsene Mann hat genau wie das Kind seine Schnuller und Schmusedecken. Der »Schnuller« kann etwas so

Einfaches sein wie eine (große und teure) Zigarre oder etwas so Kompliziertes wie eine besonders ehrerbietige Bedienung in Restaurants, die nur Männern seiner Einkommensklasse offenstehen. Die »Schmusedecken« sind oftmals Sparbücher und Aktien. In der Wettbewerbsgesellschaft derjenigen, die auf großem Fuße leben, wird alles in Begriffen relativer Macht gesehen: das Privatflugzeug, die Größe des Flugzeugs, die Bedeutung von Clubmitgliedschaften, das Sammeln und Horten von bestimmten »Gütern«. Es gibt kritische Punkte in unserem Leben, an denen Bestätigung, Unterstützung, Lob und all die anderen »positiven Verstärkungen« sehr hilfreich sind. Doch um langfristig wirksam zu sein, müssen sie die *Aktivitäten* oder *Beziehungen* fördern, die das eigentliche Rohmaterial unseres Selbstgefühls darstellen.

Narzißtische Freuden sind zwangsläufig Beigaben. Krönen Sie Ihren Eisbecher, wenn es denn unbedingt sein muß, ruhig mit einer Maraschino-Kirsche, aber verwechseln Sie ja nicht das eine oder das andere mit den wahren Elixieren des Lebens. Als Beiwerk können narzißtische Freuden, indem sie uns zeitweilig vom Selbstzweifel befreien, durchaus einen Zweck erfüllen. Aber sie können weder ein echtes Selbstgefühl noch wahres Selbstvertrauen aufbauen. Wenn wir sie als Alternative zu echten Freuden heranziehen, so werden wir automatisch um jene Erfahrungen betrogen, die wirklich den Stolz in uns fördern. Wer wahre Freuden den Freuden des Status und der Selbstbestätigung opfert, läßt sich auf einen abgrundtief schlechten Handel ein.

Der Narzißt ist ein bodenloses Faß, das nie gefüllt werden kann. Kein noch so großer Applaus, keine Statussymbole, keine äußerlichen Belohnungen und Preise welcher Art auch immer werden jene leckgeschlagene Zisterne füllen, die das Ego des Narzißten nun einmal ist. Allzu viele Männer werden, umgeben von den Produkten ihrer narzißtischen Bestrebungen, in der Abenddämmerung ihres Lebens erwachen und sich nicht nur die Frage stellen, welche Freuden und Passionen ihnen noch bleiben, nein, sie werden auch wissen wollen, ob sie überhaupt jemals welche erfahren haben. In der Getriebenheit, mit der sie ihren Vergnügungen nachjagen, dürfen Männer nie die wahren Freuden vergessen, die allein der Existenz Sinn und Bedeutung verleihen und allein imstande sind, einem männlichen Ego, das in der wenig anpassungsfähigen Gesellschaft, die wir uns errichtet haben, ständig bedrängt und gefährdet ist, Unterstützung zu bieten.

Kapitel 10

Jeder spielt sein Spiel

Spiele sind niemals einfach bloß Jux und Tollerei. Zumindest nicht für Männer. Männer spielen ihr ganzes Leben lang irgendwelche Spiele — organisierte oder andere. Für Frauen gilt das gleiche, doch gibt es hinsichtlich der Art der Spiele, ihrer Regeln, ihrer Zweckbestimmung und ihrer symbolischen Bedeutung wesentliche Unterschiede zwischen den Geschlechtern. Wer die Spiele der Männer (sowohl auf dem Spielfeld wie außerhalb desselben) begreifen will, sieht am besten den kleinen Jungen beim Spielen zu.

Bevor die ersten Kinderpsychologen, Kulturanthropologen und andere Kindheitsexperten auftauchten, bevor die ersten interessierten Beobachter und Berufsauguren auf der Bildfläche erschienen, gab es die wissenden Mütter. Aus den ersten überlieferten Beobachtungen und literarischen Zeugnissen, aus der Mythologie und der mündlichen Überlieferung ist uns bekannt, daß Eltern schon immer wußten, daß Mädchen und Jungen unterschiedliche Spiele spielen. Sie spielen nach unterschiedlichen Regeln und aus unterschiedlichen Gründen.

Führen Sie sich folgende altbekannte Szene vor Augen: Zwei fünfjährige Knaben amüsieren sich beim traditionellen »Wettpissen«. Sie öffnen die Hosen, fummeln an ihren Penissen herum und stellen fest, wer am weitesten pinkeln kann. Obwohl der eine offensichtlich eine größere Reichweite hat als der andere, beansprucht jeder unter viel Gelächter und Alberei den Sieg für sich allein. Der vermeintliche Verlierer behauptet nämlich stolz, daß er *länger* urinieren konnte als der andere, der *weiter* kam; folglich sei er der Sieger. Obwohl beide kichern, ist der eine wie der andere fest entschlossen, seinen Erfolg zu verteidigen, weshalb sich in ihr Verhalten in der Folgezeit eine spielerische Aggressivität einschleicht. Der eine schwenkt seinen Penis hin und her und versucht den anderen mit Urin zu bespritzen; der andere grinst, obwohl er das nicht besonders komisch findet. Dann stellt sich bei einem plötzlich eine Erektion ein, und beide fangen hysterisch an zu lachen. Der kleine Kerl mit der Erektion läßt nun ohne jede Scham die Hose fallen und stolziert mit stramm gereckter Standarte umher wie auf dem Exerzierplatz.

Das ist kein Spiel, wie kleine Mädchen es spielen. Von der physischen Ausstattung einmal ganz abgesehen, ist es eher unwahrscheinlich, daß in ihrem Kreis ein solches Maß an *direkter* Konkurrenz, gegenseitiger Beleidigung und Aggressivität akzeptiert wird. Männer spielen dieses Spiel in verschiedenen Versionen ihr Leben lang. Wir kommen nie über unsere Kindheitsspiele hinaus. Wir erfinden sie bloß immer wieder neu und tragen sie in anderen Arenen aus.

Sozialwissenschaftler haben mittlerweile bestätigt, was ohnehin schon bekannt war. Eine der in jüngster Zeit einflußreichsten Beobachterinnen ist Carol Gilligan. Gleich zu Beginn ihres Buches *In a Different Voice*[1] berichtet sie über die unterschiedlichen Spielweisen der Kinder, wie sie von so renommierten Forschern und Forscherinnen wie Jean Piaget, George H. Mead und Janet Lever dokumentiert worden sind[2].

Janet Lever stellt sich zu Beginn ihrer Untersuchungen die Frage, ob es beim Spiel der Kinder geschlechtsspezifische Unterschiede gibt. Am Ende ihrer Untersuchungen von Organisation und Struktur der spielerischen Aktivitäten von 181 Zehn- und Elfjährigen weißer Hautfarbe aus Mittelklasse-Familien hatte die Forscherin die folgenden geschlechtsspezifischen Unterschiede herausgearbeitet: Jungen spielen mehr im Freien als Mädchen; sie spielen öfter in großen, altersmäßig heterogenen Gruppen; sie spielen öfter Spiele mit Wettbewerbscharakter, und ihre Spiele dauern länger als die Spiele der Mädchen.

Die letztgenannte Erkenntnis ist in mancher Hinsicht die interessanteste. Die Spiele der Jungen schienen nicht nur deshalb länger zu dauern, weil sie größeres Geschick erforderten und daher generell nicht so schnell langweilig wurden, sondern auch deshalb, weil Jungen während des Spiels aufkommende Konflikte effektiver zu lösen verstanden als Mädchen.

»Im Verlaufe dieser Untersuchung stritten sich die Jungen dauernd, aber nicht ein einziges Mal wurde ein Spiel wegen eines Streits beendet, und kein Spiel wurde länger als sieben Minuten unterbrochen. Bei den heftigsten Auseinandersetzungen hieß es zum Schluß immer: ›Fangen wir noch mal von vorne an!‹ (Lever, S. 482). Man gewann tatsächlich den Eindruck, daß die ›juristischen‹ Debatten den Jungen genausoviel Spaß machten wie das Spiel selbst. An den wiederholten Diskussionen waren sogar solche Kinder gleichberechtigt beteiligt, die im Spiel selbst nur Nebenrollen spielten, weil sie entweder zu klein oder zu ungeschickt waren. Bei den Mädchen bestand dagegen die Tendenz, daß mit dem Streit auch das Spiel endete. Die Lever-Untersuchung bestätigt und erweitert also die Erkenntnisse Piagets, der in seiner Studie über Spielregeln zu dem Schluß kommt, daß sich Jungen während des Heranwachsens mehr und mehr von der Ausarbeitung von Regeln und der Entwicklung fairer Methoden zur Beilegung von Konflikten faszinieren lassen. Mädchen, so Piaget, fallen dieser Faszination nicht anheim. Sie haben, meint er, eine ›pragmatischere‹ Einstellung gegenüber Spielregeln. ›Sie halten eine Regel so lange für gut, als sie sich positiv auf das Spiel auswirkt‹ (S. 83). Mädchen sind Spielregeln gegenüber toleranter, eher zu Ausnahmen bereit und gewöhnen sich schneller an Neuerungen.«[3]

257

Gilligan bejaht offensichtlich die Beobachtungen der genannten Personen, vor allem Janet Levers, heißt sogar die soziologische Schlußfolgerung gut, daß beide Geschlechter auf eine *unterschiedliche* Rolle vorbereitet werden. Männer müssen lernen, große Gruppen zu führen, weshalb sie großen Wert auf Regeln (Gesetze) legen und sich an Spielregeln gewöhnen. Mädchen engagieren sich mehr in engen zwischenmenschlichen Beziehungen. Für sie ist das Spiel zu zweit wichtiger als das Spiel im Team, selbst bei Mannschaftsspielen. Gilligan interpretiert dieses Phänomen dahin gehend, daß das Spiel sowohl eine Kopie der unterschiedlichen Rollen ist, die Männer und Frauen zeitlebens ausfüllen, als auch der Vorbereitung darauf dient. Beabsichtigt oder unbeabsichtigt sanktioniert Gilligan damit aus feministischer Sicht jene Vorstellungen, nach denen Mädchen und Jungen von frühester Kindheit an verschiedenen Anpassungsmustern folgen.

Der wertvollste Beitrag der Arbeit Carol Gilligans mag darin liegen, daß hier eine führende Feministin Geschlechtsunterschiede akzeptiert — vorausgesetzt, sie dienen nicht dazu, klammheimlich eine männliche Überlegenheit zu postulieren. Auch wenn radikalere Feministinnen die Autorin allein schon deshalb, weil sie diese Unterschiede für möglich hält bzw. bestätigt hat, schwer angegriffen haben, »darf« man dank Gilligan heute eher wieder glauben, was jede Mutter schon immer gewußt hat. Wir können heute also Piagets sorgfältige Beobachtung akzeptieren, daß Jungen mehr an Spielregeln und Mädchen mehr an Beziehungen interessiert sind, ohne gleich ein Urteil darüber zu fällen, welche Position der anderen moralisch überlegen ist.

Anthropologische Daten bestätigen die Konstanz dieses Unterschieds in seinen wesentlichen Elementen. Jungen organisieren ihren Spielbetrieb, indem sie Spiele mit Regeln erfinden (die später als Sport bezeichnet werden). Die Befolgung der Regeln kann wichtiger sein als das Spiel selbst. Ziel des Spiels ist der Sieg, doch die Spielregeln müssen klar und deutlich sein, selbst wenn sie während des Spiels verletzt werden.

Ich habe mich sehr ausführlich der Beobachtung spielender Kinder gewidmet, weil ich mir sicher bin, daß nichts besser geeignet ist, das Verhalten Erwachsener zu beleuchten und zu verstehen, als die vertraute Beobachtung eines Kindes, mit dem man fast täglich zusammen ist. Ich selber habe zwei Töchter. Obwohl mir zwischen diesen beiden Kindern, die mit nur vierzehn Monaten Abstand dem gleichen Elternpaar geboren wurden, gewaltige Unterschiede auffielen, für die ich keine Erklärung fand, waren doch die Ähnlichkeiten noch größer, zumindest im Spiel und in bezug auf dessen Bedeutung für die Identifikation. Das Spielverhalten meiner Töchter entsprach weitgehend dem, was ich von meinen Patienten erwartete und was mir aus der Beobachtung anderer Kinder vertraut war. Beziehungen waren alles, Freundschaften und enge Bindungen entscheidend. Phantasie und Vorstellungsvermögen richteten sich auf die Vorwegnahme von Erwachsenenbeziehungen, die von den Kindern beobachtet wurden. Die Rolle der eigenen Kinder übernahmen Puppen. Geschichten über das gute oder schlechte Benehmen der »Kinder« wurden erfunden.

Was mich bei diesen Spielen am meisten beeindruckte, war ihr stark imitativer Charakter. Sie spiegelten unmittelbare Situationen aus dem realen Leben wider – oder zumindest deren Interpretation aus der Sicht der Mädchen. Die Spiele dienten der Vorbereitung auf das Erwachsenenleben, obwohl sich kurioserweise die Lebensumstände der Frauen bis zu dem Zeitpunkt, da die Mädchen erwachsen wurden, noch radikal ändern sollten. Sie spielten mit Puppen. Die Puppen waren kleine Menschen – reale Menschen aus ihrem Bekanntenkreis und Menschen, die sie selbst vielleicht einmal werden würden: Mamas und Papas, Babys, Lehrerinnen und Lehrer, Ärzte und Ärztinnen, Krankenschwestern. Die Spielregeln waren einfach: »Du bist Mama, und ich bin Lynn (oder Mary oder Jane).« Danach entwickelte sich ein Szenario, das oftmals zur vergnüglichen Parodie einer gut beobachteten Erwachsenenbeziehung wurde. Es ist das authentische »Spiel« in der ursprünglichen Definition: das Spielen von Erwachsenenrollen und -beziehungen als Vorbereitung auf die künftige Realität.

Rein technisch gesehen, spielen Jungen genausooft mit Puppen wie Mädchen. Das heißt, sie spielen mit kleinen Abbildern menschlicher Gestalten. Doch die Unterschiede sind sehr groß. Die Puppe des kleinen Mädchens muß wie ein normaler Mensch oder – wie im Fall der Barbie-Puppe – wie die Karikatur eines normalen Menschen aussehen. Die meisten Puppen sind Babypuppen, Schmusepuppen, die so hervorragend für das phantasievolle Spiel eines liebevollen, fürsorglichen, beziehungsreichen Lebens geeignet sind.

Wer einem Jungen eine »Puppe« gibt, hüte sich, diese auch als solche zu bezeichnen. Den Knaben zieht allenfalls ein Gebilde an, das man vielleicht »Aktionsfigur mit eingeschränkter Persönlichkeit und Menschlichkeit« nennen könnte. Der Wert dieser Puppe oder Aktionsfigur besteht lediglich darin, daß sie die Tür zu einer Phantasie epischer Natur zu öffnen vermag, einer heroischen, irrealen, außerweltlichen also. Es muß ein GI-Held sein (eine Gestalt, die fünfunddreißig Jahre vor der Geburt des Kindes zu existieren aufgehört hatte) oder ein *He-Man* oder ein mechanischer Apparat namens *Transformer* (ein Gerät, das sich vom Panzer in ein humanoides Wesen und wieder zurück in einen Panzer verwandeln läßt) oder auch eine *Teenager Mutant Ninja Turtle*, die aussieht wie eine Schildkröte, deren Räuberzivil sie aber als Ninja-Arts-Produkt ausweist.

Aktionsfiguren sind übermenschliche – oder besser noch: überhaupt keine menschlichen – Wesen. Der Mensch wird hier der Ursache und dem Zweck des Spiels untergeordnet – einer heroischen Konfrontation zwischen Gut und Böse, zwischen Helden und Halunken mit der Betonung auf Sieg, Eroberung, Triumph.

Man achte darauf, wie nebensächlich, ja unbedeutend die menschlichen Elemente dieser Spielzeugfiguren sind. Kein Kind kann sich mit diesen Gestalten identifizieren oder mit ihrer Hilfe im Spiel seine zukünftige Rolle vorwegnehmen. Es sind vielmehr

Erweiterungen seiner Phantasie und Ausdrücke spezieller Modalitäten wie Muskelkraft, Siegeswille, Werkzeuge der Macht. Videospiele wie *Nintendo* haben diese Konzepte noch weiter destilliert und die dreidimensionalen Figuren überflüssig gemacht.

Zum ersten Mal und gleich auch am intensivsten beobachtete ich die geschlechtsspezifischen Unterschiede im Spiel nach der Geburt meines ersten Enkelkindes, das zufällig ein Junge war. Vor dem Spiel mit humanoiden Wesen kam das Spiel mit »Autos und Maschinen«. Es war dies primär ein Spiel, das der Zwei- bis Dreijährige für sich allein spielte. Ich war nur Zuschauer. Sehr früh wurde mir allerdings klar, daß ich, falls ich den Wunsch verspürte, mich an dem Spiel zu beteiligen, zunächst einmal die Spielregeln würde lernen müssen. Aus irgendeinem Grund wußte das Kind, das noch kaum sprechen konnte, recht genau zwischen diversen einander sehr ähnlichen Baufahrzeugen zu unterscheiden: Kipper, Gabelstapler, Löffelbagger — Begriffe, die mir selbst heute nicht auf Anhieb einfallen. Für meinen durch Altersweitsichtigkeit getrübten Blick sahen die Nachbildungen jedenfalls alle mehr oder weniger gleich aus. Dennoch mußte jedes Gerät mit seinem korrekten Namen angesprochen werden. Spielen, so mein Eindruck, war ein ernstes Geschäft; die Spielregeln wurden zwar nicht erklärt, aber ganz offensichtlich verstanden.

Als mein Enkel etwas älter war, beobachtete ich ihn im Spiel mit einem anderen kleinen Jungen. Auch jetzt wurden die Regeln nicht im voraus artikuliert. Doch wenn es Streit gab, so konnte man mit großer Wahrscheinlichkeit davon ausgehen, daß der Anlaß dafür in der Übertretung stillschweigend vorausgesetzter Spielregeln lag, die beide Kinder zu verstehen schienen. »Du sollst doch da nicht hingehen!« — »Ich hab' mich eingeschlichen!« — »Du bist tot!« — »Nein, bin ich nicht, ich bin nur verletzt!« Bei größeren Auseinandersetzungen ging es meist darum, wer den Regelverstoß begangen hatte. Die Spielregeln festzusetzen dauerte oft ebensolange wie das Spiel selbst.

Hinter dem Unterschied zwischen dem an Regeln orientierten

Spielverhalten der Jungen und der spontaneren Natur der Mädchenspiele lassen sich verschiedene Zweckbestimmungen vermuten.
Wenn sich die Mädchen auf traditionelle biologische Rollen vorbereiten, zu denen alles gehört, was sich unter dem Begriff »Domestizi-
tät« zusammenfassen läßt, dann gehört diese Form des Spiels
zweifellos zur Vorbereitung. Die guten Eigenschaften der Mutter-
rolle sind Einfühlungsvermögen, die Fähigkeit, zu schlichten und
Kompromisse zu finden, Selbstlosigkeit und Flexibilität. In ihren
Spielen üben die Mädchen den Umgang mit Menschen, und, was
noch wichtiger ist: Sie üben den Umgang mit Menschen, die sie
lieben und mit denen sie zusammenleben werden. In vorfeministi-
schen Zeiten waren Frauen, die außer Haus arbeiteten, vorwiegend
in Berufen tätig, in denen zwischenmenschliche Beziehungen
dominierten. Sie waren Lehrerinnen und Krankenschwestern. Auch
darauf hatten ihre Spiele sie vorbereitet.

Jungen folgen im Spiel dem Diktat ihrer traditionellen Rollen als
Krieger und Jäger. Diese Rollen entfremdeten sie der Gemeinschaft
derer, die sich umeinander kümmerten. Sie hatten nichts mit
Einfühlungsvermögen oder Versöhnung zu tun, sondern mit Macht,
Antagonismus, Konflikt und Aggressivität. Ich erinnere mich, wie
mein Enkel eines Abends eine Fernsehsendung sehen wollte, die ich
für ungeeignet hielt. Ich schlug ihm vor, sich statt dessen einen
Videofilm anzuschauen, der ihm viel Spaß machen würde. Seine
erste Frage lautete: »Kommen da auch böse Kerle vor?« Mein Enkel
ist keineswegs ein Kind, das sich an Gewalt ergötzt und mit brutalen
oder sadistischen Szenen unterhalten werden will. Was meinte er
mit den »bösen Kerlen«? Damit es böse Kerle geben kann, bedarf es
der guten zur Ergänzung. Mit anderen Worten: Der Junge wollte
Konflikte. Er wollte keine Handlung mit Entwicklungen und
Beziehungen, Handlungen, in deren Mittelpunkt das Leben steht. Er
wollte vielmehr *action*. Gewinner und Verlierer verhießen Herausforderungen, Mut, Heldenhaftigkeit, Sieg — und Gerechtigkeit. Er
wollte nicht *Little Women* oder *Heidi*, sondern *Robin Hood* oder *Die
Schatzinsel*.

Kinder haben immer gespielt. Das gleiche gilt auch für die Tiere. Anders als die Arbeit ist das Spiel kein spezifisch menschliches Phänomen. Manche Tiere spielen nicht nur, sie »sammeln auch Punkte«. Aus dem ungestümen Spiel der Jungtiere eines Wurfs entwickelt sich rasch eine Hackordnung, die lebenslang Bestand haben kann. Löwenkinder spielen und lernen im Spiel, wie man sich ein Territorium verschafft, um anderen männlichen Tieren den Rang abzulaufen — vermutlich werden hier die ernsthafteren Konfrontationen vorweggenommen, zu denen es später während der Brunstzeit kommt — und um die wichtigsten Grundzüge der Jagd zu erlernen. Das Spiel bereitet die jungen Tiere auf jene Faktoren vor, die zum Überleben der Art notwendig sind: auf die Auseinandersetzung mit Rivalen, die Revierbildung, die Fortpflanzung und die Jagd.

Auch das Kinderspiel läßt sich als Vorbereitung auf fundamentale biologische Rollen des Erwachsenen ansehen, wenngleich diese Interpretation natürlich stark vereinfacht ist.

Männliche und weibliche Lebewesen, Menschen ebenso wie Tiere, sind genetisch auf die Übernahme spezifischer Rollen im Leben konditioniert. Der Unterschied zwischen den Menschen und anderen Lebewesen liegt darin, daß wir die Freiheit haben, unsere genetischen Vorgaben zu modifizieren (nicht jedoch sie zu verleugnen). Wir sind nicht fest verdrahtet. Wir können Dinge tun, von denen die Natur nie beabsichtigte, daß wir sie tun — es sei denn indirekt, indem sie uns die Freiheit gab, unsere Natur zu verändern.

Der Grundunterschied zwischen den Geschlechtern liegt in den genetischen Vorgaben in Richtung Aggression respektive Fürsorge. Wie bereits in Kapitel 6 ausgeführt, können allein schon aufgrund der Körpergröße Konfrontation und Aggression kein zentraler, biologischer Bestandteil des weiblichen Wesens sein. Frauen müssen daher bestimmte Kontrollmechanismen gegen die unmittelbare Umsetzung der Aggression besitzen. In ähnlicher Weise müssen die normalen fürsorglichen und beschützenden Tendenzen, die nach meiner Überzeugung in *beiden* Geschlechtern vorhanden sind, bei der Frau in besonderem Maße verstärkt sein, muß sie doch als Mutter dazu animiert werden, ihr kleines Kind zu pflegen und zu ernähren. Da das Spiel der Vorbereitung auf den Ernst des Erwachsenenlebens dient, sollten die Tendenzen des Spiels unterschiedlich sein und die Unterschiede zwischen den Geschlechtern zum Ausdruck bringen. Jungenspiele sind anders als Mädchenspiele, weil Jungen anders sind als Mädchen und in diesem frühen, noch unangepaßten und unmodifizierten Verhalten unterschiedliche biologische Missionen zum Tragen kommen.

Niemand braucht sich vor biologischem »Determinismus« zu fürchten. Man kann Kindern beibringen, typische Geschlechterrollen zu erfüllen, doch man kann sie auch dahin gehend konditionieren, daß sie diesen Rollen widerstehen. Das Spiel der Jungen scheint biologisch auf hoch aktive, hoch aggressive und hoch konfrontative Aktivitäten ausgerichtet zu sein. Im Mittelpunkt des Spiels der Mädchen stehen Fürsorge, Liebe, Zärtlichkeit, Beziehungen. All diese Eigenschaften können, wenn wir es darauf anlegen, verändert werden, denn keine von ihnen ist starr fixiert. Es gibt lediglich eine genetische Richtung. Wenn wir uns entschließen, die Rollen zu ändern, um die Unterschiede zwischen ihnen auszugleichen, so sei's drum; Geschmeidigkeit ist auch ein biologisches Faktum unserer Natur.

Leicht wird es nicht sein. Hinter den aggressiven, geschlechtsspezifischen Aktivitäten, die den Jungen auf ein Leben voller physischer Konflikte und Aggressionen vorbereiten und in seinem Spiel zum Ausdruck kommen, stehen biologische Triebkräfte. Im Umgang mit Autos, Lastwagen, Gewehren und Panzern wird die Bereitschaft erkennbar, mit Hilfe der Artefakte unserer Gegenwartskultur Vorgaben zu befriedigen, die wesentlich älter sind als die jeweiligen Aktivitäten an sich.

Mit Geschick und Erfindungsgabe können wir die Spiele der Kindheit dazu heranziehen, maskuline Aggression in gesellschaftlich akzeptablere Formen zu gießen. Mit neuen Vorbildern können wir eine neue Männlichkeit definieren. Dazu ist allerdings ein weniger individualistischer, mehr gemeinschaftsorientierter Ansatz erforderlich. Wir könnten allen Selbstbehauptungswillen, allen »Meisterschafts«-Ehrgeiz und alle verfügbaren Energien auf eine beliebige Anzahl akuter gesellschaftlicher Probleme lenken, die dringend unserer Aufmerksamkeit bedürfen. Gäbe es bei uns eine Tradition, diese Eigenschaften in den Dienst der Gemeinschaft zu stellen, so könnte der einzelne Mann sein Bedürfnis nach Eroberung, Erfolg und Selbstwert im Dienst am Nächsten erfüllen.

Das Spiel beginnt spontan, angetrieben von biologischen Vorgaben, und wird dann von den Erwachsenen der jeweiligen Gemeinschaft ausgeformt. Beobachtet man kleine Jungen beim Spielen und analysiert ihr Spiel, so läßt sich deutlich erkennen, was den natürlichen Intentionen entspricht und was die Gesellschaft von den Knaben erwartet, sobald sie zu Männern heranwachsen. Zu den aufschlußreichsten Zeugnissen über den Stellenwert des Mannseins und der Männlichkeit in einer bestimmten Gesellschaft gehören die Spiele der männlichen Jugendlichen — und unter ihnen besonders jene, die von den Erwachsenen angeregt und gefördert werden.

»Er spielt sein Spiel« — so lautet eine wesentliche Metapher im Leben des Mannes. Die frühen Spielregeln aus Kindheitstagen sind in den Spielregeln der Männer nach wie vor evident. Für den Durchschnittserwachsenen ist es noch immer wichtig, »Spieler« zu sein, wobei darunter in diesem Zusammenhang nicht der Basketball- oder Football-Spieler gemeint ist, sondern der Spieler in der Geschäfts- und Finanzwelt. Spieler zu sein bedeutet, daß man mitzählt, daß man mitspielt, daß man dabei ist, gleichgültig, wie das große Spiel im einzelnen heißen mag. Die Regeln, die das Geschäftsleben bestimmen, sind oft eine Mischung aus zwei Faktoren: dem Bedürfnis nach Geld und dem Bedürfnis nach männlichem Status.

Ich erinnere mich an eine junge Frau, die Harry Helmsley in der

Zeit, bevor er mit den Gerichten in Konflikt geriet, interviewte. Er gehörte damals zweifellos zu den reichsten Männern New Yorks. Die Reporterin stellte ihm die Frage, warum er sich in seinem Alter — er hatte damals die Siebzig bereits deutlich überschritten — noch immer auf neue Geschäfte einließ und seinen Immobilienbesitz erweiterte. Doch wohl nicht allein um des Geldes willen, oder? Helmsley erwiderte, er sei sehr wohl noch daran interessiert, mehr Geld zu verdienen. Die Reporterin fragte, wieviel Geld er denn nun eigentlich besitze. Getreu den Spielregeln zögerte Helmsley und gab ihr bescheiden zu verstehen, die Nennung der reinen Zahlen wäre wohl Angeberei, es handele sich allerdings in der Tat um eine erkleckliche Summe. Worauf die Reporterin sagte: »Ich habe den Eindruck, selbst wenn Sie sich alles kaufen würden, was sie sich persönlich wünschen, wäre es Ihnen nicht möglich, all Ihr Geld auszugeben. Ist das richtig?« Ja, das stimme wahrscheinlich, erwiderte Helmsley. Die Reporterin daraufhin: »Ja, was, um alles in der Welt, wollen Sie denn dann mit noch mehr Geld anfangen?« Helmsleys Antwort: »Sie verstehen mich nicht. In meiner Sportart erkennt man am Geld, daß man gewonnen hat.« (Metaphern aus dem Bereich des Wettkampfsports stehen bei Präsidenten, Astronauten und Wirtschaftsführern nach wie vor hoch im Kurs. Der Sport bleibt die einzige gemeinsame Grundlage, auf der Männer miteinander auskommen und kommunizieren können.)

Im Geschäftsleben sind die Spielregeln genauso entscheidend wie beim Spiel mit »Autos und Maschinen«. Man hat die Freiheit, bis zum Äußersten zu gehen, um zu sehen, wo die Grenzen sind. Worauf es letztlich ankommt, ist der Sieg. Verstöße gegen die Regeln kommen immer wieder vor, sind aber gefährlich.

Ein Freund von mir besuchte einmal den Basar in Istanbul. Er war ein Mann, der es irgendwie fertigbrachte, eine gewisse Großzügigkeit mit pathologischem Geiz zu verbinden, was natürlich auf seine Angst vor Übervorteilung und seine Verletzlichkeit zurückzuführen war. Er erzählte mir, daß sein Aufenthalt in Istanbul sich nahezu ausschließlich auf eine Auseinandersetzung mit einem Juwelier im Basar beschränkt hatte. Ihm war dort ein Armband ins Auge gefallen, das er gerne seiner Frau mitbringen wollte. Nach langem Hin und Her hatte er die Kaufsumme auf die Hälfte des Ausgangspreises heruntergehandelt, worauf der Juwelier sagte, nun sei Schluß, jede weitere Preisreduzierung sei für ihn ein Verlustgeschäft. Mein Freund wandte sich daraufhin zum Gehen, rechnete aber fest damit, zurückgerufen zu werden. Zu seiner äußersten Verblüffung und seinem blanken Entsetzen geschah dies jedoch nicht.

Um sein Gesicht zu wahren, verließ mein Freund den Basar, kehrte aber tags darauf zurück und stürzte sich von neuem ins Gefecht. Es gelang ihm, den Preis noch weiter zu drücken. Wieder tat er am Ende so, als wolle er gehen, und wieder ließ ihn der Händler anstandslos ziehen. Wutentbrannt ging mein Freund zum Mittagessen. Dann entschloß er sich erneut zur Rückkehr; diesmal wollte er das Armband kaufen. Als er seinem Widersacher gegenüberstand, konnte er indessen der Versuchung nicht widerstehen, eine weitere Preissenkung zu verlangen. Konsterniert und aufgebracht, ließ der Händler sich schließlich auch noch auf diesen letzten lächerlichen Sonderrabatt ein und meinte, es sei das Geld schon wert, wenn er dadurch endlich den lästigen Kunden loswerde. Sichtlich mißgelaunt, verpackte er das Armband und reichte es ihm.

Mein Freund berichtete mir später von dem gewaltigen Triumphgefühl, das ihn auf dem Flughafen in Rom überkam, als er auf seine Anschlußmaschine wartete: In einem jener Läden, die speziell darauf ausgerichtet sind, den abreisenden Touristen die letzte Lira aus der Tasche zu ziehen, erblickte er ein absolut identisches Armband! Um seinen Sieg noch auszukosten, erkundigte er sich voll brennender Neugier nach dem Preis. Doch als er die Lire in Dollar umgerechnet hatte, mußte er feststellen, daß der Preis genau der Summe entsprach, die er im Basar bezahlt hatte . . . Wir haben es hier mit einem Spiel zu tun, das regelgetreu zu Ende gespielt wurde. Als die beiden Kontrahenten das Schlachtfeld verließen, fühlten sich beide echt *macho*, ein jeder war von seinem Sieg überzeugt. Und ohne den unglücklichen Zwischenfall auf dem Flughafen hätte sich bis heute nichts daran geändert.

Einem meiner Patienten war am letzten Tag vor dem Rückflug von einer Nordafrikareise das Bargeld ausgegangen, und er wollte nicht noch einen weiteren Scheck im Hotel einlösen. Vor der Fahrt zum Flughafen hatte er noch etwas Zeit und schlenderte durch den Basar. Eine besonders schöne Beduinenkette erregte seine Aufmerksamkeit. Er wäre nie auf die Idee gekommen, sie zu kaufen, und kannte auch niemanden, der ein derart extravagantes Stück Kunsthandwerk angelegt hätte. Aber er machte – aus reiner Neugier – den Fehler, die Kette näher in Augenschein zu nehmen, um zu sehen, wie sie gearbeitet war. Worauf das Spiel begann. Der Verkäufer fragte ihn, ob er an der Kette interessiert sei. Mein Patient antwortete: »Nein, überhaupt nicht!« Er fügte hinzu, daß er gar kein Geld dabeihabe und daß der Schmuck für ihn nicht in Frage komme, egal wieviel er koste (der Preis lag bei 375 Dollar). Der Verkäufer aber ließ nicht locker und forderte ihn auf, eine Zahl zu nennen. Der Amerikaner erwiderte, Zahl hin, Zahl her, er könne und wolle die Kette gar nicht haben. »Angenommen, ich gehe 100 Dollar im Preis runter«, meinte der Händler und lief mitsamt der Kette, einem Stift und einem Zettel hinter meinem Patienten her. »Nennen Sie bloß Ihren Preis!« Auf dem Zettel stand »375 Dollar«, und mein Patient beging den furchtbaren Fehler, die 3 durchzustreichen. Der Händler starrte ihn gleichermaßen verdutzt wie empört an. »Sie meinen 75 Dollar?« Der Amerikaner nickte und ging weiter, überzeugt davon, sich dadurch geschickt aus der Affäre gezogen zu haben. Doch der Händler rief ihm nach und blieb ihm auf den Fersen. Der Preis wurde kontinuierlich gesenkt, bis schließlich die geforderten 75 Dollar erreicht waren. Mein Patient indessen ging weiter – er hatte ja buchstäblich keinen Penny mehr in der Tasche!

Der Mann hatte sich nicht an die Spielregeln gehalten und die Beschimpfungen, mit denen der Händler ihn daraufhin bedachte, redlich verdient. Hätte er sich an die Regeln gehalten, so hätte er den Basar in dem Bewußtsein verlassen, einen Erfolg errungen zu haben. Der Händler seinerseits hätte sich gedacht, es war ein harter Kampf, aber unter dem Strich ist doch noch etwas für mich herausgesprungen . . . Auch bei ihm hätte sich eine Art Siegesbewußtsein eingestellt.

Die beiden Basar-Geschichten illustrieren anschaulich die gesellschaftlichen Regeln, die in den meisten Fällen dafür sorgen, daß solche Auseinandersetzungen nicht ausarten.

Wenn Spiele sozialisiert und die Regeln allgemein bekanntgegeben werden, betreten wir die formellen Wettkämpfe der Welt des Sports. Zu den beunruhigendsten Aspekten unserer Gegenwartskultur gehört der unverhältnismäßig starke Einfluß des Sports auf das Leben heranwachsender und erwachsener Männer, und es ist eine der unerfreulichsten Entwicklungen in der modernen Kindererziehung, daß wir uns immer früher und früher in die informelle Spielwelt der Jungen einmischen, um ihr die formelle Welt des Sports überzustülpen. Wettkampfsport in Baseball-, Basketball- und Football-Ligen, der einst den postpubertären Aktivitäten zuzurechnen war, wird immer jüngeren Knaben aufgezwungen.

Die für die frühen Kinderspiele typische Spontaneität und Freiheit gehen verloren. Zudem rückt bei Kinderwettkämpfen, bedingt durch die Gegenwart eines aus Erwachsenen bestehenden Publikums, die gesellschaftliche Zustimmung in den Mittelpunkt und verwandelt das Spiel in eine öffentliche Vorstellung. Erwachsene Zuschauer verstärken die Angst vor dem Versagen, die Niederlage wird zur öffentlichen Demütigung.

Die meisten Wörterbücher definieren Sport als Leibesübungen mit Wettkampfcharakter, die an bestimmte Regeln gebunden sind. Der Aufstieg des organisierten Sports im zwanzigsten Jahrhundert hat zu zahllosen phantasievollen Theorien Anlaß gegeben, die die

Erfahrungswelt des Sportlers und ihre Bedeutung für die Entwicklung der männlichen Identität zu analysieren versuchten. Keine dieser Theorien ist hundertprozentig überzeugend oder zufriedenstellend. Der Soziologe Michael Messner hat einige von ihnen zusammengefaßt.[4]

In den ersten beiden Jahrzehnten dieses Jahrhunderts bestand unter Männern die Befürchtung, daß das Ende der *frontier*-Zeit (der Westwanderung der Pioniere; Anm. d. Übers.) im Verbund mit Veränderungen in der Arbeitswelt, in den Familien und im Schulwesen einen »verweiblichenden Einfluß« auf die amerikanische Gesellschaft ausübe. Eine Folge dieser Männer-Sorge war die Gründung der amerikanischen Pfadfinderbewegung. Man schuf sich eine separate gesellschaftliche Sphäre, in der *Männer* den Jungen »echtes Mannestum« beibrachten. Der ungefähr zur gleichen Zeit stattfindende rapide Aufschwung des organisierten Sports läßt sich weitgehend demselben Phänomen zuschreiben. Je mehr Veränderungen im sozioökonomischen und familiären Umfeld an den traditionellen Grundfesten männlicher Identität und Privilegien nagten, desto mehr wurde der Sport zu einer wichtigen kulturellen Ausdrucksform traditioneller männlicher Werte; der organisierte Sport wurde eine »primäre männlichkeitsbestätigende Erfahrung«.[5]

»In der Epoche nach dem Zweiten Weltkrieg haben Bürokratisierung und Rationalisierung der Arbeit, im Verbund mit dem Niedergang des Familieneinkommens und dem allmählichen Vordringen der Frauen auf den Arbeitsmarkt, die Rolle des ›Brotverdieners‹ als Grundlage männlicher Identität weiter ausgehöhlt, was bei den Männern zu einem ›Maskulinitätsproblem‹ und einer ›defensiven Unsicherheit‹ führte. (. . .)

Wie haben Männer innerhalb eines gesellschaftlichen Umfelds, das ihnen die entsprechenden Gelegenheiten zu versagen scheint, ihrem Bedürfnis nach ›Geltung‹ Ausdruck verliehen? Erneut kam dem organisierten Sport eine wichtige Rolle zu, und zwar sowohl im persönlich-existentiellen Bereich für die Sportler selbst als auch auf der symbolisch-ideologischen Ebene für die Zuschauer. (. . .) Der Aufstieg des Football zum ›Volkssport Nr. 1‹ in Amerika ist wahrscheinlich zum großen Teil auf die beruhigende *Klarheit* zurückzuführen, die er zwischen den gegensätzlichen Polen traditioneller Macht, Stärke und Gewalt auf der einen und den bestehenden Ängsten vor einer Feminisierung der Gesellschaft auf der anderen Seite schafft.«[6]

Nun, ich weiß nicht so recht . . . Die *frontier* war ein spezifisch amerikanisches Phänomen. Der Aufstieg des Sports vollzog sich dagegen in den europäischen Ländern ebenso. Er war dort vielleicht nicht so streng durchorganisiert wie in Amerika, doch die Wogen der Begeisterung schlugen nicht weniger hoch. Die Verwandtschaft zur amerikanischen Football-Leidenschaft erkennt man schon, wenn man sich das animalische Verhalten der normalerweise zivilisierten Engländer bei Fußballspielen zu Gemüte führt. England hatte nicht nur keine *frontier,* es ist auch eine Insel, ein allseits von Meeren umschlossenes Land, dessen Gewohnheiten und seelische Befindlichkeit der auf ständige Expansion ausgerichteten Haltung Amerikas diametral entgegengesetzt sind.

Kinder-Wettkämpfe in der *Little League* sind in Amerika zur institutionalisierten Alternative für die Jagd geworden. Die Spielregeln der Männerwelt werden dem kleinen Jungen nicht mehr in quasirealen Jagdspielen zur Vorbereitung auf seine künftige Rolle als echter Jäger eingetrichtert, sondern im Sport. Der ursprüngliche Zweck des Sports mag vielleicht tatsächlich einmal darin bestanden haben, den Jungen sowohl auf seine praktische Rolle als Mann als auch auf die Erfüllung eines männlichen Idealbildes vorzubereiten, heute jedoch, unter dem Vorzeichen einer veränderten Männerrolle, dient er lediglich dazu, bestimmte gesellschaftliche Wertvorstellungen eines mittlerweile längst überholten Weltbildes zu bewahren. Das Leben selbst wird die einzelnen Aspekte dieser Ideale kaum je auf die Probe stellen. Der Sport ersetzt in der Kindheit die wirklich wichtigen Dinge, und für den Erwachsenen wird die Metapher des sportlichen Wettkampfs »wirklicher« als die Wirklichkeit.

Die Funktion von Sport und Spielen im Leben des erwachsenen Menschen geht offensichtlich über die Vorbereitung auf die Übernahme bestimmter Rollen hinaus. Vielmehr dient der Sport auch als Alternative zu kompetitiven Elementen des Lebens, die man mittlerweile für zu mühsam oder zu gefährlich hält. (Man könnte auch sagen, er simuliert sie.) Wie einst im mittelalterlichen Turnier können wir Speere mit abgestumpften Spitzen schwingen; wir können unsere Siege auskosten und unsere Wunden lecken, ohne daß wir zuvor unser Leben aufs Spiel gesetzt haben. Wir können ohne die Demütigungen und Risiken, die in der realen Welt mit derartigen Aktivitäten einhergehen, herausfinden, wo unsere Grenzen liegen. Ganz ohne Demütigung geht es freilich auch im Sport nicht ab: Achten Sie einmal darauf, wie Männer nach einem besonders enttäuschenden Satzverlust vom Tennisplatz schleichen.

Kulturanthropologen haben das Spielverhalten der verschiedensten Stammesgesellschaften in aller Welt untersucht und widmen sich inzwischen mit den gleichen partizipativen Techniken dem Studium unserer eigenen Gesellschaft. Zu den für unsere Zwecke hilfreichsten Arbeiten gehört Gary Alan Fines Untersuchung vorpubertärer Baseballspieler in der *Little League*[7].

Fine versucht in diesem Buch, die Ziele des organisierten Sports zu analysieren und von daher Schlüsse auf die Art und Weise zu ziehen, wie die Jungen auf das Erwachsenensein vorbereitet werden. Er führt aus, daß es in der *Little League* vier Elemente gibt, die den Grundelementen der Erwachsenenarbeit entsprechen: Der Sport ist ernst, ist etwas, was »wirklich zählt«; er ist zielgerichtet; er ist erlebnisintensiv und oft durch extreme Gefühlsausbrüche charakterisiert; und schließlich und endlich treten beim Sport, ebenso wie am Arbeitsplatz, häufig Verletzungen auf, ja werden sogar erwartet.

Das letztgenannte Merkmal überrascht etwas in diesem Kontext; schließlich weiß man, daß das Verletzungsrisiko bei Männern auf dem Sportplatz und bei anderen Freizeitaktivitäten höher ist als am Arbeitsplatz. Sportunfälle waren bei den Alliierten während des Golf-Kriegs die Hauptursache für Verletzungen. Nichtsdestoweniger ist Fine ein ausgezeichneter Beobachter und Protokollant. Er bemerkt, daß Jungen dieses Alters nur kurze Aufmerksamkeitsphasen haben und daß sie, überläßt man sie ihren eigenen Neigungen, den Sport längst nicht so »ernst« nehmen, wie es sich ihre Trainer − erwachsene Männer − von ihnen wünschen. So wird Aufmerksamkeit von ihnen verlangt. »Dranbleiben« ist eine der häufigsten Forderungen, mit denen sie konfrontiert werden. Sie dürfen nicht zuviel »herumtrödeln«. Sie müssen »aufpassen«, wenn sie auf der Bank sitzen. Und um den »Ernst« ihres Tuns zu unterstreichen, müssen sie in angemessener Weise ihre Gefühle zeigen.

Und was sollen sie dabei lernen? Was erwartet man von ihnen? Fine unterscheidet hier zwischen den Prioritäten der Erwachsenen und denen der Altersgenossen. Bei Trainern besteht ein bis zur Selbsttäuschung gehender Hang zum Moralismus. Sie möchten das Gefühl haben, mehr zu tun, als einfach nur mit kleinen Jungen zu spielen; sie wollen einen Beitrag zur moralischen Entwicklung leisten. Daher legen sie großen Wert darauf, daß ihre Schützlinge sich »Mühe geben«. Fine zitiert einen Baseball-Trainer wie folgt: »Nach meiner Überzeugung sollte die *Little League* ernst genommen werden. Alberei und ernstes Verhalten − alles zu seiner Zeit. Ich nehme das *Little-League*-Gelöbnis, immer sein Bestes geben zu wollen, ernst. Wenn wir gut spielen und verlieren, werdet ihr nie ein böses Wort von mir hören, wohl aber, wenn wir schlecht spielen und gewinnen. Das ist genauso schlimm wie verlieren.«[8]

Ein anderer Trainer sagt: »Wenn ihr Burschen auf dem Platz seid, dann will ich, daß ihr dranbleibt. Immer dranbleiben, so heißt das Spiel. Ich verspreche euch eines: Wenn ihr in dieser Saison dranbleibt, werdet ihr am Ende ganz oben stehen.«[9]

Obwohl Trainer gerne sagen, auf das Ergebnis — Sieg oder Niederlage — komme es gar nicht so sehr an, führen sie Niederlagen eher auf mangelhafte Leistung als auf Unvermögen zurück. Fine bestätigt, daß der Sieg im Sport wichtiger ist als sportliches Verhalten: »Es kommt zwar vor, daß ein Trainer nach einer Niederlage die gute Leistung seiner Mannschaft lobt, doch geschieht dies nur selten und meistens dann, wenn ein schwaches Team den Sieg gegen eine überlegene Mannschaft nur knapp verfehlt hat.«[10] Ständig betonen Trainer, wie sehr es auf »sportliches Verhalten« ankomme. Sowohl der »faire Sieger« als auch der »gute Verlierer« werden immer wieder idealisiert. Die blütenweiße Moral, die darin zum Ausdruck kommt, ist recht interessant — zumal aus allem, was der Trainer *tut*, eindeutig hervorgeht, daß übertrieben gutes »sportliches Verhalten« in die Niederlage führt. Die jungen Sportler stehen vor dem traditionellen Dilemma aller Kinder in der Gegenwart Erwachsener: Sollen wir das tun, was sie sagen, oder das, wovon wir wissen, daß sie es wollen?

Wichtiger in jenem Alter ist die Bedeutung des Gruppendrucks. Hier wird die Moral mit Hilfe der denkbar brutalsten Mittel durchgesetzt: Man sucht sich Sündenböcke, schließt die Betroffenen aus der Gruppe aus und gibt sie der öffentlichen Demütigung preis. Am schärfsten trifft der Gruppendruck jene Jugendlichen, deren Verhalten für »unangemessen« gehalten wird, was uns unmittelbar zum Thema dieses Buches zurückführt. Es fallen wieder Worte wie »Muttersöhnchen«, »Schwächling«, »Flasche« und dergleichen mehr. Der Betroffene gilt als unmännlich, als unfähiger Sportler, als zu klein oder zu dick oder zu wenig aggressiv. Er fängt bei jeder Gelegenheit zu heulen an, benimmt sich wie ein Mädchen, benimmt sich wie ein Kind. »Angemessenes« Verhalten definiert sich dadurch, daß es anders ist als das Verhalten von Mädchen, »Schwulen« und »Babys«.

Die Negativmodelle, an denen sich die Bewertungsmaßstäbe für die Männlichkeit orientieren, sind in der *Little League* folglich allgegenwärtig. Ein Mann darf kein Baby sein. Ein Mann ist keine Frau. Ein Mann darf nicht homosexuell sein – denn das repräsentiert den Verlust der phallischen Macht und gilt gemeinhin als schlimmster Ausdruck der Erniedrigung. Alle erwähnten Kriterien haben von der Vorpubertät über die Pubertät und das Erwachsenendasein bis hinein ins Alter Bestand. Es sind die wesentlichen Entscheidungskriterien, nach denen Männer über ihresgleichen urteilen.

Fine definiert verschiedene Verhaltensnormen, die einzelnen durch die Gruppe aufoktroyiert werden. Man muß die richtigen Gefühle zeigen: »Terry Hays, ein Elfjähriger im Team der Expos, wird meistens wegen seines nach Ansicht der anderen unreifen und ungeschickten Verhaltens gehänselt. Ein Expo sagt, Terry ist ›doof‹. Ein anderer sagt: ›Der lutscht noch am Daumen!‹ Brian Nash macht Terry nach und sagt mit der Gestik eines Spastikers: ›Ich hab' Gehirnlähmung.‹ Harve Gregg, ein anderer Elfjähriger, sagt: ›Hays nimmt die Pille‹ – das heißt, er ist ein Mädchen.«[11]

Man muß hart sein und Schmerzen ertragen »wie ein Mann«. Tränen sind nur in Ausnahmefällen statthaft. »Einem Spieler der Jamesville Lumbers wird mit dem Schläger aufs Knie geschlagen, aber nicht so fest, daß er vom Spielfeld muß. Die Gegner brüllen: ›Dafür müßt ihr büßen!‹, und fordern ihren Werfer auf, einen Opponenten aufs Korn zu nehmen. Verletzungen gehören zum Spiel, und was ein echter Mann ist, das zeigt sich daran, wie er Verletzungen hinnimmt.«[12] Ein stoisches Verhalten wird gefordert.

Angst ist Bestandteil fast aller Sportarten, bei denen es zu Ball- oder Körperkontakten kommt. Zehn- oder Elfjährige sind oft nicht auf die rasanten Geschwindigkeiten vorbereitet, die der Baseball in der *Little League* bereits erreichen kann. Trifft dies zusammen mit der für Baseball-Werfer in diesem Alter typischen Unbeherrschtheit, so kann es zu ernsthaften Verletzungen kommen. Ein wesentlicher Grund für die unterschiedliche Spielstärke von Jungen, deren natürliche Begabung sich ungefähr die Waage hält, liegt darin, wie gut sie mit der eigenen Angst umzugehen verstehen. Ein Junge, der ohne Furcht vor dem Ball am Schlagmal niederkauert oder ruhig an der Linie wartet, wenn der Ball auf ihn zukommt, wird ganz einfach der bessere Spieler sein. Angst ist viel weniger akzeptabel als Wut. Wut ist ein direktes Produkt der Frustration, und Frustration ist ein anerkannter Bestandteil jeder Art von Wettkampfsport. Wut gilt als harte, aggressiv-männliche Emotion.

Doch die Regeln sind durchaus flexibel. Ein Junge, der allseits bewundert wird, darf sich ruhig mal »schlecht benehmen«. Es gibt etablierte Helden und natürliche Anführer, deren Verhalten, selbst wenn es exzentrisch und regelwidrig ist, die Grenzen des Zulässigen definiert. Heulen und Trübsal blasen wird je nachdem, *wer* heult und Trübsal bläst, unterschiedlich beurteilt. Heult ein Kind, dessen Status innerhalb der Gruppe niedrig ist, so wird es als »Muttersöhnchen« oder »Waschlappen« bezeichnet; weint indessen ein guter Sportler oder gar der Mannschaftskapitän, so wird sein Kummer als Zeichen dafür interpretiert, daß er das Spiel ernst nimmt — von »Waschlappen« keine Rede.

Rücksichtslos und ohne ein Blatt vor den Mund zu nehmen, verliehen die kleinen Sportler jenen Gefühlen und Verhaltensweisen Ausdruck, die gemeinhin erwachsenen Männern unterstellt werden (und zwar sowohl von diesen selbst als auch von den Jugendlichen). Die eigenartige Rolle, in der sich der vorpubertäre Junge befindet, zeigt sich in all ihrer Widersprüchlichkeit und Paradoxie am deutlichsten in seiner Haltung zu sexuellen Fragen. Sex ist für die meisten Jungen in diesem Alter nur Gerede. Vielleicht gibt es ein wenig »Anmacherei«. Einige Gruppenmitglieder befinden sich im Frühstadium der Pubertät und haben schon bis zur Ejakulation masturbiert. Den meisten fehlen diese Erfahrungen noch. Sie sind noch typisch vorpubertär, was jedoch keineswegs besagt, daß sie den Mund halten, wenn über Sex geredet wird. Mädchen sind durchaus ein Gesprächsthema, aber nur dem sehr starken, dominanten Jungen ist das Eingeständnis erlaubt, daß ein Mädchen ihm etwas bedeutet. Nie darf ein Mädchen wichtiger sein als die Kameraden; wer sich an diese Regel nicht hält, muß mit vehementer Kritik rechnen. Obwohl die Eltern der von ihm beobachteten Jungen der postfeministischen Generation angehören, fällt Fine allenthalben die Doppelmoral auf: Mit ermüdender Vorhersagbarkeit heimsen Jungen, die sexuell für besonders fähig gehalten werden, Statusvorteile ein, während Mädchen mit demselben Ruf Statuseinbußen hinnehmen müssen.

Während das Gegenstück zum »Mann« die »Frau« ist, gilt der Homosexuelle unter den Jungen als Gegenstück zum sexuell aktiven Mann. Fine weist darauf hin, daß die meisten Jungen noch nie jemandem begegnet sind, den sie für einen »echten« Homosexuellen halten. Sie wissen meist auch gar nicht, wie sie Homosexuelle beschreiben sollen, es sei denn, sie sagen, daß es Jungen gibt, die »andere Jungen liebhaben« oder »andere Jungen heiraten wollen«. Trotzdem ist Homosexualität ein zentrales Gesprächsthema unter den vorpubertären Jungen. In jeder Liga waren Ausdrücke gebräuchlich wie »Du schwuler Sack!« — »Mein Gott, ist der schwul!« — »Das ist doch der schwulste Kerl der Welt!« — »Dieser Schwanzlutscher!« usw.[13]

Oft kommt es auch zu einer Begriffsverwirrung mit dem Ergebnis, daß Homosexualität mit »Babysein« oder »mädchenhaftem Verhalten« gleichgesetzt wird. »›Musterknaben‹ und ›Lehrerlieblinge‹ gelten als ›schwul.‹«[14]

Die besten Sportler sind unweigerlich die beliebtesten Jungen. Der tiefere Sinn der Freundschaft ist nahezu unbekannt. Auf Fines Frage nach den jeweils »besten Freunden« wurden immer nur gute Sportler genannt. Fast jeder der Befragten bezeichnete die beiden Spitzenathleten des Teams als seine »besten Freunde«, nicht ein einziger gab den Schwächsten an. Alle nannten einen Jungen, von dem sie sich wünschten, er *wäre* ihr bester Freund, das heißt also jenen, den sie am meisten schätzten oder bewunderten.

In späteren Jahren bieten sich dem jungen Mann auch bei

geringer physischer Leistungsfähigkeit oder Ängstlichkeit Möglichkeiten, seine Männlichkeit »wiederzuerlangen«. In den oberen Klassen der High-School beginnen im allgemeinen neben körperlicher Tapferkeit und sportlicher Brillanz auch andere Stärken Anerkennung zu finden. Wer Redakteur der Schülerzeitung ist, als »Intelligenzbestie« gilt oder sich als Schauspieler, guter Redner, cleverer Geschäftsmann und Jungunternehmer hervortut, kann mit der Zustimmung der Gruppe rechnen. Mit der Pubertät ändert sich nicht nur die Rolle des Mannes, sondern es rückt auch die zentrale Eigenschaft der Männlichkeit in den Vordergrund — der sexuelle Erfolg. Erst nach der Pubertät öffnet sich den jungen Männern ein neues Feld, auf dem sie ihre Männlichkeit unter Beweis stellen können — ihre Beziehungen zum anderen Geschlecht.

Frauen sind so konditioniert, daß sie die Wertmaßstäbe, nach denen die Männer sich selbst beurteilen, übernehmen. Mädchen in der vorpubertären Phase finden daher Sportlertypen ebenfalls oft attraktiv, wenngleich längst nicht immer und keineswegs so stereotyp einseitig wie die Jungen. Bei den Mädchen kommt es sehr stark auf die persönliche Beziehung an, weshalb sie sich schon sehr früh von witzigen, klugen, cleveren oder körperlich attraktiven Jungen angezogen fühlen — alles Eigenschaften, die für die Buben erst in der Spätpubertät bedeutsam werden.

Wenn jungen Männern mit der Zeit klar wird, wo in der Welt der Erwachsenen die wahre Macht residiert, werden Status und Prestige von den Muskeln auf die Moneten übertragen. Eigenschaften, die Geld versprechen, finden rasch Anerkennung als Machtindikatoren; allein die Präsenz von Geld verheißt Macht.

Sportliche Leistungen dominieren in der Spätpubertät nicht mehr so sehr, repräsentieren aber nach wie vor Macht und Status. Der Fußballheld wird in Ehren gehalten, dem Basketballstar liegt die Welt zu Füßen. Es läßt sich indessen, wenn die Realität peu à peu von den Jugendlichen Besitz ergreift, eine graduelle Verwässerung der Sportbegeisterung beobachten, welche jedoch, je nach den sozioökonomischen Lebensumständen der Betroffenen und ihrem gesellschaftlichen Umfeld, starken Schwankungen unterworfen ist. In einem städtischen Schwarzenghetto wird sportliche Brillanz auch weiterhin hoch im Kurs stehen, da sie hier nicht nur symbolischen Schmuck für den Vorpubertären darstellt, sondern auch eine ganz reale Chance für den Eintritt in die ansonsten unzugängliche Welt des Geldes und des höheren Status eröffnet. In den meisten High-Schools werden jedoch Erfolg bei Frauen, direkter Zugang zu einer *Ivy-League*-Schule oder ein Sportwagen bereitwilligst als Ersatz für herausragende sportliche Leistungen akzeptiert. Die Jugendlichen rüsten sich für die Spiele der Erwachsenen. Sie fangen an, sich in jenen Erwachsenensportarten zu üben, die die Welt erfolgreicher Männer charakterisieren: Sie lernen Tennis, Ski fahren, Segeln und Golf, die freilich allesamt nur selten jenen statusfördernden Effekt haben wie die Kontaktsportarten.

In der merkwürdigen Einrichtung des »Zuschauersports« wirkt die Macht der Kontaktsportarten auch im Leben des Erwachsenen weiter. Für viele Männer ist der Zuschauersport die letzte Arena wahren Heldentums. Es handelt sich hier um Identifikation in ihrer bizarrsten Erscheinungsform. Wir suchen uns irgendeine Mannschaft aus und investieren in sie – wie ein Gladiator – unsere Männlichkeit. Die Spieler sind unsere Stellvertreter: Wir triumphieren, wenn sie siegen, und fühlen uns gedemütigt, wenn sie verlieren. Dabei herrscht zwischen dem Zuschauer und seinem Stellvertreter auf dem Spielfeld eine groteske Distanz. Sie sind weder Kollegen noch Gefährten, noch bilden sie eine Gemeinschaft. Die Spieler der *New York Yankees* oder der *Los Angeles Rams*, denen wir zujubeln, stammen – dem Mannschaftsnamen zum Trotz – nicht einmal geographisch aus unserer näheren Umgebung.

Das Zuschauen beim Sport ist passiv. Zuschauersport verhält sich zum echten Sport wie das Masturbieren zum Sexualverkehr.

Die Phantasie spielt dabei eine gewaltige Rolle; außer in unserer Vorstellungswelt geschieht herzlich wenig. Und ebenso wie bei der sexuellen Selbstbefriedigung dient der Ersatz oft als Ausrede dafür, daß man sich um das, worum es wirklich geht, gar nicht erst bemüht. Für viel zu viele Männer besteht der Wettbewerbscharakter des Sports darin, auf der Couch zu liegen und anderen beim Wettkampfsport zuzusehen. Brutale Szenen auf dem Spielfeld werden durch ihren Stellvertretercharakter und das geringe Eigenrisiko des Zuschauers immer beliebter. Wir sind wieder bei den Gladiatorenkämpfen in der römischen Arena.

Die Identifizierung mit Sportstars beginnt schon früh im Leben, obwohl sie in ihrer reinsten Form erst im Knabenalter zur Geltung kommt. Ein Junge ist schließlich noch kein Erwachsener, aber er kann den Erwachsenen in seinem Tun nachahmen und braucht für seine Spiele Vorbilder.

Aus einer Vielzahl von Gründen bin ich heute kein Sportfan mehr. Erstens habe ich nur wenig Geduld für passive Unterhaltung, und zweitens habe ich keine Söhne, und meine Töchter haben sich, im Gegensatz zu manch anderen Frauen heutzutage, nie mit institutionalisierten Sportarten identifiziert. Ich kann mich allerdings noch gut an die Seelenqualen erinnern, die die Identifikation mit dem Sport in der Vorpubertät bei mir hervorrief. Ich weiß noch, wie ich Tränen, echte Tränen, vergoß über die *Cleveland Indians*, ein Team, das in meiner Jugendzeit immer eifrig mitkämpfte und doch niemals gewann. Ich erinnere mich, wie ich in meiner Zerknirschung und Verzweiflung mit der Faust ein Fliegengitter durchschlug, als die Mannschaft im entscheidenden Spiel am Saisonende alles verpatzte und alles verlor. Einmal mehr war die Chance vertan, zu höherem Ruhm zu gelangen. Und unvergeßlich sind mir das Hochgefühl und die grenzenlose Begeisterung, die sich meiner bemächtigten, als 1948 die *Cleveland Indians* endlich zu Männern wurden (einige Jahre nach mir!) und den amerikanischen Ligapokal holten. Noch heute sehe ich die Szene vor mir und glaube den Jubel von damals zu hören.

Der Bedeutung des Zuschauersports für Erwachsene hat in jüngster Zeit beträchtliche Aufmerksamkeit erfahren, bisweilen aber auch zu etwas exzentrischen Schlüssen geführt. In seiner Antwort auf einen Artikel von William Aaron, in dem der American Football als »männliches Reservat« bezeichnet wird, das »sowohl die physischen als auch kulturellen Werte der Männlichkeit offenbart«[15], präsentiert Allen Dundes eine Art Gegendarstellung.

Aaron sah den Profi-Football als Karikatur, als übertriebene Darstellung der Männlichkeit. Die uniformartige Football-Kleidung »betont den männlichen Körperbau: Schulterpolster verbreitern die natürliche Breite der Schultern, so daß die Taille besonders schmal wirkt«, während der Unterkörper »in hautenge Hosen gesteckt wird, die lediglich ein metallenes Feigenblatt ein wenig ausbeult. (. . .) So ausstaffiert, dürfen die Spieler Händchen halten, einander um den Hals fallen, sich gegenseitig den Hintern tätscheln – alles Dinge, die in jedem anderen Kontext Mißfallen erregen würden, auf dem Sportplatz dagegen ohne Hintergedanken akzeptiert werden.«[16] Diese Männer, die ihre Männlichkeit in brutalster Weise unter Beweis gestellt haben, haben nun die Freiheit, ganz offen ihre Zuneigung zu anderen Männern zu demonstrieren.

Dundes bietet eine alternative Erklärung für den Profi-Football:

»Ich halte es für sehr wahrscheinlich, daß der rituelle Aspekt des Football-Sports, der ja einen gesellschaftlich akzeptierten Rahmen für Körperkontakt unter Männern bietet – schließlich gehört er zu den sogenannten ›Körperkontakt-Sportarten‹ –, eine Form homosexuellen Verhaltens ist. Die unmißverständliche Sexualsymbolik des Spiels, die sowohl in der Umgangssprache als auch in dem Umstand, daß alle Teilnehmer Männer sind, deutlich zutage tritt, läßt kaum eine andere Schlußfolgerung zu.«[17]

Als Beleg für seine These, daß American Football nichts weiter als eine von der Sexualität bestimmte metaphorische Handlung ist, zitiert er David Coppe, einen der wenigen Football-Profis, der sich zu seinem Schwulsein bekannte:

»Die gesamte Football-Sprache ist mit sexuellen Anspielungen durchsetzt. Man sagte uns, geht raus jetzt und ›fickt diese Kerle‹; nehmt den Ball und ›schiebt ihn ihnen in den Arsch‹ oder ›rammt ihn ihnen in den Rachen‹. Die Trainer brüllten: ›Reißt ihnen die Schwänze ab‹! oder oft genug auch: ›Reißt ihnen die Suspensorien runter!‹

Das Vertrauen in den eigenen Mannschaftskameraden wird möglicherweise durch die übliche Spielhaltung der Football-Spieler signalisiert. Der sogenannte *three point stance* besteht in einer tiefgebückten Haltung mit deutlich exponiertem Gesäß. Es ist eine, gemessen an den Aktivitäten des Alltagslebens, recht ungewöhnliche Stellung, die einen für Angriffe von hinten, d. h. für eine homosexuelle Attacke, besonders anfällig macht.«[18]

An einer späteren Stelle wird Dundes noch deutlicher, wenn er sagt: »Symbolisch gesehen, meine ich damit, daß das *end* (auf dem Spielfeld; Anm. d. Übers.) eine Art Gesäß ist und die *end zone* eine Art erogene Zone.«[19]

Dundes' Aufsatz ist im wesentlichen eine Antwort auf Adrian Stokes' klassisch-traditionelle, »freudsche« Interpretation des Football-Spiels. In der leicht peinlichen, hochgestochenen Sprache der traditionellen Psychoanalyse schreibt Stokes über das *running back*: »Ausgestoßen aus dem Mutterleib, heraus aus dem Gedränge, nach wildem Geschiebe, Gestoße und Gekicke, winkt auf einmal die reiche Beute des väterlichen Genitals . . .« Ein heißer Kampf zwischen den beiden Mannschaften entbrennt. Wer wird die ödipale Rolle erben, den Vater stürzen und den Phallus für sich beanspruchen? Hierzu ist es erforderlich, den Ball als Phallus »durch das Tor, die archetypische Vagina, zu steuern.«[20]

Dundes übernimmt die sexuellen Elemente der Stokesschen Analyse, hält jedoch die homosexuelle Interpretation für plausibler. Andererseits übertreibt er bei seiner Attacke gegen Stokes ebenso wie dieser, indem er von der psychoanalytischen These ausgeht, daß hinter jedem nichtsexuellen Phänomen eine verborgene sexuelle Bedeutung steckt.

Ebenso wie vor ihm bereits Freud unterläßt es Dundes, anzuerkennen, daß Sexualität als solche kein Ziel, sondern ein Mittel sein kann. Man kann aus sexuellen Gründen — einer Frau wegen — einen anderen Mann bekämpfen. Oder man nimmt sich eine Frau aus nichtsexuellen Gründen, zum Beispiel um seine Überlegenheit gegenüber anderen Männern zu demonstrieren. In unserer gegenwärtigen Kultur, in der das männliche Selbstverständnis arg angeknackst ist, kann sogar Sex im Dienste einer versagenden Maskulinität zweckentfremdet werden. Selbst Dundes' eigene Daten ermöglichen alternative Interpretationen. Homosexualität wird als Negativbild des mächtigen Mannes angesehen, und sprachliche Anspielungen auf Homosexualität nehmen nicht nur auf Sex, sondern auch auf Schwäche und fehlende Macht Bezug. Der Symbolgehalt des Geschehens auf dem Spielfeld mag darin liegen, daß hier männliche Überlegenheit durch die Herabsetzung eines Gegners behauptet wird. Die Verlierer fühlen sich »abgefuckt«, jedoch nicht sexuell gereizt, sondern erniedrigt, entmannt, impotent. Was Dundes beobachtet, ist nicht homosexuelle Begierde, sondern das, was »Macho«-Männer sich unter Homosexualität vorstellen: Wie bei den vorpubertären Jugendlichen in der *Little League* siegt »Mann«, indem er seinen Gegner »fickt« (erniedrigt).

Wie dem auch sei, männliche Zuneigung darf, auch wenn sie von jeglicher homosexuellen Begierde frei ist, allenfalls auf einem Schlachtfeld von der Brutalität eines Football- oder Rugby-Felds gezeigt werden. Diese Männer brauchen anderen Männern nichts mehr zu beweisen. Über eine Stunde lang haben sie buchstäblich aufeinander eingedroschen und ihre Körper argen Schmerzen und Züchtigungen ausgesetzt. Sie haben sich im streng körperlichen

Sinne rivalisierender Tiere als Männer erwiesen. Nur eine innere Bestätigung von derart dramatischer Qualität verleiht ihnen die Freiheit, einander zu umarmen und zu streicheln. Nur so können sie ohne die schreckliche Angst vor der Homosexualität ihre Zuneigung und Liebe zu den Mit-Männern zeigen. Sich zu Liebe und Zärtlichkeit zu bekennen ist für Männer in unserer Zeit und unserer Kultur alles andere als leicht.

»Es ist eigenartig«, schreibt Leonard Kriegel, »wie sehr der Sport unsere Vorstellungen beeinflußt, und zwar nicht nur hinsichtlich der Sexualität, sondern auch was unsere Einstellung zur Männlichkeit betrifft. Die Teilnahme am Sport — und dies gilt vermutlich auch für die übergewichtigen, bierschlürfenden Sportsfreunde, die an Herbstwochenenden dem Football-Team von Ohio röhrend ihre Gunst erweisen — bestätigt Werte, die sowohl unmittelbarer produktiv als auch einfacher sind als jene aus anderen Bereichen des amerikanischen Lebens. Sport ist kein Trainingsplatz für ein erfolgreiches Leben, er ist auch nicht der einzig und allein bestimmende Faktor für die Verantwortlichkeiten des erwachsenen Mannes. Dennoch nehmen wir den Sport auf in unserer Bedürnis nach Autonomie, nach einer Existenz, in der durch Disziplin geformtes Können beim unmittelbar Beteiligten ebenso wie beim Zuschauer ein Gefühl des Abenteuers wachruft. Es kann gut sein, daß die bei uns herrschende Begeisterung für sportlicche Aktivitäten Amerika davor bewahrt hat, eine ›Sportokratie‹ zu werden. Das Verlangen des Körpers nach Vortrefflichkeit ist möglicherweise eines der wenigen verbliebenen Reservate für eine autonome Existenz. Mit Sicherheit befriedigt es ein Bedürfnis nach jener Art von Macht und Potenz, die bei so vielen anderen Dingen in der Welt fehlt.«[21]

Obwohl ich Kriegels Ansicht teile, bin ich der Meinung, daß sie die Frage, warum Zuschauersport das Leben in unserer Zeit so beherrscht, nur zum Teil beantwortet. Sich mit dem Sport zu identifizieren oder sogar aktiv Sport zu treiben, wird zur alternativen Stütze des Egos, das unter den niederschmetternden Ansprüchen, die speziell unsere Gesellschaft an das Mannsein stellt, unweigerlich zerbricht. Der erwachsene Mann ist zwischen den widerstreitenden Forderungen der Biologie und der Kultur hin und her gerissen und muß sich sehr anstrengen, seine Selbstachtung zu wahren und sein Ego in doppelter Hinsicht zu stärken: zum einen seine Identität als Mann und zum anderen seinen Stolz auf sein Mannsein. Beide Faktoren sind wesentliche Strukturelemente des Stolzes auf sein Menschsein. Engagement im und für den Sport wird somit zu einer Methode, die Konsequenzen des Alltagslebens zu umgehen, ja sich ihnen zu entziehen. Der Sport stellt in einer ganz merkwürdigen Weise das Äquivalent zum Männerschmuck dar und wird zur illusorischen Selbstbestätigung. Wir gelten etwas. Wir sind erfolgreich. Wir sind stark — wenngleich nur auf dem sportlichen Schlachtfeld und selbst dann, wenn die Kämpen nur distanzierte Stellvertreter sind.

Das Scheitern der traditionellen Werte, die in den Spielen der Männer so betont werden, kommt besonders deutlich an der Spitze zum Ausdruck. Gute Manager, die ihren Aufgaben voll gerecht werden, sind in der Geschäftswelt Mangelware. Mit Hilfe ihrer technischen Fertigkeiten, durch Wettbewerb und Aggressivität rücken Männer in gehobene Positionen auf. Sie sind handfeste Ingenieure, aggressive Banker, Reporter mit dem Sinn für die richtige Story, dynamische Forscher. Doch in den höchsten Spitzenpositionen ihrer Branche — und dies gilt für alle Berufsgruppen gleichermaßen — verliert ihr technisches Fachwissen an Bedeutung, und sie müssen Führungsqualitäten beweisen. Die zur Leitung einer riesigen Fabrik erforderlichen Fähigkeiten unterscheiden sich nicht wesentlich von den Anforderungen, die an den Leiter einer großen Universität, eines Krankenhauses oder eines Geldinstituts gestellt werden. Das Fachwissen und die zwanghafte

Wettbewerbsbereitschaft, die den Mann ganz nach oben brachten, werden ihm künftig nicht mehr weiterhelfen. Das Wohl und Wehe der Firma wird vielmehr von seinen Fähigkeiten in der Ergonomie abhängen — einer Disziplin, in der diese Erfolgsmänner erbärmlich schlecht ausgebildet und für die sie temperamentsmäßig ungeeignet sind. Das Dauerproblem aller geschäftlichen Aktivitäten liegt darin, Menschen zu finden, die die menschliche Natur und das menschliche Verhalten verstehen und imstande sind, ein Team zu bilden — mit anderen Worten: Männer mit einer häuslichen Grundeinstellung! Unbeugsamkeit, Starrheit und Zwanghaftigkeit können prächtige Attribute für einen Steueranwalt oder einen Buchhalter sein — dem leitenden Direktor eines riesigen Anwaltsbüros helfen sie gar nichts.

Die Liebe zum Heroischen und die Gier danach sind tragische Züge einer männlichen Entwicklung, die unvermeidlich zur Frustration einer großen Mehrheit unter den Männern führen muß und wirklich, wie viele Autoren vermuten, die Verherrlichung des Krieges und sogar den Ruf nach Krieg zur Folge haben kann. Die Lasten des Mannseins erdrücken die männliche Bevölkerung in der westlichen Welt. Wir verleugnen unser eigenes Gefühl, gescheitert zu sein, indem wir uns mit narzißtischen Freuden beruhigen. Doch die Identifikation mit Sportstars und phallische Ersatzsymbole wie große Autos und junge Frauen bieten nur unzureichenden Schutz vor dem Gefühl, versagt zu haben.

Teil IV

Das verunsicherte Ego

Kapitel 11

»Pseudo-Homosexualität«
und Paranoia

Es gibt für einen Mann zwei Formen des Versagens: Einerseits kann er sich der großen, weiten, wettbewerbsorientierten Männerwelt nicht gewachsen fühlen, machtlos und verwundbar angesichts überlegener Konkurrenten; andererseits besteht die Möglichkeit, daß er sich, unabhängig von der unmittelbaren Konkurrenz zu anderen Männern, nicht zutraut, sein Schicksal in die eigene Hand zu nehmen, und sich für unfähig hält, die Aufgaben, die das (Über-)Leben an ihn stellt, adäquat zu bewältigen. Mit der ersten Form werde ich mich in diesem Kapitel auseinandersetzen.

Woher kommt es, daß erwachsene heterosexuelle Männer, die in ihrem bewußten, aktiven Leben nie homosexuelle Neigungen verspürt haben, im Laufe einer Therapie auf einmal homosexuelle Träume produzieren? Noch vor einer Generation war die Antwort für den traditionellen Analytikerr »klar«: Homosexualität ist eine Entwicklungsphase, durch die jeder junge Mann hindurch muß, und da zu allen Neurosen Regression gehört, ziehen wir uns aus Furcht vor Konflikten im Alltag in ein früheres Entwicklungsstadium zurück. Wenn er von Ängsten heimgesucht wird, regrediert ein Mann in seinen Träumen besonders auf einen homosexuellen »Fixpunkt«. Seine Träume repräsentieren die früheren »Triebe« des Patienten, die er nun in der Regression durchlebt. Wenn der Patient bei dem Gedanken, tatsächlich homosexuell zu *sein*, in Panik gerät — und das tut er —, hat der Therapeut das beruhigende Argument parat, daß alle Menschen diese »latente Homosexualität« in sich tragen. Es wäre töricht, sich über etwas aufzuregen, das zur normalen Entwicklung eines jeden Menschen gehört.

Diese Interpretation geht davon aus, daß im Traum ein latenter Trieb zum Vorschein kommt, obwohl es sich bei dem, was der Patient zum Ausdruck bringt, um eine Beklemmung oder Angst handelt. Doch alle *Ängste* waren nach Ansicht der frühen Freudianer Ergebnis unserer Triebe. Wer sich vor einer homosexuellen Attacke fürchtete, gab damit zu verstehen, daß er sie »eigentlich« herbeisehnte.

Zur selben Zeit, da mich mein Therapeut mit dieser Meinung indoktrinierte, stand ich im Studium unter dem Einfluß von Dr. Lionel Ovesey, einem hochbegabten akademischen Lehrer. Er stellte die gesamten Voraussetzungen der Libido-Theorie — nach der der einzige Trieb der Sexualtrieb ist und Furcht stets einen heimlichen Wunsch tarnt — in Frage. Ovesey setzte sich näher mit den homosexuellen Vorstellungen in den Träumen heterosexuell veranlagter Männer auseinander. Ausgehend von der simplen Freudschen Annahme, daß alles symbolisch sein kann, fragte er sich, warum das »alles« denn immer Sexualsymbolik sein mußte. Warum konnten die Traumbilder nicht auch Macht symbolisieren? Er rückte das Verhältnis insofern zurecht, als er eine Art Parität schuf. Symbole können zweierlei ausdrücken: nichtsexuelle Dinge können in Wirklichkeit sexuell sein; sexuelle Dinge in Wirklichkeit nichtsexuell.

Macht es nun irgendeinen Unterschied, ob man sich mit Macht in sexueller Terminologie beschäftigt oder mit sexuellen Dingen in der Terminologie der Macht? Kann man nicht zu der zugrundeliegenden Unsicherheit sowohl auf die eine wie auf die andere Weise vordringen? Ja, man kann es — nur waren die Folgen für den Patienten im Verlaufe dieses Prozesses oftmals katastrophal. Homosexuelle Begierde hat für den Patienten eine grundlegend andere Bedeutung als die Angst vor Homosexualität. Man erwartete vom Patienten, daß er sich mit seinen homosexuellen Wünschen auseinandersetzte, was für einen verängstigten Mann alles andere als einfach ist — vor allem, wenn er in Wirklichkeit gar keine solchen Wünsche hat.

Der Irrtum dieses Konzepts liegt klar auf der Hand: Es bestritt, daß die Furcht primär ein authentischer biologischer Mechanismus ist, und besagte, daß das Unbewußte ein wahrhaftigeres Bild des Betroffenen zeichnet als sein tatsächliches Verhalten. Ovesey wies die These unmißverständlich zurück und erfand zur Beschreibung jener homosexuellen Phantasien bei Heterosexuellen, deren Hauptfunktion eindeutig nichtsexuell war, den Begriff »Pseudo-Homosexualität«.[1]

Unbelastet von psychoanalytischer Theorie würden die meisten Männer wohl einfach von der *Annahme* ausgegangen sein, ihre homosexuellen Träume seien, genauso wie die homosexuelle Symbolik in ihrer Sprache, lediglich Metaphern für den »Vögeln oder Gevögeltwerden«-Charakter des täglichen Lebens. Die Tatsache, daß man in einem Traum von einem anderen Mann genommen wird, muß nicht unbedingt heißen, daß damit »latente homosexuelle Wünsche« befriedigt werden, genausowenig wie man im bewußten Leben mit der Bemerkung gegenüber einem Freund »Ich fühle mich heute total abgefuckt . . .« seiner Zufriedenheit über eine homosexuelle Liebesaffäre Ausdruck verleiht. In beiden Fällen korrigiert der gesunde Menschenverstand die Bedeutung des Wortlauts. Der eingeführte Penis ist ein Symbol der Erniedrigung.

Homosexuelle Phantasien sind wie Träume ebenso üppig mit nichtsexuellen Bedeutungsinhalten angereichert wie mit sexuellen. Sie können in der Tat »Regressionen« in eine frühere Entwicklungsphase sein. Doch in einer noch früheren Altersstufe gehörte es eben zu den Machtspielen der kleinen Jungen, den Eindruck zu *vermeiden*, ein Schwächling oder ein Muttersöhnchen zu sein. Der Homosexuelle gilt als der letzte Weichling: Er ist der Nicht-Mann, halb Frau, halb Mann. Wird sein Ego bedroht, beginnt der Junge sich zu fragen, wer er eigentlich ist — er fragt sich, ob er wirklich ein Mann ist oder bloß ein Muttersöhnchen oder Schwächling.

Jugendliche haben oft eine furchtbare Angst vor homosexuellen Träumen und Phantasien, vor allem, wenn diese Phantasien in der Frühphase der Pubertät auftreten, in der ihre Heterosexualität noch nicht voll entwickelt und durch das Verhalten bestätigt worden ist. Sie sind sich während jener Phase auch der starken emotionalen Bindung an ihre Kameraden bewußt, und es kann durchaus sein, daß sich dabei mitunter beunruhigende sexuelle Gefühle einstellen. Eine falsche »Etikettierung« in diesen ambivalenten Beziehungen kann, indem sie bei Jungen, die keineswegs homosexuell sind, Verwirrung über ihre geschlechtliche Identität erzeugen, schlimme Folgen haben. Gerade während der Pubertät ist unser Ego durch tägliche Schläge gegen das Selbstbewußtsein permanenten Angriffen ausgesetzt. Das Selbstbild kann, solange es noch unvollständig ist, dauerhaften Schaden erleiden. Rasch ist die Saat künftiger sexueller Probleme gesät.

Das eigentliche Ego oder Selbst ist nur schwer zu untersuchen. Das Ego ist das Instrument, mit dem wir im allgemeinen andere Dinge prüfen. Solange es anstandslos funktioniert, sind wir uns des Egos nicht bewußt, so wie wir ja auch nicht dauernd ans Atmen denken. Bricht die Maschinerie jedoch zusammen, und bedroht auf einmal sexuelles Versagen unser Selbstgefühl, so ist eine gründliche Selbstprüfung angesagt, denn genau in diesen Phasen pflegen sich Ängste breitzumachen. Ängste sind wie das Pfeifen kranker Lungen. Sie sickern ein ins innerste Refugium des Selbst, verlangen gebieterisch unsere Aufmerksamkeit und kontaminieren alle anderen Bereiche. Sexuelles Versagen bedroht auch unser Selbstvertrauen am Arbeitsplatz, beim Spiel, schlichtweg überall. Stellen Sie sich das Selbstwertgefühl als eine Kette miteinander verbundener Teiche vor. Jede Veränderung des Wasserstands, gleichgültig in welchem Teich, wirkt sich auf den Wasserstand in *allen* Teichen aus.

Ängste und Beklemmungen enthüllen sich uns in der Sprache

der Träume, für die Wortspiele und Metaphern charakteristisch sind. Nehmen wir als Beispiel den folgenden Traum: Irgend jemand hat am Lieblingsauto eines anderen Mannes — bezeichnenderweise einem PS-starken Sportwagen — herummanipuliert. Der Autobesitzer ist unterwegs zu einem Rendezvous mit einer Frau, die er einem anderen Mann ausspannen möchte. Er hat alles auf eine Karte gesetzt, und bisher ist alles sehr vielversprechend verlaufen. Der andere Mann ist ihr »näher«, doch der neue Verehrer wähnt sich sicher, daß letztlich der Wagen zu seinen Gunsten den Ausschlag geben wird. Er drückt aufs Gaspedal — nur um feststellen zu müssen, daß das Auto wie ein »x-beliebiger müder Vierzylinder« dahintukkert. Er kann es nicht fassen, was da vor sich geht, regt sich auf und drückt das Pedal bis zum Anschlag durch . . . Vergeblich, der Wagen fährt nicht schneller. Langsam setzt sich die bittere Erkenntnis durch, daß er es nicht mehr schaffen wird. Er gerät in Panik und pumpt wie wild auf dem Gaspedal herum. Schließlich wacht er auf, schweißgebadet, frustriert, erschöpft, voller Beklemmungen.

Vergessen Sie die spezielle Symbolik in diesem Traum. Sicher, er bietet genügend phallische Assoziationen als Spielmaterial — den langen, gestreckten Sportwagen; das panische, aber vergebliche Pumpen, um ihn »auf Touren« oder »hochzukriegen«. Sexuell gesehen, läßt dieser Traum auf Unzulänglichkeitsgefühle, wenn nicht gar Impotenz und unvermeidliches Versagen schließen. In Wirklichkeit war die unmittelbare *Ursache* für den Traum ganz klar und ohne jeden sexuellen Bezug: Es war die Reaktion auf einen Affront am Arbeitsplatz. Der Patient hatte eine schwere, wenngleich nicht tödliche narzißtische Verletzung im Berufsleben hinnehmen müssen. Eine begehrte Aufgabe, die er sich erhofft hatte, war jemand anderem übertragen worden. Sein Job als solcher war nicht gefährdet, aber die Erniedrigung saß tief. Und ein Freund von ihm hatte mit einer spitzen Bemerkung, in der es speziell um den Sportwagen ging, noch Salz in die Wunde gestreut; von daher erklärt sich vermutlich die zentrale symbolische Rolle des Autos im Traum.

In unseren Träumen greifen wir auf Tagesereignisse zurück, die aufgrund vergangener oder noch bestehender Spannungen eine besondere symbolische Bedeutung haben. Sie sind die Bausteine, die auf aktuellen Problemen aufbauen. Der Mann, der den geschilderten Traum geträumt hatte, war unsicher in seiner Rolle als Mann und stand unter starkem Konkurrenzdruck. Er war wegen Ängsten am Arbeitsplatz in Behandlung gekommen, doch stellte sich sehr schnell heraus, daß sich seine Hauptangst (die gleichsam auf seine Arbeit »überschwappte«) auf Frauen und persönliche Bindungen bezog. Das Konzept des männlichen Konkurrenzkampfs dominierte seinen Wunsch nach Bindung so sehr, daß es zum alles übersteigenden Ziel wurde. War die Frau (= die Trophäe) gewonnen, verlor sie für ihn ihren Wert; er rüstete sich bereits zum nächsten Rivalenkampf.

Sein Traum enthält ein häufig auftretendes Bindeglied zwischen homosexuellen Vorstellungen und allgemeiner Verletzlichkeit: Unsicherheit am Arbeitsplatz oder eine Auseinandersetzung im Büro stellt die Konkurrenzfähigkeit des Patienten in seiner Eigenschaft als Mann in Frage. Dies ist noch keine unmittelbare homosexuelle Angst, aber eine entscheidende Verknüpfung. Zunächst gießt man *jede* Erniedrigung in die Form einer sexuellen Erniedrigung; der nächste Schritt führt dann zur pseudo-homosexuellen Panik.

Als angehender Psychoanalytiker sammelte ich Träume heterosexueller Männer mit direkten oder indirekten homosexuellen Bedeutungsinhalten. Im folgenden schildere ich den Traum eines dreißigjährigen Managers. Er hatte sich wegen zunehmender Angst am Arbeitsplatz, Reizbarkeit und Schwierigkeiten im Umgang mit anderen Menschen — insbesondere männlichen Autoritätspersonen — sowie aufgrund einer Neigung zu Panikanfällen in unpassenden und unvorhersehbaren Augenblicken in Behandlung begeben. Während einer bestimmten Phase der Analyse, in der er sich auf seine aggressive Mutter und ihre Wut auf ihn konzentrierte, ging dieser Patient regelmäßig mit einer bitteren, übelgelaunten Frau aus, einem wahren Ebenbild seiner Mutter.

Er träumte folgendes: »Ich saß am Steuer meines Wagens und geriet auf einem Haufen Hundescheiße ins Schleudern. Ich drehte und drehte mich. Sally war bei mir. Mit gefiel das richtig. Dann aber prallten wir gegen einen Laternenpfahl. Er zerbrach, und der obere Teil stürzte zu Boden. Der untere Teil jedoch schoß auf einmal, gleich unter meinem Sitz, durch den Unterboden des Wagens und brachte mich in Gefahr. Ich erwachte in furchtbarer Panik.«

Der Traum erfolgte nach einer Auseinandersetzung mit seiner Freundin Sally. Er hatte sich nicht passiv zur Schnecke machen lassen, sondern ihr Kontra gegeben. Daraufhin war die Auseinandersetzung zu einem üblen Streit eskaliert. Der Mann hatte Angst vor der eigenen Courage bekommen und sich, ganz nach dem Vorbild früherer Anlässe, in sich selbst zurückgezogen. Die homosexuellen Vorstellungen folgten praktisch auf dem Fuße. Er fürchtete sich vor Sally und hatte das Gefühl, sie könne »mir meinen Schwanz abbrechen« — und ihm denselben dann in die Hand drücken. Er fühlte sich erniedrigt, kastriert und — homosexuell.

In der darauffolgenden Nacht, nach einer besonders heftigen Auseinandersetzung am Arbeitsplatz, träumte der Manager erneut. An die Einzelheiten konnte er sich nicht mehr erinnern, wohl aber an das Ende des Traums: Er wurde von einem Gorilla vergewaltigt, und zwar *a tergo*. Die Angst vor der aggressiven, ihn entmannenden Frau verwandelte sich hier also in die Angst vor dem konkurrierenden Mann, wobei die Vorstellung von einer analen Penetration als Form der Demütigung noch viel direktere Formen annahm. Seine Angst vor männlicher Konkurrenz wurde so noch durch das panische Gefühl verstärkt, tatsächlich unzulänglich zu sein, kein Mann, ein »Schwuler«.

Der Therapeut steht nun vor der Wahl, diesen Traum als Manifestation »latenter« Homosexualität oder als typischen Fall pseudo-homosexueller Angst zu interpretieren. Seine Entscheidung hat drastische Auswirkungen auf den weiteren Verlauf der Therapie. Das Konzept der pseudo-homosexuellen Angst erlaubt

einem, rasch auf die der Problematik zugrundeliegende geschä-
digte männliche Identifikation zu kommen.

Trotz gewaltiger Fortschritte in der Akzeptanz menschlicher
Unterschiede, trotz aller Plädoyers für mehr Toleranz und der
dringenden Notwendigkeit größerer Akzeptanz, trotz der Bereitschaft der organisierten Psychiatrie, in der Homosexualität heute
eher einen »alternativen Lebensstil« als eine Perversion oder
Krankheit zu sehen; trotz des von der AIDS-Epidemie hervorgeru-
fenen Mitleids und des Heroismus der Homosexuellen, die von der
Immunschwäche am meisten betroffen sind – all dem zum Trotz
bin ich der Überzeugung, daß es in der männlichen Einstellung zur
Homosexualität bisher keine oder allenfalls sehr wenig Fortschritte gegeben hat. Die schlimmste Bedrohung des Mannes,
seine ärgste Schande und das Objekt seiner tiefsten Verachtung
bleibt der »kastrierte Mann«, die nach wie vor typische Vorstellung des Heterosexuellen vom »typischen« Homosexuellen. Die
vorpubertären Jugendlichen, die Gary Alan Fine vor gerade mal
zehn, zwölf Jahren untersuchte, betrachten jeden, der die in ihn
gesetzten Ansprüche nicht erfüllt, mit der gleichen Vehemenz und
Beharrlichkeit wie die Generation ihrer Eltern als »Waschlappen«,
»Schwanzlutscher«, »Schwulen«, »Weib« oder »Memme«.

In der Welt der Erwachsenen sieht es nicht anders aus. Die
Gossensprache strotzt vor aggressiven Verächtlichkeiten mit
homosexuellem Bezug: »Leck mich doch am Arsch!« – »Fuck
you!« – »Mensch, ich bin total abgefuckt« – »Dieser Arschfik-
ker!« – »Schieb dir das doch hinten rein!« usw. Im Amerikanischen lautet der typische Vulgärausdruck für »ausgebeutet«,
»übervorteilt«, »erniedrigt« oder »ausgenützt werden« *getting
screwed* (wortwörtlich soviel wie »gevögelt werden«; Anm.
d. Übers.). Ein Mann darf sich nicht bezwingen lassen, in keinem
Wettstreit. Geschieht es trotzdem, so läßt man ihn waidwund
links liegen und verhöhnt ihn.

In *Flußfahrt* und . . . *am Beispiel einer Bärenjagd*, den beiden jüngsten Romanen, die ich als prototypische Männerliteratur ausgewählt habe, kommt dies nahezu auf jeder Seite zum Ausdruck. Ich hätte beliebig viele andere Quellen heranziehen können. Ein Paradebeispiel ist Hemingway. In *Fiesta*, seinem nach weitverbreiteter Ansicht wichtigsten Roman, präsentiert der Schriftsteller den impotenten Mann als tragischen Helden schlechthin. Hemingway scheint zeitlebens von Impotenzängsten heimgesucht worden zu sein. Unser gegenwärtiges Äquivalent zu Hemingway ist Norman Mailer.

Die Apotheose der Mailerschen Einstellung zu Mannestum und Männerfreundschaft findet sich in den Schlußszenen von . . . *am Beispiel einer Bärenjagd*. Die beiden Jungen, die sich einander durch eine Reihe törichter Mutproben, wie sie nur Halbwüchsigen einfallen können, ihre Männlichkeit bewiesen haben, halten sich nun endlich für *echte Männer* — allerdings allein gegen die Welt. Und doch entsteht zwischen den Kameraden, die sich eine Eigenwelt geschaffen haben, Rivalität. Das Revier duldet nur einen Löwen.

Mailer verquickt diese gegenseitige Konkurrenz mit seinem Gefühl, daß Männerliebe letztlich nur sexuell ausgedrückt werden kann. Viele Beobachter sahen darin einen Beweis für Mailers eigene »latente Homosexualität«, eine Vorstellung, die ich für ebenso boshaft wie unwichtig halte. Man kann die Szene auch ganz anders interpretieren. Tatsache ist, daß die beiden Jungen einander sehr nahestehen. Beide haben sich ihre Mannbarkeit in einem intensiven und gefährlichen Übergangsritus bewiesen, der sie sehr stolz macht. Jeder fühlt sich vom anderen angezogen — und durch ebendiese Anziehung bedroht.

»Und sie sind beide wie von Sinnen. Denn die Lichter sprechen zu ihnen, und sie sind ganz davon gefangen, fliegen ihnen fast entgegen, und die Lichter erzählen ihnen, daß es hier oben etwas gibt, daß es wirklich da ist, yeah, daß Gott hier ist nämlich und daß er Wirklichkeit sei, aber nicht etwa ein Mensch, sondern ein Raubtier, eine Bestie mit riesenhaften Kiefern und dräuendem Rachen, mit einem Atem wie Wind aus abgrundtiefen Höhlen, mit blinkenden Fängen und einem lockenden, geheimnisvollen Ruf: Kommt zu mir. Fast wären die beiden Jungen aufgestanden und über den Teich hinweg nach Norden davongewandert, ohne Schuhe, um dort hinauszuziehen, zu verschwinden und zu sterben und sich dem großen Tier anzuschließen. Und mitten im Spannungsfeld aller dieser Wünsche hob D. J. schon den Arm, um die Hand Tex auf den Schwanz zu legen und zu drücken. Aber in diesem Augenblick geschah es, daß die Nordlichter einen Sprung machten, und ein Geräusch drang durch die Nacht, als sei eine Sicherung in einem Stromkreis der Dunkelheit durchgebrannt, und D. J. – D. J. hatte Tex noch nie angefaßt, weil er insgeheim Angst hatte, daß Tex stark genug war, ihn einfach herumzudrehen und ihm eins in den Arsch zu brennen: für einen edlen Texaner natürlich untragbar! Aber D. J. war eben der heißgeliebte Sohn der schönen Puder-Puh-Halleluh, und ihr hübscher Po war eben auch sein hübscher Po, und deswegen konnte er nichts dagegen tun, daß ihn die Versuchung immer fast schwach werden ließ, also spannte er seine Muskeln hart an, wenn Tex in der Nähe war, damit dieser komische Indianer oder überhaupt irgendein Mann ihm keinesfalls etwa plötzlich den Schwanz hinten hineinschieben konnte, . . . D. J. wurde klar, daß er heute wahrscheinlich Tex nehmen könnte, daß er gute Aussichten hatte, ihn zu durchdringen und ihm das Eisen aus dem Arsch zu stehlen und sich selbst zuzuführen – hart wie ein Hammer wurde er bei diesem Gedanken, sein Knüppel sprühte fast Funken, und Tex auf der anderen Seite war entschlossen, sich bis zum Tod zur Wehr zu setzen, yeah, da war es jetzt auf einmal, Mordlust stand zwischen ihnen trotz aller Freundschaft, denn Gott war eine Bestie und kein Mensch, und Gott sagte: »Geht hin und tötet – erfüllt meinen Willen, geht hin und tötet!«[2]

Für Mailer ist Mannestum Wut und das Leben ein einziges Vögeln und Gevögeltwerden. Anders Dickey — und doch spürt man auch bei Dickey, daß die Auseinandersetzung mit der eigenen Männlichkeit auch die Auseinandersetzung mit der Homosexualität und der Macht des Phallus ist. Der zivilisierte Mann akzeptiert diese Macht und lernt, das gefährliche Instrument im Zaum zu halten. Er muß aber mit Angriffen gegen seine Männlichkeit rechnen, und diese nehmen in der Vorstellung oft die Form einer Penetration an.

Flußfahrt stellt einen verzögerten Übergangsritus dar, einen Männlichkeitsbeweis in einer Welt, in der die Männlichkeit nur probehalber gilt und täglich neu bewertet werden muß. *Flußfahrt* beginnt mit der gleichen einfachen Voraussetzung wie Faulkners *Der Bär*. Um sich selbst zu beweisen, muß man die Verlockungen der Zivilisation hinter sich lassen und sich mit den primitiven Werkzeugen einer früheren Zeit der Wildnis stellen. Anders als bei Faulkner sieht man sich in Dickeys Geschichte allenthalben von den Symbolen des phallischen Mannes umgeben. Die Werkzeuge des Todes und der Zerstörung, wie Dickey sie dramatisiert, sind penetrierende Instrumente — der Pfeil und das Messer.

Nach Dickeys Ansicht gehört die Zeit, in der Männer im Kampf gegen die Naturkräfte ihre Männlichkeit unter Beweis stellen konnten, der Vergangenheit an. In unseren Tagen wird ein echter Übergangsritus zwangsläufig nicht im Verhältnis zu einem Bären oder einem Löwen visualisiert, sondern nimmt Bezug auf einen anderen Mann. *Flußfahrt* beschreibt daher eine Jagd der anderen Art: Hier die eine Männergruppe, dort die andere — und schon haben wir das Szenario für eine der ursprünglichsten männlichen Herausforderungen.

In *Flußfahrt* ziehen vier Männer aus der Stadt hinaus in die Wildnis: Ed, der Erzähler und ein moderner Herr Jedermann, Lewis, der Prototyp des Hemingway-Manns, sowie Drew und Bobby, zwei Kameraden von geringerer Bedeutung. Um diese zivilisierten Herren soweit zu bringen, daß sie bereit, ja geradezu scharf darauf sind, ihre Gegner, die »Bergmänner«, umzubringen, genügt eine einfache Beleidigung nicht. Es muß schon Ärgeres geschehen — eine Demütigung, eine unmittelbare Konfrontation der Männlichkeit muß sie vom Lack der Zivilisation befreien und das Tier erwecken, das angeblich in jedem Manne schlummert. Möglich ist dies nur durch eine homosexuelle Vergewaltigung.

Ed und Bobby sind vorübergehend von ihren beiden Gefährten getrennt, als sie den ominösen »Bergmännern« begegnen, zwei brutalen, mit Gewehren bewaffneten und ebenso ungewaschenen wie obszönen Finsterlingen, die alsbald die beiden Männer aus der Stadt mit üblen Verbalinjurien belegen. Dann packen sie sich den dicklichen, glatthäutigen, unbehaarten Bobby und halten ihm die Flinte vors Gesicht. Sie zwingen ihn, sein Hemd hoch- und die Hose herunterzuziehen und sich bäuchlings über einen Baumstamm zu legen, die nackten Hinterbacken exponiert. Der weißbärtige Finsterling streift sich die Hose ab und beugt sich über Bobby. Was dann geschieht, beschreibt Ed wie folgt:

»Ich rang noch immer nach Luft, und Bobbys Körper verharrte reglos, rosig und hilflos in dieser obszönen Haltung. Der Hagere setzte ihm das Gewehr wieder fester an die Schläfe, und der andere kniete sich hinter ihn. Ein Schrei traf mich, und wenn genug Luft in meinen Lungen gewesen wäre, hätte ich geglaubt, ich hätte selbst geschrien. Es war ein Laut des Schmerzes und der Schmach, und andere Laute von nacktem, wortlosem Schmerz folgten ihm. Wieder schrie Bobby laut auf, und diesmal war der Schrei höher, länger. (. . .)

Der Weißhaarige machte sich weiter an Bobby zu schaffen. Hin und wieder suchte er mit seinen Knien festeren Halt am Boden zu finden. Schließlich hob er den Kopf, als wolle er mit aller Kraft in das Blattwerk und in den Himmel schreien, und ein Zittern durchlief seinen stummen Körper. Der Mann mit dem Gewehr beobachtete ihn mit einer seltsamen Mischung aus

Beifall und Anteilnahme. Der Stoppelbärtige rutschte zurück, löste sich aus Bobby.

Der stehende Mann trat einen Schritt zurück und nahm das Gewehr von Bobbys Schläfe. Bobby ließ den Baumstamm los, fiel auf die Seite und legte beide Arme über das Gesicht.«

Dann zwangen die beiden Männer Ed auf die Knie, und forderten ihn, das Gewehr im Anschlag, zur Fellatio an dem größeren der beiden Halunken auf.

»Er sagte zu mir: ›Fall auf die Knie und bete, mein Junge. Und bete gut, du hast es nötig.‹

Ich kniete mich hin. Als meine Knie den Boden berührten, hörte ich hinter mir im Wald ein Geräusch, ein Schnappen und ein Schwirren, ein Geräusch wie von einem gespannten Gummiband, das plötzlich losgelassen wird, und wie von einer Sichel, die durchs Gras fährt. Der ältere stand da, den Gewehrlauf in der Hand, noch immer den triumphierenden Ausdruck in seinem stupiden Gesicht, und aus seiner Brust ragte plötzlich ein leuchtendroter Pfeil hervor. Der Pfeil war so unvermittelt da, als sei er aus dem Innern des Körpers hervorgedrungen.«

(Just im Augenblick vor Eds tiefster Demütigung hatte Lewis jenen Pfeil abgeschossen, der dem Übeltäter die Brust durchbohrte.)

Es handelt sich um eine Schlüsselszene, die Ed, den kultivierten Erzähler, letztlich dazu bringen wird, mit Herzenslust und Leidenschaft und bar aller Reue und Gewissensbisse zu töten. Voraussetzung dafür ist die sich im folgenden vollziehende Änderung im Verhältnis zwischen Ed und Lewis, seinem Retter, sowie eine noch erschütterndere Änderung in Eds Einstellung gegenüber Bobby. Ed ist nun bereit, Lewis als Leitfigur und Vorbild anzuerkennen, während Bobby, das unschuldige Opfer, niemals wieder als gleichberechtigtes Gruppenmitglied akzeptiert wird, sondern fortan als jämmerliche Unperson weiterexistiert.

»Die Kaltblütigkeit, mit der er (Lewis) einen Menschen getötet hatte, rief eine verzweifelte Angst in mir hervor, aber ebendiese Eigenschaft war zugleich beruhigend, und unbewußt trat ich einen Schritt näher zu ihm hin. Ich hätte diesen großen, Gelassenheit ausstrahlenden Unterarm am liebsten berührt, als Lewis jetzt mit lässig vorgeschobener Hüfte dastand, das eine Bein leicht und kraftvoll angewinkelt. Ich wäre ihm überallhin gefolgt, und mir wurde klar, daß mir auch gar nichts anderes übrigblieb. (. . .)

Bobby erhob sich von dem Baumstamm und stellte sich zu uns. Zwischen uns und Lewis lag der Tote. Ich wandte den Blick von Bobbys rotem Gesicht ab. Nichts von alldem war seine Schuld, aber mir gegenüber kam er sich wie besudelt vor. Mir fiel ein, welchen Ausdruck seine Augen vorhin gehabt hatten, als er über dem Baumstamm gelegen hatte, wie bereit er gewesen war, alles mit sich geschehen zu lassen, und wie hoch seine Stimme bei dem Schrei geklungen hatte.«

Der Rest des Buches ist eine langwierige Parabel vom Mann, der sich und seine Identität im Kampf gegen andere Männer wiederherstellt, dessen Ego und Schicksal in der Jagd auf den Feind Erfüllung finden, eine detaillierte, paradigmatische Darstellung des Loses der Männer auf dieser Erde.

Zuversichtlich und ekstatisch steuert Ed auf den Augenblick zu, in der für ihn die Stunde der Wahrheit schlägt. Im Hinterhalt liegend, erspäht er seine Beute:

»Alles um mich herum veränderte sich. Ich schob den linken Arm zwischen Sehne und Bogen und hängte mir den Bogen über die Schulter, die Pfeilspitzen nach unten. (. . .)

Bei dem Gedanken daran, wo ich war und was ich vorhatte, wurde mein Herz weit vor Freude. Ein neues Licht lag über dem Wasser. Der Mond stieg höher und höher, und ich beobachtete den Strom ein paar Minuten lang, den Rücken zum Felsen gekehrt, und ich dachte an nichts, sondern fühlte nur Nacktheit und Hilflosigkeit und Abgeschiedenheit.«

Dickey spielt nun die universale Phantasie aus, die alle Männerträume heimsucht: Das entsetzliche Drama der Impotenz im Augenblick der Prüfung. Ed sitzt auf dem Baum und wartet auf den Mann, den er töten wird. Er spielt mit dem Pfeil, dem Bogen, spürt die Spannung, fühlt die Macht. Doch dann schläft er ein, und sein guter Pfeil fällt zu Boden.

»Im Bogen lag kein Pfeil mehr. Mein Gott, dachte ich, jetzt bist du verloren. Ich glaubte, daß ich den anderen Pfeil, den verbogenen, nicht einmal richtig durch den Nadeltunnel jagen könnte. Und ohne Waffe würde ich hilflos im Baum hocken und, das wußte ich, darum beten, daß der Mann mich nicht bemerkte. (. . .)
Es war jetzt eher noch dunkler als zuvor. Ich hängte den Bogen an einen Zweig und kletterte hinunter. Dort hätte der Pfeil liegen oder auch stecken müssen, aber er tat es nicht. Ich kroch durch die Nadeln und weinte vor Angst und Enttäuschung; ich tastete alles ab, mit Händen, Armen, Beinen, mit meinem ganzen Körper, mit allem, was ich hatte, und ich hoffte, daß die Doppelspitze mich schneiden oder sich sonst irgendwie bemerkbar machen würde. Wenn sie nur da war.«[3]

Alle männlichen Patienten, die je zu mir in Behandlung kamen, haben irgendwann einmal etwas Ähnliches geträumt. Sicher, die Metaphern ändern sich; die ubiquitäre Verbreitung eines solchen Traums zeigt sich schon allein darin, daß er bei Spannungsfilmen in Kino und Fernsehen längst zum Repertoire gehört: Nähert sich der Feind, muß man im Wagen Zuflucht suchen. Aber der Wagen springt nicht an. Der Anlasser leiert erfolglos, der Motor stottert und sprotzt. Dann, in allerletzter Sekunde, wenn die vertraute Panik längst vom Publikum Besitz ergriffen hat, springt das Auto

endlich an und schnellt mit wiedergefundenen Kräften davon . . .
Die Pistole mit Ladehemmung; der Schlag, der seine Wirkung
verfehlt; der Baseballschläger aus schlaffem Gummi, das Davon-
rennenwollen durch klebrig-zähe Molasse; der Fausthieb durchs
Wasser, der all seine Schlagkraft verliert; die unangenehme Entdeckung, daß man ohne Paddel im Kanu sitzt, während die Strö-
mung immer stärker wird und das Wasser um einen herum weiß
aufgischtet . . . Man zieht an der Fallschirmschnur und hält sie
plötzlich frei in der Hand. Oder sie klemmt. Oder man kann sie
einfach nicht finden. Lauter Stoff für Melodramen − und der
Stoff, aus dem die Männerträume sind.

Sexuelle Assoziationen sickern bei fast allen männlichen Aktivitäten in die Sprache ein. Mit der Sprache des Football-Spiels und
ihrer Fixierung auf möglichst tiefe Penetration und das Eindringen
in die gegnerische *end zone* haben wir uns bereits beschäftigt.
Carol Cohen hat die Sprache der Nuklearwaffen-Experten unter
die Lupe genommen und dabei festgestellt, daß auch sie von
sexuellen Bildern nur so strotzt:

> ». . . Ein anderer Dozent verkündete feierlich und hochwissen-
> schaftlich: ›Abrüstung bedeutet, alle Pussys abzuschaffen.‹ Ein
> Professor erklärt, warum man die MX-Rakete in die Silos der
> neuesten Minuteman-Raketen stecken sollte, anstatt die älteren,
> weniger zielgenauen Raketen zu ersetzen: ›Weil sie dann im
> schönsten Loch stecken − Sie werden ja doch nicht Ihre schön-
> sten Raketen in ein dreckiges Loch stecken wollen.‹ In anderen
> Vorträgen wimmelte es von ›senkrecht aufstellbaren Abschuß-
> rampen‹, ›Stoßangriffen‹, ›tiefem Eindringen in den gegneri-
> schen Luftraum‹ und den Vorteilen ›verzögerter‹ Attacken
> gegenüber ›spasmischen‹ Angriffen − oder, um es mit den
> Worten eines militärischen Beraters beim Nationalen Sicher-
> heitsrat zu sagen: Es stellt sich die Frage, ob wir ›siebzig bis
> achtzig Prozent unserer Megatonnage in einem einzigen orgas-
> mischen Wurf auf einmal losjagen sollen.‹«[4]

Carol Cohen fährt fort: »Ein ehemaliger Pentagon-Analytiker erklärte, warum er Pläne für einen ›begrenzten Atomkrieg‹ für lächerlich hielt. ›Sehen Sie‹, sagte er, ›Sie müssen begreifen, daß es sich um ein Wettpinkeln handelt. Sie müssen damit rechnen, daß sie alles geben, was sie haben.‹ Dieser bildhafte Vergleich zeigt überdeutlich, daß wir es hier mit einem Männlichkeitswettbewerb zu tun haben. Darin liegt eine enorme Gefahr.«[5]

Die Sprache der Macht und die Sprache der männlichen Konkurrenz bedient sich sexueller Bilder, weil letztlich alle Macht als Form männlicher Potenz empfunden wird. Von daher ist es nicht überraschend, daß Männerträume und -phantasien oft mit der Angst vor Homosexualität, dem nach wie vor unmittelbarsten Ausdruck fehlender Männlichkeit, befrachtet sind.

Jede Zunahme paranoider Furcht vor Homosexualität ist ein sicheres Zeichen dafür, daß das Selbstvertrauen erschüttert und das Ego beeinträchtigt ist. Eine Zunahme an schwermütiger Paranoia läßt sich vor allem bei älteren Männern feststellen. Bei seniler Demenz und in der Alzheimer-Krankheit bricht sie sich oft in Form irrationaler und nicht selten auch obszöner Vorwürfe Bahn. Kommt es bereits in jüngeren Jahren zu solchen Verhaltensweisen, so können die Mitmenschen des Betroffenen darin eine Warnung sehen: Irgend etwas stimmt nicht mehr, der Mann fühlt sich herabgesetzt und verunsichert. Hinter seinem Verhalten verbirgt sich die flehentliche Bitte, sein Ego zu stützen — oder aber man muß darauf vorbereitet sein, daß hier jemand, der fürchtet, untergetaucht zu werden, irrational und unkontrolliert um sich schlagen wird.

Am dramatischsten läßt sich der Zusammenbruch der Struktur des männlichen Selbstvertrauens bei der Fragmentierung des Selbst beobachten, wie sie in Psychosen auftritt. Homosexuelle Vorstellungen sind die plakativste Metapher für Entwürdigung und gesellschaftliche Demütigung, der schlimmste Ausdruck für das

Gefühl, ausgenutzt oder mißbraucht zu werden. Es ist die zentrale Phantasie des paranoiden Schizophrenen männlichen Geschlechts. Die Paranoia ist so eng mit der homosexuellen Phantasie verknüpft, daß man sie in der Frühzeit der Psychoanalyse für eine Folge abgelehnter und verdrängter homosexueller Impulse hielt. Paranoia wurde als die »Alternative« zur Homosexualität beschrieben, das heißt als der Preis, den man für die Verneinung seiner Homosexualität bezahlen muß.

In Wirklichkeit besteht zwischen Paranoia und Homosexualität kein direkter Zusammenhang. Allerdings sind beide mit der Furcht vor gesellschaftlicher Erniedrigung verbunden. Die wahnhaften Systeme der Paranoia sind metaphorische Ausdrucksformen unserer wachen Alpträume. Die Symptome der Krankheit sind Schutzmechanismen, die wir gegen diese Ängste mobilisieren. Für den Durchschnittsmann in unserem Kulturkreis zählen Kastration, Impotenz und Homosexualität zu den gefürchtetsten Demütigungen, weshalb die große Mehrzahl paranoider Wahnvorstellungen selbst in unserer angeblich so aufgeklärten Zeit nach wie vor mit Homosexualitätsvorwürfen einhergeht.

Im neunzehnten Jahrhundert veröffentlichte ein deutscher Jurist namens Schreber eine autobiographische Schilderung seiner paranoiden Erkrankung. Sigmund Freud analysierte dieses literarische Fragment in einer seiner genialsten Arbeiten und entwickelte anhand der knappen Indizien seine Theorie der Paranoia[6]. Paranoide Wahnvorstellungen, so Freuds Prämisse, sind einfach Projektionen der unbewußten homosexuellen Wünsche eines Menschen, die er mit dem Ziel, sie an sich selbst zu verleugnen, auf andere überträgt. Die Theorie mag falsch gewesen sein, gründete sich jedoch auf genaue Beobachtung. Bis heute ist es so, daß die vorrangige Wahnvorstellung paranoider männlicher Psychotiker darin besteht, daß man sie als Homosexuelle bloßstellen oder behandeln könnte. Zu ihren Halluzinationen gehören unvermeidlich Stimmen, die sie als »Perverse« oder »Schwule« beschimpfen. Die von Wahnvorstellungen heimgesuchte Psychotikerin hört solche Begriffe nur selten, wenn überhaupt. Die Stimme, die sie wahrnimmt, wird sie stets als »Hure« bezeichnen. Aus dieser Tatsache wird die unterschiedliche Rolle deutlich, die die Sexualität im Ego-System von Männern bzw. Frauen spielt. Die Sexualität der Frau wird noch immer als etwas angesehen, das sie erniedrigt, während die männliche Sexualität den Mann erhöht. Vielleicht wird sich dies eines Tages ändern, und die paranoiden Wahnvorstellungen beider Geschlechter werden von ihrer jeweiligen Sexualität befreit.

In Freuds Libido-Theorie gehörte zur Neurose die Verleugnung der frühsexuellen »Perversion«. Man ging von der Annahme aus, daß der Paranoiker, sofern er sich einfach mit seiner Homosexualität abfinden und sie unmittelbar erfahren würde, nicht mehr auf die elaborierte Prozedur der Projektion seiner Wünsche auf andere und die Errichtung von Wahnsystemen angewiesen wäre. Daß Paranoia, wie Freud glaubte, eine Alternative zur Homosexualität ist, stimmt einfach nicht. Wir wissen heute, daß es viele Homosexuelle gibt, die sich offen zu ihrer Veranlagung bekennen und trotzdem paranoide Zusammenbrüche erleiden, und daß umgekehrt zahlreiche paranoide Psychotiker (darunter viele Frauen) absolut keine homosexuellen Wünsche hegen.

In gewisser Hinsicht treten also für einen Mann bei jedem Angriff auf eine Machtposition, bei jeder Demütigung und jedem Impotenzgefühl — egal, ob physisch oder nicht — Fragen nach seiner sexuellen Identität und damit auch nach dem Wert seines »Selbst« auf. Physische Erniedrigungen erleben im täglichen Leben nur wenige von uns. Häufiger erleiden wir psychische Demütigungen am Arbeitsplatz, wo lebensnotwendige wirtschaftliche Abhängigkeiten uns dazu zwingen, Ärger und Frustrationen hinunterzuschlucken. Was bleibt, ist ein Gefühl der Impotenz, das nach einer Art Katharsis verlangen kann. Unterdrückte Wut wird sich unglücklicherweise in Selbstverachtung äußern, oder aber sie kehrt sich gegen jene, die wir nicht fürchten. Es kommt, wenn schon nicht zu körperlichen, so doch zu verbalen Aggressionen gegen die Ehefrau, ein Untergebener wird gedemütigt, ein Kind mißhandelt. Viele Fälle von Kindesmißhandlung und Gewalttätigkeit gegen Frauen erklären sich als Folgen der frustrierten Wut eines verängstigten, impotenten Mannes.

James Joyce beschreibt diese Situation mit schmerzvoller Präzision in seiner Short-Story-Sammlung *Dubliners*. In einer der Geschichten (*Entsprechungen*) war Ferrington, ein Büroangestellter, »genötigt worden . . . sich [bei seinem Vorgesetzten] für seine Unverschämtheit unterwürfig zu entschuldigen.« An diesem Tag ging auch wirklich alles schief. »Er war voll von schwelendem Zorn und Rachsucht. Er fühlte sich gedemütigt und mißgelaunt.« Seine Frau — sie »war klein, hatte scharfe Gesichtszüge, tyrannisierte ihren Mann, wenn er nüchtern war, und wurde von ihm tyrannisiert, wenn er betrunken war« — ist nicht zu Hause. Er wird von Tom empfangen, seinem kleinen Sohn.

»— Wo ist deine Mutter?
— Sie ist in der Kirche.
— Ach ja . . . hat sie daran gedacht, mir waas zu essen dazulassen?
— Ja, Papa. Ich —
— Mach die Lampe an. Was soll das überhaupt heißen, hier alles dunkel zu lassen. Sind die anderen Kinder im Bett?

Der Mann setzte sich schwer auf einen der Stühle, während der kleine Junge die Lampe anzündete. Er begann, die ordinäre Dubliner Aussprache seines Sohnes nachzumachen, indem er halb zu sich selbst sagte: *In der Kirche. In der Kirche, wenn du nichts dagegen hast!* Als die Lampe angezündet war, schlug er mit der Faust auf den Tisch und schrie:
— Was krieg ich zu essen?
— Ich . . . ich werde es dir kochen, Papa, sagte der kleine Junge. Der Mann sprang wütend auf und zeigte auf das Feuer.
— Auf diesem Feuer! Du hast das Feuer ausgehn lassen! Bei Gott, ich will dich lehren, das noch mal zu machen!

Er machte einen Schritt auf die Tür zu und griff sich den Spazierstock, der dahinter stand.

– Ich will dich lehren, das Feuer ausgehn zu lassen! sagte er, während er den Ärmel hochkrempelte, um seinem Arm Spielraum zu geben.

Der kleine Junge rief *Ach, Papa!* und rannte heulend um den Tisch, doch der Mann folgte ihm und bekam ihn an der Jacke zu fassen. Der kleine Junge blickte verängstigt umher, aber da er keinen Fluchtweg sah, fiel er auf die Knie.

– Du wirst mir das Feuer noch mal ausgehn lassen! sagte der Mann und schlug mit dem Stock böse auf ihn ein. Da hast du's, du Bengel!«[7]

Fehlgelenkte oder gegen einen selbst gerichtete Wut ist eine unvermeidliche Konsequenz unserer Biologie, die uns zum Angriff drängt, und unserer Erkenntnisfähigkeit, die genau weiß, daß wir in einer Zeit leben, in der ein Angriff weit eher dazu angetan ist, uns zu zerstören, als uns zu retten. Dickeys vergewaltigter Bobby ist ein gutes Beispiel. Seine dumpfe Wut richtet sich ebenso gegen seinen Freund wie gegen seine Peiniger — am nachhaltigsten und am destruktivsten jedoch gegen sich selbst. Weder seine Freunde noch er selbst erkennen ihn noch als Mitglied der Gruppe an. Statt dessen verkümmert er zum jämmerlichen Außenseiter, von dem nur noch Peinlichkeiten zu erwarten sind. Er wird zum verängstigten Symbol ihrer eigenen Verletzlichkeit.

Konkurrenzdrohungen seitens anderer Männer stellen für die meisten ihrer Geschlechtsgenossen eine Herausforderung dar. Wer besonders unsicher ist, wird sich sogar dort herausgefordert fühlen, wo in Wirklichkeit von einer Herausforderung gar nicht die Rede sein kann. Derart verletzliche Männer, die aus ihrer Kindheit das Gefühl einer permanenten Benachteiligung übernommen haben, werden all ihre menschlichen Beziehungen unter dem Vorzeichen ebendieser Kindheitskonstellation eingehen. Die Emotionen solcher Männer sind voller Deprivationsgefühle. Sie werden immer schlecht behandelt, benachteiligt oder übervorteilt. Sie beneiden all jene, mit denen die Götter es anscheinend besser gemeint haben.[8] Für den Betroffenen und seine Mitmenschen birgt diese Form paranoider Adaption eine ernsthafte Gefahr.

Geschwisterrivalität wird vom Kind als Überlebenskampf angesehen. Sich seiner eigenen Verletzlichkeit durchaus bewußt, sieht das Kind in der elterlichen Liebe das denkbar höchste Maß an Sicherheit. Für das kindliche Bewußtsein haben Geschwister, die nach außen hin erfolgreicher sind und mehr Lob und Zustimmung einheimsen, auch größere Chancen auf Zuwendung und Schutz. Konkurrenzsituationen jedweder Art werden vom solchermaßen verunsicherten Kind unbewußt aufgebauscht; in der geringsten Kränkung sieht es gleich eine Gefahr für das eigene Überleben. Entsprechend fällt die Reaktion aus. Der Junge muß gar nicht unbedingt ein paranoider Psychotiker werden.

Vielleicht verfällt er in einen Zustand, der von einem dumpfen, chronischen Neidgefühl beherrscht wird — mit anderen Worten: in einen paranoiden Lebensstil.

Neid kann in der Tat zum *way of life* werden. Der vom Neid besessene Mensch verwandelt sich in einen mißmutigen Sammler, der mit masochistischer Lust alle Lebenssituationen begrüßt, die ihn in seinem Gefühl der Deprivation, des Ausgebeutetwerdens bestätigen, ja, er wird, falls erforderlich, solche Situationen sogar herbeiführen und dabei gar nicht merken, daß er selbst der »Designer« jener Umstände ist, die zu seiner eigenen Erniedrigung führen. Darüber hinaus wird er jede problematische oder doppeldeutige Situation als Verurteilung seiner selbst interpretieren. Im zweispurigen Stau vor der Grenze kommt grundsätzlich seine Kolonne langsamer voran als die andere; sein Platz im Theater ist stets der ungünstigste im ganzen Saal, sein Stück Kuchen immer das kleinste.

Das Sammeln von Leidenserfahrungen ist ein Schritt auf dem Weg zur Paranoia. Solchermaßen beschädigte Naturen neigen zur Streitsucht, laufen bei jeder Kränkung gleich zum Richter oder drohen zumindest damit. Ein neidischer Mensch vergleicht sich *immer* mit seinem Gegenüber, und zwar stets in der panischen Furcht, er könne den kürzeren ziehen und neuerlich Beschädigungen davontragen. Dies gilt natürlich auch für Situationen, in denen überhaupt keine unmittelbare Konkurrenz vorliegt und von daher auch kein Anlaß, sich bedroht zu fühlen. Er muß auch gar nicht unbedingt eine Niederlage erleiden. Schon die Erfolge anderer reichen völlig aus, ihm ein Gefühl der Herabsetzung zu vermitteln. Mißerfolge anderer Menschen können ihm umgekehrt ein gewisses Maß an zusätzlicher Sicherheit geben.

Eine gewisse Schadenfreude über den Sturz eines Mächtigen ist uns allen eigen. Dem Leidenssammler indessen macht es Spaß, andere zu stürzen. Der »Paranoiker« findet gerne Fehler; er ist ein geborener Bilderstürmer, der geradezu aufblüht, wenn er vermeintliche »Helden« bloßstellen und ihnen Schwächen nachweisen kann. Höchstes Vergnügen bereitet es ihm, wenn Engel stürzen. Erleidet ein »Tugendbold« oder ein »Musterknabe«, dem auf die eine oder andere Weise — sei es durch Verschlagenheit, Liebdienerei, politische Tricks oder schieres Glück — Erfolg beschieden war, eine Niederlage, freut es ihn ungemein. Bekommen diese anderen, diese unverdient Erfolgreichen, endlich eins aufs Haupt, so obsiegt nach seiner Ansicht endlich die Gerechtigkeit.

Uns begegnet diese Charakteranpassung in vielen verschiedenen Verkleidungen: Da ist der Arzt, der an keinem seiner Kollegen ein gutes Haar läßt; der Anwalt, der niemandem außer sich selbst Kompetenz zubilligt; der neue Zahnarzt, der stirnrunzelnd Ihre Zähne überprüft und sich höflich jeder verbalen Kritik (an seinem Vorgänger) enthält, obwohl seine Miene Bände spricht. Bei vielen Männern ist diese breite Palette kompetitiver Emotionen Teil der Charakterstruktur.

Das »Paranoia-Niveau« ist ein ebensoguter Indikator für die Verletzlichkeit einer Gesellschaft wie die verschiedenen ökonomischen Bemessungsgrundlagen für das Bruttosozialprodukt. Eine

Gesellschaft, die es zuläßt, daß sich eine signifikante Minderheit der Bevölkerung (oder gar eine Mehrheit) unsicher und unfair behandelt fühlt, ist gefährlich. Nach meiner Überzeugung leben wir in einer solchen Gesellschaft.

Der politische Opportunist versucht immer, zwischen zwei klar voneinander geschiedenen Gruppen zu unterscheiden: Hier »wir« und dort »die anderen«. Der Ideologe stellt immer das »Uns« gegen das »Sie«. Verallgemeinerungen können sich, wie gegenwärtig in Afrika, nach der Stammeszugehörigkeit richten. In Indien und in Irland folgen sie traditionsgemäß religiösen Trennlinien, in den Vereinigten Staaten rassischen, und seit dem Beginn der feministischen Bewegung sind auch geschlechtliche hinzugekommen. In der Anfangszeit einer Revolution lassen sich die Massen, ganz unabhängig von den Verdiensten der Bewegung, am besten durch die Manipulation ihrer paranoiden Ängste mobilisieren.

Das nichtpsychotische paranoische Individuum ist wankelmütig und leicht manipulierbar. Für Demagogen und politische Agitatoren ist der Appell an paranoide Ängste ein wirksames und wichtiges Instrument. Eine entrechtete oder unterprivilegierte Gruppe läßt sich im Bewußtsein ihrer eigenen Ohnmacht und Hilflosigkeit bereitwillig vor den Karren jener spannen, die ihren paranoiden Ängsten Ausdruck zu verleihen imstande sind. Paranoide Ängste beherrschen die elenden Straßen unserer elenden Städte. Doch die Menschen funktionieren noch. Noch ist der Krieg nicht ausgebrochen.

Ein geschwächtes Ego beeinträchtigt sowohl die Sicherheit als auch das Lustempfinden, läßt den Betroffenen jedoch nur in seiner Extremform, der paranoiden Psychose, völlig ausrasten. Doch das geschwächte Ego kann auch noch auf andere Weise als über die Paranoia unsere Selbstachtung treffen. Das Selbst kann so sehr reduziert werden, daß wir unser Vertrauen in die Problemlösefähigkeit unseres Egos verlieren. Wenn wir der Zuverlässigkeit des Selbst mißtrauen, nähern wir uns den Grenzen der Depression.

In dieser Ursache der Verzweiflung liegt ein weiterer markanter Unterschied zwischen Männern und Frauen, obwohl die Kennzeichen der Depression bei beiden Geschlechtern identisch sind — ein überwältigendes Gefühl der Hoffnungslosigkeit und Hilflosigkeit. Die spezifische Verzweiflung der Männer ist jedoch bezeichnend für die spezielle Natur des Mannseins.

Kapitel 12

Hilflosigkeit: Abhängigkeit, Langeweile, Müdigkeit, Depression

Während ich mich im vorigen Kapitel auf das Gefühl der *Verletzlichkeit* konzentriert habe, welches sich beim Mann dahin gehend äußert, daß er sich gegenüber Angriffen und Demütigungen anfällig und wehrlos vorkommt, werde ich mich in diesem Kapitel vorrangig mit dem Phänomen der *Hilflosigkeit* befassen. Sie entsteht nicht aus der Wettbewerbssituation heraus, sondern läßt sich auf ein Defizit an Stolz und Selbstvertrauen zurückführen. Die Endstufe eines verlorenen Konkurrenzkampfs gegen einen starken Gegner ist die Paranoia. Die Endstufe der verlorenen Schlacht gegen das schwindende Vertrauen ins eigene Selbst ist die Depression.

Der Paranoiker sieht sich der Verachtung einer Öffentlichkeit ausgesetzt, die den Entmannten »erkennt«. Er gilt nicht mehr als Mann unter Männern, sondern als Schwuler, als Schwächling, als Versager. Als Depressiver hingegen befinden Sie sich in einem Zustand jenseits aller öffentlichen Aufmerksamkeit oder Verurteilung. Sie sind fest davon überzeugt, daß »alles vorbei« ist. Sie fühlen sich ständig überfordert. Sie sehen sich zurückgeworfen auf das Stadium des hilflosen Kindes. In diesem Zustand des Verzichts auf alle männlichen Verantwortlichkeiten gibt es niemanden mehr, der Ihnen in aller Öffentlichkeit Vorwürfe macht; Sie be- und verurteilen sich selbst. Selbsthaß und Selbstvorwürfe sind die Markenzeichen der Depression: Ich bin unzuverlässig. Ich bin ein schwankender Halm. Ich bin von dir abhängig.

Die Reaktion von Männern in abhängigen Zuständen läßt sich

an einer Vielzahl von Reaktionen ablesen, die noch nicht direkt depressiv genannt werden können. Zu den bezeichnendsten gehört die physische Erkrankung. Jeder weiß, daß Männer schwierigere Patienten sind als Frauen, und zwar vor allem bei harmlosen Krankheiten. Sind Frauen unter sich, folgt einer Anekdote über den krank daheim liegenden Ehemann der anderen, und oftmals ereifern sie sich darüber, wie hilflos, penetrant und kindlich die Männer dann sind, ganz zu schweigen von ihrer Reizbarkeit, ihren Ansprüchen und ihrem schlichtweg irrationalen Verhalten. Binsenweisheiten dieser Art enthalten meist einen wahren Kern. Obwohl mir keine statistischen Erhebungen über das Patientenverhalten bei geringfügigen Erkrankungen bekannt sind, neige auch ich zu der Annahme, daß Männer die schlechteren Patienten sind.

Manchen Männern bietet nur die Krankheit eine legitime Methode, jene Genugtuung zu erlangen, die sich aus Abhängigkeit ergibt. Ein prototypisches Beispiel bietet das Zwölffingerdarmgeschwür, eine Krankheit, die vornehmlich Männer befällt und vor der Entwicklung moderner Heilmethoden tödlich verlaufen konnte. Frühere Forschungen hatten gezeigt, daß am ehesten Männer betroffen waren, die man heute als »Typ-A-Männer« bezeichnen würde: rastlose, erfolgsorientierte Personen mit geringer Toleranz gegenüber der eigenen Sehnsucht nach Abhängigkeit und dem eigenen Bedürfnis nach Zuwendung. Die »Beinahe-Machos« kümmerten sich in der Regel gut um ihre Familien, waren gütig und großzügig und scharten oft einen großen Kreis abhängiger Personen um sich. Was sie selbst betraf, so gestatteten sie es sich nur selten, Schwächen zu zeigen, und gaben sich sehr unnachgiebig gegenüber ihren eigenen Abhängigkeitsbedürfnissen. Das ausgeprägt selbstbewußte Wesen und die Unabhängigkeit dieser Patienten wurden von vielen Psychoanalytikern entweder als »Projektionen« ihrer unbewußten Wünsche nach Kindhaftigkeit und Umsorgtwerden oder aber als »kontraphobische« Eigenschaft zum Schutz gegen ebendiese bedrohlichen Abhängigkeiten interpretiert, die sie insgeheim herbeisehnten.

Der lebensbedrohliche Charakter eines blutenden Magen- oder Zwölffingerdarmgeschwürs erforderte die Hospitalisierung des Betroffenen. Die Einweisung ins Krankenhaus war (und ist zum Teil heute noch) eine Erfahrung, die den erwachsenen Menschen wieder zum Kind machte. Dem Patienten wurden die Kleider weggenommen, und man steckte ihn in ein Gewand, das sich noch am ehesten mit dem Hemdchen des Neugeborenen vergleichen ließ — ein Ding, dessen Gürtel oder Schnüre dauernd aufgingen und das derart weit und locker geschnitten war, daß der Träger, so sehr er sich auch bemühen mochte, den auseinanderklaffenden Stoff zusammenzuhalten, seine privatesten Teile immer irgendwie entblößte. Ein rigoroser Stundenplan schrieb einem vor, wann man zu Bett zu gehen hatte, wann man aufstehen mußte und wann es an der Zeit war, Essen zu fassen. Der Stundenplan bestimmte, wann man, auch gegen seinen Willen, von zarten Schwesternhänden gebadet wurde. Kissen wurden gerichtet, Betten gemacht, und des öfteren hörte man, wie in der dritten Person über einen geredet wurde. »Ein sehr braver Junge ist er heute, Herr Doktor«, sagte die Oberschwester vielleicht. Und wenn der Patient die Frage stellte: »Nun, wie sieht's denn aus mit mir?«, bekam er nur allzuoft die herablassende Antwort: »Machen Sie sich keine Gedanken. Sie sind bei uns in besten Händen.« In jenen Tagen war es dem Patienten, sogar wenn er selber Arzt war, untersagt, sein eigenes Krankenblatt zu lesen. Versuchte er, danach zu greifen, mußte er mit einem Klaps auf die Finger rechnen wie ein frecher Junge, der vorwitzig nach einem Pornomagazin langt. »Das geht Sie gar nichts an!« Der Betroffene sah sich auf einen Zustand vollendeter Abhängigkeit reduziert.

Während viele Patienten aufbegehrten und entsprechend unbequem wurden, empfand der Magengeschwür-Typ das Bewußtsein, daß für ihn nun gesorgt war und daß er sich deswegen nicht schuldig fühlen mußte, in gewisser Weise als tröstlich. Diese Art von Abhängigkeit war kein angestrebter Zustand, sondern eine von höheren Autoritäten angeordnete Auflage. Außerdem diente sie der Gesundheitsfürsorge und nicht der Befriedigung heimlicher Wünsche. Es handelte sich also um eine ideale Voraussetzung zur Erfüllung aller unbewußten Abhängigkeitsbedürfnisse, die es einem gleichzeitig ermöglichte, die Verachtung für derartige Abhängigkeiten aufrechtzuerhalten. Der Patient konnte einerseits frei darüber klagen, wie viele wichtige Dinge jetzt unerledigt blieben, und andererseits die bestehende Situation in vollen Zügen genießen.

Männer haben ihre Schwierigkeiten mit der Abhängigkeit, und zwar aus demselben Grund, der ihnen auch Probleme im Umgang mit Feigheit und Furcht bereitet. Derartige Gefühle bedrohen die fragile Struktur des männlichen Egos. Männer müssen unentwegt die Sandburg ihres Egos vor dem Einsturz bewahren. Sie sind unablässig auf der Hut vor den Wellen, die tagtäglich einen anderen Teil des Gebäudes untergraben und fortschwemmen. In unserer heutigen Kultur ist die Sicherung und Pflege des männlichen Egos ein Aufbauprozeß ohne Ende, eine moderne Sisyphusarbeit ohnegleichen.

Um ein Mann zu sein, muß man sich von seinen Mutterbindungen lösen. Man darf nicht weinen. Man darf keine zärtlichen, ja nicht einmal überschwengliche Gefühle zeigen. Und man darf ganz gewiß nicht umsorgt werden *wollen*. Der Sorgende ist schließlich der Mann.

Eine körperliche Erkrankung bedeutet die Reduzierung auf einen Abhängigkeitszustand, der bedrohlich ist, obwohl man ihn vielleicht unterbewußt herbeisehnt. Das Magengeschwür ist eine notorisch psychosomatische Erkrankung, doch bezieht sich das Problem für Männer auch auf alle anderen Lebenslagen, die durch Arbeitsunfähigkeit oder sonstwelche aktivitätshemmenden Bedingungen gekennzeichnet sind, also auch auf Unfälle und sich chronisch verschlimmernde Erkrankungen.

Erkrankungen, die zur Arbeitsunfähigkeit führen, haben tiefgreifende Auswirkungen auf die Betroffenen, seien es nun Frauen oder Männer. Beim Mann kommt allerdings noch die Furcht vor der Entmannung hinzu. Eine – hier sucht man nach einem äquivalenten Wort – »entfrauende« Wirkung scheint es nicht zu geben. Frauen ertragen Krankheiten, ohne daß sich ihr Selbstbild derart verzerrt wie beim Mann. Ich kenne keine wissenschaftliche Arbeit, die diese These stützt, doch bestätigen Ärzte, daß sich Männer eher als Frauen bei krankheitsbedingt eingeschränkter Mobilität dazu veranlaßt sehen, sich in psychiatrische Behandlung zu begeben. Mobilität ist für sie von unverhältnismäßig großer Wichtigkeit. Schon früh spielen im aktiven Leben des Mannes Autos eine zentrale Rolle, noch früher Fahrräder und Roller; ein ständiges Aus- und Einsteigen, Fortfahren, Schnellfahren, Hin- und Herrennen und Weiterziehen ist für ihn typisch. Wir wissen, daß für einen Halbwüchsigen ein Leben ohne Beine ebenso unvorstellbar ist wie ein Leben ohne Kopf. Er wird die Bedeutung der Beweglichkeit überbewerten. Man kann davon ausgehen, daß sich das mit zunehmendem Alter und wachsender Reife ein wenig beruhigt, doch bleibt ein gewisser Bodensatz stets erhalten.

Automobile und Fahrzeuge allgemein treten in Männerträumen außerordentlich häufig auf und repräsentieren fast immer den Mann (das Selbst). Für einen meiner Patienten repräsentierte das Auto immer seine Abhängigkeit. Er saß nie selbst am Steuer, sondern war stets Mitfahrer – auf dem Rücksitz. Und er war, wie ich hinzufügen sollte, ein »Rücksitzfahrer«. Dieser charakteristische Traum wurde zum zentralen Punkt seiner Übertragung, das heißt, es war seine indirekte Methode, seine Wut und Unzufriedenheit mit mir zum Ausdruck zu bringen. Der Fahrer fuhr zu schnell; er brachte ihn in Gefahr, kurvte waghalsig durch Haarnadelkurven; fuhr ihn irgendwohin, wohin er gar nicht wollte; der Fahrer hörte nicht auf seine Anweisungen; der Fahrer verfranste sich; der Fahrer war hauptsächlich an sich selbst interessiert, kümmerte sich nur um seine eigenen Geschäfte und ließ sich auch durch ständiges Antreiben seitens des Passagiers nicht davon abhalten, in aller Ruhe seine privaten Besorgungen zu machen; der Fahrer kümmerte sich mehr um die anderen Mitfahrer und brachte sie als erste zum Zielort.

Der Patient hatte eine starke Übertragung seiner Abhängigkeitsgefühle auf den Analytiker entwickelt, in dem er einen Ersatzvater und ein Rollenvorbild für die eigene Karriere sah. Für mich waren diese Träume unschätzbare Hilfsmittel zur Offenlegung seiner unbewußten Ängste, Frustrationen und Haßgefühle sowie seiner Enttäuschung über mich. Der Mann hatte große Schwierigkeiten in direkten Konfliktsituationen. Er war der jüngste von drei Brüdern. Die beiden älteren waren ihm an Jahren weit voraus und während seiner Kindheit ohne weiteres imstande gewesen, ihn fix und fertig zu machen. Konkurrenzsituationen unter Männern bewältigte er hauptsächlich auf politische Art und indem er sich bei den entsprechenden Personen einschmeichelte. Seine passiv-aggressiven Eigenschaften kamen während der gesamten Therapie immer wieder zum Ausdruck.

Seine Rolle als Mitfahrer im Auto symbolisierte das übergeordnete Problem, das auch über die täglichen Boshaftigkeiten hinaus, die für seine Haltung mir gegenüber bezeichnend waren, Bestand hatte. Sein widersprüchlicher Wunsch, ich solle führen und er würde mir folgen, war von den speziellen Interpretationen, die diese Träume ermöglichten, unabhängig. Niemals ließ ich es zu, daß er den Traum ad acta legte, ohne zuvor erneut zugegeben zu haben, daß er der Passagier und ich der Fahrer gewesen war. Und daß er — und nicht ich — dafür gesorgt hatte, daß es so war.

Als die Therapie Fortschritte machte, wechselte der Mann allmählich auf den Fahrersitz — im Leben ebenso wie im Traum. Dennoch kehrten die Träume in Zeiten der Beklemmung immer wieder zu dem Bild vom gefährlichen Fahrzeug mit einem anderen hinter dem Steuer zurück.

Selbst ein weniger abhängiger Mann wird über kurz oder lang zwangsläufig mit den Ambivalenzen und Bedrohungen der Abhängigkeit konfrontiert. Dafür sorgen Krankheit, aber auch das bloße Verstreichen der Zeit. Das Älterwerden reduziert uns in letzter Konsequenz schließlich alle auf einen Zustand der Hilflosigkeit. Die Struktur und der Einfluß des Älterwerdens werden einerseits durch die unterschiedlichen soziologischen Rollen von Männern und Frauen sowie andererseits durch die unterschiedlichen Fundamente des Selbst bestimmt. Bei Frauen ist nach der Menopause am ehesten mit depressiven Zuständen zu rechnen. Die Anfälligkeit dafür wird durch massive hormonale Veränderungen während der Menopause verstärkt. Allerdings trägt auch die psychische Erkenntnis der Frau, daß sie nun keine Kinder mehr gebären kann, erheblich zu diesen Depressionen bei. Die Rolle der Gebärerin ist selbst heutzutage nach wie vor ein wesentlicher Bestandteil der Identität einer Frau. Angesichts der langen Lebenserwartung von Männern und Frauen in unserer Zeit tritt dieses Phänomen mittlerweile arg früh ein. Eine Frau kommt zwischen Mitte Vierzig und Anfang Fünfzig in die Wechseljahre, hat jedoch inzwischen eine Lebenserwartung von zweiundachtzig Jahren.

Männer können noch in weit höherem Alter Vater werden als Frauen Mütter. Für die meisten Männer ist dies jedoch nebensächlich. Nur sehr selten kommt es vor, daß sich ein fünfundsechzigjähriger Mann über seine Zeugungsfähigkeit den Kopf zerbricht. Sehr viel mehr als seine Fruchtbarkeit sorgt er sich um seine Potenz. Solange er »ihn hochkriegt« und »reinkriegt«, kümmert ihn die Fähigkeit seiner Spermien, Nachwuchs zu erzeugen, in der Regel herzlich wenig. Es hat natürlich auch immer Männer gegeben, die auch noch in ihren Sechzigern mit großer Freude Kinder in die Welt setzten, doch kann man in diesen Fällen wohl auf andere Beweggründe schließen: Solche Männer wollen beweisen, daß sie auf die ein oder andere Weise den Gesetzen des Alterns getrotzt haben und potente junge Kerle geblieben sind.

Am stärksten depressionsgefährdet sind Männer, die in den Ruhestand gehen oder einen beruflichen Niedergang erleben. Der Durchschnittsmann definiert sich in erster Linie als arbeitenden Menschen. Auf die Frage »Wer (oder was) sind Sie?« antwortet er nur selten: »Ich bin Vater von drei Kindern« oder »Ich bin Marys Ehemann«, sondern nahezu unvermeidlich: »Ich bin Klempner, ich bin Arzt, ich bin Anwalt bei der und der Kanzlei.« Mannsein bedeutet, Arbeiter und Versorger/Ernährer zu sein, daran führt kein Weg vorbei. Der Mann, der sich seiner Arbeitsmöglichkeiten beraubt sieht, kommt sich gesellschaftlich geächtet vor. Viel schlimmer ist jedoch seine Selbstverachtung. Die Vertreibung vom Arbeitsplatz ist das männliche Äquivalent zur Unfruchtbarkeit.

Es gibt Männer, die sich mit Händen und Füßen gegen den zwangsläufigen Ruhestand wehren. Der vierundsechzigjährige Aufsichtsratsvorsitzende eines größeren Konzerns ist ein vielbegehrter Redner, kriecherische Untergebene überhäufen ihn mit Komplimenten, seine Auftritte werden mit großem Pomp angekündigt, auf seinem Schreibtisch stapeln sich die rosa Zettel. Am Tag seines Rücktritts als Aufsichtsratsvorsitzender ändert sich das schlagartig. Er wird zur Unperson – nicht nur in seiner eigenen Firma, sondern ganz allgemein im Geschäftsleben. Es kommt für ihn die schockierende, schmachvolle und grausame Erkenntnis, daß man ihm nie um seiner selbst willen zugejubelt hat, sondern nur in seiner Eigenschaft als Machtinstrument und Warenverteiler. Sobald der Warenstrom versiegt, verliert er, der Mann, seinen Wert.

Das Altern ist die häufigste Ursache für plötzliche Machteinbuße. Ein Sportler »altert« sogar schon während seiner Jugend. Es gibt aber auch noch andere Fälle von abruptem Machtentzug. Ein besonders eklatantes Beispiel aus der Politik betrifft die jungen Männer in den Wahlkampfteams der amerikanischen Präsidenten. Diese Wegbereiter der Macht lassen mit Ende Zwanzig, Anfang Dreißig einflußreiche Senatoren und hochrangige ausländische Diplomaten zittern, weil sie darüber wachen, wer zu den Mächtigen vorgelassen wird und wer nicht. Nach der Wahl fallen sie ins Bodenlose und haben nichts mehr zu sagen. Viele von ihnen treffen Vorsorge, indem sie sich schon während ihrer Zeit im Amt um die spätere Karriere kümmern, doch eine wirklich adäquate Vorbereitung auf den bevorstehenden Sturz gibt es nicht. Was immer sie danach erwartet – mit den glorreichen und berauschenden Zeiten im *Oval Office* läßt es sich gewiß nicht vergleichen.

Haben unsere Egos so viel einstecken müssen, daß wir uns nutzlos, hilflos und hoffnungslos vorkommen, besteht die Gefahr eines Absinkens in die Depression. Doch bevor es soweit ist, passieren wir bestimmte Grenzregionen, in denen wir vorgewarnt und darauf hingewiesen werden, daß wir unsere Ego-Reserven schneller verbrauchen als aufbauen. Die Warnungen werden oft mit verharmlosenden Bemerkungen abgetan und in den Wind geschlagen. Wir sagen, daß wir »müde« sind, daß wir uns »langweilen«, daß uns die »Initiative fehlt, etwas zu unternehmen«. Wenn eine dieser drei Zustandsbeschreibungen chronisch wird, sollten die Warnzeichen ernst genommen werden. Wir haben möglicherweise bereits einen Zustand erreicht, der von manchen als »chronische Depression« bezeichnet wird.

Bis vor gar nicht langer Zeit interessierten sich die Psychoanalytiker nicht für Emotionen, und wenn, dann allenfalls für die großen Passionen Wut und Angst. Einer der wenigen Analytiker, die sich intensiv mit einer kleinen Passion, der Langeweile, befaßten, war Ralph Greenson. Bis auf den heutigen Tag verdient seine Definition unsere Aufmerksamkeit. Er beschreibt die Langeweile als »Zustand der Unzufriedenheit und die Abneigung, etwas zu tun; ein Sehnen und die Unfähigkeit, zu sagen, wonach; ein Gefühl der Leere; eine passive, abwartende Haltung, in der Hoffnung, daß die Umwelt etwas für die eigene Zufriedenheit tut; eine verzerrte Empfindung der Zeit, in der die Zeit stillzustehen scheint.«[1]

Obwohl *expressis verbis* nirgends davon die Rede ist, schließt Greensons Beschreibung auch das Gefühl einer passiven Resignation mit ein. Es äußert sich dahin gehend, daß man das Vertrauen in die eigene Fähigkeit, seine Wünsche und Bedürfnisse zu befriedigen, verloren hat. Von Langeweile befallen, harren wir passiv der Dinge, die da kommen werden, und hoffen, daß Glück, Zufall oder die Benevolenz anderer uns ein wenig Lebensfreude bescheren. Es ist eine Art der Langeweile, die uns an das abhängige Kind erinnert, welches, ständig auf der Suche nach Unterhaltung und

einem Ventil für seine rastlosen Energien, die Mutter fragt:
»Mama, was soll ich jetzt tun?« Doch obwohl sich die beiden
Verhaltensweisen sehr ähneln, sind sie nicht ein und dasselbe. Die
Langeweile des Kindes gründet sich nicht auf Ungeduld mit dem
Selbst (wie sie zur Zeit in alarmierender Weise zunimmt), sondern
auf Ungeduld mit der Umgebung, die für die Wißbegier des Kindes
zu klein und für seine Energien zu einengend ist. Beim chronisch
gelangweilten Erwachsenen liegt genau das Gegenteil vor – die
Welt ist zu sehr bei ihm, sie wird ihm zuviel, er kann sie nicht
mehr bewältigen.

Das Gefühl, das der Langeweile zugrunde liegt, enthüllt die
Literatur als ein Gefühl der Leere und der aufgegebenen Hoffnung
in das Selbst. In *The Love Song of J. Alfred Prufrock* läßt T. S.
Eliot seinen Helden den Verlust seiner Potenz und das kommende
Alter beklagen.[2]

Man kann es kaum glauben, daß das Gedicht von einem Drei-
undzwanzigjährigen geschrieben wurde, der bereits ein unerfülltes
Leben voller Ennui, Langeweile und fehlender Erfüllung voraus-
empfand. Hinter der Sprache des Ennui und der Langeweile
verbirgt sich die Hand der Depression. Ein anderer moderner
Dichter, C. P. Cavafy, verleiht in seinem Gedicht *Monotony* ganz
ähnlichen Gefühlen Ausdruck, indem er die Zukunft als unerfüllte
Fortführung der Gegenwart darstellt:

> »*One monotonous day follows another*
> *identically monotonous. The same things*
> *will happen to us again and again,*
> *the same moments come and go.*
> *A month passes by bringing another month.*
> *Easy to guess what lies ahead:*
> *all of yesterday's boredom.*
> *And tomorrow ends up no longer like tomorrow.*«[3]

Monotonie
Ein monotoner Tag vergeht
gefolgt von einem monotonen Tag.
In immer, immer gleicher Wiederkehr
geschieht uns Gleiches, gleichen sich die Stunden.
Ein Mond vergeht, ein neuer wird geboren.
Und leicht erfassen wir das Kommende:
vergang'ner Langeweile Wiederholung.
Und morgen ist nicht länger mehr wie morgen.

Noch auffallender ist die Ähnlichkeit in einem anderen Gedicht von Cavafy, *The City*:

>*This city will always pursue you*
You'll walk the same streets, grow old
in the same neighborhoods, turn gray in these
same houses.«[4]

Die Stadt
Die Stadt wird dich verfolgen, lebenslang.
Durch diese Straßen wirst du ewig wandern.
In diesem Viertel wirst du älter werden,
in diesen Häusern wird dein Haar ergrauen.

Es bedarf keiner großen Phantasie, um sich vorzustellen, daß der Weg von solchem Weltschmerz bis zur echten Depression nicht mehr sehr weit ist.

Ein anderer Meilenstein auf dem Weg zur Depression ist ein Gefühl der Erschöpfung oder des »Müdeseins«. Viele deprimierte Menschen fehlinterpretieren die psychischen Anzeichen einer Depression als körperliche Beschwerden. Sie gehen zum Arzt und klagen über chronische »Erschöpfung«, »fehlende Energie« und »Mattigkeit« oder »Ermüdung«. Dennoch ist Müdigkeit noch weit

324

entfernt von Hoffnungs- und Hilflosigkeit, jenen beiden primären Emotionen der Depression, denen ein über einen längeren Zeitraum hinweg erfolgter Abbau des Selbstbewußtseins vorausgehen muß. Die Depression stellt eine Erschöpfung der psychischen Reserven dar. Müdigkeit sollte im Normalfall nur eine vorübergehende physische Empfindung sein, eine Warnung, durch die uns der Körper zu verstehen gibt, daß er der Erholung bedarf. Chronische Müdigkeit und Langeweile hingegen sollten vom Mann als Alarmzeichen angesehen werden. Er sollte dann wissen, daß er mehr psychische Energie »ausgibt«, als er »verdient«.

»Müde sein« ist ein Begriff, der sich auf einen körperlichen Zustand bezieht. Wir benützen ihn — auch wenn wir, zumindest im Unterbewußtsein, wissen, daß er fehl am Platze ist —, um uns zu bestätigen, daß psychisch alles in Ordnung ist. Wir sind eben »nur müde«. Haben wir unseren Körper harten Belastungen ausgesetzt, bleibt uns allemal die tröstliche Gewißheit, daß Kraft und Energie bei entsprechender Erholung und Nahrungszufuhr wiederhergestellt werden.

Erkennen wir schließlich, daß irgend etwas nicht stimmt, und realisieren die Erosion unseres Selbstbewußtseins, so erfahren wir »Entmutigung«. Das Gefühl der »Entmutigung« ist spezifisch und aufgabenorientiert. Sind wir uns indessen des Abbaus an Selbstbewußtsein *nicht* bewußt und wirkt es sich auf alle unsere Lebensziele aus, so werden wir das Gefühl »somatisieren«, das heißt, wir werden unsere emotionale Erschöpfung in eine körperliche Empfindung umsetzen und uns »müde fühlen«.

Da die Ursache der Ermüdung im verborgenen bleibt, läßt sich die Wirkungsweise eher mit einem Thermostat als mit einer Alarmsirene vergleichen. Ist die Schwelle des Unangenehmen erreicht, löst das Gefühl automatisch Korrekturmaßnahmen aus. Selbst wenn wir die Müdigkeit als körperliches Phänomen mißverstehen, ähneln die Gegenmaßnahmen jenen, die wir ergreifen müssen, wenn uns bekannt ist, daß es sich um die Erschöpfung der psychischen Energie handelt. In beiden Fällen benötigen wir nämlich spirituelle und psychische »Nahrung«: Wir brauchen nun Zuwendung, von anderen ebenso wie von uns selbst; es ist an der Zeit, unseren Wünschen und Sehnsüchten nachzugeben. Wir sind reif für ein Lob oder eine Belohnung.

Zu häufige und nicht mehr enden wollende Müdigkeitsphasen können das Vorspiel zu jener bedrückenden Erschöpfung sein, die wir Depression nennen. Psychische Stärke basiert auf Selbstvertrauen und Selbstschätzung; beide wiederum bauen auf dem stolzen Selbstwertbewußtsein auf, das sich aus dem Tätigsein, dem Geben, Lieben und Erfolghaben sowie den Bestätigungen aus Liebe und Arbeit entwickelt. Auf diese Reserven können wir zurückgreifen, und sie helfen uns, die kräftezehrenden Aspekte der täglichen Schufterei, jener Dürreperiode unserer Bemühungen, zu bewältigen. Durch Aktivitäten, die uns mit Stolz erfüllen, müssen wir wieder zu Kräften kommen, damit wir die unbelohnten, uns durch Sachzwänge auferlegten Mühen akzeptieren können. Das richtige Gleichgewicht zu finden ist dabei in unserer heutigen Gesellschaft eine ebenso wichtige wie diffizile Aufgabe. Die psychischen Reserven, mit denen die meisten Männer ihr Dasein fristen, sind ebenso minimal wie ihre ökonomischen.

Die Veränderung des Gleichgewichts — sie kann auf winzigen Verschiebungen beruhen — beschwört gegensätzliche Resultate herauf. Wie Charles Dickens' Wilkins Micawber, jener ehrenwerte Ökonom aus dem neunzehnten Jahrhundert, sagt: »Jährliches Einkommen zwanzig Pfund. Jährliche Ausgaben neunzehn Pfund neunzig Shilling sechs Pence. Ergebnis: zufriedenes Leben. Jährliches Einkommen zwanzig Pfund. Jährliche Ausgaben zwanzig Pfund und sechs Pence. Ergebnis: erbärmliches Leben.«[5]

Und Micawbers Kollege David Copperfield erinnert uns: »Das Leben besteht aus Kleinigkeiten.« Wir müssen den Preis von Schmerz und Lust beachten.

Ein besonderer Aspekt der emotionalen Währung besteht darin, daß sie nach einem anderen Bruttoertragsprinzip funktioniert. Ein müder oder deprimierter Mann braucht *mehr* Betätigung, nicht weniger, oder, genauer gesagt: mehr Betätigung von anderer Qualität. Energie darf nicht konserviert werden, sie verlangt nach Einsatz – in der Liebe, im Spiel, im Tätigsein. Ausgeben bedeutet hier sparen. Durch unser Tun bauen wir unsere Reserven auf.

Oft richtet sich die Müdigkeit gegen eine ganz bestimmte Tätigkeit, einen bestimmten Gegenstand oder eine bestimmte Person. Wir bedienen uns dann der Redewendung »einer Sache müde sein«. Wir sagen zum Beispiel, daß wir des Reisens oder des Fernsehens, unserer Arbeit oder auch unserer Ehe müde sind, wobei in allen Fällen eindeutig gemeint ist, daß wir uns langweilen und keine Geduld für eine bestimmte Tätigkeit oder Person aufbringen. Dennoch sprechen wir metaphorisch von Müdigkeit oder Erschöpfung – und das ist kein Zufall. »Dies und das macht mich müde« klingt anders als: »Das ödet mich an.« Wir haben, so die eigentliche Bedeutung, kein Vertrauen mehr, daß uns unser Engagement für diese oder jene Person oder Tätigkeit noch etwas »bringt« und uns bereichert. Wenn wir sagen, daß wir einer Beziehung müde sind, so besagt es, daß die Gesamtsumme der Einzelbeziehungen in die roten Zahlen abgerutscht ist. Das sind Kosten und kein Verdienst mehr. Es ist an der Zeit, adieu zu sagen – oder aber die Bedingungen unseres Engagements zu verändern.

Wenn die Gefühle auch unter veränderten Bedingungen weiterbestehen, kommen wir nicht mehr umhin, uns die Frage zu stellen, ob wir nicht einfach unsere innere Unzufriedenheit auf einen äußeren Sündenbock projizieren. Das hartnäckige, zehrende innere Gefühl der Unzufriedenheit kann Vorspiel einer Depression sein. Unter dem Strich läßt sich sagen: Müdigkeit bedeutet, daß wir uns zeitweise ausgebrannt fühlen; Depression bedeutet, daß wir dieses Gefühl permanent haben.

Ein Mann mag sich müde fühlen, wenn er für ein paar Augenblicke oder gar einen ganzen Tag daran zweifelt, ob er noch in der Lage ist, für seinen Lebensunterhalt bzw. für die Qualität seines Lebensstils zu sorgen. Wenn wir müde sind, beschleichen uns Zweifel. In der Depression zweifeln wir nicht länger, sondern sind

überzeugt, und zwar vom Negativen. Müdigkeit ist eine vorübergehende Erscheinung. Die Depression ist starr und unverrückbar. In
ihr herrscht die absolute Überzeugung, daß es keinen Ausweg mehr
gibt.

Die feste Überzeugung von der Vergeblichkeit aller Hoffnung ist
falsch — aber sie dominiert in der Depression unsere Wahrnehmung.
Wir sind des Lebens in all seinen verfügbaren Formen und mit all
seinen potentiellen Erbaulichkeiten überdrüssig. Im depressiven
Zustand geben wir die Hoffnung normalerweise vorzeitig auf. In
Wirklichkeit stimmt die Einschätzung nämlich nicht: Wir sind gar
nicht des Lebens und all seiner Möglichkeiten überdrüssig, sondern
nur eines ganz beschränkten Teilbereichs unserer persönlichen
Lebensführung. Wir haben bestimmte Lebensumstände satt, verwechseln jedoch narzißtisch unser Universum mit dem Universalen.

Zwischen gewissen Aspekten der Depression und des Stolzes gibt
es eine polare Beziehung. Unser Stolz baut auf Erreichtem, Geleiste-
tem auf, und mit dem Stolz erhöhen wir das Niveau unseres
Selbstvertrauens und unserer Selbstschätzung. Die Depression ist
der absolute Bankrott des Egos, das vollkommene Versagen des
Selbst.

Der klinische Zustand der Depression bewirkt mehr als nur eine
Erhöhung des Leidensdrucks infolge des Müdigkeitsgefühls. Da sich
die Emotion durch ihre Dauerhaftigkeit von einer Warnung in einen
Lebensstil verwandelt, verläuft die Erfahrung anders. Der chronische Charakter fügt dem Leiden eine weitere, qualvolle Dimension
hinzu. Hoffnungslosigkeit kompliziert die Verzweiflung zusätzlich.
Niemand von uns, dem diese Erfahrung bisher erspart geblieben ist,
vermag sich die Qualen einer Depression vorzustellen. Egal, wie
viele Rückschläge, Verletzungen, Abfertigungen und Beleidigungen
man auch eingesteckt haben mag — auf chronisches Leid solch
bösartigen Ausmaßes können sie einen nicht vorbereiten. Keine
noch so tiefe oder noch so häufige »Niedergeschlagenheit« bereitet
einen auf die Depression vor.

Schon der Begriff »Depression« ist schwierig und kann zu Mißverständnissen Anlaß geben. Fragt man einen Patienten, der um psychiatrische Hilfe bittet, ob er sich deprimiert fühlt, so besteht seine Reaktion mit großer Wahrscheinlichkeit darin, daß er den Fragesteller ansieht, als halte er ihn für einen Idioten. Wenn es mir schlechtgeht, bin ich »deprimiert«, denkt er sich und hält das für selbstverständlich. Für den Psychiater ist die klinische Depression indessen keine Emotion, sondern eine spezielle Krankheit. Eine gewisse Paradoxie liegt in folgendem: Sich deprimiert zu *fühlen* — also niedergeschlagen, fix und fertig, »down« — muß nicht unbedingt besagen, daß man auch deprimiert *ist*. Die tatsächlichen »Gefühle« der klinischen Depression sind Hoffnungslosigkeit, Hilflosigkeit, innere Unruhe, Verzweiflung, Selbsthaß, ein negatives Weltbild, das nur noch Verdorbenheit und Degeneration wahrnimmt, eine Verengung des Gefühlslebens oder, schlimmer noch, Anhedonie, das heißt das Fehlen jeglicher Gefühle überhaupt.

»Depression« ist ein relativ junges Wort für einen Zustand, den man früher als »Melancholie« zu bezeichnen pflegte. Die Psychiatrie war im neunzehnten Jahrhundert eine nahezu ausschließlich beschreibende Disziplin — und die Beschreibungen aus jener Zeit sind sehr präzise. Um die Jahrhundertwende begannen Psychoanalytiker die Funktionsweise der »Melancholie« zu ergründen. Erstmals wurden Analogieschlüsse zwischen den Anzeichen und Symptomen der Melancholie auf der einen und herkömmlichen Formen des Trauerverhaltens auf der anderen Seite gezogen.

Trauer wird traditionellerweise als gesunde Reaktion auf den Tod eines geliebten Mitmenschen angesehen. Wer selbst getrauert oder aber auch nur einen guten Freund in der Trauer erlebt hat, wird einige allgemeine Wesenszüge der Trauer bereits kennen. Die Stimmung sinkt, ein Gefühl tiefer Niedergeschlagenheit breitet sich aus. Parallel dazu verlieren wir das Interesse an der Umwelt und den Dingen, die ansonsten unseren Alltag beherrschen. Das typische Bild des Trauernden ist die zusammengesunken dasitzende Gestalt, die langsam den Oberkörper hin und her wiegt, vielleicht geistesabwesend mit irgendeinem Gegenstand in den Fingern spielt oder einfach nur ins Ungewisse starrt. Auch Depressive sehen so aus. Die Melancholie führt zu ähnlichem Verhalten, obwohl ihr nicht unbedingt ein schwerer persönlicher Verlust vorausgegangen sein muß. Ein weiteres gemeinsames Merkmal von Trauer und Depression ist meistens eine allgemeine Hemmung der körperlichen Aktivität. Bei beiden läßt sich schließlich auch eine starke Einschränkung der Fähigkeit zur Bildung und Aufrechterhaltung enger zwischenmenschlicher, liebevoller Beziehungen feststellen.

Während das Gefühl des Verlusts eines geliebten Menschen zeitlebens bestehen bleiben kann, so wird auf der anderen Seite erwartet, daß man die akuten Symptome der Trauer in angemessen kurzer Zeit überwindet. Wir dürfen weiterhin »Trauer tragen«, sollen aber bald wieder bereit und imstande sein, unsere normalen Aktivitäten wiederaufzunehmen und in das Beziehungsgeflecht und die Verantwortlichkeiten des aktiven Lebens zurückzukehren. Geschieht dies nicht, so ist die Trauerreaktion in eine Depression abgeglitten. Zu den Hauptursachen der Depression gehört der Verlust einer nahestehenden Bezugsperson.

Der brillante deutsche Psychoanalytiker Karl Abraham war der erste, der einen direkten Bezug zwischen Trauer und Depression herstellte. Mindestens sechzig Jahre lang beherrschte diese entscheidende Analogie das psychoanalytische Denken. Man nahm an, daß jeder Depression zumindest symbolisch der unbewußte Verlust eines geliebten Objekts zugrunde lag. Auch wenn es sich dabei um den Verlust des Arbeitsplatzes oder auch nur um eine entgangene berufliche Chance handelte — man ging von der Annahme aus, daß der Betroffene trauerte, als habe er einen geliebten Mitmenschen verloren.

Schon früh in meiner beruflichen Laufbahn habe ich diese Dynamik in Frage gestellt. Unter den ersten Depressiven, die ich behandelte, war nicht einer, der um verlorene Liebe trauerte. Ich war damals in einem Veteranenkrankenhaus tätig, und meine Patienten waren ausnahmslos Männer. Ein tatsächlicher Liebesverlust treibt Männer nur selten zum Selbstmord. Wie merkwürdig also, daß der symbolische Verlust um so viel stärker sein sollte als der echte! Daß der Verlust des Arbeitsplatzes mehr Männer zum Selbstmord veranlaßt als der Verlust der Ehefrau oder eines Kindes, soll nun keineswegs heißen, daß Männer ihre Arbeitsplätze höher schätzen als Frau und Kind; eine solche Behauptung wäre ungeheuerlich. Es bedeutet jedoch, daß die Funktionsweise der Depression bis dato nicht richtig begriffen wurde. Der schlimme Verlust, der sich als unerträglich erweist und letztlich in die Verzweiflung führt, ist kein Liebesverlust, sondern der Verlust des Vertrauens in unsere eigene Zukunft.

Die Depression ist eine makabre und groteske Parodie der Trauer. Sie dauert zu lange; sie wirkt selbstzerstörerisch; sie reichert die traditionellen Formen der Trauer mit irrationalen Emotionen an. Der depressive Patient wirkt in seinem Drang zu Selbsterniedrigung und Selbstvorwürfen fast masochistisch; überall, an seiner Lebensführung, seinen gesellschaftlichen Funktionen, seiner Person findet er etwas auszusetzen. Jegliches Selbstwertgefühl scheint ihm abhanden gekommen zu sein, und er ergeht sich über die Maßen in Selbstanklagen. Er hat das Stadium, in dem er *einen* Verlust betrauert, hinter sich gelassen und ist nun fast davon überzeugt, daß *alles* verloren ist. Verzweiflung, Depression — das ist es, was Hamlet mit folgenden Worten zum Ausdruck bringt:

»Ich habe seit kurzem — ich weiß nicht, wodurch — all meine Munterkeit eingebüßt, meine gewohnten Übungen aufgegeben, und es steht in der Tat so übel um meine Gemütslage, daß die Erde, dieser treffliche Bau, mir nur ein kahles Vorgebirge scheint; seht ihr, dieser herrliche Baldachin, die Luft; dies wackre, umwölbende Firmament, dies majestätische Dach mit goldnem Feuer ausgelegt: kommt es mir doch nicht anders vor als ein fauler, verpesteter Haufen von Dünsten« (*Hamlet*, 2. Akt, 2. Aufzug).

Zu einer Depression kommt es, wenn wir das Vertrauen in unsere eigenen Bewältigungsmechanismen verlieren. Wir werden deprimiert, wenn uns unser Selbstwertgefühl und unser Selbstvertrauen abhanden kommen, wenn wir das Gefühl haben, daß wir nicht mehr zur Sicherung des unmittelbar Überlebensnotwendigen oder zur Aufrechterhaltung unseres Lebensstandards in der Lage sind. Bei Frauen lassen sich die meisten Depressionen und Selbstmordversuche auf den realen Verlust eines geliebten Menschen zurückführen, sei es durch Tod, Zurückweisung oder Trennung. Der Umstand, daß Frauen durch den Verlust eines nahestehenden Menschen oft in die Depression getrieben werden, hat darin seine Ursache, daß in unserer Kultur eine Frau ihre Zukunft und ihren Wert im Geiste untrennbar mit jenen Personen verschmelzen läßt, von denen sie abhängig ist. Kierkegaard, der versuchte, das Wesen der morbiden Depression zu begreifen, hat gesagt:

»Die Verzweiflung betrifft letztlich nie das äußere Objekt, sondern uns selbst. Ein Mädchen verliert seinen Liebsten und verzweifelt. Nicht über den verlorenen Liebsten, sondern über sich selbst ohne den Liebsten. Und so ist es bei allen Fällen von Verlust, ob es sich um Geld, Macht oder sozialen Rang handelt. Der unerträgliche Verlust ist nicht wirklich als solcher unerträglich. Was wir nicht ertragen können, ist, des äußeren Objekts entkleidet zu sein; wir stehen entblößt und sehen den unerträglichen Abgrund unserer selbst.«[6]

Die zwei Hauptgründe der Depression sind also der Verlust der Selbstachtung und der Verlust des Vertrauens in die eigene Fähigkeit zur positiven Zukunftsgestaltung.

Aus alldem wird deutlich, daß der Verlust von *allem*, was wir in unserem persönlichen System des Stolzes überbewerten, zur potentiellen Ursache einer Depression werden kann. Frauen investieren ihren Stolz und ihre Sicherheit in die Fähigkeit, zu lieben und geliebt zu werden; Männer setzen das Ego mit Stärke, Respekt und Macht gleich.

Auf Bedrohungen reagieren wir wütend oder ängstlich. Beide Emotionen lösen Verhaltensmechanismen aus, die uns auf die Auseinandersetzung mit der Gefahr vorbereiten. In der Depression hingegen geben wir beide Emotionen auf und kehren alle Wut, die uns bleibt, gegen uns selbst. Wir fügen uns in unsere Niederlage wie in ein unvermeidliches Schicksal. Anders als die meisten Neurosen ist die Depression nicht primär ein Abwehrverhalten; vielmehr ist eben das Fehlen eines solchen Verhaltens für sie bezeichnend. Sie repräsentiert den Ruin des einzelnen vor sich selbst und der Allgemeinheit. Sie ist sein Sichfügen in ein trauriges Schicksal. Da sitzt er nun, hilflos und hoffnungslos, unerreichbar für Ermutigung und Trost.

Es ist die Tragik unserer Zeit, daß die Sozialstrukturen, die von Männern für Männer errichtet wurden, sich nun dahin gehend auswirken, daß die Männer mehr und mehr verunsichert werden. Wir Männer werden von der Bombe zerrissen, die wir selbst gelegt haben. Wir haben eine Männergesellschaft geschaffen, in der jedoch die ureigene Natur unserer dominanten Rolle immer schwerer Erfüllung finden kann. Wir leben in einer Welt der unsicheren Männer. Wir leben in einer Gesellschaft, in der Erfolg zu einem Traum wird, der sich unmöglich realisieren läßt.

Kapitel 13

Warum es keine erfolgreichen
Männer gibt

Weder unter meinen Patienten noch unter meinen Freunden ist
mir je ein Mann begegnet, der sich im tiefsten Innern seines
Herzens für erfolgreich hielt. Wenn ich einen Mann unter vier
Augen frage, ob er mit sich selbst zufrieden ist, oder wenn ich
versuche, seine Träume zu deuten — wie wenige von ihnen
empfinden da triumphierenden Stolz oder ein erhebendes Gefühl
des Erfolgs! Und an wie vielen nagt der Gedanke, das Klassenziel
nicht erreicht zu haben. Nein, sie sind keine Versager auf der
ganzen Linie — aber eben auch keine »Erfolgsmenschen«. »Beinahe« haben sie es geschafft, »es entsprach nicht ganz meinen
Erwartungen«, sagen sie, oder »irgendwas ist schiefgelaufen,
irgendwas fehlt«.

Ich bin überzeugt davon, daß die sich wandelnden Sozialstrukturen in den westlichen Demokratien in ihrem Zusammenwirken
das männliche Ego zu dem zerbrechlichen und verletzlichen Gefäß
gemacht haben, das es inzwischen ist. Es sind nicht unbedingt die
Fehler und Nachteile unserer Gesellschaft, sondern oft gerade ihre
Erfolge, die die Selbstachtung des modernen Mannes zersetzen.
Ausgerechnet die von uns am meisten geschätzten Aspekte der
westlichen Demokratie haben vermutlich den größten Anteil an
der Erosion des männlichen Stolzes.

Versagen ist immer an Erwartungshaltungen gebunden. Männer, die besonders hartnäckig an überehrgeizigen, pubertären
Zielvorstellungen festhalten, sind gegenüber jenem überwältigen-
den Versagen, das die Depression darstellt, am anfälligsten. Die

große Diskrepanz zwischen unseren unrealistischen Erwartungen und unserer Wirklichkeit zerstört unser Selbstvertrauen. Unsere Verzweiflung ist das Aschehäufchen, das von unserer Hoffnung übriggeblieben ist. Vergleichen wir Menschen des ausgehenden zwanzigsten Jahrhunderts uns mit unseren Vorfahren am Ende des neunzehnten. Wir können die Ursachen unserer eigenen Zerstörung auf den Beginn des wissenschaftlich-technologischen Zeitalters zurückverfolgen, auf die Zeit, in der demokratische Ideale und die aufstiegsorientierte Gesellschaft aufblühten. Das neunzehnte Jahrhundert war das Jahrhundert großer Erwartungen. Kein Mann erhoffte oder erwartete sich mehr als der Mann des neunzehnten Jahrhunderts. Gewiß, es gab damals auch pessimistische Stimmen, die allgemeine Stimmungslage der Zeit wurde jedoch von Hoffnung und Erwartung beherrscht; man rechnete mit sensationellen neuen Errungenschaften und Leistungen, auf die man würde stolz sein können. Um die Jahrhundertwende kam sich der westliche Mann als Herr der Welt vor. Er kontrollierte die Kräfte der Natur und war drauf und dran, mit Hilfe seines Intellekts alle Existenzprobleme zu lösen.

Der Mann des neunzehnten Jahrhunderts sah sich selbst als gottgleiche Gestalt, dessen potentielle Kräfte nahezu unbegrenzt waren; es galt lediglich, die Fallstricke der Hybris des anmaßenden Stolzes zu vermeiden. Gegen Ende des neunzehnten Jahrhunderts hatte die Technologie sogar ihre eigenen Erwartungen übertroffen. Es gab kein Problem mehr, das sich nicht über kurz oder lang durch Technologie würde lösen lassen. Dem Menschen dämmerte, daß er Gott nicht zu fürchten hatte. Er konnte Ihn ersetzen. Die gesamte bisherige Geschichte schien zu jenem Zeitpunkt einzig und allein zu dem Zweck ersonnen, den Namen des *Homo sapiens* zu preisen und seinen Zielen zu dienen. Man vergleiche dieses Szenario mit unserem heutigen Menschenbild! Längst sind wir keine bis zur Arroganz selbstbewußten Schöpfer und potentiellen Rivalen Gottes mehr. Allenfalls sehen wir uns noch als Zerstörer dieser Welt, als Gefangene einer Gesellschaft, die wir zwar zum Überleben brauchen, die uns aber ansonsten nichts mehr bringt.

Es ist geradezu absurd, daß ausgerechnet einige Bereiche, in denen wir besonders erfolgreich waren, den Niedergang unseres Selbstwertgefühls beschleunigt haben. Ein durchaus zweischneidiges Schwert sind zum Beispiel die Erfolge der Wissenschaft. Im »Frankenstein-Mythos« spiegelt sich das Dilemma des modernen Menschen wider: Erfolg, so zeigt sich, kann unserem Bild von uns selbst mehr schaden als nützen. Als 1818 Mary Shelleys Roman erschien, hatte der Aufstieg der Wissenschaft zur dominanten Kraft in der Gesellschaft gerade erst begonnen. Der Gedanke, daß der Mensch imstande ist, ein anderes menschliches Wesen »herzustellen«, war rein metaphorisch. Nie wäre man damals auf den Gedanken gekommen, das Geschilderte könne eines Tages zur Realität werden. Mit einer grotesken Übertreibung in Form eines grotesken Romans wollte hier eine Schriftstellerin ihre philosophische Sorge über das unstillbare Erkenntnisstreben der Menschen und deren Bemühen, sich die Kräfte der Natur zu unterwerfen, zum Ausdruck bringen. Es war, in ihren eigenen Worten, eine »Gespenstergeschichte«, eine Ausgeburt der Phantasie zur Umrahmung einer poetischen Wahrheit. Doch im zwanzigsten Jahrhundert wurde das, was einst unfaßbar war, auf einmal denkbar. Heute sind wir soweit, daß wir Menschen mit Teilen anderer Menschen oder mit Hilfe mechanisch-technischer Ersatzteile zusammenflicken.

Der tiefe Sturz in so kurzer Zeit ist zutiefst unverdient. Es ist nicht so, daß Mary Shelleys Phantasiegeschichte heute keine Gültigkeit mehr besäße — nein, die tragische Ironie liegt vielmehr darin, daß sie keine Phantasiegeschichte mehr ist und daß wir uns nicht mehr mit Dr. Frankenstein, dem Schöpfer, sondern mit dessen Homunkulus identifizieren. Unsere Sorge wächst mit den enormen Fortschritten der Biowissenschaften in jüngster Zeit: Gentechnologie, künstliche Befruchtung und Ersatzmutterschaft gehören bereits zum Repertoire; man produziert künstliche

Körperteile und künstliche Organe, und von immer neuen ist bereits die Rede. Wann das Leben auf natürliche Weise zu Ende geht, läßt sich gar nicht mehr genau definieren, sondern erfordert ebenso wie die Frage, wann es beginnt und welchen Sinn es zwischen Anfang und Ende erfüllt, schwierige und oft qualvolle Entscheidungsprozesse.

Die Technik versprach uns mehr, als sie halten konnte. Was sollen wir heute von der Verheißung des neunzehnten Jahrhunderts halten, daß Schmerzen, Hunger und Leiden alsbald der Vergangenheit angehören würden? Das Vertrauen, Herr über unser eigenes Schicksal zu sein, ist einer allgemeinen Desillusionierung gewichen, die sich teilweise auf die Erkenntnis zurückführen läßt, daß soziale Ungerechtigkeit allen Erfolgen der Wissenschaft zum Trotz fortbesteht. Wo bleiben entsprechende Erfolge in den Gesellschaftswissenschaften und in der Politik?

Auf kulturellem Gebiet stellt man beunruhigt fest, daß die ergreifendsten und tiefsinnigsten Errungenschaften unserer Vorstellungskraft die allgemeine Verunsicherung nur noch verstärken. Unsere ärgsten Selbstzweifel verdanken wir nicht der biologischen Revolution. Diese Ehre bleibt vielmehr der Physik vorbehalten. Mit der Explosion der ersten Atombombe erlangte das Bild vom angstvoll-erschrockenen, schuldgepeinigten Wissenschaftler eine zuvor nie dagewesene Glaubwürdigkeit. Ein anderer niederschmetternder Schlag aus jüngster Zeit, der uns erneut ein Gefühl der Demütigung aufzwingt, ist die ökologische Katastrophe. Die unerwarteten Nebenwirkungen der neuen Technologien sind nicht einfach zufällige, belanglose Begleiterscheinungen neuer Bedürfnisse. Sie sind ernst zu nehmen — tödlich ernst. Unsere Beförderungsmittel töten uns, und wir ersticken im Verpackungsmaterial unserer Wohlstandsgesellschaft. Abwässer, Müll, schädliche Abgase und die stillen Gifte der Industrie verseuchen unsere Atemluft, unser Trinkwasser und unser Ackerland, und wir wissen nicht, wie wir ihrer Herr werden sollen. Keine wissenschaftliche Formel hilft uns aus dieser Misere. Wie können wir in einer Welt, in der selbst Fortschritte und Erfolge immer größere Ängste nach sich ziehen, noch Zufriedenheit finden, wo unsere Seele Nahrung? Wo findet sich ein Quell des Stolzes, von dem man zehren kann? Die großen Erfolge der modernen Wissenschaft sind nicht das einzige zweischneidige Schwert. Mit der ruhmreichen Erfindung der Demokratie, der Entdeckung der Gleichheit und der Befreiung vom feudalen Los verhält es sich nicht anders. Die unvorhersehbaren Auswirkungen einer aufstiegsorientierten Gesellschaft haben überall zu einer Zunahme männlicher Selbstzweifel und Unsicherheiten geführt. Sie lassen sich in allen westlichen Demokratien nachweisen, treiben aber in Amerika mit seinen noch recht jungen, unfertigen Traditionen besondere Blüten.

In der traditionell geprägten Gesellschaft der Alten Welt bestimmte der Zufall der Geburt die Rolle, Stellung und sogar den geographischen Lebensmittelpunkt, und jedem war klar, daß es daraus kein Entrinnen gab. Man akzeptierte seinen gesellschaftlichen Status ebenso, wie man seine Körpergröße akzeptierte; er war ein Teil des Menschen, der nicht in Frage gestellt werden konnte. Auch das, was man in seinem Leben tat, war weitgehend vorherbestimmt. Man mochte von Geburt an Sklave sein, gewiß — nur blieben einem dann eben auch die Qualen der Wahl erspart. Ein Junge, dessen Vater Bäcker war, wurde selbst auch Bäcker, und dies nicht selten in derselben Bäckerei wie sein Vater.

Es war ein Leben voller Einschränkungen, doch die Einschränkungen brachten Konstanz. Das Zeitalter der Technik übernahm auf diese Weise das Stammesleben aus vorindustrieller Zeit. Ein Mann tat, was er zu tun hatte. Es gab bestimmte, begrenzte Ziele, von denen man genau wußte, wann man sie erreicht hatte. Eng begrenzt, wie das Leben war, hatte es doch auch seine Vorteile. Um als erfolgreicher Mann zu gelten, der seine Ziele verwirklicht hat, genügte es, ein guter Bäcker zu sein.

Eine aufstiegsorientierte Gesellschaft offeriert dem Mann scheinbar unbegrenzte Möglichkeiten (wenngleich weniger, als man auf den ersten Blick zu erkennen meint). Der Sohn des

Zimmermanns kann Kunsttischler werden oder sogar Möbelfabrikant. »Erfolg« zu haben bedeutet nicht mehr wie früher, »Nachfolger« (etwa des eigenen Vaters) zu sein, sondern den Vorgänger zu übertreffen. Was geschieht unter diesen Umständen mit den Vorbildern?

In der alten Gesellschaftsordnung war es ein Kompliment, wenn man zu jemandem sagte, er wäre ein fast ebensoguter Bäcker oder Zimmermann wie sein Vater. In der aufstiegsorientierten Gesellschaft sieht die Sache anders aus. Die vorige Generation ist nie Erfolgssymbol; sie symbolisiert allenfalls das größte anzunehmende Scheitern. Die Sicht des Vaters unterscheidet sich da merkwürdigerweise kaum von der des Sohnes. Wie sagt der arme Einwanderer zu seinem Kind? »Streng dich an, damit es dir einmal bessergeht als mir.« Der Vater wird zum Komplizen: Er definiert sich nicht als Vorbild, dem es nachzueifern gilt, sondern als Versager, von dem man sich besser distanziert. Der Erfolg des Sohnes wird daran gemessen, inwieweit es ihm gelungen ist, die Leistungen des Vaters zu übertreffen.

Der technische Fortschritt hat das Problem noch verschärft. Vielfach können nicht einmal mehr die Arbeitsmethoden des Vaters auf den Sohn übertragen werden, da es inzwischen längst bessere gibt. Methoden, die noch vor wenigen Jahren absolut gang und gäbe waren, gelten heute in vielen Bereichen geradezu als vorsintflutlich. Seit Generationen lernen wir schreiben, und zwar auf die gleiche Art und Weise. Nur sehr wenige meiner Zeitgenossen beherrschen indessen die Schrift so meisterhaft und elegant, wie es im neunzehnten Jahrhundert üblich war. Mit der Erfindung der Schreibmaschine wurde die Kalligraphie überflüssig. Ein oder zwei Generationen lang herrschte die neue Technologie. Gewiß, die elektrische *IBM*-Schreibmaschine war schneller und schicker als die alte *Adler* oder *Triumph*, vom Prinzip her jedoch nicht wesentlich anders. Mit den neuen Computertechnologien Schritt zu halten, ist – zumindest mir – unmöglich. Kaum hat man sich für sündhaft teures Geld eine komplizierte Computeranlage zugelegt, da erscheint auch schon ein billigeres und besseres Modell auf dem Markt; es ist handlicher und schneller und verfügt über ein größeres »Gedächtnis«. Für jemanden wie mich, der nicht schon im Jugendalter in die Magie der Computerwelt eingeführt wurde, ist jeder neue Schritt eine einzige Qual.

Ein anderes Beispiel bietet die Medizin. Kein Arzt ist bereit, auf alte Behandlungsmethoden zurückzugreifen. Vielleicht versucht man, ein paar ärztliche Ideale aus dem neunzehnten Jahrhundert wieder mit neuem Leben zu erfüllen, oder bemüht sich, die Menschlichkeit wiederzufinden, die uns offensichtlich irgendwo unterwegs abhanden gekommen ist. Doch daß wir bei der Therapie einer Krankheit die Techniken und Instrumente unserer Vorfahren benutzen, wird gewiß niemand von uns verlangen, weder unsere Lehrer noch unsere Patienten, noch wir selbst. Die Technik hat das Vergangene obsolet gemacht, ja schlimmer noch, sie entlarvt es im nachhinein als Dummheit und Ignoranz. All diese Faktoren sind keineswegs nur Psychologie, sondern haben einen unmittelbaren Realitätsbezug. Sie machen es jedem Sohn schwer, sich selbst mit seinem Vater und seinen Vater mit einem erfolgreichen Menschen zu identifizieren.

In der idealen Vision der aufstiegsorientierten Gesellschaft haben die Männer in jeder Generation nicht nur die Chance, sondern auch die Verpflichtung, die vorherige Generation zu übertreffen. Ständig wachsende Chancen verlangen von jedem, der mit sich selbst zufrieden sein will, vergleichbar wachsende Leistungen. Doch noch immer leben wir in einer Gesellschaft, in der auf dem Gipfel die Atemluft knapp wird. Nur wenige schaffen es, bis an die Spitze vorzudringen. Bei den meisten überwiegt letztlich das Gefühl, es doch nie ganz schaffen zu können; das Selbstvertrauen bröckelt ab, man wird sich mehr und mehr der eigenen Unzulänglichkeit bewußt. Sicher, der Aufstieg auf der Erfolgsleiter steht jedem offen, das ist kein Mythos. Junge Computergenies und Filmemacher rücken schon mit Anfang Dreißig in einflußreiche Positionen auf und finden internationale Anerkennung. Wir wissen, daß es möglich ist – und wenn sie es schaffen, warum dann nicht auch wir? Auf welcher Sprosse man auch steht, man kann den Blick stets nach oben richten und eine höhere Position anstreben. Und wenn man die nächste Sprosse erreicht hat – warum dann nicht auch die nächsthöhere? Männer definieren Erfolg immer als die nächsthöhere Sprosse – die Sprosse, auf der wir gerade stehen, ist die Sprosse des Versagers.

Für sein Versagen, dies kommt hinzu, muß man in diesem herrlichen Land der unbegrenzten Möglichkeiten stets selbst die Verantwortung übernehmen. Wer ist schuld? Gott nicht. Viele von uns glauben nicht an Gott. Keine Feudalgesellschaft unterdrückt uns mehr – obwohl bestimmte Minderheiten ihre Misere mit einiger Berechtigung auf Unterdrückung von oben zurückführen. In den meisten Fällen interpretiert der Mann Mißerfolge als persönliche Fehler oder Defizite. Die Gegenwartsliteratur durchzieht ein Gefühl männlicher Unzulänglichkeit und Verzweiflung, das in bemerkenswerter Weise der Selbstentwürdigung depressiver Patienten ähnelt.

Manch einem mag diese Diskussion zu theoretisch vorkommen. Leiden wir wirklich alle an existentieller Angst? Ist es nicht eher so, daß uns die prosaische Welt des Alltags viel mehr beschäftigt – das morgendliche Aufwachen, die Arbeit, das Mittagessen, das Fernsehprogramm, das Zubettgehen? Wie verhält es sich denn mit dieser Seite unserer Existenz?

Alles, was in unserem Alltag oder auf der höheren Ebene der existentiellen Lebensfragen dazu beiträgt, unsere Umgebung überlebensfeindlicher erscheinen zu lassen, ruft in uns Ängste hervor und bedroht unsere Sicherheit. Und alles, was das Selbstvertrauen eines Mannes beeinträchtigt und seine Kraft, seinen Wert oder seine Verdienste – mit anderen Worten: seine Fähigkeit, das Leben zu meistern – in Frage stellt, ruft automatisch auch Selbstzweifel hervor. Das lebenswichtige Gleichgewicht zwischen unserer Macht und der Macht »der anderen«, jener Unterschied zwischen den Hürden, die vor uns errichtet wurden, und dem Bewußtsein, die Kraft zu ihrer Überwindung zu besitzen, wird letzten Endes unser Vertrauen in das Selbst bestimmen, das uns erhalten muß.

Die meisten von uns leben gegenwärtig nicht mehr in einer von Wachsamkeit und Abwehrbereitschaft gegen Attacken auf Leib und Leben beherrschten Stammesgesellschaft. Wenn ein Mann heute seine Muskeln in Form hält, so geschieht dies aus narzißtischen Gründen und nicht, weil er ohne sie nicht überleben kann. Eine Pistole ist allemal eine bessere Abwehrwaffe als durch Bodybuilding modellierte Brustmuskeln und schwellende Bizeps. Körperliche Gewalt ist nicht die Hauptursache für die Verunsicherung des modernen Mannes. Allerdings kann eine unmittelbare körperliche Aggression oder auch nur eine physische Konfrontation auch heute noch das Bild eines Mannes von sich selbst stark beeinflussen.

Ein Mann, der sich einer körperlichen Herausforderung nicht stellt, macht eine Erfahrung, die mehr ist als normale Furcht. Er fühlt sich als Mann gedemütigt und erniedrigt. Möglicherweise liegt hierin das nächstvergleichbare männliche Äquivalent zur Vergewaltigungsangst bei Frauen – ein Gefühl der persönlichen Schande oder Herabsetzung. Doch wenn eine Frau sich nach einer Vergewaltigung schuldig und irgendwie ihrer weiblichen Identität beraubt fühlt, versuchen wir sie mit dem Argument zu trösten, daß sie bei ihrer Demütigung keine aktive Rolle gespielt hat. Sie war tatsächlich das Opfer. Gegenüber dem männlichen Opfer eines Straßenraubs verfängt dieses Argument weniger; er meint, er *hätte* eine Rolle zu spielen *gehabt,* und zwar keine passive.

Noch sind wir nicht soweit, daß jeder Bewohner von New York City schon einmal Opfer eines Raubüberfalls war, doch ist mir bisher auch noch niemand begegnet, der nicht von einschlägigen Erfahrungen in seinem Freundes- und Verwandtenkreis zu berichten wüßte. Nach P. McMannell, dem Gründer der *Safety and Fitness Exchange* in Manhattan, sind fünfundzwanzig bis fünfzig

342

Prozent aller New Yorker Kinder vor ihrem sechzehnten Geburtstag schon in der einen oder anderen Weise belästigt worden.[1]

Allan Stone, ehemaliger Präsident der Amerikanischen Gesellschaft für Psychiatrie, macht sich große Sorgen wegen des enormen Anstiegs der Kriminalität. Er berichtete, daß nach einer bekannten statistischen Untersuchung das Risiko, irgendwann im Leben Opfer eines schweren Verbrechens zu werden, für einen Bürger Manhattans im Jahre 1940 bei eins zu zehn lag. 1970 stand die statistische Chance, *unbehelligt* zu bleiben, gerade noch etwas günstiger als eins zu zehn.[2]

Über die unmittelbaren Konsequenzen solcher Gewaltakte hinaus ist ein Mann auch besonders empfänglich für deren symbolische Implikationen. Angst und Schrecken zu empfinden geht – insbesondere, wenn es einem in Begleitung eines Menschen passiert, den man liebt und der eventuell auf einen angewiesen ist – mit einem Gefühl der Erniedrigung sowie einem tiefen Zorn auf die für die Erniedrigung Verantwortlichen einher. Ämter oder Behörden, die es versäumt haben, für den angemessenen Schutz zu sorgen, trifft der Zorn ebenso wie die Bevölkerungsgruppe, aus der die Täter stammen. Oft handelt es sich bei den Vorwürfen um ungerechte und falschverstandene Verallgemeinerungen. Selbstvorwürfe, weil man nicht den Mut hatte, den Übeltätern Paroli zu bieten, kommen hinzu. Ich möchte das Maß an Gewalt und körperlicher Bedrohung, das der durchschnittliche Stadtbewohner männlichen Geschlechts in seinem Leben erfährt, nicht überschätzen. Umgekehrt darf man aber den Einfluß dieser Gewalt sowohl auf den einzelnen und seinen Stolz als letztlich auch auf das gesellschaftliche und politische Klima nicht unterschätzen. Die Allgegenwart realer und drohender Gewalt kann das Gleichgewicht des Vertrauens in Mißtrauen, das der Geborgenheit in Gefährdung und das der Sympathie in Wut verkehren.

»Direkte Aggression« bedroht unser Überleben nicht nur in Form unmittelbarer physischer Gewalt. Eine besondere Form der Attacke richtet sich gegen unsere finanzielle Basis. Die moderne

Welt funktioniert nach einem sorgfältig ausgearbeiteten Metaphernsystem, und eines ihrer bedeutendsten Symbole ist das Geld. Für jemanden, der sein Leben der Anhäufung von finanziellen Reichtümern verschrieben hat, ist die symbolische Bedeutung seines Wohlstands oft ebenso wichtig wie die Kaufkraft seines Geldes. Sie kann einen Kongreßabgeordneten korrumpieren, einen Sexualpartner verführen und Gesundheit, Vergnügen, Freiraum, Sicherheit sowie das, was gemeinhin als Liebe gilt, ja sogar das Überleben erkaufen.

Der Mensch, der mich finanziell zugrunde richtet und mir mein Geld nimmt, ist das moderne Gegenstück zu dem Übeltäter, der mir in vergangenen Zeiten mein Feuer löschte, meine Höhle überfiel, meinen Brunnen vergiftete, meine Lebensmittelvorräte plünderte, meine Scheune anzündete oder mein Pferd stahl. Pferdediebe pflegte man zu hängen. Was heute unvorstellbar erscheint, war für den Mann draußen im Westen, der genau wußte, daß sein Überleben und das seiner Familie von ebendiesem Pferd abhängen konnte, eine Selbstverständlichkeit. Die schlimmste denkbare Bedrohung des männlichen Sicherheitsgefühls ist — abgesehen vielleicht von einer Aggression gegen seinen sexuellen Stolz — der Angriff auf seine Finanzen.

Die Wut auf den Dieb, der uns das Portemonnaie aus der Tasche zieht, ist geringer als die Wut auf den Kollegen, der unseren Arbeitsplatz bedroht. Die Ursache? Der Dieb stiehlt nur eine begrenzte Summe, der Kollege bedroht unsere Existenz. Alles, was unser ökonomisches Überleben gefährdet, wird bitterernst genommen, als ginge es tatsächlich um Tod und Leben.

Ich erinnere mich an ein Ereignis aus jener Zeit, als mir die Sitten und Gebräuche von New York City noch nicht vertraut waren. Am Südwestende der Madison Avenue, zwischen der 95. und der 96. Straße, gab es damals ein kleines Imbißlokal, die »Suppenburg«. Die Schickeria-Grenze verlief damals in Höhe der 86. Straße. Nach der Eröffnung meiner Praxis wählte ich mangels geeigneter Alternativen die Suppenburg zum Stammlokal für

Frühstück und Mittagessen. Die Speisekarte war recht dürftig und erschöpfte sich weitgehend in Kaffee, Suppe, Blätterteiggebäck und Hamburgern. Das Lokal war sehr klein und verfügte vielleicht über ein Dutzend Barhocker. Da in der 96. Straße die Mieten noch niedrig waren, die Entfernung zu den »besseren« Siebzigern und Achtzigern aber nicht groß, gab es in jener Gegend viele Privatschulen. Der Imbiß wurde von einem Mann Anfang Fünfzig und seinem Sohn geführt. Der Wirt machte auf mich einen sehr harten, knauserigen und ständig gereizten Eindruck, und ich fand sein Benehmen ziemlich entsetzlich. Wenn zwei höfliche Halbwüchsige auf den Hockern neben mir sich beim Kaffeetrinken zuviel Zeit ließen und sich vielleicht noch eine zusätzliche Zigarette genehmigten, merkte ich sofort, wie dem Wirt die Zornesadern schwollen. Nach einer Weile explodierte er und brüllte die Jugendlichen an: »Raus jetzt, das ist hier kein gottverdammter Wartesaal!« Ich, der ich mich damals noch nicht an das Tempo und den rauhen Ton von New York gewöhnt hatte, fühlte mich in Gegenwart dieses Mannes ganz und gar nicht wohl und verhielt mich entsprechend abweisend.

Nachdem ich drei Monate lang Tag für Tag in der Suppenburg gefrühstückt und zu Mittag gegessen hatte, kannte ich den Mann besser und begriff auch, welchen enormen Fleiß seine Arbeit erforderte. Außerdem wurde mir langsam klar, was Zeit und Raum in New York bedeuteten. Den größten Teil seines Einkommens mußte der Mann in zwei kurzen »Stoßzeiten« erwirtschaften, nämlich morgens zur Frühstückszeit und zum mittäglichen Lunch. Sein Lokal besaß zwölf Sitzplätze, und eben *nur* zwölf. Das Auskommen des Mannes hing davon ab, daß in diesen beiden Phasen möglichst viele Gäste bedient werden konnten.

Er tat, was er konnte, aber das reichte nicht. Wäre es jedem seiner Gäste eingefallen, zwanzig Minuten lang an einem Hamburger herumzukauen, der sich ohne weiteres auch in fünf Minuten verzehren ließ, dann hätte der Wirt seinen Laden dichtmachen können. Diese zwar höflichen, aber eben auch gedankenlosen

Teenager stahlen ihm Raum und Zeit. Wollte er auf seine Kosten kommen, mußten die Plätze alle fünf bis acht Minuten neu besetzt werden. In New York City prügeln sich die Menschen um Raum und Zeit.

Das Verhalten des Mannes blieb immer gleich. Was sich veränderte, war meine Einstellung zu ihm. Ich begann, ihn zu mögen, und empfand Mitleid mit ihm. Er arbeitete hart, um seine Familie auf anständige Weise ernähren zu können. An meiner Reaktion überraschte mich weniger der Meinungswandel ihm gegenüber als vielmehr der Umstand, daß sich auch meine Einstellung gegenüber »den anderen« änderte. Mit der Zeit betrachtete ich die Schüler als »Feinde«. Wenn ich bei Kaffee und Hamburger miterlebte, wie potentielle Gäste vergeblich einen Platz suchten, ohne daß dies die schwatzenden Halbstarken im geringsten beeindruckt hätte, überkam mich die blanke Wut. Ich identifizierte mich mit dem hart bedrängten Arbeiter und übernahm daher seine Ängste und Aggressionen.

Bis auf den heutigen Tag habe ich eine ambivalente Einstellung zu meinem Leben in New York. Jedesmal, wenn ich die Kosten des Großstadtlebens überschlage, den Preis, den ich für seine Annehmlichkeiten zu bezahlen habe, so geschieht dies nicht in bezug auf die mir von außen drohende Gefahr, auf das, was man mir *vielleicht* hier antun wird, sondern ich frage mich, wie sich dieses Leben auf mich, auf mein inneres Selbst, auswirkt. Ich bin ungeduldiger geworden. Ich habe den Eindruck, daß ich brutaler und ruppiger geworden bin, daß ich weniger höflich zu anderen Menschen bin und weniger Rücksicht auf ihre Bedürfnisse nehme. Zu irgendeinem Zeitpunkt habe ich mein wesentliches Ich in die Öffentlichkeit getragen. Nun gibt es da noch ein anderes Ich, das mir nicht besonders gefällt. Es begegnet mir gelegentlich auf Reisen, an weit entfernten, weniger korrumpierten Orten (von denen es freilich immer weniger gibt).

So lassen sich Männer von jenen Elementen in Rage bringen, die sie symbolisch mit ihrem Überleben gleichsetzen. Geld wird als überlebensnotwendig angesehen, und Zeit und Raum sind Geld. Die

Verbindungslinie erstreckt sich, ausgehend von elementaren Überlebensbedürfnissen, auf Dinge, die damit nur indirekt zu tun haben, und mag sie in Wirklichkeit auch recht dünn und verschlungen sein – für das männliche Bewußtsein verläuft sie zusammenhängend und gerade. Durch eine zunehmend verfeinerte und ausufernde Symbolik wird die Zahl der scheinbaren Gefahren immer größer – und mit ihr wächst das Bedrohungspotential, durch das der Mann sein Überleben gefährdet sieht.

Es bedarf in der heutigen Zeit gar nicht der Einführung neuer Gefahrenmomente, um einen Mann zu verunsichern und ihn sich weniger männlich und weniger »wert« vorkommen zu lassen. Sie brauchen nur seine Kraft, seine Fähigkeiten oder seinen Status in Zweifel zu ziehen – schon haben Sie seiner Selbstachtung und seinem Selbstbewußtsein einen spürbaren Dämpfer versetzt. Und unvermittelt glaubt er, überall im altvertrauten Ambiente neue Gefahren wittern zu können.

Der extrem verunsicherte Mann in der Welt von heute wird jede Kritik als Bedrohung auffassen. Es muß gar keine echte Zurückweisung, Demütigung oder Preisgabe vorliegen. Um ihn in eine Streßsituation zu versetzen und entweder eine verängstigte oder eine aggressive Reaktion hervorzurufen, genügt es vollauf, seine Wertigkeit in Frage zu stellen. In den Ghettos unserer Städte wird die »Beseitigung« von Gegnern mit deren »Respektlosigkeit« begründet, und Auseinandersetzungen um Einflußzonen sind ein Hauptgrund für Bandenkriege. Ein Mann ist imstande, in jedem kritischen Wort eine In-Frage-Stellung seiner Macht und seiner Kompetenz zu sehen.

Wir leben darüber hinaus in einer komplizierten Welt, in der der äußere Schein oft wichtiger ist als die Realität. Das Bild, das andere von einem haben, kann für die Achtung, die sie einem entgegenbringen, entscheidend sein. Gelten wir als mächtig, so behandelt man uns mit Ehrfurcht und Respekt, was einer Übertragung dieser Macht auf uns entspricht. Ob die Einschätzung realistisch ist, wird in den meisten Fällen niemals hinterfragt.

In den vergangenen fünfzig Jahren ist es uns Amerikanern in geradezu perverser Art und Weise gelungen, unsere benachteiligten Minderheiten zu erhalten und gleichzeitig der privilegierten Mehrheit das Gefühl zu vermitteln, selber benachteiligt zu sein. Das Gefühl des Benachteiligtseins rührt aus der Überzeugung, daß andere etwas besitzen, was uns vorenthalten bleibt. Daß er etwas nicht besitzt, was er seiner Meinung nach verdient hat, mag ein Mann noch ertragen können. Gelangt er jedoch zu der Überzeugung, daß man seine gerechte Belohnung einem anderen gegeben hat, der sie weit weniger verdient, so fühlt er sich verletzt. Er sieht in der Usurpation einen Angriff auf seine eigene Macht und, in letzter Konsequenz, eine Entwürdigung und Kastration. Die glühende Wut, die uns befällt, wenn wir uns hintergangen fühlen, ist ein fester Bestandteil der Benachteiligung. Benachteiligt fühlen wir uns, wenn wir ein Ungleichgewicht zwischen dem, was wir besitzen, und dem, worauf wir nach unserer Überzeugung Anspruch haben, festzustellen glauben. Ein Mann, der sich unfair behandelt fühlt, trägt Haßgefühle in sich. Er kann sie zwar unterdrücken, wird sie aber eines Tages von jenen, die ihn hintergangen haben, auf unschuldige und leichter verfügbare Opfer in seiner Umgebung übertragen, in denen er auf einmal Komplizen seiner Widersacher sieht.

Das Gefühl der Benachteiligung wird — vor allem in unserer Gesellschaft — auch dadurch gefördert, daß das System praktisch jedem von uns unentwegt mehr zu versprechen scheint, als es letztlich einzulösen imstande ist. Vielleicht verspricht es zu viel. Aber wie dem auch sei — ein Mann, der sich an die Spielregeln hält und merkt, daß der verdiente Lohn ausbleibt, wird sich düpiert und benachteiligt vorkommen.

Wir leben in einer Welt peinlicher Ungleichheiten. Das uns von Fernsehen und Regenbogenpresse unablässig vorgeführte Luxusleben der Reichen und Superreichen beleidigt unser Gewissen. Für einen Donald Trump, dessen monatliche Unterhaltskosten von den Gerichten auf eine halbe Million Dollar limitiert wurden, kann ein Arbeitsloser keine großen Sympathien hegen.

Für den Durchschnittsmann sind materielle Dinge keineswegs das einzige Gebiet, auf dem er sich benachteiligt fühlen kann. Wäre dem so, so hielten sich die Auswirkungen vermutlich in Grenzen, besonders in einer Gesellschaft wie der unseren, in der es den Ärmsten immer noch bessergeht als anderswo der Bevölkerungsmehrheit. Aber wenn wir uns tatsächlich die Konsum-Rosinen herauspicken – den letzten Super-Breitwand-Bildschirm zum Beispiel, durch den das Programm auch nicht besser wird – und immer noch nicht die erwartete Befriedigung verspüren, dann fühlen wir uns um die eigentlichen Verheißungen des Lebens betrogen.

Wir Amerikaner haben es fertiggebracht, eine irgendwie lust- und freudlose Lebensform zur Regel zu machen. Wenn uns die Unlust überkommt, stellen wir sogleich unseren Selbstwert und den Wert unserer Existenz in Frage. Und da wir uns unsere Unzufriedenheit nicht erklären können, konzentrieren wir uns auf materielle Werte. Wenn wir uns nur einen Mercedes, ein Haus in East Hampton oder einen Skiurlaub in St. Moritz leisten könnten – ja, dann wären wir glücklich! Immer noch bilden wir uns ein, es könne uns allein durch wirtschaftlichen Erfolg gelingen, eines Tages irgendwo in einem Gebirge aus aufgehäuften Luxusgütern Zufriedenheit zu finden.

Doch in den *Beach Clubs* und Badeorten der Reichen herrscht dieselbe Unlust. Die Penthäuser sind so einsam und steril wie die Wohnungen in den Mietskasernen. Nur unsere Unkenntnis jener Kreise erlaubt es uns, sie romantisch zu verklären und uns die Illusion zu bewahren, daß es irgendwo in dieser Gesellschaft Flecken gibt, in denen unentwegt eitel Freude herrscht.

Ich bin kein Narr. Mir ist durchaus bewußt, daß man mit Geld gute Dinge anschaffen kann. Es ist wesentlich angenehmer, bei *Lutèce* zu essen, als im Bistro um die Ecke. Allein das Essen ist dort besser. Doch äßen wir regelmäßig bei *Lutèce* zu Abend, so würde sich alsbald dasselbe resignative Ennui breitmachen wie im Restaurant nebenan, ja, ich glaube sogar, es wäre dort noch schlimmer. Für den normalen Sterblichen ist es noch immer etwas Besonderes, mit seiner Familie gelegentlich zum Abendessen auszugehen.

Ein Mann kann die Mühsal und Freudlosigkeit am Arbeitsplatz ertragen. Viele erwarten von der Arbeit gar nicht, daß sie sich um ihrer selbst willen lohnt. Sie dient lediglich dazu, die Katastrophe zu verhindern. Mit ein wenig Mühe und Sorgfalt wird sie einen schließlich in die Lage versetzen, sich »was anzuschaffen« – Dinge, die einem dann jene Kurzweil verschaffen, welche die tägliche Arbeit nicht vermitteln konnte. Doch zu dem Zeitpunkt, da die meisten Männer den Mittelklassenstandard erreicht haben, erweist sich diese Erwartung als falsch. Mit Geld läßt sich keine Zufriedenheit kaufen – obwohl, umgekehrt, Geldmangel äußerst schmerzhaft sein kann.

Erkennt ein Mann schließlich die Sackgasse, in die er sich hineinmanövriert hat, so ist er meist schon zu ängstlich, zu entmutigt und zu erschöpft, um noch nach anderen Wegen zur Zufriedenheit Ausschau zu halten. Er hat seine Jugend geopfert; die Kinder, die ihm einst viel Spaß machten, sind keine Kinder mehr und längst aus dem Haus; seine hochfliegenden Visionen sind enttäuscht, seine unausgelebten Begabungen erschöpft. Er merkt, daß er älter wird. Irgendwann um die Lebensmitte herum beschleicht ihn das Gefühl, im tiefsten Inneren seines Wesens bestohlen worden zu sein. Er glaubt, man habe ihm den Sinn seines Lebens genommen. Er fühlt sich verraten und machtlos.

Aus Langeweile suchen wir uns narzißtische Vergnügungen – obwohl wir längst wissen, wie unbefriedigend sie im Endeffekt sind. Die Kultur, die wir uns geschaffen haben, kennt keine Übergangsriten, keine Marksteine, keine klar definierten Ziele, kein garantiertes Lob, keine sicheren Häfen für das männliche Ego. Und wem – außer uns selbst – können wir dies vorwerfen? Es waren doch wir Männer, die es über Generationen hinweg in der Hand hatten, die Welt, in der wir leben, nach unserem Geschmack zu gestalten. Uns Männern waren die Wertesysteme unserer Kultur anvertraut. Wir Männer besaßen das Privileg, unsere eigene Rolle festzulegen und unsere gesellschaftliche Stellung zu definieren. Wir haben uns diesem Vertrauen gestellt und die Verantwortung auf uns genommen — und ebenso planlos wie unbewußt eine Kultur zusammengeschustert, die uns von unseren biologischen Vorgaben entfremdet und unseren psychischen Bedürfnissen zuwiderläuft. Unsere Körper stimmen uns auf kämpferische Auseinandersetzungen ein, in die wir nie verwickelt werden. Wir brauchen die physische Mobilisierung überhaupt nicht mehr, auf die uns unser endokrines System und unser autonomes Nervensystem vorbereiten.

Wir haben uns befreit von dem Zwang, Tag für Tag vor marodierenden Feinden auf der Hut sein zu müssen. Auch müssen wir nicht mehr tagein, tagaus Nahrung suchen. Wie also sollen wir dann unsere Männlichkeit beweisen? Was müssen wir tun, um als Lebewesen mit sinnvoller Bestimmung, Erkenntnisfähigkeit und Eigenwert Erfüllung zu finden? Die Befreiung vom täglichen Überlebenskampf hätte uns eigentlich größere Freiräume zur Verfolgung von Dingen und Aktivitäten schaffen sollen, an denen uns gelegen ist, die wir gerne tun, die unser Ego stärken und unsere Seele bereichern. Statt dessen haben wir eine Gesellschaft geschaffen, die wahre Freude zu korrumpieren scheint, belasten wir all unser Tun und Lassen mit der fixen Idee, daß selbst Liebe und Spiel in irgendeiner Weise der Bestätigung unserer Männlichkeit dienen müssen, und richten auf diese Weise natürlich die primären, aufbauenden Werte sowohl des Spiels als auch der Liebe zugrunde. Alles und jedes wird im Dienste der Aufpäppelung eines angeknacksten männlichen Egos unterjocht und in den Dreck gezogen.

In der zurückliegenden Generation haben wir erlebt, wie Frauen sich gegen die Unterdrückung durch geschlechtsspezifische Klischees zur Wehr setzten. Sie kämpften gegen die Fesseln, die das herkömmliche Frauenbild ihnen auferlegt hatte, und taten alles, um sich von jener männlichen Vorstellung zu befreien, die den

351

Frauen einen bestimmten, »angestammten« Platz zuweisen wollte. Viele Frauen verfielen dabei der irrigen Annahme, daß nur sie in den sauren Apfel beißen müßten. Sie glauben, daß ihr Leiden ein Ende haben wird, wenn sie selbst Initiativen ergreifen sowie Rollen und Identitäten übernehmen, die zuvor ausschließlich den Männern vorbehalten waren. Hals über Kopf stürzen sie sich in die Männerwelt. Doch Vorsicht! Auch diese Welt hat ihre ganz spezifischen Demütigungen, ihren eigenen Kummer und Schmerz.

Die Gesellschaft, die wir geschaffen haben, kennt nur Opfer, keine Sieger. Die Rolle des Mannes in unserer Kultur mag die Rolle des Privilegierten sein, aber sie erfüllt ihn nicht mit Stolz. Da den Männern die Macht über das Schicksal unserer Kultur, ja unseres gesamten Planeten übertragen wurde, kann der endgültige Sturz des im Niedergang begriffenen männlichen Egos uns alle zerstören. Wir müssen das Mannsein und die Männlichkeit neu definieren und ihm erreichbare Ziele setzen. Wir müssen Bedingungen schaffen, die uns alle, Männer und Frauen, aufbauen und erhalten. Das Schicksal unserer Zivilisation kann davon abhängen.

Anmerkungen

Einleitung

1 Virginia Woolf, Ein Zimmer für sich allein, Frankfurt a. M. 1981, S. 104.

2 Abram Kardiner und Lionel Ovesey, Mark of Oppression: Explorations in the Personality of the American Negro, Cleveland, Ohio, 1962.

3 Nathan Glazer und Daniel Moynihan, Beyond the Melting Pot: The Negroes, Puerto Ricans, Jews, Italians and Irish of New York City, Cambridge/Mass. 1970.

4 Da ich das Buch für seine wissenschaftlichen Erkenntnisse insgesamt hoch schätze, möchte ich darauf verzichten, es wegen dieses einen Fehlurteils hier zu zitieren.

5 Immanuel Kant, Mutmaßlicher Anfang der Menschengeschichte, Frankfurt a. M. 1977, Werkausgabe, S. 87.

6 Jean-Jacques Rousseau, Schriften, hrsg. von H. Ritter, München 1978, S. 203.

7 Neue Jerusalemer Bibel. Einheitsübersetzung, Freiburg 1985, Psalm 8,6.

8 Primo Levi, Die Untergegangenen und die Geretteten, München, Wien 1990, S. 188.

Kapitel 1

1 David Hamburg, et al., »Anger and Depression in the Perspective of Behavioral Biology,« in: Emotions: Their Parameters and Measurements, hrsg. von L. Levi, London 1973, S. 137.

2 Ebd., S. 237.

3 Willard Gaylin, »On the Borders of Persuasion: A Psychoanalytic Look at Coercion«, Psychiatry, Bd. 37, Nr. 1, S. 1–9, Feb. 1974

Kapitel 2
1 Eine ausführliche Erörterung der einzigartigen Natur des menschlichen Wesens findet sich in: Willard Gaylin, Adam and Eve and Pinocchio: On Being and Becoming Human, New York 1991.
2 John Cheever,»Journals« (Teil 2), in: The New Yorker, 28. Januar 1991, S. 49.
3 Gilbert H. Herdt, Guardians of the Flutes: Idioms of Masculinity, New York 1987, S. 203.
4 Ebd.; S. 204.
5 Ebd.; S. 217.
6 Nancy Chodorov, Das Erbe der Mütter, München 1985.
7 Ebd., S. 226.

Kapitel 3
1 Philip Shenon,»War Notebook«, The New York Times, 19. Februar 1991, S. A6.
2 Deborah Tannen, Du kannst mich einfach nicht verstehen — Warum Frauen und Männer aneinander vorbeireden, Hamburg 1991.
3 Barbara Lloyd,»Ruleso/The Gender Game«, New Scientist, 2. Dezember 1989, S. 64.
4 Ebd., S. 64.
5 John Williams und Deborah Best, Sex and Psyche, Newbury Park, Ca., 1990, S. 183.
6 Michael Herzfeld, The Poetics of Manhood: Contest and Identity in a Cretan Mountain Village, Princeton 1985, S. 124.

Kapitel 4
1 David G. Gilmore, Mythos Mann: Rollen, Rituale, Leitbilder, München 1991, S. 11.
2 Arnold van Gennep, Übergangsriten, Frankfurt a. M. 1986.
3 H. H. Hogbin, Kinship and Marriage in a New Guinea Village, London 1963, S. 30 f.; zitiert in: Ray Raphael, The Men from the Boys: Rites of Passage in Male America, Lincoln 1990, S. 9.
4 Ray Raphael, a. a. O., S. 11.
5 Ich bin David Gilmore zu großem Dank verpflichtet dafür, daß er mich auf das Werk Paul Spensers aufmerksam gemacht hat. Spensers elegante Pionierarbeit über die Samburu ist unter folgendem Titel erschienen: Paul Spenser, The Samburu Study: Gerontocracy in a Nomadic Tribe, Berkeley 1965.
6 William Faulkner, Der Bär, in: Der große Wald, Zürich 1974, S. 15.
7 Ebd.
8 Ebd., S. 27.

9 Ebd., S. 13.
10 Ebd., S. 14.
11 James Dickey, Flußfahrt, Reinbek bei Hamburg 1971.
12 Norman Mailer, . . . am Beispiel einer Bärenjagd, München/Zürich 1970.
13 Ebd., S. 7.
14 Thomas Wolfe, Schau heimwärts, Engel! Reinbek bei Hamburg 1986, S. 574.

Kapitel 5
1 Robert Stoller, American Journal of Psychiatry, 130: 3. März 1973, S. 244 f.
2 Emmanuel Reynaud, Holy Virility: The Social Construction of Masculinity, London 1983, S. 40.
3 Ebd., S. 79.
4 Ebd., S. 98.
5 Thomas Gregor, Anxious Pleasures: The Sexual Life of an Amazonian People, Chicago 1985.

Kapitel 6
1 Robert Ranke-Graves, Hercules My Shipmate, Westport 1979.
2 David D. Gilmore, a. a. O., S. 118.
3 Ebd., S. 118.
4 Gilbert H. Herdt, a. a. O.
5 David D. Gilmore, a. a. O., S. 149.
6 Stephen Crane, Die rote Tapferkeitsmedaille, Zürich 1985.
7 Ebd., S. 9.
8 Ebd., S. 9 f.
9 Ebd., S. 14.
10 Ebd., S. 29.
11 Ebd., S. 43.
12 Ebd., S. 44.
13 Ebd., S. 67.
14 Ebd., S. 115.
15 Ebd., S. 154.
16 Norman Mailer, a. a. O., S. 127 f.
17 James Dickey, a. a. O., S. 34.
18 Ebd., S. 53.
19 Ebd., S. 137.
20 Leonard Kriegel, On Men and Manhood, New York 1979, S. 199.
21 Neue Jerusalemer Bibel, a. a. O., Genesis 3,16.

Kapitel 7

1 Sigmund Freud, Drei Abhandlungen zur Sexualtheorie, in: Studienausgabe, hrsg. von Alexander Mitscherlich, Angela Richards und James Strachey, Frankfurt a. M. 1969−75, Bd. V S. 112 ff.

2 Ders., Totem und Tabu, a. a. O., Bd. IX, S. 287 ff.

3 E. O. Wilson, On Human Nature, Cambridge/Mass. 1978, S. 140.

4 Ebd., S. 141.

5 Roberto M. Unger, Leidenschaft: Ein Essay über Persönlichkeit, Frankfurt a. M. 1986, S. 186.

6 C. S. Lewis, Was man Liebe nennt, Basel und Gießen 1979, S. 95 f.

7 William Aaron, Straight, New York 1973.

8 Larry Kramer, Faggots, New York 1978.

9 David D. Gilmore, a. a. O., S. 35. − Der Autor faßt auf den Seiten 33−34 die Arbeiten dreier hervorragender Anthropologen über das mediterrane Männlichkeitsbild zusammen: Julian Pitt-Rivers (Hrsg.), Mediterranean Countrymen, Paris 1963; John Davis, People of the Mediterranean, London 1977; Michael Herzfeld, The Poetics of Manhood: Contest of Identtity in a Cretan Moutain Village, Princeton 1985.

10 David D. Gilmore, a. a. O., S. 36 f.

11 Ebd., S. 44 f.

12 Ebd., S. 45.

13 William H. Masters und Virginia E. Johnson, Impotenz und Anorgasmie: zur Therapie funktioneller Sexualstörungen, Frankfurt a. M. 1973.

14 Sigmund Freud, Beiträge zur Psychologie des Liebeslebens, a. a. O., Bd. V, S. 185.

15 Ders., Analyse der Phobie eines fünfjährigen Knaben, a. a. O., Bd. VIII, S. 9 ff.

Kapitel 8

1 Neue Jerusalemer Bibel, a. a. O., Genesis 2,5.

2 Ebd., Genesis 2,15.

3 Ebd., Genesis 2,3.

4 Papst Johannes Paul II., Laborem exercens 189−165. In: Oswald von Nell-Breuning, Arbeit vor Kapital. Wien, München, Zürich 1983, S. 127.

5 Hannah Arendt, The Human Condition, Chicago 1958, S. 124.

6 Ebd.

Kapitel 9
1 Jean Paul Sartre, Antisemite and Jew, New York 1948, S. 13.
2 M. Jahoda, Race Relations in Mental Health. UNESCO: The Race
  Question in Modern Science, New York 1961, S. 64.
3 Gordon Allport, The Nature of Prejudice, New York 1954, S. 9.
4 Philip Shenon, »Irate Wife, Talky Mistress, Shellshocked General«,
  The New York Times, 1. August 1991, S. A4.
5 Percy B. Shelley, Ausgewählte Werke, Nachw. u. hrsg. v. Horst
  Höhne 1985.
6 P. Drucker und R. Heizer, To Make My Name Good, Berkeley 1967.
7 Henry James, Bildnis einer Dame. Köln 1950, Lizenzausgabe für die
  Deutsche Buchgemeinschaft, S. 446.

Kapitel 10
1 Carol Gilligan, In a Different Voice, Cambridge/Mass. 1982.
2 Vgl. z. B. J. Piaget, The Moral Judgement of the Child. New York
  1965; George H. Mead, Mind, Self, and Society, Chicago 1934; und
  Janet Lever, »Sex Differences and the Games Children Play«, in:
  Social Problems 23, 1976, S. 478–487.
3 Carol Gilligan, a. a. O., S. 10.
4 Michael Messner, »The Meaning of Success: The Athletic Experience
  and the Development of Male Identity«, in: H. Brod (Hrsg.), The
  Making of New Masculinities: The New Men Studies. Boston 1987,
  S. 193–209.
5 Ebd., S. 195–196.
6 Ebd., S. 196.
7 Gary A. Fine, With the Boys: Little League Baseball and Preadolescent
  Culture. Chicago 1987.
8 Ebd., S. 62–63.
9 Ebd., S. 63.
10 Ebd.
11 Ebd., S. 80.
12 Ebd., S. 82.
13 Ebd., S. 114.
14 Ebd.
15 William Aaron, »The Great American Football«, in: Natural History
   84, 1975, S. 77.
16 Ebd., S. 79.
17 Alan Dundes, »Into the Endzone for a Touchdown«, in: Western
   Folklore 37, 1978, S. 87.
18 D. Coppe und P. D. Young, The David Coppe Story. New York 1977,
   S. 53–54, zit. in: A. Dundes, a. a. O., S. 83.

19 Ebd., S. 81.
20 A. Stokes, »Psychoanalytic Reflections on the Development of Ball Games, Particularly Cricket«, in: International Journal of Psychoanalysis 37, 1956, S. 185–192.
21 Leonard Kriegel, a. a. O., S. 124.

Kapitel 11
1 Lionel Ovesey, Homosexuality and Pseudo-Homosexuality. New York 1969.
2 Norman Mailer, a. a. O., S. 146, 150.
3 Die vorgenannten Zitate alle aus Dickey, a. a. O., S. 84–85, 93–94, 116–117, S. 134.
4 Carol Cohen, »Nuclear Language and How we Learn to Pat the Bomb«, in: Bulletin of the Atomic Scientist, Juni 1987, S. 18.
5 Ebd., S. 19.
6 Sigmund Freud, »Psychoanalytische Bemerkungen über einen autobiographisch beschriebenen Fall von Paranoia (Dementia paranoides), a. a. O., Bd. VIII, S. 127 ff.
7 James Joyce, »Entsprechungen«, in: Dubliner. Frankfurt a. M. 1987, S. 98–99.
8 Ausführlichere Darstellung bei: William Gaylin, Gefühle. Düsseldorf 1991.

Kapitel 12
1 Ralph Greenson, »On Boredom«, in: Journal of the American Psychoanalytic Association I, 1953, S. 8.
2 T. S. Eliot, »The Love Song of J. Alfred Prufrock«, in: The Complete Poems and Plays of T. S. Eliot. London und Boston 1969, S. 16.
3 C. P. Cavafy, Collected Poems, hrsg. von George Savidis. Princeton 1975, S. 45.
4 Ebd., S. 51.
5 Charles Dickens, David Copperfield, Gütersloh 1962, Lizenzausgabe für den Bertelsmann Lesering, S. 172.
6 Sören Kierkegaard, Die Krankheit zum Tode, zitiert nach der Version bei William Gaylin, Gefühle, a. a. O., S. 104 und Anm. S. 214.

Kapitel 13
1 Zitiert nach L. Walker, in: The New York Times, 2. Februar 1984, S. C1.
2 Das Zitat nach Allan Stone, Law, Psychiatry and Morality: Essays in Analysis, bezieht sich auf die Untersuchung von S. und R. Shinnar, »The Effects of the Criminal Justice System on the Control of Crime: A Quantitative Approach«, in: Law and Psychiatry Review 9, 1979.

Personen- und Sachregister

365

Titel der amerikanischen Originalausgabe:
The male ego
Originalverlag: Viking Penguin, a division of Penguin Books USA Inc.
übersetzt von Margot Spitaler und Till R. Lohmeyer
Copyright © 1992 by Willard Gaylin

Die Deutsche Bibliothek – CIP-Einheitsaufnahme
Gaylin, Willard:
Die Helden sind müde : Das männliche Ich / Willard Gaylin.
Aus dem Amerik. von Margot Spitaler und Till R. Lohmeyer.
– Düsseldorf ; Wien ; New York ; Moskau : ECON Verl., 1993
Einheitssacht.: The male ego <dt.>
ISBN 3-430-13033-6

Copyright © 1993 der deutschen Ausgabe by ECON Verlag GmbH,
Düsseldorf, Wien, New York und Moskau.
Alle Rechte der Verbreitung, auch durch Film, Funk und Fernsehen,
fotomechanische Wiedergabe, Tonträger jeder Art, auszugsweisen Nachdruck
oder Einspeicherung und Rückgewinnung in Datenverarbeitungsanlagen aller Art,
sind vorbehalten.
Umschlaggestaltung: Theodor Bayer-Eynck
Lektorat: Marion Grunert
Gesetzt aus der Aldus von Linotype
Satz: ICS Communikations-Service GmbH, Bergisch Gladbach
Papier: Papierfabrik Schleipen GmbH, Bad Dürkheim
Druck und Bindearbeiten: Pustet, Regensburg
Printed in Germany
ISBN 3-430-13033-6